JN429681

우리 안의 나쁜 여자

우리 안의 나쁜 여자

권오숙·김소임
김은하·박성연
박인희·배경진
서경희·이소영
이현주·이희원
지음

이화여자대학교출판문화원

| 책을 펴내며 |

이 책의 단초는 인터넷 댓글 창이 제공했다고 해도 과언이 아니다. 미투 운동이 활발해지면서 최근 우리 사회에는 여러 대중에게 질타받는 '나쁜 여자'가 부각되었다. 그 여자는 다름 아니라 자신이 성폭력을 당했다고 고발한 피해 당사자였다. 익명의 대중들은 인터넷 댓글 등을 통해서 고발한 여성을 질타했다. 대중이 비난하는 내용을 정리해보면, "고발 여성이 남성을 유혹했을 것이다. 고발 여성이 거짓말을 하는 것이다. 고발 여성은 원래 행실이 좋지 않았다. 고발 여성은 그 남성을 사랑했다. 고발 여성은 다른 여자에 대한 질투심에서 남성을 고발한 것이다. 고발 여성이 오랜 시간 가만히 있다가 고발하는 데는 금전적 이유 등의 특별한 이유가 있을 것이다. 고발 여성은 남성의 인생을 망쳐놓았다. 여자 잘못 만나면 남자 신세 망친다." 등이다. 대중뿐 아니라 국회의원, 검사 등 사회 지도층 인사들까지도 고발 여성의 진실성을 의심하면서 피해자를 나쁜 여자로 몰고 있다. 피해자를 비난하는 사람 중에는 여성들도 다수 포함되어 있다. 성폭력 피의자의 아내까지 등장해서 피해자를 나쁜 여성으로 비난하면서 아내와 정부의 대결 구도를 만들기도 했다.

그런데 유혹자, 거짓말쟁이, 물욕이나 권력욕이 지나친 여자, 행실이 나쁜 여자, 남성의 일생을 망쳐놓는 팜므 파탈femme fatale과 같은 나쁜 여자 이미지는 21세기 한국 사회에 갑자기 나타난 것이 아니다. 매우 흥미롭게도 나쁜 여자는 3,000년의 인류 문명사 동안 여러 방식을 통해 반복 재생산되었으며 현재에도 매체와 화자를 바꿔가며 여전히 번성하고 있다.

여성 혐오가 낳은 '나쁜 여자' 이미지의 역사는 가부장제만큼이나 길다. 『구약성서』의 「창세기」에 등장하는 이브는 선악과에 대한 탐욕으로 남성의 일생을 망친, 유혹자이며 팜므 파탈이다. 『구약성서』는 은연중에 여성은 경계해야 할 대상이라는 일반론을 각인시킨다. 그리스 신화에 나오는 판도라는 거짓말과 속임수에 능하며 탐욕스러운 인물이다. 인간 세계 속 모든 고통과 문제는 그녀로 인해 생긴 것이다. 이브와 판도라의 사례만 보더라도 미투 고발자에 대한 비난은 매우 뿌리가 깊다는 것을 확인할 수 있다. 여성에 대한 부정적인 스테레오타입은 신화의 시대 이후 매체를 바꿔가면서 발전하고 분화되어 동서양 모두에 공히 자리 잡게 되었다.

본격적인 페미니즘 운동이 시작된 지 근 50년이 지났음에도 나쁜 여자는 사라지지 않고 매체 양식과 비난 형식이 변화했을 뿐 건재하고 있다는 것이 최근 한국의 나쁜 여자 재소환에서 확인된다. 특히 어린이, 청소년들이 접하게 되는 동화, 애니메이션과 게임 등에도 나쁜 여자 이미지가 고착화되어 있다는 것은 미래 세대의 건전한 남녀상과 상호 관계에 대해 우려하게 한다.

문제는 나쁜 여자가 문학 작품이나 영화 등 가상의 세계뿐 아니라 현실 안에서도 유의미한 기호로 여성을 억압하고 있다는 것이다. 가상의 세계는 현실의 반영이라고 보는 것이 맞을 것이다. 가장 극단적 사례는 중세와 근대 유럽에서 자행된 마녀사냥에서 찾을 수 있다. 몇만 명의 여성이 이유도 모른 채 체제와 사회의 안정을 위해 희생되었다. 여성을 향한 혐오 범죄와 마녀사냥은 세계 곳곳에서 여전히 자행되고 있다.

여성의 이미지를 다시 바라보자는 것은 1970년대 페미니스트 비평 초기부터 시작된 작업이다. 역사, 사회, 문화, 문학, 예술 분야의 페미니스트 비평가들은 역사, 사회, 문화적 맥락뿐 아니라 생물학과 정신분석학을 동원해 전 세계 사회와 문화에 침투해 있는 부정적 여성 이미지의 원인을 분석했다. 무엇보다도 이들은 나쁜 여자의 등장과 발전이 가부장제와 긴밀히 연결되었다는 것을 확인했다. 우리의 역사와 문화 속 많은 나쁜 여자들은 남성과의 관계를 통해서만 정체성과 존재 가치를 인정받았다. 아내, 정부, 딸, 창녀, 왕비, 하녀, 마녀, 계모 등의 정체성은 남성과의 관계, 남성 중심 사회와의 관계 속에서 정립된 것이다. 그리고 가부장적 가치관은 그녀들이 남성이 정한 규칙대로 수행하지 않았을 경우 세련된 화법으로 포장된 강력한 이데올로기를 동원하여 그녀들을 나쁜 여자로 규정했다. 비평가들이 가부장제 하에서 나쁜 여자가 만들어지는 과정에 대한 많은 작업을 해왔지만, 대부분 학술논문에 발표했기 때문에 청소년을 비롯한 일반 독자가 이 작업을 접하기에는 어려움이 있다. 일반 독자가 이해할 수 있으면서도 나쁜 여자 현상의 지속성, 복잡성과 다양성을 밝혀내는 것이 우리 책의 목표이다.

이 책에서는 나쁜 여자의 분석 범위를 신화, 문학, 시각 예술, 영화로 축소했다. 각 필자는 각자 맡은 분야의 '나쁜 여자' 이해에 맞는 방법론을 사용했다. '나쁜 여자' 현상에 대한 접근은 단순하지 않다. 원인도 종교, 윤리 등의 가치관, 정치 이데올로기, 사회 풍속, 문화 등의 사회적 맥락뿐 아니라 예술 장르에 자리 잡은 컨벤션 등 다양하다. 당대의 구체적인 사건과 인물도 나쁜 여자 현상에 기여했을 것이다. 인간의 원초적 욕망, 불안과도 같은 정신분석학적 원인 분석도 가능하다. 어떤 메커니즘을 활용하여 어떻게 표현되었는가도 분석 방법이 될 수 있다. 나쁜 여자의 규정과 비난에는 종교 계명, 법, 인민재판, 행실지침서, 교과서, 문학 작품 등 글이 주를 이루었으나 그림, 카메라의 시선을 활용한 영화, 게임 등의 동영상과 스틸 이미지 등도 활용되었다. 왜 그런 매체가 사용되었는지는 그 시대와 현상의 이해에 도움이 된다. 『우리 안의 나쁜 여자』는 통시적으로 나쁜 여자 현상의 기원과 변화 과정을 개관하고 또한 장르별 다양성에 주목한다.

이 책은 총 11개의 장으로 구성되어 있다. 먼저 1부 <나쁜 여자의 탄생>에서는 신화, 성서, 시, 드라마, 소설, 한국 고전 문학까지 다양한 매체에 나타난 나쁜 여자의 모습을 개관한다. 이 작업을 통해서 필자들은 나쁜 여자 이미지에 씌워진 가부장적 가치관의 그늘을 걷어내면 통념을 뛰어넘는 매우 신선하고 강력한 여성들이 자리하고 있음을 보여준다. 1장 '신화 속 나쁜 여자, 문화적 원형이 되다'에서는 그리스 신화 속 여신의 지위가 추락하게 되는 원인을 다각도로 분석하고 사례를 추적한다. 구체적으로 인류의 불행의 원인으로 지목된 판도라, 강력한 생식력의 여신에서 음욕의 상징으로 추락한 아프로디테, 여성 괴물의 대표 주자인 메두사와 키르케 그리고 메데이아가 나쁜 여자로 부각되게 된 이면에 가부장제가 자리하고 있음을 밝힌다. 2장 '성서 속의 악녀, 생존자가 되다'에서는 『구약성서』에서 악녀로 규정된 여성의 주요 사례를 제시하고, 이 여성들의 지위가 신약에 와서 어떻게 반전되었는지를 살펴본다. 구체적으로 예수의 조상으로 존중받는 여성들이 구약의 나쁜 여자의 사례와 중첩되고 있음을 확인한다. 3장 '다섯 명의 남편을 둔 그녀들: 사마리아 여자와 바쓰의 여장부'에서는 『신약성서』 속 대표적인 문제 여성인 사마리아 여인이 중세의 대표적 작품인 초서의 『캔터베리 이야기』 속 바쓰의 여장부라는 여성으로 재해석되었음을 보여준다. 그럼으로써 초서가 보여준 혁신적 시각의 가능성과 한계를 함께 탐색한다. 4장 '셰익스피어 비극 속 악녀들'에서는 셰익스피어 비극 속 최고의 악녀라고 할 수 있는 리어 왕의 두 딸 거너릴과 리건 그리고 맥베스 부인을 르네상스 시대의 '여성 목소리 억압'과 연결시켜서 분석한다. 여성답지 않게 말이 많고 색욕을 탐한다는 점이 셰익스피어의 여성 인물들을 악녀로 부각시켰다는 것에 방점을 찍는다. 5장 '마녀로 불린 여자들: 역사적 개관'에서는 유럽과 미국을 비롯한 세계 곳곳에서 실제로 벌어진 마녀사냥을 개관한다. 그럼으로써 나쁜 여자에 몰두하는 것이 단지 문화 예술 등 가상의 세계에서만 벌어지는 것이 아니라 현실에서도 진행 중이며 여성에게 엄청난 폐해를 가져오고 있음을 확인한다. 6장 '고전 소설은 나쁜 여자가 필요하다'에서는 조선의 고전 소설 『장화홍련전』, 『사씨남정기』, 『심청전』 등에 나타난 나쁜 여자를 여성에 대한 유교적 기대와 규범을 드러낸 여훈서와 연계시켜서 해석한다. 또한 점잖지 못한 읽을거리로 폄하되던 고전 소설이 생존을 위해서 나쁜 여자를 어떻게 활용했는지를 분석한다. 7장 '여신인가 사이렌인가?: 『위대한 유산』과 『위대한 개츠비』의 악녀들'에서는 19세기 영국의 대표적 소설인 찰스 디킨스의 『위대한 유산』과 20세기 미국의 대표적 소설인 F. 스콧 피츠제럴드의 『위대한 개츠비』의 나쁜 여자 에스텔라와 데이지가 남성 내레이터의 시각과 시대의 가치관에 의해서 어떻게 왜곡되고 폄하되는지를 밝힌다.

2부 <나쁜 여자의 진화>에서는 한국 현대 소설, 시각 예술, 영화에 등장한 새로운 나쁜 여자의 행보에 주목한다. 먼저 8장 '미술 속 여성 이미지의 해체'에서는 바로크 시대와 인상주의 시대를 거쳐 19세기 말까지 나쁜 여자의 치명성을 부각시키는 여성 이미지의 양극화가 지속되어왔으나 20세기 들어와서 새로운 여성상이 나타나고 있음을 확인한다. 또한 새로운 변화의 물결에도 게임 등의 디지털 매체가 나쁜 여자를 재활용하고 있음에도 주목한다. 9장 '신가부장제의 부상과 나쁜 여자의 재귀: 정이현의 단편 소설 살펴보기'에서는 여러 문학상을 받으며 문단의 주목을 받은 정이현의 단편 소설 속 나쁜 여자를 다룬다. 가부장제가 더욱 강화된 IMF 시대와 천박한 자본주의 시대 여성들이 생존을 위해 나쁜 여자가 되는 과정에 주목한다. 10장 '영화 속 악녀들의 변천과 새로운 탄생'에서는 짧은 역사에도 불구하고 영화가 나쁜 여자를 양산한 배경에 주목하면서 대중에 큰 인기를 끌었던 미국 할리우드 사례들을 분석한다. 특히 1940년대 이후 큰 인기를 끌고 있는 팜므파탈 캐릭터가 누아르 영화와 함께 어떻게 변모하는지를 추적한다. 그리고 최근 영화 속 나쁜 여자의 변신을 주목하면서 영화 속 나쁜 여자의 대안적 행보를 기대한다. 11장 '영화 <오필리아>와 나쁜 여자 성공담'에서는 셰익스피어의 고전, 『햄릿』 속 희생양 오필리아가 영화에서는 어떻게 나쁜 여자 전략을 활용하여 생존자로 변모하는지를 추적한다. 그럼으로써 고전뿐 아니라 영화에도 끈질기게 남아 있던 양극화된 여성 이미지를 극복하는 과정을 보여준다. 필자들은 우리 문화 속 나쁜 여자가 과연 나쁜지를 다각도로 검토하고 선과 악을 규정하는 이데올로기의 정당성에 의문을 제기했다. 그리고 그 뿌리를 찾으려고 노력했다. 그래야만 근절이 가능하기 때문이다. 나쁜 여자는 먼 고전 속에만 있는 것은 아니라 바로 우리 곁에 있다.

나쁜 여자를 찾아보는 이번 기획을 통해서 우리는 여성뿐 아니라 남성에 대한 이해 또한 높일 수 있을 것이다. 이 작업은 여성뿐 아니라 남성을 돌아보는 작업이다. 여성 정체성의 많은 부분이 남성과의 관계를 통해서 정립되고 있다. 남성은 그만큼 중요한 우리의 파트너이다.

우리는 나쁜 여자를 만들어낸 남성에 대해서 알 필요가 있다. 또 여성은 남성뿐 아니라 여성 스스로를 돌아보아야 한다. 나쁜 여자는 남성들뿐 아니라 남성 중심 가치관을 내재한 다른 여성들에게도 비난의 대상이 되어왔기 때문이다. 우리의 의식과 사회 안에는 너무 오랫동안 나쁜 여자가 들어와 있으며, 남성과 여성 모두의 건전한 판단과 여성 스스로의 긍정적 자아의식을 저해하고 있다. 그것을 떨쳐내기 위해서는 비상한 노력과 새로운 시각이 요구된다. 실타래처럼 얽혀 있는 나쁜 여자의 뿌리를 찾고 가부장제 이면의 본모습을 찾아내는 이 책 또한 그런 노력의 일환임을 감히 밝힌다. 이 책이 우리 젊은이들에게 희망을 주었으면 좋겠다.

2022년 4월
필자를 대표하여,
김소임(편집위원) 씀

차례

2부 나쁜 여자의 진화 • 233

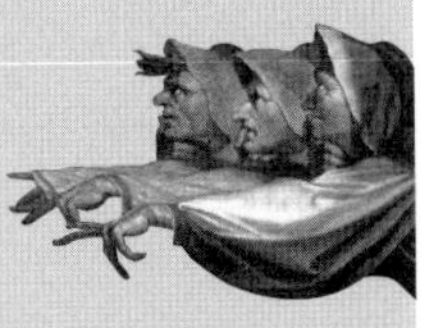

1부

나쁜 여자의 탄생

Chapter 1

신화 속 나쁜 여자, 문화적 원형이 되다

김소임

1. 여신의 추락

전 세계 모든 문명권이 신화를 갖고 있다고 해도 과언이 아니다. 신화는 문명권마다 독특한 구성과 내용을 갖고 있기도 하지만 문명권이 서로 교류하고, 융합·발전되면서 유사한 특징을 보이기도 한다. 대부분의 문명권에서는 여신에 대한 숭배가 나타나는데 아이러니컬하게도 여신과 여성에 대한 폄하 또한 함께 나타난다.

이 장의 주제인 신화와 여성 혐오를 다루기 전에 먼저 신화란 무엇인지 간단하게 정의해보도록 하자. 신화학자 이진성은 "신화는 고대의 신들과, 신과 인간 사이에 태어난 반신들과 영웅들의 믿기 어려운 굉장한 이야기"(29)라고 정의를 내린다. 믿기 어려운 이야기인 신화는 오늘날 대체로 옛이야기 취급을 받고 있다. 하지만 한때 신화는 자신이 속한 문화권에서 커다란 영향력을 발휘했다. 왜 옛사람들은 그런 이야기에 매료되었을까? 신화를 "집단 무의식의 발현"으로 보는 주장도 있다. 즉 사람들은 "감정 혹은 무의식적인 욕구를 신화를 통해 표출"하고자 했다는 것이다(문혜경, 85). 철학자 롤랑 바르트Roland Barthes는 신화를 "제2의 기호학적 시스템"이라고 부른다(송희영, 101 재인용). 기표와 기의가 복선 없이 연결되는 제1의 기호학적 시스템과 달리 제2의 기호학적 시스템인 신화는 "자연스럽게 보이지만 역사적 의도를 자연스럽게 합리화시키며, 상황을 영구적인 것으로 만든다."는 것이다.[1] 송희영은 바르트를 인용하며 신화가 사회·정치적인 메시지를 제공한다고 분석한다. 신화는 "암시적 의미를 갖는 메시지"를 담고 있는데 "이러한 맥락에서 신화는 당대의 이데올로기뿐만 아니라 그 시대의 권력 관계의 반영이라 할 수 있다"(송희영, 101).

신화의 기능에 대해서도 다양한 의견이 존재하는데 민속학자 브로니슬로 말리노프스키Bronislaw Malinowski는 "신화는 현실의 모순을 해결하고, 있는 그대로의 모든 현실을 송두리째 설명하는 논리적 도구로서의 기능을 담당한다. 즉 현실을 규정, 추천하는 일종의 헌장"이라고 주장한다. 반면 문헌학자 조르주 뒤메질Georges Dumézil은 "신화는 한 사회가 갖고 있는 이념을 극적으로 표현해주며, 그 사회의 가치관과 그 사회가 세대를 거치면서 오랜 세월 추구해온 이상을 유지할 뿐만 아니라, 그 사회의 구조와 그 사회를 구성하는 균형 및 긴장과 연결된 망을 유지하는 기능을 맡는다."고 말한다(이진성, 30 재인용). 말리노프스키는 "현

1 https://criticallegalthinking.com/2020/06/12/roland-barthes-myth/

실"을 이야기하고, 뒤메질은 "이상"을 이야기하지만 결국 신화는 그 사회의 가치 지향점과 밀접한 관계를 맺는다고 할 수 있다. 여러 학자들의 의견을 종합하자면 신화는 한 문화권의 현실 문제와 이상, 집단 무의식, 이데올로기와 권력 관계들을 반영한다. 신화의 정의를 신화 속 여성과 연결시켜본다면 신화를 통해서 그 문화권이 공유하고 있는 여성관뿐 아니라 남성과 여성의 관계에 대한 가치관 또한 파악할 수 있다는 주장이 설득력을 얻는다.

구석기 시대 이후 여러 문화권에서 제작된 여신 조각상들을 통해서 한때 인류가 생식과 성적 에너지를 포함한 여성성에 깊이 매료되었음을 확인할 수 있다.[2] 우리에게 가장 잘 알려진 여신상은 가장 오래된 것으로 추정되는 오스트리아 빌렌도르프의 비너스Venus von Willendorf(기원전 25000년경)라고 할 수 있다. 배와 가슴, 엉덩이가 과장되게 강조된 이 여신상은 다산과 풍요에 대한 기원을 담고 있다. 하지만 김부타스에 의하면 "다산성이란 위대한 여신의 여러 역할 중 하나"일 뿐이다. 즉 여신은 다산 기능 이상을 담당하는 "생명의 창조주", "탄생, 죽음, 재탄생"을 가능하게 하는 위대한 여신으로 존재했다(김부타스, 316).

학자들은 여신 숭배가 청동기시대가 될 때까지 유럽 전체에 퍼져 있다가, 남신 중심의 인도-유럽어족의 종교로 인해 붕괴되고 여신들은 추방되거나 남신들의 보조적 역할을 하는 낮은 지위로 강등되었다고 주장한다(김부타스, 318-319). 유럽뿐 아니라 이집트, 메소포타미아, 시리아 등이 자리한 고대 동방에서도 여신 숭배가 있었으며 적어도 몇몇 지역에서는 여신이 남신보다 우위를 차지하기도 했다(로터, 15-16). 대

---

2 구석기 시대 여신상에 대해서 치밀하게 정리해놓은 샤루크 후사인Shahrukh Husain과 마리야 김부타스Marija Gimbutas 등의 『여신』, 『여신의 언어』를 보면 인류가 여신에게 얼마나 깊이 매료되어 있었는지 확인할 수 있다.

표적인 여신은 아프로디테Aphrodite의 원형으로 보는 수메르의 풍요의 여신, 이슈타르Ishtar이다. 하지만 유대교, 기독교, 이슬람교가 등장하면서 유럽뿐 아니라 중동에서도 육체의 욕망을 탐하는 "이교도적 행위"가 종말을 고하면서 여신 숭배가 사라지게 되었다(로터, 15-16).

그리스에서 정확하게 언제부터 여신의 지위가 강등되기 시작했는지 알 수는 없다. 구체적 기록이 남아 있지 않기 때문이다. 학자들은 그리스 본토로 오늘날의 그리스인들, 즉 인도-유럽어족의 아카이아인들이 도착했던 시기인 기원전 2000년을 중요한 분기점으로 보고 있다. 원래 농업 중심의 그리스 토착민들은 "지구의 풍요와 연관된 여성 신들"을 숭배했는데(Blundell, 18) 인도-유럽어족이 남신 중심의 신화를 가져와서 그리스에서 번성했던 여성 신들을 대체했다는 것이다.

남성 신들의 득세와 함께 그리스 신화에서 여신들은 지위가 몰락할 뿐 아니라 신화 전반에 걸쳐서 여성 혐오가 나타난다. 대지의 여신 가이아는 천신 계열의 제우스에게 권한을 빼앗긴다. "원초적 생명력"을 나타내는 대지의 여신이었던 헤라는 제우스의 질투하는 아내로 변모했다(유재원, 122). 아프로디테의 변모는 더 파격적이다. 풍요의 여신으로 메소포타미아 지역에서 수천 년 동안 숭상받던 아프로디테는 고전기에 와서는 과한 성욕으로 문제를 일으킬 뿐 아니라 다른 여성에 대한 질투로 분란을 자초하는 밉상으로 전락했다. 아프로디테는 대지와 생산을 관장하던 위대한 모습은 찾아볼 수 없게 되었을 뿐 아니라 협의의 '섹스'를 대표하는 매춘부로 폄하되기도 한다. 여신 추락과 여성 혐오의 가장 극단적인 경우는 중세 마녀사냥 시대의 '마녀'를 들 수 있다(김부타스, 319). 김부타스는 "사자-재탄생의 여신, 주기적인 생명 에너지의 감독자, 겨울의 체현자, 죽은 자의 어머니"의 위상을 갖고 있던 여신이 "마법을 부리는 밤의 마녀"로 전락한 것을 한 예로 들고 있

다(319).[3]

여신들의 추락은 문화권 내의 여성의 지위 하락과 관련을 맺는다. 여러 학자들은 사유재산제와 가부장제, 가부장적인 일신교의 확립과 함께 여성의 지위가 공동체 내에서 하락하고 억압이 강화된 것을 여신들이 추락한 원인으로 분석한다. 예컨대 경제 구조에 관심을 갖고 있는 사회주의자 프리드리히 엥겔스Friedrich Engels는 여성 지위 하락의 원인으로 사유재산제를 든다.

> 엥겔스에 의하면 잉여 생산물의 발생과 함께 사유재산제가 확립되기 시작했고, 사유재산을 자식에게 상속하기 위해 일부일처제가 성립되었다고 한다. 즉 일부일처제는 남자가 자신의 순수한 혈통을 얻기 위해 확립한 사회 제도인 것이다. 따라서 여성의 성적 욕망은 당연히 억압될 수밖에 없었고, 이 억압의 논리는 가부장 제도가 확립된 이후 지속적으로 영향력을 발휘해왔다. (장영란, 336)

엥겔스와 달리 여성의 섹슈얼리티에 대한 통제, 사물화가 사유재산제보다 먼저 시작되었다고 주장하는 학자도 있다. 그중의 하나가 인류학자 클로드 레비-스트로스Claude Lévi-Strauss이다. 레비-스트로스와 클로드 메이야수Claude Meillassoux는 여성 종속의 선도적 원인으로 여겨지는 부족 간의 강제적인 "여성 교환exchange of women"이 사유재산제보다 선행했다고 본다.

> 결혼을 구성하는 교환의 총체적 관계는 한 남성과 한 여성 사이에

3 "사자-재탄생"이란 죽은 자를 다시 살린다는 의미이다.

성립되는 것이 아니라… 남성들로 구성된 두 집단 사이에서 성립된다. 그리고 여성은 동반자 중 한 명이 아니라, 교환의 대상물건 중 하나일 뿐이다. (러너, 84 재인용)

거다 러너Gerda Lerner는 부계제, 가부장제가 농업 혁명기 중 사회 변화와 더불어 확립된다고 설명한다.

고고학적 증거에 기초하여 우리가 확신할 수 있는 몇 개의 사실들이 있다. 농업 혁명기 중 어느 시점에, 생물학적 필요에 근거한 성별 노동 분업 형태를 가졌던 비교적 평등한 사회들이 근친상간 금기와 족외혼에 근거한 여성 교환 관행과 사유재산제가 공통적인 특징인 더욱 고도로 구조화된 사회들에 자리를 내주었다. 살아남은 후자의 사회들은 부계 혈통과 부처거주제가 지배적이었던 반면, 이보다 이른 시기의 사회들은 종종 모계 혈통과 모처거주적이었다. (93)

상당한 기간이 경과되면서 여성의 종속과 더불어 여신의 계급 또한 격하되었다(러너, 254).

어머니-여신상의 격하 그리고 그녀의 남성 배우자/아들의 우위와 그들의 지배, 그 후 그가 폭풍-신storm-god과 합쳐져서 남신들과 여신들의 신전에 우두머리이자 유일한 남성적인 창조자 하느님Creator-God으로 되는 것이다. 그런 변화가 일어난 곳이 어디이든 창조의 권력과 다산성의 권력은 대여신으로부터 하느님God에게로 이전된다. (러너, 259)

경제 구조와 사회 제도의 변화와 함께 주도권을 잡은 남성이 여성을 폄하하게 되는 원인과 상황을 명쾌하게 설명하기는 어렵지만 여성학자들의 연구는 통찰력을 제공한다. 시몬 드 보부아르Simone de Beauvoir(1908-1986)는 『제2의 성』 상편에서 주도권을 잡은 남성이 여성을 종속시키고, 타자화하며 때로 적대시하는 과정을 아래와 같이 설명한다.

> 역사는 우리에게 남자들이 항상 모든 실권을 장악하여왔다는 것을 보여주었다. 가부장제 사회의 초기부터 남자들은 여자를 종속 상태에서 유지시키는 것이 유익하다고 판단하였다. 남자들이 만든 법률은 여자에게 불리하도록 만들어졌다. 이렇게 해서 여자는 구체적으로 '타자'로 만들어졌다. 이런 조건은 남성의 경제적 이익에 유리하였다… 여자는 오로지 남자와의 관계에서만 규정된다. 남녀 양성, 이 두 범주의 불균형은 성의 신화의 일방적인 구조 속에 잘 나타난다. 여자를 가리키는데 때로는 단지 '섹스'라고 부를 때가 있다. 육체, 육체적 쾌락과 위험이 여자이다… (215-221)

보부아르에 의하면 여성은 남성에게 뿌리이면서 덫이기도 하다. "남자의 불행은 찬란한 하늘에서 떨어져 어머니 뱃속의 혼돈의 암흑 속으로 밀어넣어졌다는 것이다. 그 불꽃, 남자가 그 속에서 자기 인정을 받으려는 능동적이며 순수한 그 입김, 여자는 그것들을 대지의 진흙 속에 가두고 있다"(보부아르, 223). 즉 남성들은 여성을 예측불허한 자연의 일부이며, 자신들의 고귀함을 침해하는 존재로 간주했다는 것이다. 『성의 정치학*Sexual Politics*』(1970)의 저자인 케이트 밀레트Kate Millet(1934-2017)는 남성이 여성에 대해 느끼는 공포로 인해 만들어낸 이미지가 윤리적으로, 과학적으로 합리화되어왔으며 신화 또한 그 합리화에 기여한다고 주장한다.

> 가부장제 하에서는 여성 자신이 자신을 표현하는 상징을 발전시키지 못했다. 원시적인 세계나 문명 세계는 모두 남성의 세계이고 여성에 관한 문화를 형성한 사상도 남성들이 만든 것이었다. 우리가 알고 있는 여성의 이미지도 남성이 만든 이미지며 남성의 필요에 맞게 만들어진 이미지이다. 남성의 이러한 필요는 여성의 <타자성>에 대한 공포 때문에 생긴 것이다… 신화는 윤리 내지는 기원설화를 바탕으로 하는 경우가 많으므로 선전의 교묘한 진보라고 하지 않을 수 없다. 그리스의 판도라 상자와 성서의 실낙원의 이야기 등, 유럽 문화의 대표적인 두 신화에 나오는 여자의 마성에 대한 원시적 초자연적인 힘의 개념이 최종적인 문학화의 단계를 거쳐 오늘날과 같은 영향력이 강한 윤리적 정당성을 갖게 된 것이다. (60-64)

이와 같은 맥락에서 신화에 나타난 여성 혐오를 이해할 수 있다. 신화 형성의 주도권을 잡은 남성들은 자신들에게 여러 모로 도전이 되는 여성을 악한 존재로 범주화하면서 스스로를 경계했던 것으로 보인다.

여신의 추락은 다양한 문화권에서 나타나지만 전부 다룰 수는 없어 여기에서는 그리스 신화를 중심으로 분석하도록 한다. 그리스 신화는 창세 신화, 영웅 신화, 소설 형식의 신화, 기원 신화 등의 다양한 이야기로 구성된다(이진성, 69-80). 그중에서도 창세 신화에 나오는 최초의 여성 판도라와 올림포스 여신 중에서 가장 매력적이면서도 논란을 불러일으키는 아프로디테, 그리고 영웅 신화에 등장하는 악녀와 괴물들에 대해서 살펴보도록 한다.

2. 판도라 이야기

여성의 창조 이야기는 헤시오도스Hesiodos의 『신들의 계보』에 등장한다. 헤시오도스는 생몰년이 불확실하지만 기원전 8세기 말경에 활약한 그리스 보이오티아 지방의 농민 시인이다. 1,022행으로 구성된 『신들의 계보』는 천지 창조 및 우라노스와 가이아의 결합으로 탄생한 신들의 계보, 그리고 바다 괴물 출현까지를 기술하고 있다(이진성, 58). 헤시오도스의 『일과 날』은 "농경기술과 노동의 신성함을 서술"하고 있는데 최초의 여자, 판도라Pandora가 탄생한 과정이 구체적으로 나온다.[4]

『신들의 계보』에 등장하는 최초의 여자 판도라는 인간에게 불을 제공하는 등 제우스를 속이고 모욕한 프로메테우스에 대한 보복으로 창조되었다. 그래서 그런지 판도라의 탄생 과정을 살펴보면 그녀의 두드러진 특징이 이중성임을 알 수 있다. 비록 흙으로 빚어졌으나 겉모습은 눈이 부시게 아름다웠다. 그 아름다운 의상과 장신구는 신들의 선물이었다.

> 당장 그분께서는 불의 대가로 인간들에게 재앙을 마련하셨으니,
> 이름난 절름발이 신이 크로노스의 아드님의 계획에 따라
> **얌전한 처녀와도 같은 것을 흙으로 빚었던 것이다.**
> 그러자 빛나는 눈의 여신 아테네가 허리띠를 매어주고 은빛 옷을
> 입힌 다음 매만져주었다. 그리고 여신이 그녀의 머리 위로부터
> 아래로 수놓은 베일을 두 손으로 당기니, 보기에 장관이었다.
> 그리고 팔라스 아테네는 그녀의 머리에 풀밭의 꽃으로 만든

4 https://terms.naver.com/entry.naver?docId=1162865&cid=40942&categoryId=40465

싱싱하고 사랑스런 화환을 둘렀다.
그리고 여신이 그녀의 머리에 풀밭의 꽃으로 만든
싱싱하고 사랑스런 화환을 둘렀다.
그리고 여신이 그녀의 머리에 황금 머리띠를 두르니,
이름난 절름발이 신이 아버지 제우스를 기쁘게 해드리려고
공들여 두 손으로 손수 만든 것이었다. (헤시오도스, 570-580행)[5]

하지만 헤시오도스는 "그 안에는 보기에도 장관인 수많은 형상이, 육지와 바다가 기르는 온갖 무서운 짐승이 만들어져 있었다."라며 여인의 아름다움 이면에는 끔찍하고 무서운 내면세계가 숨어 있음을 강조한다. 여자는 인간에게 "함정"이며 "파멸"과 "고통"과 "화"를 가져오는, "아름다운 화"라고 지칭된다. 헤시오도스는 여자를 남자가 수확한 것들을 소비만 하는 수벌로 묘사한다.

그러자 불사신들과 필멸의 인간들은 **인간으로서는**
감당할 수 없는 가파른 함정을 보고 놀라움을 금치 못했다.
왜냐하면 그녀에게서 여자들의 종족이 비롯되었는데,
[왜냐하면 그녀에게서 **파멸을 가져다주는 여자들의 종족과 족속**이
비롯되었는데,]
그들은 남자들과 함께 살 때는 인간에게 큰 고통이요, 저주스런
가난에는 적합한 동반자가 아니지만 부에는 그렇기 때문이다.
마치 꿀벌들이 지붕이 둥근 벌통에서
못된 짓을 하기로 공모한 수벌들을 먹여 살리듯…

5 헤시오도스 인용은 행으로 표시한다. 판도라 인용 중 볼드체는 필자가 강조한 부분이다.

꼭 그처럼 높은 곳에서 천둥을 치시는 제우스께서는
못된 짓을 하기로 공모한 여자들을 남자들에게 화가 되게
만드신 것이다. (헤시오도스, 588-602행)

『일과 날』에서는 온갖Pan 재능dora, 즉 "모든 선물을 받은"이라는 의미의 이름이 처음 언급된 후 최초의 여인 판도라에 대한 부정적인 이야기가 구체적으로 이어진다. 그녀는 프로메테우스의 동생인 에피메테우스에게 선물로 전달된다(83-85행). 에피메테우스는 제우스가 주는 어떤 선물도 받지 말라는 형 프로메테우스의 당부를 무시하고 판도라를 받아들여 재앙을 만나게 된다. 『일과 날』에서도 판도라의 이중성이 강조된다. 아름다운 외모와 살림 솜씨와 달리 그녀는 괴로움과 재앙을 초래하는 교활한 존재로 묘사된다.

"나는 불의 대가로 그들에게 **재앙**을 줄 것인즉,
그들은 모두 자신의 재앙을 껴안으며 마음속으로 기뻐하리라."…
그러고 나서 그분께서는 유명한 헤파이스토스에게 명하여
되도록 빨리 물로 흙을 개어 그 안에다 인간의 목소리와 힘을 넣되
불사의 여신의 얼굴을 닮은 아름답고 사랑스런 모습의
처녀가 태어나게 하셨소. 그분께서는 또 아테네에게 명하여
그녀에게 고운 베를 짜는 수공예를 가르치게 하셨고,
황금의 아프로디테에게 명하여 그녀의 머리 주위에 매력과
고통스런 그리움과 사지를 상하게 하는 상념을 쏟아 붓게 하셨소.
그분께서는 또 아르고스의 살해자인 심부름꾼 헤르메스에게
명하여 **그녀 안에 개의 마음과 교활한 기질을 넣게 하셨소.** (헤시오도스, 57-68행)

판도라는 "거짓말과 알랑대는 말과 교활한 기질" 또한 갖고 있는데 이는 헤르메스가 만들어준 것이었다(78행). "올림포스의 집들에 사시는 모든 신들께서" 인간에게 "고통이 되도록" 판도라에게 여러 기질을 제공한 것이다. 그녀는 『신들의 계보』에서와 유사하게 "가파르고 손쓸 수 없는 함정"이라 불리게 된다(헤시오도스, 83행).

『일과 날』은 판도라 자체가 문제일 뿐 아니라 그녀가 항아리를 열었기 때문에 재앙이 세상에 나타났음을 명시한다. 판도라가 항아리 뚜껑을 열기 전에는 인간들은 "죽음의 운명을 가져다주는 병도 모르고 살았"으나 뚜껑을 열면서 "그런 것들을 모두 내보내니, 인간들에게 그녀는 큰 근심을 안겨주었던 것"이다(92-95행). 희망은 나오기 전에 판도라가 뚜껑을 닫아 항아리 안에 남아 있게 된다.

> 오직 희망만이 거기 부술 수 없는 집 안에
> 항아리의 가장자리 아래 남고 밖으로 날아가지 않았는데
> 그러기 전에 여자가 항아리의 뚜껑을 도로 놓았기 때문이오. (헤시오도스, 96-98행)

판도라로 인해 결국 인간 세상은 고통으로 가득 차게 된다.

> 그 밖의 무수히 많은 고통이 인간들 사이를 떠돌고 있소.
> 그리하여 육지도 재앙으로 가득 차고 바다도 재앙으로 가득 찼소.
> 병들은 낮에 인간들을 찾아가고 다른 병들은 밤에 찾아가오,
> 자청하여, 인간들에게 재앙을 가져다주며, 소리 없이. (헤시오도스, 100-103행)

판도라 이야기를 어떻게 해석해야 할 것인가? 판도라는 변신론theodicy의 한 예라고 할 수 있다. 변신론이란 신에 대한 변명, 즉 인간 세상에 있는 악의 존재라든지 선한 자가 겪는 고통 등에 대한 설명이라고 볼 수 있다.[6] 변신론은 성서에서도 많이 나타난다. 판도라 이야기는 세상에 있는 악과 고통의 이유를 설명한다. 즉 판도라가 있었기 때문에, 그리고 그녀가 항아리를 열었기 때문에 세상에 죽음, 재앙, 고통이 가득 차게 되었다는 것이다. 하지만 헤시오도스의 변신론에 그 시대의 문화와 가치관이 영향을 끼친 것은 분명하다. 헤시오도스의 여성 혐오적 시각은 "당시 부계 혈통을 중시하는 그리스인들의 여성 경멸 이데올로기"를 반영한다고 할 수 있다(문혜경, 76).

: <판도라>, 존 윌리엄 워터하우스, 1895년

고대 그리스의 철인과 문인들은 여성을 통제해야 하는 존재, 문명의 반대편에 속한 존재로 보았다. 그리스 신화 속 여성 괴물, 여성 살인자들이 그런 시각을 대변한다. 즉 여성은 "남성 중심으로 질서화되고 문명화된 공동체의 세계"에 속하지 않는 존재라는 것이다. 여성은 남성에 의해서 계속해서 길들여지고 문명화되어야 하는 땅이나 야생 동물

6 https://en.wikipedia.org/wiki/Pandora

(Blundell, 19 재인용)과 같은 부류로 간주되었다. 여성은 언제든지 남성이 힘들여 구축한 사회의 안정성을 파괴할 수 있는 존재인 것이다.

판도라가 개나 수벌에 비유되었던 것도 같은 맥락의 여성관을 드러낸다. 판도라가 개와 유사하다는 것은 "성적인 분방함"(Crystal, 136)을 암시한다. 고전학자 폴 크리스털Paul Crystal은 여성은 성적인 음탕함과 생식력과 연관을 가지며 개와 마찬가지로 "절반만 길들여진 사회 내의 경계적 지위"(136-137)를 갖고 있다고 분석한다.[7] 이진성 또한 판도라의 식욕과 성욕에 주목한다. 판도라가 "수벌"에 비유되는 것은 왕성한 식욕을 의미한다. 성욕은 진흙과 물로 만들어진 그녀의 "축축한 기질"에서 비롯된다고 보았다(이진성, 145). 더운 여름에도 여성들은 지치지 않고 남성을 탐하고 그들을 늙게 만든다는 것이다.

헤시오도스의 여성관은 경제적인 관점에서 해석할 수 있다. 판도라 창조 이전에는 고생 없이 살았으나 여성과 더불어 남성에게는 부양의 의무가 주어졌다. 판도라를 수벌에 비유하는 것은 판도라를 노동에 기여하지 않고 밥만 축내는 소비만 하는 존재로 본 것이다. 이는 당시 농업의 발전과 관련이 되어 있다고 볼 수 있다. 헤시오도스가 살았던 보이오티아 지방은 토지가 척박하여 농사짓기 힘든 곳이었다. 이러한 곳에서 여성보다는 남성의 노동력이 더 존중받았을 것이다. 헤시오도스가 여성을 경제적으로 낭비를 일삼는 '악'으로 묘사하고 있는 것도 놀랄 일이 아니다(문혜경, 72-73).

남성의 삶에 재앙을 가져오는 문제의 원천으로서의 여성의 모습은 그리스 시대 이후에도 여러 가지 형태로 존속한다. 신화 속 여성 마녀와 괴물, 중세와 근세의 마녀사냥, 현대 소설과 영화에서 찾아볼 수 있

7 크리스털은 『일리아드*Iliad*』에서 아가멤논이 "여자보다 더 암캐 같은 것은 없다."라고 말한 것을 언급하기도 한다.

는 팜므 파탈 등은 모두 여성은 악하다는 뿌리 깊은 고정관념과 밀접한 관련을 맺는다.

3. 올림포스 여신, 아프로디테의 추락

올림포스 여신들 중 인간의 삶에 가장 드라마틱한 영향력을 발휘한 여신은 아프로디테이다. 트로이 전쟁이 일어나는 계기를 제공한 것도 아프로디테이다. 물론 전쟁의 큰 그림은 다른 신들이 만들었다. 바다의 여신 테티스와 프티아의 왕 펠레우스의 결혼식에 초대받지 못한 불화의 여신 에리스가 결혼식장에 불쑥 등장한다. 그리고 '가장 아름다운 여성에게'라고 적은 황금 사과를 피로연장에 내던진다. 그곳에는 아테나, 헤라, 아프로디테가 있었지만 신들은 누가 가장 아름다운지를 결정하지 못하고 이데 산에서 양을 치고 있던 트로이의 왕자 파리스에게 결정하게 했다. 각 여신은 파리스에게 선물을 내걸었다. 아테나는 "전쟁에서의 승리와 지혜"를, 헤라는 "아시아 전역의 통치권"을, 아프로디테는 "세상에서 가장 아름다운 여인"을 주겠다고 약속했다. 결국 파리스는 메넬라오스와 결혼해 살고 있는 헬레네를 얻게 된다. 아내를 잃은 메넬라오스는 형인 아가멤논에게 자초지종을 전달하고 결국 그리스와 트로이의 전쟁이 벌어지게 된다(이진성, 273-276). 아프로디테는 유부녀인 헬레네를 파리스와 만나게 함으로써 수많은 사람의 목숨을 앗아가고 한 문명을 멸망하게 한 큰 전쟁이 일어나는 것을 마다하지 않았다. 오로지 그 이유는 자신이 세상에서 가장 아름다운 여성임을 인정받고 싶어서였다. 이 이야기는 아프로디테의 극단적 이기주의를 보여준다. 자신의 자존심을 만족시키기 위해서는 누가 어떠한 대가를 치르든지 아랑곳하지 않는 것이다. 여성은 자신의 외모와 허세 섞인 자존심에만 집착한다는 여성관을 반영하는 이야기라고 볼 수도 있다.[8]

미의 자존심을 지키기 위해 한 문명의 멸망 정도는 아랑곳하지 않던 아프로디테도 남성 중심적 사회에서 드라마틱한 추락을 겪게 된다. 원래 아프로디테는 "자연의 왕성한 생식력과 끈질긴 회생력을 상징하며 다산과 모든 생명체의 정상적인 성장을 주관했던" "우주 전체를 지배하는 무서운 힘을 가진" 강력한 생식력의 여신이었다(유재원, 146). 그러나 남성 중심의 제우스 신앙이 들어오자 주신으로서의 아프로디테는 잊혀지고 "생식과 번식의 요체가 되는 사랑"만이 직분으로 남게 되었다(유재원, 146). 아프로디테의 원형으로 알려진 이슈타르와 비교해보면 아프로디테의 힘이 축소, 변형되었음이 확연히 드러난다.[9] 이슈타르는 메소포타미아 등의 근동 지방에서 "천국의 여왕"으로 불리기도 했으며 "사랑, 아름다움, 섹스, 전쟁, 정의, 정치적 권력"과 관련이 있는 신이다. 이슈타르는 수메르에서는 인안나라고 불리었으며 숭배의 중심이 되었던 우루크Uruk의 인안나 사원의 주인이었다.[10]

아프로디테의 추락은 몇 가지 측면에서 확인된다. 먼저 아프로디테가 세상을 살리는 생식력의 여신이라는 지위를 잃고 천박한 성적 쾌락, 음탕함을 대표하는 존재로 변모했다는 것이다. 아프로디테의 자유로운 성관계는 신들의 질타의 대상이 된다. 올림포스 신들 중 가장 아름다운

---

8 세 여신의 미모 경쟁 이야기는 호메로스Homeros의 『일리아드』 24권에 언급되며 그 외의 여러 서사시, 신화집에도 나온다.

9 박정오 또한 "그리스 신화에서는 사랑과 성욕 외에는 모든 기능을 상실했음을 알 수 있다. 가부장제의 발달로 위대한 대지모신의 전통에서 사랑의 여신으로, 강력한 여성성의 힘은 남성들이 바라는 섹슈얼리티의 힘으로 분화되면서 아프로디테의 신성은 희생되고 잊혀졌다."며 아프로디테의 능력이 축소되었음을 지적한다(박정오, 2007: 36).

10 https://en.wikipedia.org/wiki/Inanna

⋮ <헤파이스토스에게 잡힌 아프로디테와 아레스>, 루카 조르다노, 1670년

아프로디테는 신들 중에 가장 못생기고 절름발이인 대장장이 신 헤파이스토스와 결혼한 후 다수의 간통 사건을 일으키게 된다. 헤시오도스의 『신들의 계보』에서는 확인되지 않는 아프로디테의 결혼 이야기가 호메로스의 『오디세이*Odyssey*』 8권에 등장하는데 설화로 전승된 것으로 보인다. 여러 가지 버전이 있으나 분명한 것은 아프로디테가 원해서 헤파이스토스와 결혼한 것은 아니라는 것이다. 결혼한 후에도 아프로디테는 여러 애인을 두었으며 그중에서 가장 유명한 연애 사건은 전쟁의 신 아레스와의 일이다. 아프로디테와 아레스의 간통 사건을 목격한 태양의 신 헬리오스는 이 사실을 헤파이스토스에게 알려주고, 그는 눈에 보이지 않는 그물로 성관계 중인 두 연인을 꼼짝 못하게 뒤집어씌운다. 그뿐 아니라 올림포스의 신들을 불러 모아서 아프로디테와 아레스를 조롱거리로 삼는다. 큰 망신을 당한 아프로디테는 키프로스로 도피한다. 생식력의 여신조차 일부일처제의 굴레에 갇혀 망신을 당하는 것은 여성의 섹슈얼리티에 대한 그리스인들의 경계심을 보여준다.

여성의 성에 대한 남성의 두려움을 보부아르는 『제2의 성』 상편에서 다음과 같이 분석했다.

… 일체의 성행위에 있어서 '타자'가 관계된다… 그리고 '타자'의 가장 흔한 얼굴은 여자의 얼굴이다. 남자가 자기 자신의 육체의 수동성을 가장 뚜렷이 느끼는 것은 여자 앞에서이다. 여자는 흡혈귀요, 식충이요, 술고래이다. 여자의 성기는 게걸스럽게 남성의 성기를 먹고 산다. (257)

그리스, 로마인들은 남성의 성기를 먹고 산다고 할 수 있는 아프로디테를 그대로 승승장구하도록 놓아둘 수는 없었을 것이다.

아프로디테의 지위는 시간이 지날수록 더욱 추락한다. 생식력의 여신 아프로디테가 사랑의 여신으로 약화되다가 쾌락의 여신으로까지 변모하게 된다(이진성, 188). 남녀 간의 사랑은 아프로디테의 아들인 에로스가 주관하게 되고, 아프로디테는 성욕을 부추기는 여신으로 전락한다. 오늘날 언어에서도 아프로디테의 성격을 확인할 수 있다. '최음'을 뜻하는 'aphrodisiac'이 아프로디테의 이름에서 비롯한 것은 아프로디테의 변모를 잘 보여준다(이진성, 188-189). 영어로 'aphrodisia'는 '성욕과다증'을 이르는 말이며, 음란, 외설을 의미하는 어근 포르노porno는 아프로디테의 별명인 '포르네'에서 비롯되었다(유재원, 171). 기원전 5세기 말 아테네와 스파르타 간의 펠로폰네소스 전쟁(기원전 431-404)으로 그리스 문명의 전성기는 끝나게 되고, 올림포스 신에 대한 대중의 생각도 변화하게 된다. 윤리학자들은 "아프로디테가… 방탕과 타락을 부추기는 사악한 신이라고 비난했다"(유재원, 170). 기독교 시대가 열리면서 아프로디테는 더욱 비난의 대상이 된다. 매춘이 아프로디테(이슈타르) 신전에서 방문객에게 몸을 파는 '사원 매춘'에서 비롯되었기에 아프로디테는 그리스도인들에게 죄의 싹이라고 할 수 있었다.[11]

학자들은 아프로디테의 추락의 배후에는 일부종사의 가부장제가 자리한다고 분석한다. 제우스의 성적인 분방함이 "씨족 연맹 사회"에서 생존의 필수 조건인 "생식 능력"을 나타내는 것이라면, 여성에 대한 통제는 핏줄에 대한 통제와 관련을 맺는다(로터, 55). "단 한 남자와 배타적인 성관계—특히 부자 관계임을 증명하는 데 있어서 모든 의구심에서 자유롭기 위해 부인에게 정절을 지킬 것을 요구했던 일부일처제—를 가지라는 의미에서 부인을 고립화"시키는 성적 제약이 생명과 풍요의 여신인 아프로디테의 추락에 기여했다는 것이다(로터, 55). 제우스의 복잡한 성관계가 비난받지 않는다는 것은 성에 대한 잣대가 남녀에게 달리 적용되었음을 보여준다. 점차적으로 여신 숭배에서는 신성시되던 육체적 사랑의 자연스러운 즐거움은 죄악시되고 금욕이 권장되었다.

기원전 4세기경 플라톤 철학에서는 아프로디테를 두 종류로 분류했다. 즉 정신적 사랑을 나타내는 우라누스의 딸인 천상의 아프로디테Aphrodite Ourania와 육체적 욕망을 나타내는 제우스와 디오네의 딸인 세속의 아프로디테Aphrodite Pandemos로 나누었다(Baring and Crashford, 358).[12] 천상의 아프로디테가 상징하는 '사랑'과 그녀를 위한 제례는 더 숭고한 것으로 여겨졌다. "세속적 사랑을 정신적 사랑에 종속시키는데 이러한 종속은 고대 그리스를 특징짓는 여성 혐오의 경향을 만족시켜 주었다. 하늘에는 지성과 정신, 그리고 남성적 원리를, 땅에는 열정과 육체, 그리고 여성적 원리를 부여한다"(박정오, 2007: 40-41). 이러한 양분화는 이후 기독교 문화에서 성모 마리아와 같은 성처녀와 타락한 여인의 이항 대립으로 완성된다. 즉 육체적 욕망을 저급한 것, 죄의 원천으로 간주하게 되는 것이다.

---

11 이슈타르 예배소에서 행해진 사원 매춘은 그리스 문화 영역에서 아프로디테 사원으로 넘겨졌다. 이러한 사원 매춘은 키프로스나 시칠리아뿐만 아니라 코린토스에서도 행해졌다(로터, 63-64).

12 박정오, 2007과 https://en.wikipedia.org/wiki/Aphrodite_Urania를 참조했다.

아프로디테는 기원후가 되어서는 결국 인간에 대한 "질투와 독점욕"을 드러내는 초라한 여인으로 변모한다.[13] 아프로디테는 약속을 어기고 정당한 경배를 바치지 않는 인간에게 분노를 표출한다. 그 예로는 히폴리투스가 자신을 무시하자 계모인 페드라로 하여금 히폴리투스와 사랑에 빠지게 해서 파국을 일으키게 한 사건이 있다. 또한 렘노스섬의 여자들이 아프로디테에게 제사를 드리지 않자 몸에서 악취가 나게 하여 남편들이 아내를 멀리하고 '트라케' 출신 여종들하고만 잠자리를 갖게 만들었다. 그리고 그리스의 메넬라오스가 구혼자들을 물리치고 헬레네를 아내로 맞이하게 되었으나 아프로디테에게 약속한 공물을 바치지 않자 여신은 헬레네가 파리스와 도망치도록 만들기도 한다.

신화는 아프로디테의 질투와 독점욕에도 집중한다. 아프로디테는 인간을 질투하여 복수를 감행하기도 하는데, 그로 인해 새벽의 여신 에오스는 아레스와 잠자리를 가진 벌로 젊은 남자를 향한 해소되지 않는 성욕에 시달리게 된다.

아프로디테의 복수 이야기 중 가장 잘 알려진 것은 프시케에 대한 것이다. 이 이야기는 기원후 2세기 중엽, 로마의 한 작가가 만든 것인데 유재원은 이 이야기를 신화라기보다는 민담에 가깝다고 본다(176). 한 왕국의 공주인 프시케는 너무 아름다워서 사람들이 아프로디테의 신전에 와서 숭배하지 않고 프시케를 숭배하게 된다. 분노한 아프로디테는 자신의 아들 에로스에게 프시케가 괴물과 사랑에 빠지게 하라 명한다. 그러나 너무나 아름다운 프시케의 모습을 본 에로스는 본인이 사랑에 빠지게 된다. 밤에만 찾아오는 에로스의 정체가 궁금해서 잠이 든 에로스 위에 몰래 불을 비춘 프시케는 잠든 에로스를 깨우게 된다. 배

13 https://www.theoi.com/Olympios/AphroditeWrath.html과 유재원을 참조했다.

⋮ <잠든 에로스를 놀라게 하는 프시케>, 루이 장 프랑수아 라그레네, 1769년

신감에 사라져버린 에로스를 찾기 위해서 프시케는 아프로디테의 도움을 요청하게 된다. 바로 이때 아프로디테의 치졸함이 부각된다. 이 이야기에서 아프로디테는 더 이상 생식력의 여신도, 쾌락의 여신도 아니다. 며느리를 구박하는 못된 시어머니의 모습이 된다(각주 13번 인터넷자료 참조). 또는 백설공주의 새어머니 마녀의 모습인 것이다(유재원, 176). 아프로디테가 프시케에게 시키는 일련의 임무들은 팥쥐 엄마를 생각나게 한다. 예를 들어서 산더미 같은 곡식알을 쌓아놓고 종류별로 분류하라는 것이다. 또는 폭포로 떨어지는 물을 길어오라는 것이다. 각 경우 개미와 독수리가 도와줘서 임무를 완수하게 된다. "기원후 2세기에 아프로디테가 가련하고 청순한 프시케를 괴롭히는 악녀로 묘사되는 이야기가 만들어졌다는 사실은 이제 미의 여신으로서의 아프로디테는 죽었다는 것을 의미한다"(유재원, 176). 점점 커져가는 기독교의 힘 앞에서 다신교의 방탕한 여신은 무력하게 사라져갔다.

4. 신화 속 악녀, 마녀 그리고 괴물

그리스 신화에는 여러 악녀와 마녀, 여성 괴물들이 등장한다.[14] 그리스 신화에 등장하는 대표적인 악녀로는 자녀를 죽인 메데이아Medea와 남편을 죽인 클리타임네스트라를 들 수 있다. 마녀로는 남자들을 유혹하여 늑대, 돼지 등의 짐승으로 바꿔버린 키르케Circe가 유명하다. 아름다운 여성이었던 스킬라를 질투하여 머리가 여섯 달린 괴물로 바꿔버린 것도 키르케였다. 괴물로는 메두사Medusa, 스테노, 에우뤼알레 등 세 명의 고르곤 자매들을 들 수 있다. 그들은 머리카락이 독사로 만들어졌는데 누구든지 그들을 보는 사람은 돌로 만들어버렸다. 호메로스의 『오디세이』에 등장하는 바다 괴물인 스킬라와 카리브디스도 있다. 여자의 머리를 한 새인 하르피아, 음악의 요괴인 사이렌, 지혜의 요괴인 스핑크스, 백발 마녀들인 그라이아이, 복수의 여신인 에리니에스, 미친 어머니 여신 라미아 등이 있다(장영란, 304-316). 여성 괴물의 등장 시기에 대해서 장영란은 가부장적인 올림포스 신들이 정착한 후, 여신들은 남신의 보조적 존재로 전락하거나 "괴물의 형상을 한 악한 존재들로 변형"되었다고 보고 있다(301).

인류가 여성 괴물을 창조하고 집착했던 원인에 대해서는 여러 가지 해석이 존재한다. 보부아르 이후의 여성학자들은 여성 괴물의 등장이 남성이 여성에게 느끼는 경계심과 두려움에서 비롯되었다고 분석한다. 보부아르는 남자가 스스로를 "실격한 신처럼 생각"한다고 분석한다.

---

14 위키피디아에는 "문학 속 여성 괴물female monsters in literature"이라는 항목으로 놀라울 정도로 많은 여성 괴물들이 시대순으로 정리되어 있다.
https://en.wikipedia.org/wiki/Female_monsters_in_literature#Antiquity_Greek mythology

> 불행은 "찬란한 하늘에서 떨어져 어머니 뱃속의 혼돈의 암흑 속으로 밀어 넣어졌다는 것이다… 잉태되었다는 것, 그리고 출산되었다는 것은 자기 운명에 짐이 되는 저주요, 자기 존재를 더럽히는 오염이다… 이와 같이 '어머니인 여성'은 암흑의 얼굴을 가지고 있다. 그녀는 혼돈이다… 어떤 사회에서도, 현대에서도 여자는 아직도 남자에게 공포심을 불어넣고 있다. 이것은 남자가 여자에게 투사하는 남자 자신의 육체적 우연성의 공포이다. (『제2의 성』 상편, 222-226)

『다락방의 미친 여자*The Madwoman in the Attic*』(1979)의 저자인 샌드라 길버트Sandra M. Gilbert와 수잔 구바Susan Gubar 역시 남성이 여성에 대해서 갖는 두려움과 괴물의 탄생을 연관시킨다.

> 더욱이 카렌 호니와 도로시 디너슈타인이 보여주었듯이 여성에 대한 남자의 두려움, 특히 어머니의 자율성에 대한 유아적 두려움은 역사적으로 여성에 대한 비난으로 객관화되었다. 반면에 여자의 "마력"에 대한 남자의 양면성은 스핑크스, 메두사, 키르케, 칼리, 딜라일라, 살로메 같은 무시무시한 "마녀-여신"의 전통적 이미지의 근저에 깔려 있다. 그들 모두는 남자를 유혹해서 그 생식 에너지를 훔칠 수 있는 기술을 소유하고 있다. (109)

장영란 또한 "인간에게 두려운 존재들이 여성의 형상을 띠는 것은 이러한 의식의 주체가 남성이기 때문"(301)이라고 주장하면서 여성 괴물의 등장 이면에는 남성이 갖는 두려움이 자리한다고 판단한다. 차희정은 여성학자 히더 두다Heather L. Duda를 인용해 남성의 경계의 대상으로 "여성의 섹슈얼리티"와 여성을 포함한 "타자"를 들고 있다.

> 가부장적 사회에서 규정된 정상normality 또는 보편적 상식에 반하여 비정상적이라 여겨지면서 억제되고 억제되어야 할 것, 즉 "성적 에너지, 양성애, 여성의 섹슈얼리티와 창조성, 어린이의 섹슈얼리티, 또는 타자-특히 여성, 노동자, 다른 문화, 소수 민족, 대안적 이데올로기, 성적 이상자들, 그리고 아이들"이 괴물의 형태로 나타난다(Duda, 10). 따라서 남성의 섹슈얼리티가 정상이라면 여성의 섹슈얼리티는 기형적이며 괴물적인 것이다. (차희정, 197)

여러 학자들은 여성 괴물의 실체를 알기 위해서는 그 이면을 볼 것을 권고하고 있다.

이 절에서는 뱀의 머리를 한 괴물 메두사, 남자를 유혹해 짐승으로 만들어버리는 키르케, 그리고 남편에 대한 복수로 자녀들을 죽인 메데이아를 중심으로, 이들이 갖는 사회적, 문화적 의미를 분석해보고자 한다. 메두사는 시각 예술과 저서 등을 통해서 인간의 상상력을 사로잡아온 인물이다. 메두사는 바다의 신인 포르키스와 누이 케토가 낳은 세 명의 고르곤 중 유일한 인간이다.[15] 푸블리우스 오비디우스Publius Ovidius(기원전 43-17/18)의 『변신 이야기』에 의하면 메두사는 많은 남자들의 구애를 받는 머리카락이 아름다운 처녀였으나 포세이돈의 사랑을 받아 아테나 여신의 신전에서 포세이돈과 관계를 갖게 되고, 이로 인해 아테나 여신에게 미움을 받게 된다. 아테나는 망신을 당한 앙갚음으로 메두사의 아름다운 머리카락을 뱀으로 만들어버린다. 또한 메두사는 그녀를 본 사람은 누구나 돌로 바꾸는 능력을 보유하게 된다. 메두사에 대한 이야기는 그녀의 머리를 자른 영웅 페르세우스를 통해 전

15 https://en.wikipedia.org/wiki/Gorgon

⋮ <메두사>, 페테르 파울 루벤스, 1618년

해진다. 페르세우스는 폴리덱테스 왕의 명을 받아 메두사의 머리를 자른다. 폴리덱테스는 페르세우스의 모친과 결혼하고자 아들을 제거하려고 했던 것이다. 페르세우스는 직접 메두사를 보게 되면 돌로 변하기 때문에 메두사가 잠든 틈을 타서 "청동 방패"에 비친 모습을 보고서 목을 벤다. 메두사의 마력은 죽은 후에도 지속되었다. 페르세우스는 메두사 머리를 방패에 매달고 다녔는데 그를 공격해온 폭도 200여 명이 메두사의 얼굴을 보고 돌로 변했다고 한다(오비디우스, 153, 161).

유명 패션 브랜드 베르사체의 로고로도 사용되고 있는 메두사는 여러 비평가들에게서 폭넓은 관심을 받아왔으며 다양한 해석이 존재한다. 역사적 사건에 기반을 둔다는 해석부터 소년이 어머니의 성기를 처음 보고 느낀 거세공포를 드러낸다는 정신분석학자 지그문트 프로이트Sigmund Freud의 해석, 메두사를 강간한 포세이돈은 무사한 반면 희생자 메두사만 처벌을 받은 비합리적 상황에 주목하는 해석, 뱀 머리카락

: 샌프란시스코 거리의 메두사 벽화

을 휘날리는 메두사가 차별과 억압을 받아온 여성의 분노female rage를 상징한다고 보는 해석 등 다양하다.[16] 전통적으로 생식력을 상징해온 뱀 머리카락을 통해서 메두사가 생식력을 상징한다고 보기도 한다.

수많은 여성 괴물 중에서 21세기에도 세간의 이목을 끄는 존재로는 메두사가 가장 두드러진다. 『메두사: 고르곤 미스테리 풀기*Medusa: Solving the Mystery of the Gorgon*』의 저자인 스티븐 윌크Stephen Wilk는 세월이 가도 메두사의 영향력이 사라지지 않는 이유로 메두사가 "무시무시하고 분노하는 수호자의 역할"을 수행하고 있기 때문이라고 분석한다.

16 https://en.wikipedia.org/wiki/Medusa
메두사를 여성 분노의 상징으로 본 책으로는 Mary Valentis and Anne Devane, *Female Rage: Unlocking Its Secrets, Claiming Its Power*. New York: Clarkson Potter, 1994가 있다. 메두사를 강간을 당했으면서도 비난을 받는 여성으로 해석한 예로서 주디 타칵스Judy Takács를 들 수 있는데 타칵스는 미투 운동과 더불어 #Me(dusa)too를 단 메두사의 초상화를 그리기도 했다.

여성이어서 겪어야 했던 고통스러운 비밀과 분노를 특이한 외모로 보여주는 메두사는 "즉시 알아차릴 수 있는 분노의 상징이면서 여성 비밀의 수호자"라는 것이다.[17] 비록 괴물이 되어버리긴 했으나 메두사의 능동성과 남성을 돌로 변화시키는 초능력에 주목하는 학자들도 있다. 즉 메두사는 남성 중심 사회의 희생 제물이 아니라 저항의 상징이 될 수 있다는 것이다. 차희정은 "남성의 시선을 제압하고 돌로 변하게 하는 메두사의 시선은 남성 중심적 이데올로기에 대한 저항을 의미한다."고 해석한다(200). 차희정은 더 나아가서 "여성 문학텍스트의 '메두사 또는 여자 괴물 되기'란 침묵하는 수동적 존재에서 분노를 분출하는 능동적 존재로의 전환을 의미한다."(202)고 주장한다. 프랑스 페미니스트 엘렌 식수Hélène Cixous는 「메두사의 웃음The Laugh of the Medusa」에서 남성 중심의 세계를 변화시키기 위한 여성적 글쓰기를 강조하면서 메두사를 새로운 시작을 알리는 상징으로 활용한다. 식수는 "그녀를 보기 위해서는 그저 바로 메두사를 바라보기만 하면 됩니다. 그녀는 생명을 앗아가지 않습니다. 그녀는 아름다우며 웃고 있습니다."(Cixous, 12)라고 말한다. 윤학로는 이 문장에서 식수가 "그리스 로마 신화에 등장한 메두사의 특징을 거의 모두 부정하고 있다."고 주장한다(192-193). 정면에서 본다는 것은 돌로 변해서 죽는 것을 의미하지만, 두려워하지 않고 바라본다면 그녀는 거세된 성기가 아닌 아름다운 존재인 것이다. 메두사의 웃음은 남성들이 자신의 머리에 부여했던 의미를 전복한다. 식수가 「글쓰기로의 도착Coming to Writing」에서 웃음이 "죽음으로부터 탈출할 수" 있다고 주장(윤학로, 194 재인용)했듯이 웃음으로써 메두사는 남성을 죽이는 존재로부터 탈출한다. 죽이는 대신에 식수는 메두사를 포함한

17 https://en.wikipedia.org/wiki/Medusa

여성을 '주는' 존재로 규정한다. "그녀는 준다. 생명과 사상과 변화 같은 것을"(Cixous, 20). 이런 맥락에서 메두사는 남성에 의해 왜곡된 파괴하는 존재가 아니고 새로운 시작을 알리며, 생명을 살려내는 존재로 재해석된다.

다음으로 분석해볼 마녀는 키르케이다. 키르케는 태양신 헬리오스와 바다의 님프 페르세이스의 딸로, 인간을 짐승이나 괴물로 바꾸는 등의 마술이나 저주 능력이 뛰어난 마녀이다. 남편에게 복수하기 위해 자녀들을 죽인 메데이아의 고모이며, 테세우스를 사랑했던 아리아드네의 이모이기도 하다.[18] 키르케에 얽힌 이야기 중 가장 유명한 것은 오디세우스와 관련한 것이다. 『오디세이』뿐 아니라 『변신 이야기』에도 등장하는 에피소드에서 키르케는 트로이 전쟁이 끝난 후 고향으로 가던 중 아이아이에 섬에 들른 오디세우스의 부하들을 모두 돼지로 만들어버린다(Homeros, 152-167; 오비디우스, 474-477). 오디세우스는 다행히 헤르메스로부터 키르케의 마법에 걸리지 않게 하는 약초를 받아서 무사했으나, 키르케를 사랑하게 되어 1년이나 이 섬에 머물며 텔레고노스를 비롯한 아들 셋을 두게 된다. 키르케 또한 오디세우스를 사랑하게 되어 그를 극진히 대접하고, 부하들을 인간으로 돌려놓을 뿐 아니라 오디세우스의 안전한 항해를 위해 도움을 주기도 한다.

그녀가 저지른 악행 중에는 사랑에 얽힌 것이 많다. 그런 연유로 키르케를 사랑에 약한 마녀라고 평하기도 한다. 키르케는 바다의 신 글라우코스가 짝사랑하던 님프 스킬라의 마음을 얻을 수 있는 묘약을 만들어 달라고 부탁을 하자 도리어 스킬라를 머리 여섯 달린 뱀으로 만

---

18 신화의 기본적인 내용은 『그리스로마신화 인물백과』 https://terms.naver.com/entry.naver?docId=3398200&cid=58143&categoryId=58143와 https://ko.wikipedia.org/wiki/키르케를 참조했다.

⋮ <오디세우스의 부하들을 인간으로 되돌리는 키르케>, 지오바니 바티스타 트로티, 1610년

들어버린다.[19] 이유는 자신이 글라우코스를 사랑하게 되었기 때문이다. 이 이야기는 『변신 이야기』에 등장한다. 『변신 이야기』에는 미남인 피쿠스에게 반해 사랑을 고백하는 키르케 이야기도 나온다. 하지만 이미 사랑하는 아내가 있는 피쿠스가 자신을 거부하자 화를 못 참은 키르케는 피쿠스를 딱따구리로 만들어버린다. 키르케는 피쿠스의 신하들도 짐승으로 바꿔버린다. 피쿠스를 기다리던 아내 카넨스는 기다리다 지쳐 골수부터 녹아 사라졌다고 한다(오비디우스, 477-482).

키르케도 메두사만큼이나 후대인들을 매료시켰다. 키르케는 철학적 토론의 주제를 제공하기도 했다. 인간이 동물로 변했을 때 인간으로서의 이성은 유지되었을 것인가가 토론의 주제였다. 16세기 이탈리

19 스킬라는 오디세우스의 항로를 방해하는 괴물로 등장하기도 한다.

⋮ <스킬라의 목욕물에 독약을 붓는 키르케>, 존 윌러엄 워터하우스, 1892년

아에서는 인간이 동물로 변모한 것이 바람직한 것이냐 또는 다시 인간으로 돌아오는 것이 좋은 것이냐를 두고 토론을 하는 작품들도 등장했다.[20] 지오바니 바티스타 겔리Giovanni Battista Gelli가 쓴 『키르케*Circe*』(1549)가 한 예인데 이 작품은 오디세우스와 동물로 변한 사람들의 대화로 구성되어 있다. 예술가들 또한 자신의 욕망에 충실하고 거리낌이 없는 그녀의 모습에 매료되어 시, 소설, 희곡, 오페라, 회화 등을 통해 그녀를 빈번하게 재현하고 재해석했다. 특별한 이유도 없이 자신의 영역에 들어온 남성들을 짐승으로 변모시키는 키르케는 "남을 해치는 여성의 원형"이라고 할 수 있다. 또한 쉽게 사랑에 빠지는 그녀는 성적으로 자유로운 여성이라고 할 수 있다. 르네상스 이후의 시각 예술에서 키르케는 그런 모습으로 화려하게 나타났다.[21] 문학에서는 보다 과감한 재해석이 나타났다. 19세기 시인인 어거스트 웹스터August Webster는 "키르케"라는 시에서 키르케 스스로 자신의 행위를 설명하게 한다. 키르케는 이 시에서 자신이 남자들을 돼지로 바꾼 것이 아니라 사람인 척하는 껍질을 벗겨낸 것뿐이라고 주장한다. 최근에는 마들린 밀러

20 https://en.wikipedia.org/wiki/circe

21 https://en.wikipedia.org/wiki/Circe와 https://ko.wikipedia.org/wiki/키르케를 참조했다.

Madeline Miller가 소설 『키르케*Circe*』(2018)를 통해서 여성이 중심이 되는 여성 서사를 시도하고 있다. 남성 중심의 시각에서 남성에 의해서 탄생한 키르케를 여성의 관점에서 재해석한 것이다. 소설은 왜 키르케가 마녀가 되었으며 마녀가 되어 무엇을 이루어가고, 어떻게 변모해가는지를 여성의 관점에서 추적한다. 키르케의 명예 회복은 바야흐로 본격적으로 시작되고 있다.

다음으로 키르케의 조카이기도 한 메데이아를 살펴보자. 메데이아는 유럽의 변방 콜키스의 왕 아이에테스의 딸이다. 메데이아는 황금 양털을 찾아서 콜키스에 온 그리스 이올코스의 왕자 이아손을 보고 사랑에 빠진다. 이아손이 황금 양털을 획득하기까지는 메데이아의 도움이 필수적이었다. 아이에테스는 이아손에게 황금 양털을 지키고 있는 불을 내뿜고 청동 발굽을 가진 황소들에게 쟁기를 갈게 하고, 밭에다 용의 이빨을 뿌릴 수 있으면 황금 양털을 주겠다고 한다. 이아손을 사랑하는 메데이아는 자신을 데리고 떠나겠다는 약속을 믿고 이아손을 돕는다.[22] 메데이아는 이아손에게 황소가 내뿜는 불로부터 몸을 보호할 연고를 제공하고, 약초를 써서 용을 잠들게 해서 이아손이 황금 양털을 획득하게 돕는다. 메데이아는 이아손이 황금 양털을 가지고 무사히 도망칠 수 있도록 자기 남동생을 죽이기까지 한다. 아버지가 남동생의 장례를 치르는 동안 이아손은 무사히 빠져나간다.

이아손과 메데이아는 이아손의 고향인 이올코스로 돌아오나 이아손의 삼촌인 펠리아스는 왕위를 넘겨주지 않는다. 메데이아는 마법을 사용해서 이아손의 아버지를 젊어지게 만들고, 이를 본 펠리아스의 딸들이 부친을 젊어지게 해달라고 하자 속임수를 써 펠리아스를 죽게 만든

22 신화의 기본적인 내용은 https://en.wikipedia.org/wiki/Medea, 장영란의 『신화 속의 여성』(73-97), 오비디우스의 『변신 이야기』(217-233)를 참조했다.

⋮ <격노한 메데이아>, 외젠 들라크루아, 1838년

다. 결국 이아손과 메데이아는 이올코스를 떠나 코린토스에 정착해 자녀를 낳고 살게 된다. 그곳에서 이아손은 코린토스의 왕인 크레온에게서 자신의 딸 크레우사와 결혼할 것을 제안받고 결국 메데이아를 배신한다.[23] 크레온은 딸의 결혼에 방해가 되는 메데이아와 자녀들을 추방시키고자 한다. 분노에 찬 메데이아는 연적인 크레우사를 죽이고 이아손의 대를 끊어놓으려 자녀들까지도 죽인다. 메데이아는 죽은 자녀들을 헤라의 신전에 묻고 자신은 헬리오스가 보내준 전차를 타고 아테네로 도망친다.

자녀를 죽인 메데이아는 그리스 신화에서 가장 논쟁적인 인물이다. 과연 그녀를 어떻게 해석해야 할 것인가? 메데이아는 복수에 눈이 멀어 천륜을 저버린, 변명의 여지가 없는 악녀인가? 그녀가 처한 상황을 상세히 분석해보면 메데이아 또한 가부장제의 희생물이라고 볼 수 있다. 아버지에게 종속되어 살다가 사랑에 빠져 아버지를 배신하고 남동생까지 죽이고 남자를 선택했으나 그 남자에게 버림받은 메데이아는 가해자이면서 피해자이다. 송희영은 메데이아를 가부장제에 맞서 싸운 여성으로 해석한다. 메데이아가 결혼을 통한 행복이 부질없음을 깨닫

23 크레우사의 라틴어 이름은 글라우케Glauce이다.

고, 이아손의 배신을 통해 여성이 얼마나 불평등한 상황에 있는가를 알게 되고, 아이들을 죽임으로써 남성 위주의 가치관에 정면으로 도전했다는 것이다(102).

메데이아를 자녀를 살해한 악녀로 부각시킨 것도 가부장제 문화라고 볼 수 있다. 신화에는 메데이아의 자녀들의 죽음에 대해서 다섯 가지 이상의 이설들이 존재한다. 기원전 8세기 시인 에우멜루스Eumelus는 메데이아가 자녀들이 영생할 것을 믿고 헤라의 사원에 산 채로 매장하는 바람에 자녀들이 죽었다고 쓰고 있다. 또 메데이아의 자녀들을 코린토스의 시민들이 죽였다는 설도 있다.[24] 하지만 그리스 신화를 정리하고 재창조해서 명성을 얻은 극작가 에우리피데스Euripides(기원전 480-431), 오비디우스, 세네카Seneca(기원전 4-65) 등의 남성 작가들은 메데이아의 제어되지 않는 감정과 극단적 폭력성에 집중했다. 결국 인류의 고전으로 남은 작품 속의 메데이아는 그리스에서 멀리 떨어진 변방 출신의 야만적 여성이란 자체만으로 통제되어야 할 존재이다. 메데이아를 잔인한 악녀로 그림으로써 주류 남성 작가들은 변방과 여성, 특히 변방의 여성에 대한 경계와 통제를 정당화한다.

에우리피데스의 비극은 메데이아가 자녀들을 죽이는 것으로 끝나지만 『변신 이야기』는 메데이아가 비룡이 끄는 수레를 타고 아테네로 들어가 아이게우스 왕과 결혼한다고 적고 있다. 또한 메데이아가 사후 아킬레우스와 엘뤼시온이라는 축복의 섬에서 결혼했다는 이야기도 존재한다(장영란, 91). 메데이아의 행복한 말년의 이야기는 그녀에 얽힌 이야기가 정전을 통해 내려오는 것들과는 다른 관점을 담고 있음을 시사한다.

---

24 https://en.wikipedia.org/wiki/Medea

5. 신화의 활용은 현재진행형

대부분의 악녀나 여성 괴물은 남성 중심의 문화에서 탄생하고 남성 작가들이 정리하고 재해석한 것들이다. 남성 작가들의 악녀에 대한 집착은 집요하다. 이 장에서 다룬 아프로디테, 판도라, 메두사, 키르케, 메데이아 등의 악녀들은 시간과 공간을 뛰어넘어 오늘날까지도 여러 문화권에서 활약하고 있다. 성적 매력으로 남성을 유혹해 정신을 차리지 못하게 하고 때로 파멸에 이르게 하는 아프로디테, 키르케와 같은 여성들은 오늘날 팜므 파탈이라는 이름으로 불리고 있다. 뱀과 같은 머리를 휘날리며 남자들을 죽게 만드는 여성은 공포물에서 흔하게 볼 수 있는 이미지다. 남편에게 복수하기 위해서 자녀를 죽이는 메데이아도 역시 공포물을 생각하면 낯설지 않다. 그리스 신화의 악녀들은 이제 원형이 되었다. 다음 장부터는 그런 원형들이 여러 문화권에서 어떻게 재생산, 재해석되고, 또는 어떻게 변형, 극복되었는지를 살펴보도록 한다.

Chapter 2

성서 속의 악녀, 생존자가 되다

박인희

1. 성서 속 여성의 양면성

성서는 오늘날까지도 가장 많이 읽히는 베스트셀러 중 하나이다. 성서는 『구약성서』 39권 『신약성서』 27권의 총 66권으로 다양한 장르의 책들로 구성되어 있다. 그래서 여기에는 다양한 인물들이 등장한다. 그런데 성서 속 인물들의 모범적인 생애를 기대했던 독자들은 성서에 등장하는 인물들 대부분이 인간적인 허물을 그대로 보이는 사람들이라는 것에 당황하곤 한다. 그중에는 '나쁜 여자'들도 있다. 특히 『구약성서』에는 '나쁜 여자'로 낙인찍힌 여자들이 등장한다. 이들은 성적으로 문제 있는 '창녀', '모르는 여자', '낯선 이방인 계집'이라고 불릴 뿐 누구인지 알 수 없는 유령 같은 존재들이다. 그럼에도 개념이나 이미지로만 존재하는 이런 여성들이 성서의 독자들에게 지대한 영향을 끼쳐왔다.

기본적으로 성서에서 여성을 대하는 태도는 가부장적이다. 고대 가부장제의 산물인 성서에는 여성 비하나 여성 혐오적인 태도가 반영되어 있다. 때로 성서에는 여성을 열등하게 본다거나 여성을 남성의 통제를 받는 종속 관계에 위치시키려는 의도가 거침없이 드러난다. 성서의 저자들이 여성을 남성보다 열등하게 간주하는 가부장적 고대 근동의 문명과 그리스 로마 문명권의 남성들이었기 때문이다. 더욱이 『구약성서』처럼 고대 세계의 방대한 지식 저장고를 담당했던 지식인들은 열등한 여성이라는 신화를 강화하고 유포했다. 이 과정에서 '나쁜 여자'들이 만들어졌다.[1] 『신약성서』 역시 막강한 가부장 사회였던 고대 로마제국의 문화 속에서 탄생했기 때문에 가부장적 사고와 태도에서 자유로울 수 없었다.

그러나 성서에 등장하는 나쁜 인물들은 다면적이기 때문에 그들을 한마디로 나쁘다고 단정하기는 어렵다. 예를 들어 유대인들이 가장 존경하는 인물인 위대한 다윗 왕도 때로 비겁하고 나약하며, 추한 죄를 저지른다. 악인에 대해서도 판단하기가 쉽지 않다. 악의 전형으로 여겨지는 인물들에게서도 인간적인 고뇌가 느껴지며, 이 때문에 이들을 악인으로 낙인찍기가 쉽지 않다. 심지어 성서는 인류 최초의 형제 살해자

1 성서는 크게 구약과 신약 두 권의 책으로 나눌 수 있다. 『구약성서』는 고대 종교 지식인들이 집대성한 작품으로 다양한 장르의 문서들을 포함하는데 기원전 10세기부터 1세기까지 방대한 시기의 자료들로 구성되어 있다. 여기에는 이스라엘 민족의 고유한 역사와 문화뿐만 아니라 더 포괄적으로 가나안, 메소포타미아, 이집트 그리고 그리스 문명까지 포괄하는 다양한 문화를 반영하는 각종 장르의 책들이 포함된다. 따라서 문서 자료뿐만 아니라 그 이전의 기초가 되는 구전 자료들, 전설이나 민담 시가와 내러티브 등 다양한 문학 형태도 포함된다.

인 카인에 대해서도 질투로 분노하는 인간적인 죄과와 그 고뇌를 느끼게 해준다. 이처럼 성서의 인물들은 다면적이어서 간단히 선인과 악인으로 분류될 수 없다. 히어로 영화 속의 전형적 악인들과 달리, 과오에서 자유롭지 못한 인물들을 보여주며 독자들이 이들의 과오와 어리석음에 대해 인간적인 연민을 느끼게 한다. 이것이 성서라는 책의 특징이다. 예를 들어 『구약성서』는 한 사람의 저자가 아니라 무수한 저자들이 집필한 것이며, 천 년 이상 축적된 복잡하고 다층적인 자료들을 한데 모아놓은 것이기에 하나의 일관된 관점으로 포섭할 수 없는 다양성을 지닌다. 이 다양성이 같은 인물이라도 다양한 관점에서 볼 수 있는 여지를 제공한다.

'나쁜 여자'의 경우도 마찬가지로 다양한 관점의 해석이 가능하다. 예를 들어, 유대 민족의 영웅인 다윗을 유혹해서 솔로몬을 낳은 밧세바는 남편을 배신하고 다윗 왕을 유혹한 악녀로 알려져 있지만, 성서의 문맥을 자세히 살펴보면 권력자에게 남편을 빼앗기고 유린당한 희생녀이다. 성서 중에도 '나쁜 여자'에 대해 다시 생각하게 만드는 부분이 있다. 그 한 예로 「마태복음」의 첫 페이지를 들 수 있다. 「마태복음」은 크리스마스 이야기, 톨스토이의 단편 또는 윤동주의 「팔복」[2]과 같은 아름다운 시를 통해 내용이 알려져 있지만 첫 장을 열면 지루하리만치 길게 예수의 족보가 줄줄 나온다. 그리고 여기에는 여성들도 등장한다. 놀라운 것은 이 고대 시대 족보에 등장하는 여성들이 하나같이 '나쁜 여자들'이라는 점이다. 얼핏 보면 이 '나쁜 여자들'이 거룩한 예수의 선조 반열에 들어간 것은 부적절해 보인다. 자기 민족을 배반한 창녀(라합), 창녀로 변장해서 시아버지를 유혹한 며느리(다말), 남편을 배반하고

2 "슬퍼하는 자는 복이 있나니… 저희가 영원히 슬플 것이요"(윤동주, 「팔복」)

왕을 유혹한 간음녀(밧세바), 또는 죽은 남편의 부유한 친척을 몸으로 유혹하여 팔자를 고친 이방 과부(룻)는 모두 거룩한 그리스도의 조상이 되기에는 어울리지 않는 듯하다. 게다가 이들은 『구약성서』의 예언 장르나 지혜문학이 악녀라 부르는 여성들이며, 가부장제가 분류한 '나쁜 여자' 항목에 속한다. 그런데 기이하게도 이들은 유대인들에게 칭송을 받거나 『구약성서』의 「룻기」처럼 심지어 그 이름을 딴 경전까지 존재한다. 그것은 이 여성들이 모두 유대 민족의 조상으로서, 유다 지파의 대를 잇게 했고, 이들의 이러한 업적은 『구약성서』가 경전화되기 훨씬 전에 이미 유대인들의 역사가 되었기 때문이다.

성서는 종교적 경전이기 때문에 문학 작품보다 개인의 삶에 더 큰 영향을 미쳐왔다. 일례로, 여성에 대한 부정적인 표현들은 기독교 문화권 여성들을 좌절시키는 데 한몫을 했다. 또한 성서는 기독교 문화권의 규범과 가치, 법과 제도 형성에도 크게 영향을 끼쳤다. 심지어 『구약성서』의 예언서에는 유대의 국가 운명을 예언하는 맥락에서 이방제국을 징벌하는 모습을 '여성을 강간하는 이미지'로 표현했는데,[3] 이렇듯 여성에 대한 폭력을 정당화하는 내용들은 여성들에게 매우 부정적인 영향을 주었다. 이런 이유로 현대 여성들은 성서를 기피하거나 기독교 신앙에 회의를 품곤 한다. 특히 유대교와 기독교의 경전일 뿐만 아니라 이슬람교에도 영향을 준 성서는 오늘날 이슬람 문화권이 보여주는 여성에 대한 부정적 관점에 적지 않은 영향을 끼치고 있다. 말하자면, 성서의 여성 기술은 여성들의 삶에도 여전히 영향을 미친다. 그러나 성서에는 여성에 대한 관점을 바꾸어 여성 인물들을 새롭게 바라볼 수 있

---

3 "… 네 치마를 걷어올려 네 얼굴에 이르게 하고 네 벌거벗은 것을 나라들에게 보일 것이며, 네 부끄러운 곳을 뭇 민족에게 보일 것이요… 더러운 것을 네 위에 던져…"(「나훔」 3:5-6)

는 가능성이 충분히 있다. 성서는 가부장제라는 하나의 관점으로 포섭될 수 없는 다층적이고 다양한 방식으로 축적된 역사적, 문학적 기록들로 구성되어 있으며, 이 다양성은 겉으로 드러나는 가부장적 시각의 한계를 뚫고 나갈 가능성을 열어준다(박인희, 84-111).

성서의 이러한 다양성을 인정하는 데서 출발하는 이 장은 예수의 족보에 등장하는 여성들의 숨은 이야기들을 재조명한다. 즉 살아남아서 예수의 족보에 이름을 남긴 이 여성들의 소중한 삶을 발굴하고 다시 읽어내는 것이 이 장의 목적이다. 고대 세계 여성들의 문화와 역사에 대한 정보가 거의 없는 현 상황에서, 고대의 엄혹한 가부장제에서도 살아남은 성서 속 여성들의 삶과 문화를 살펴보는 일은 오늘의 여성들에게 소중한 의미를 전달할 것이다. 선행 작업으로 먼저 『구약성서』가 말하는 '나쁜 여자'들의 목록을 살펴본다.

2. 성서에 등장하는 '나쁜 여자': 음녀, 이방 여성, 악녀

『구약성서』는 크게 율법서(토라) 예언서(네비임), 성문서(카투빔) 세 부분으로 나뉘는데 세 곳 모두 여성 혐오적인 표현들로 가득 차 있다. 우선 가장 중요한 율법서인 「창세기」에는 어리석음 때문에 세상에 죄를 가져온 이브가 등장하고 여성들의 열등한 지위를 그대로 드러내는 본문들이 있다. 그런가 하면 율법서 중 하나인 「출애굽기」는 여성은 남성의 소유물이라는 이스라엘 초기 율법 규정을 소개한다. 구체적으로 살펴보면, 이 초기 율법이 여성을 아버지나 남성의 소유물로 명시함에 따라, 곧 여성의 신체는 사물처럼 소유할 수 있는 것으로 간주되었다. 그리하여 여성이 유산을 하거나 강간을 당했을 때 여성이 아니라 남편이나 아버지가 그 피해 보상을 받았다. 즉 율법에 따르면 이스라엘에서 여성은 물건처럼 취득할 수 있는 존재, 곧 남성의 재산으로 취급되었다(세텔, 111).[4] 이것이 성서가 여성을 대하는 기본적인 태도였다.

가부장제에서 여성의 성은 여성의 선악을 평가하는 바로미터가 되었다. 즉 여성에게 선과 악, 곧 미덕과 악덕을 부여하는 기준은 기본적으로 성적 순결이나 정조[5]이며, 심한 경우에는 여성의 성 자체가 악으로 규정되기도 했다. 이는 고대 사회에서 여성을 통제하는 기본적인 수단이었다.

『구약성서』의 경우 국가적 위기와 같은 특수한 역사적 정황이 여성을 평가하는 또 다른 중요한 요인이 되었다. 예를 들어 기원전 12세기경 이스라엘 민족의 초기 역사를 다룬 「여호수아」에서 창기였던 라합은 이스라엘이 가나안 땅(지금의 팔레스타인)에 정착하던 시기에 이스라엘을 도왔기 때문에 그녀가 창기였다는 점은 전혀 문제가 되지 않는다. 오히려 라합은 이스라엘 민족이 국가를 세우는 데 지대한 공을 세웠기 때문에 칭송받는다. 한편 『구약성서』의 다른 서술에서는 창녀나 음녀 이미지로 여성의 성을 악으로 규정하기도 한다. 이런 경우에도 그 배후에 이스라엘/유대의 특별한 역사적 상황이 놓여 있다. 다음 절에서는 예언서에 자주 등장하는 음녀 혹은 간음녀의 은유를 통해 성서의 이와 같은 가부장적 배경을 살펴본다.

---

4 여성에 대한 율법 규정에는 노예로 딸을 매매하거나(21:7), 폭력으로 유산하거나(21:22) 처녀를 강간한(22:16-17) 경우 아버지나 남편에게 보상해야 함이 명시된다.

5 고대 세계에서 남성들에게는 지혜, 용기, 절제, 정의와 같은 일반적인 교양 덕목이 요구된다.

음녀의 재해석

유대/이스라엘 민족의 죄과와 관련되어 성서에 등장하는 음녀들은 실제 인물들이 아니다. '음녀'라는 말은 이스라엘 민족의 죄과가 신과의 결혼 생활을 파괴하고 부정을 저지르는 여인과 같음을 표현하기 위한 은유였다. 특히 예언자들의 선포를 담은 구약의 예언서[6]들이 여성의 성을 악의 은유로 사용했다.

이스라엘/유대의 역사에서 예언자라는 특수한 인물들은 매우 중요한 역할을 맡았다. 이들은 신분이나 교육 수준에 관계없이 출현해 신의 카리스마가 임하면 민족의 운명과 관련된 신의 말씀을 대언하는 일종의 정치적 카운슬러였다. 모세를 최초의 예언자로 볼 만큼,[7] 이스라엘 사람들에게 예언자들의 권위는 대단했기 때문에, 『구약성서』에서도 이들의 선포를 담은 '예언서'들이 중요한 장르로 자리매김을 했다. 이들의 예언은 개인의 길흉화복이 아니라 국가의 문제에 관한 것으로서, 특히 왕과 제사장들 같은 지도자들의 부정이나 불의에 대한 신의 경고와 심판의 메시지를 전파했다. 예언자들은 이스라엘의 역사에 깊이 관여했으며, 구약 속 역사서들도 예언서 장르에 속하게 되었다.

기원전 8-6세기, 이스라엘과 유다가 앗시리아와 바빌론에게 정복당한 위기 상황에 이사야, 예레미야, 호세아, 아모스 등의 예언자들이 등

---

6 예언서는 예언자들의 이름을 책의 타이틀로 사용하여 신이 그들에게 말씀하신 내용을 담았다. 주로 국가의 정치·종교 지도자들을 향한 경고나 격려, 사회 정의 등의 내용을 담았고, 여기에는 「이사야」, 「예레미야」, 「아모스」, 「호세아」 등이 해당된다.

7 기원전 13세기 모세는 이집트에서 종살이하던 이스라엘 민족을 탈출시켜 역사 시대를 연 이스라엘 가장 중요한 정치적 지도자일 뿐만 아니라 야훼 신앙을 통해 국가 공동체를 성립시킨 인물이다. 이스라엘 민족에게 신으로부터 직접 받은 십계명을 전달한 모세의 권위는 모세 이전에도 이후에도 없었다.

장하여 이방 세력의 왕이나 지배자들은 물론 자기 나라의 왕과 지배자들에 대해서도 거침없이 경고와 비판을 했다. 그런데 이때 예언자들은 국가적 죄나 불의를 부정한 여인 혹은 '음녀'의 은유로 표현했다. 특히 예레미야나 호세아와 같은 예언자들은 '음녀'를 이스라엘의 죄에 대한 대표적 상징으로 사용했다. 또한 야훼의 뜻을 저버린 유대 민족은 "창녀", "상한 포도주", "음탕하고 발정 난 암 낙타"나 "헐떡이는 들나귀"로 묘사되었다(「예레미야」 2:20-25). 심지어 북이스라엘의 예언자 호세아의 아내 고멜은 실제로 창녀였다(「호세아」 1:2). 호세아는 창녀 아내의 부정 때문에 고통을 받았는데, 이 호세아의 고통은 신의 뜻을 저버린 이스라엘 유대 민족 때문에 고통받는 신의 아픔을 드러내는 은유였다. 이런 식으로 예언자들은 이스라엘/유대가 신의 뜻을 저버리는 것을 부정한 여인 혹은 '음녀'가 남편을 배반하는 것으로 상징화했다.

'음녀'가 은유로 빈번하게 사용된 데는 주변 제국들의 다신교와 싸워야 했던 유대 이스라엘의 종교사적 배경도 있다. 이스라엘은 기원전 13세기경 이집트에서 탈출한 노예와 용병 등 하층민(하비루)들이 야훼 신앙을 중심으로 가나안에 정착하여 세운 국가 공동체이다. 약소국으로서 주변 강대국의 위협 속에 국가적 단결을 모색하던 유대/이스라엘은 제국의 다신교 국가들과 달리 야훼를 단일 신으로 섬겼다. 그러나 민간에서는 국가 주도의 야훼 신앙과 다신교적 신앙이 혼재해 있었으며, 특히 이스라엘이 위치한 가나안 지역에서는 인신공양이나 여신 숭배도 성행했다.

야훼 신앙은 다신교 신앙이 일반적이었던 이집트나 메소포타미아의 제국들은 물론, 가나안 지역의 다신교 문화와 정면으로 충돌하면서 유대 민족의 민족적 정체성과 정치적 구심점을 형성했는데, 대부분의 다신교 농경 문화처럼 유대 민족이 아닌 민족들은 다산과 풍요를 약속하는 여신들을 숭배해왔다. 더욱이 유대 민족이 자리 잡았던 가나안은 신전에 성창을 두거나 의례적인 난교 관습이 성행했던 지역이었다. 야훼의 말씀을 대언하던 이스라엘/유대의 예언자들은 이러한 여신 숭배와 대결해야 했고, 그 과정에서 여성의 성 자체가 부정적인 이미지를 갖게 된 것이다.

그러나 기원전 722년 북이스라엘 왕국은 앗시리아에 의해, 그리고 587년 남유다왕국은 바빌론에 의해 멸망하면서 야훼 신앙도 위기에 봉착한다. 이런 가운데 예레미야, 호세아 등의 예언자들은 한결같이 야훼 신앙으로 망국의 위기를 극복하기를 갈망하며 신의 뜻을 저버리는 유대/이스라엘 백성들을 질타하고 이들을 음녀에 비유했던 것이다. 나아가 간음녀가 남편을 배신하듯 이스라엘/유대인들이 야훼와의 언약을 저버렸다는 예언자의 책망 속에는 가난한 자들을 압제하는 불의하고 타락한 사회상이 함께 언급됨으로써, 음녀의 은유는 성적 타락은 물론 사회적, 국가적 불의도 함께 내포하게 되었다(「예레미야」 2:34). 그러나 이러한 예언자들의 '음녀' 혹은 부정한 여성이라는 말은 실제 유대/이스라엘 여성들과 거리가 먼 것이었다.

문제는 예언자들이 실제 국가의 패망을 여성들이 정복자들에게 성적으로 당하는 고통으로 표현함으로써 '음녀' 비유에 현실성을 부여했다는 것이다. 역사적으로 전쟁의 승자들이 정복지의 여성들을 전리품으로 유린해왔다는 점을 생각한다면, 이스라엘/유대의 여성들은 실제로 이런 비극을 겪었을 것으로 추정된다. 그런데 예언자들은 이런 여성들의 실제 비극과 이스라엘의 국가적인 타락을 표현하는 음녀 은유를 혼용함으로써 실제 유대/이스라엘 여자들이 성적으로 문란하고 방탕한 것처럼 느껴지게 하는 오류를 범했다. 더 큰 문제는 예언자들이 여성의 성이란 원래 쉽게 타락하는 본성을 가지고 있는 것처럼, 그래서 남성의 통제가 필요한 것처럼 묘사한 데 있다.

역사적 위기에 예언자들이 쏟아낸 이러한 광적인 여성 혐오적 표현들은 여성의 성을 악으로 규정하도록 하고, 악녀로서의 음녀 이미지를 강화했다. 따라서 '음녀' 은유를 사용한 예언자들의 경고와 심판의 메시지가 여성들을 향한 것이 아니라 국가적 몰락을 초래한 권력자들의 타락과 야훼 신앙을 배신한 종교 지도자들을 향한 것이며 이방 신들을 섬기는 강력한 제국들 앞에서 흔들리지 말 것을 촉구한 것임을 상기해야 한다. 여성에 대한 이와 같은 부정적인 태도는 제2성전 시대 유대가 재건되던 과정에서 더욱 강화되었고, 여기에 '음녀는 악한 이방 계집'이라는 또 다른 이미지까지 덧붙으면서 '나쁜 여자' 개념은 더욱 강화되었다.

제2성전 시대와 이방 여성

바빌론에게 멸망당한 유대는 기원전 6세기 페르시아에 의해 바빌론이 멸망한 이후[8] 페르시아의 속주로 편입되고, 백성들은 고향으로 귀환했다. 정치적 군주는 세울 수 없어도 종교를 중심으로 어느 정도 자치권을 가질 수 있었던 유대인들은 성전 사제와 서기관 같은 종교 지도자들을 국가 지도자로 받들며 일종의 제정일치 사회를 형성해갔다. 유대는 성전 중심의 사제정부를 꾸리고 새롭게 성전을 재건했기 때문에 이 시기를 제2성전 시대라고 부른다. 이때 유대는 전면적으로 비유대인들과 유대인들을 구별하는 차별 정책을 도입하여, 이방 여성들을 추방하고, 이방의 풍속을 단속했다.

---

8 이 시기 북이스라엘은 이미 앗시리아에 의해 멸망하고 역사에서 사라졌다.

당시 유대 땅에는 여러 민족들이 살고 있었는데, 새로이 들어선 유대 성전 사제정부는 자신들의 민족적 정체성과 종교적 순수성을 확립하고 실질적으로는 땅의 소유권 문제들을 해결하기 위해 이방인들과의 결혼을 금지했다. 결혼을 통해 유대인의 땅이 이방인들에게 귀속되거나 혼합결혼으로 유대 공동체의 결속이 위협받을 수 있기 때문이었다(에스케나지, 320). 심지어 이미 유대 남자와 결혼한 이민족의 여성들이 가정을 이루고 자식을 낳고 살고 있었음에도 그들을 추방시켰다. 주변 제국에 침략당했던 약소민족의 특성상, 이방 여성은 경계하고 나아가 정복해야 할 악의 상징이 되기 시작했고, 이에 따라 여성 혐오적 태도도 강화되었다.

한편 이 시기에 경전화 작업이 시작되어 『구약성서』의 자료들이 본격적으로 수집, 집대성되었는데, 자연스럽게 이 시대의 여성 혐오적 태도와 배타성이 『구약성서』 전반에 반영되었다. 유대인의 역사와 종교가 정리되는 경전화 작업은 기원전 6세기 페르시아 시대부터 이후 알렉산더의 정복을 겪었던 헬레니즘 시대까지도 지속되었다. 그런데 이 과정에서 의례문서나 시가문학, 내러티브 등의 종교적, 역사적 자료들에 남아 있던 긍정적인 여성상이나 또는 근동의 여신들의 흔적이 변형되거나 지워졌다. 즉 기원전 10세기 왕정 시대나 그 이전 자료들에 반영되어 있던 이집트, 메소포타미아, 가나안 종교의 여신들과 모신들 관련 사실들이 사라지거나 사실과 다르게 변형되었다. 또 다산과 풍요를 상징하는 여신들은 사회에서 제거해야 할 악과 동일시되었다. 이와 더불어 유대 공동체로 흡수되지 못했거나, 규범에 적응하지 못했던 여성들도 악한 존재로 여겨졌다.

지혜문학과 나쁜 여자

제2성전 시대 이후 정리된 것으로 보이는 지혜문학도 여성 혐오적인 태도가 잘 드러나는 문서들이다(Schroer, 94-96). 지혜문학 장르에 속하는 경전들은 대부분 교육적인 목적에서 저작되었는데, 그중에서도 기원전 4세기에서 2세기의 것으로 추정되는 「잠언」은 상류 사회의 자제들을 교육하던 문서이다. 「잠언」은 마치 아버지가 아들에게 교훈을 주는 것과 같은 형식을 취하면서 지속적으로 젊은이들에게 바른 길을 가야 한다고 권면하는 내용으로 구성되는데, 이 책의 가장 중요한 주제어는 바르고 평안한 길로 인도하는 '지혜'이다. 이채롭게도 「잠언」에는 '호크마'라는 문법적으로 여성형인 지혜, 살아 있는 여성 지혜Lady Wisdom가 지속적으로 등장한다.[9]

한편 지혜와 짝을 이루는 '어리석은 이방 여성'도 계속 등장한다. 「잠언」의 '어리석은' 여자는 젊은 남성에게 가장 경계해야 할 대상으로 지목되는데, 이 여자는 '이방 여성'이자 '음녀'이다. 「잠언」의 지혜는 이 어리석은 "이방 계집"인 '음녀'로부터 젊은이들을 구원하는 역할을 부여받는데(「잠언」 2:16, 6:24), 지혜가 없으면 "이방 계집"인 '음녀'의 유혹에 넘어가게 되기 때문이다.

「잠언」에 따르면, 간교한 이 여자는 "집에 머물지 않으며" "기생 옷을 입고 여러 가지 고운 말로 유혹하여 입술의 호리는 말"로 꾄다. "침상에 몰약과 침향과 계피를 뿌렸고 아침까지 흡족하게 서로 희락하자."

---

9 이 여성 지혜는 「잠언」 8장에 가면 마치 의인화된 여신처럼 묘사된다. 그러나 여기서 의인화된 이 여성 지혜는 책 전체에 나오는 가부장적 관점, 남성에 의해 통제되는 '지혜'이기 때문에 결과적으로 「잠언」은 여성에게 우호적인 책이 아니다. 그러나 「잠언」은 여성 혐오적인 분위기나 여성을 통제하려는 강력한 의도를 내비치기 때문에 8장에 별도로 등장하는 여성 지혜는 따로 「잠언」 전체 맥락과는 별도로 볼 필요가 있다.

고 호린다. 그러나 「잠언」은 이 유혹에 넘어가는 것은 "소가 도살장에 끌려가는 것이고 필경은 화살이 그 간을 뚫게 되어 생명을 잃을 것"이라고 경고한다. "음녀의 입술을 꿀을 떨어뜨리지만, 나중은 쑥 같이 쓰고 그 걸음은 스올로 내려가는 것"이다(5:3-5). 이런 「잠언」의 경고는 '음녀'를 남성의 재물을 빼앗고, 결국 그를 죽음에 이르게 하는 악녀로 치환한다.

「잠언」은 죽음을 맛보지 않으려면 '이방 여성' 즉 낯선 여자를 반드시 경계해야 한다고 조언한다. '이방 여성'을 경계하라는 목소리는 '이방 여성'과 창녀를 동일시하는 데서 더욱 강조된다. 그런데 「잠언」의 서술자는 길에서 만난 낯선 여자가 어떻게 젊은이들을 유혹해서 죽음에 이르는지를 생생하게 묘사하면서, 낯선 여자에 대해서는 아무것도 알려주지 않는다. 그녀는 알 수 없는 유령 같은 존재일 뿐이다.

반면 '음녀', '이방 여성'과 반대되는 현숙한 여자가 있다.

> 그는 양털과 삼을 구하여 부지런히 손으로 일하며… 밤이 새기 전에 일어나서 자기 집안 사람들에게 음식을 나누어 주며… 지혜를 베풀며… 자기의 집안일을 보살피고 게을리 얻은 양식을 먹지 아니하나니 그의 자식들은 일어나 감사하며 그의 남편은 칭찬하기를… (「잠언」 31:13-28)

결국 낯선 여자 혹은 어리석은 여자와 상반되는 지혜로운 여자는 "부지런히 집안일을 하고 남편을 돕고 자녀를 잘 양육하는 현숙한" 어머니이자 아내이다(Maier, 81). 「잠언」 8장에 등장했던 의인화된 지혜, 곧 여신과도 같은 위상을 갖고 있던 여성형의 지혜는 「잠언」의 말미에 이르면 아내의 모습으로 구체화된다. 「잠언」은 이런 방식으로 가정에 속해 있는 집안의 여성을 가장 이상적인 여성으로 바라보고 이 여성과 대조되는 항으로 거리의 어리석고, 낯설며, 음탕한 여자를 상정한다.

이런 맥락에서 「잠언」에 등장하는 '이방 여성'은 젊은 엘리트 남성들의 성적 욕망을 절제시키기 위한 일종의 문학 장치이다. 그런데도 「잠언」은 마치 '낯설고 음탕한 악한 여자'가 유령처럼 떠돌며 남성을 유혹하는 것처럼 상상한다. 이로써 남성 통제 밖에 있는 집 밖의 여성은 혐오스럽고 두려운 존재로 부각되고, 때로는 '악'과 동격이 된다. 그리고 '악'과 동격이 된 집 밖의 여성은 집 밖에서 설 자리를 잃는다.

살펴본 바와 같이 『구약성서』, 특히 「잠언」에 등장하는 나쁜 여자는 실제 인물이 아니라, 경계해야 할 추상적인 악과 어리석음의 개념을 여성에게 투영시킨 것이다. 『구약성서』 집필자들은 추상적인 '이방 여성,' '악녀,' '음녀'와 같은 왜곡된 여성 인물들을 통해 악녀의 전형을 창조한 셈이다. 그런데 이런 악녀 창조가 실제 여성의 삶을 왜곡시키고 여성 혐오를 키웠다. 또 이 과정에서 이스라엘의 고대사에 존재하던 전사, 예언자, 재판관 등의 실존 여성들의 모습이 가려졌다. 여성을 가정 내에 가두고 집 밖의 여자를 악으로 간주하는 현상은 이후 유대 문서에서는 여성의 공적 활동을 강력히 금지하는 법으로 가시화되었다.

『신약성서』의 여성들

로마제국의 영향권에서 집필된 『신약성서』도 『구약성서』처럼 여성을 열등한 존재로 취급했다. 일례로 "여자는 교회에서 잠잠하라거나 남자에게 배우라거나(「고린도전서」 14:34-35), 아내들은 남편에게 복종하라(「에베소서」 6:22)는 『신약성서』의 구절처럼, 고대 세계의 가부장적 관습이 『신약성서』에도 고스란히 반영되어 있다.

그러나 로마제국 시대 제도적으로 완성되지 못한 초기 기독교 교회는 박해받는 불안한 공동체였으며, 이 때문에 『신약성서』가 묘사하는 여성은 『구약성서』의 여성과는 조금 다르다. 무엇보다 성전 남성 엘리트 지식인들의 집단적인 산물인 『구약성서』와 달리 『신약성서』는 여성을 이념적으로 통제하려고 하지 않으며, 여성에 대한 극단적인 혐오감을 표현하지도 않는다. 그것은 초기 기독교가 주로 하층민들을 대상으로 선교했으며, 『신약성서』의 저자들이 개인적으로는 지식인이라 하더라도 특정 지식인 계급을 대표하는 사람들이 아니었기 때문이다. 심지어 『신약성서』는 여성들에 대한 긍정적인 서술이나 관점을 드러내기도 한다. 일례로 바울은 여자나 남자나 그리스도 안에서 평등하다는 평등의 선언을 기치로 내걸었다. "유대인이나 헬라인이나 종이나 자유인이나 여자나 남자나 차별이 없습니다. 우리는 그리스도 안에서 하나이기 때문입니다"(「갈라디아서」 3:28). 그러나 우리는 기독교 공인 이후 『신약성서』의 정경화 작업과 성서 해석이 모두 남성들에 의해 진행되었다는 점을 기억할 필요가 있다.

3. 예수의 족보 속 여성들: '나쁜 여자' 재해석

복음서의 첫 책인 「마태복음」에 예수의 여성 조상들이 등장한다는 점은 의미심장하다.[10] 이들은 주로 유대 민족의 영웅 다윗 가문과 관

10 「복음서」에는 예수의 족보가 「마태복음」과 「누가복음」에 두 가지 다른 형태로 기록되어 있다. 「누가복음」에는 여성들이 전혀 등장하지 않는다. 일반적인 위인전과 달리 복음서는 예수 개인의 일생보다는 그의 메시아적 생애, 즉 공생애에 더 집중했기 때문에 예수의 개인사는 잘 나타나지 않는다. 따라서 예수의 족보도 그의 인간적인 삶을 이해하기 위한 것이 아니라, 그의 신적인 사명이나 메시아적 정체성을 설명하는 계보

련된 인물들로 다말Tamar, 라합Rahab, 룻Ruth, 우리아의 아내인 밧세바 Bathsheba, 그리고 예수의 어머니 마리아Maria이다. 마리아를 제외하면 이 여성들은 유대왕국의 형성기 이전이나 초기 이스라엘 왕국 시기에 살았던 먼 조상들이다. 즉 이스라엘 민족의 조상인 야곱의 아들 유다의 며느리거나, 가나안 정착 시기 이스라엘 민족을 도운 여성이거나, 다윗의 증조할머니, 솔로몬의 어머니 등 이스라엘 민족의 결성과 왕국의 성립에 결정적인 역할을 한 전설적 여성들이다.

『구약성서』에도 여성들이 포함된 유대 민족의 족보가 나온다. 「역대기상/하」는 인류의 조상 아담부터 바빌론 포로기까지의 유대 역사를 다룬 책으로 유대의 지식인 집단의 역사관, 특히 다윗 왕가 이데올로기를 담고 있다. 따라서 여기 등장하는 여성들은 대부분 다윗 왕가의 태후들이다. 물론 이전의 유대 역사 속의 여성들도 등장하지만 누군가의 딸이나 며느리로 소개되면서 주로 아버지가 같은 자손들을 구별하는 역할을 했다. 그런데 흥미로운 것은 이 연대기 속에서 유대 역사에서 중요한 라합과 룻의 이름은 보이지 않는다는 것이다. 또 솔로몬의 어머니이자. 다윗의 아내인 밧세바 역시 '임미엘의 딸 바수아'라는 다른 이름으로 등장하면서[11] 다윗 왕가의 위용을 과시하는 데 도움이 되지 않거나 위신을 떨어뜨릴 만한 상황을 암시하는 부분은 삭제되었다.

라고 할 수 있다. 그런데 「마태복음」과 「누가복음」에 각기 등장하는 예수의 족보는 그 내용이나 구조가 전혀 다르다. 「누가복음」의 저자는 자신을 역사가로 인식하고 있었고, 그 서술의 방식도 고대의 역사 서술의 특성을 나타낸다. 그는 예수의 생애가 전체 인류사를 포괄한다는 원대한 관점을 선택했기 때문에 예수의 족보도 "예수에게서 인류의 조상인 아담"에까지 소급하여 기록했다. 예수를 인류의 구세주로 제시하려는 그의 의도에 맞는 족보라고 할 수 있다(「누가복음」 3:23-38).

11 밧세바는 「사무엘하」, 「열왕기」에서는 밧세바로 나오지만, 「역대기상」의 족보에는 바수아라는 또 다른 이름으로 등장한다(「역대기상」 3:5).

「마태복음」의 족보[12]도 분명히 예수를 다윗의 후손으로 강조하지만 「역대기」의 족보처럼 이데올로기적으로 다윗 왕가를 추앙하지 않기 때문에, 이방인 라합과 룻의 이름이 그대로 등장한다. 또한 밧세바의 경우도 「역대기」 자료를 그대로 가져오지 않았다. 오히려 밧세바를 그냥 이방인인 '우리아의 아내'라고 기록함으로써 다윗의 죄과를 그대로 상기시켰다. 무엇보다 「마태복음」의 족보가 흥미로운 것은 족보 속의 여인들이 창녀, 또는 이방인, 그리고 성적으로 문제 있는 여인들이라는 점이다. 이 여성들은 하나같이 구약의 예언서나 지혜문학의 '나쁜 여자'에 해당됨에도 불구하고 그들이 예수의 족보에 등장한 것은, 크게 볼 때 이 여인들의 행실이 문제되지 않는다는 사실을 암시한다. 실제 이 여성들은 오래전부터 유대인들에게 중요한 할머니 조상들로, 또 축제 때면 부르는 노래의 주인공들로 기억되어왔다. 이 여성들은 『구약성서』의 집필 과정에 동반된 여성 혐오적인 관점마저 빗겨가며 유대인들에게 중요한 조상들로 자리 매겨지고 결국 이름을 남기게 되었다. 성서는 이러한 여성 조상들의 이름을 기록함으로써 역사 속에서 실제로 살아남은 여성들의 삶을 성녀/창녀, 또는 어머니/창녀라는 이분법으로 재단한다는 것은 불가능하다는 것을, 여성에 대한 남성 지식인들의 이분법적인 패러다임이 무력하다는 것을 자체적으로 입증한다. 이제 가부장제가 만든 이분법의 허구성을 드러내고, 꿋꿋하게 자기 삶을 꾸려낸 이 여성들의 이야기를 찾아 다시 성서로 돌아가려 한다. 그러므로 예수 그리스도가 바로 이 여인들의 계보를 통해 탄생했고, 여성적

12 여성들이 족보에 등장하는 「마태복음」의 족보는 예수의 계보를 유대 민족의 먼 족장, 아브라함부터 시작했다. 마태는 유대 역사 속에서 예수를 설명하려 했고, 예수를 유대 최고의 민족 지도자인 모세에 비교하여 서술하는 방식을 택했다. 또 유대의 다윗 왕가와 예수의 계보를 일치시켰다. 그것은 유대의 메시아가 다윗 가문에서 나온다는 오랜 믿음에 따른 것이다(「마태복음」 1장).

가치는 우리 모든 삶의 차원에서 빛을 발하고 있었음을 다시 이야기해 보자.

운명을 바꾼 여자, 다말

예수의 생애의 첫 책인 「마태복음」에 가장 먼저 등장하는 여인은 다말이다. 또, 다말은 성서의 가장 처음 책인 「창세기」에 등장한다. 기원전 17-16세기경의 인물인 다말은 시아버지 유다와 부적절한 성관계를 통해 자손을 낳은 소위 나쁜 여자이지만, 이스라엘 민족의 조상인 야곱의 열두 아들 중 유다의 며느리로서 또 아내로서 다윗의 조상이 된다.

다말은 유다의 장남 엘과 결혼했지만, 엘이 후사 없이 죽자 관습대로 둘째 시동생 오난과 결혼했다. 당시 고대 세계에서 자식 없이 형이 죽으면 동생은 과부가 된 형수와 결혼해서 자손을 낳아 형의 계보를

⋮ <다말과 유다>, 페르디난드 볼, 1644년

이을 의무가 있었으며, 남편이나 아들이 없는 여자도 생존을 위해 남편의 형제들에게서 자식을 얻어야 했다. 그러나 둘째 아들 오난은 형의 후사를 낳게 되면 자기 몫의 재산이 줄게 될 것을 걱정해 체외사정을 함으로써 다말을 임신시키지 않았다. 이어서 오난도 죽자 시아버지 유다는 막내인 셀라를 다말과 결혼시키지 않고 다말을 친정으로 돌려보냈다. 유다는 막내아들까지 잃게 될까봐 두려웠던 것이다.

고대 세계에서 아들도 남편도 없는 젊은 과부는 홀로 경제 활동을 할 수도, 의존할 경제적 후원자도 곁에 두지 못해 생존이 불가능했다. 게다가 이미 출가한 딸로서 친정아버지에게 갈 수도 없어, 자식이 없는 젊은 과부는 비참하게 살 수밖에 없었다. 그런데 이런 위기 상황에 처한 젊은 과부 다말은 반전을 꾀했다. 그녀는 과감하게 창기로 변장해서 시아버지를 유혹했던 것이다. 마침 아내가 죽고 홀아비가 된 시아버지 유다는 사업차 여행길에 올랐고, 창기로 변장하고 길목을 지키고 있던 다말은 시아버지와 잠자리의 대가로 시아버지의 물건, 인장, 끈, 지팡이를 요구했다. 마침내 임신을 하게 된 다말은 임신 사실이 알려져 공개 화형의 위기에 처했지만 자신에게 죽음을 명령한 족장이자 시아버지인 유다에게 그의 물건들을 증표로 보여주어 살아남았다. 이후 다말은 쌍둥이를 낳았고 쌍둥이 중 한 명인 베레스가 다윗의 조상이 되었다.

지혜문학의 관점에서 본다면, 다말은 창기 노릇을 했을 뿐 아니라 근친상간을 범했으며, 또 공개적으로 시아버지로 대표되는 남성을 망신시킨 악녀임에 틀림없다. 그러나 성서 어디에서도 다말을 '악녀'로 규정하지 않는다. 오히려 「창세기」와 「역대기」는 다말의 남편들이 악했다고 말하면서 은연중에 그 책임을 남성들에게 돌린다. 다말의 첫 남편이 악해서 자손이 없었고, 둘째 남편 오난은 다말을 임신시키지 않아서 악했다는 것이다. 또 막내를 주기 싫어 다말을 과부로 만든 시아버지 유다 역시 악을 행한 것이라고 전한다. 「창세기」는 과부를 돌보지 않는 남성들의 행태와 가부장제의 문제점을 지적한다. 더 나아가 「창세기」는 다말이 목숨을 걸고 과감한 일을 벌이는 전 과정과 다말의 심리를 생생하게 묘사함으로써 독자를 다말의 입장에 서도록 이끈다.

다말은 가부장제의 희생양이 될 뻔했던 자신의 운명을 남성들의 부당한 처사에 맡기지 않고 스스로 생존을 도모했던 여성이다. 다말은 용의주도하게 계획을 세워 훗날을 대비했고 결정적인 순간에 아무도 부인하지 못할 증거를 내세워 자기를 변호했던 지혜로운 여인이다.

아마도 이 다말 이야기는 한 저자의 창작이 아니라 집단적인 구전 내러티브에서 유래했을 것이다. 구전으로 다말 이야기를 전해 들은 사람들은 다말을 시아버지를 유혹한 문란한 '음녀'가 아니라 목숨을 건 도전으로 자기 운명을 바꾸어 민족의 조상이 된 용감한 여인으로 알고 있었기 때문에 경전 편집 과정에서 그녀를 누락시키거나 왜곡하기 어려웠을 것이다. 결과적으로 다말의 용감한 행동 때문에 유다 지파가 생겨났고 다윗으로 이어지는 메시아의 족보가 만들어졌다.

역사를 바꾼 여인, 라합[13]

다말에 이어 『구약성서』에서 긍정적으로 묘사된 인물은 라합이다. 「여호수아」에 등장하는 라합도 다말처럼 이스라엘이 나라를 건국하던 매우 중요한 시기에 등장한다. 그녀는 여리고에 거주하는 이방 기생으로 다말처럼 소위 '나쁜 여자'이지만 다윗의 조상이 된다. 「여호수아」는 이스라엘 민족이 이집트에서 탈출한 후 고향 가나안으로 들어가는 역

13 「여호수아」 2장, 6장.

사적인 과정을 담고 있는데, 이스라엘 민족이 가나안 땅으로 진격하며 정복한 성이 여리고 성이다. 이스라엘 민족이 가나안 땅에 들어오기 전에 여리고 성의 기생이었던 라합은 자기 나라를 염탐하러 온 이스라엘 첩자들과 협력해 자기 나라를 무너뜨리는 데 일조한다. 그리고 그 대가로 자신과 식솔들의 목숨을 구한다. 이후 이스라엘 사람 유다 지파의 살몬[14]과 결혼하여 자손을 얻는데, 그 자손이 다윗 왕가를 이루게 된다.

⋮ <라합과 첩자들>, 제임스 티소, 작품 연대 미상

라합은 고대 문명 발생기 가나안 지역의 성읍으로 일종의 도시국가인 여리고의 창기이지만 신전 창기는 아니었던 것으로 보인다(Greenspoon, 611-612). 그녀가 신전 창기가 아니라는 것은 그녀와 그 일가의 사회적 신분이 아주 낮고 취약했으며 늘 위험한 삶을 감수하며 살았다는 것을 의미한다. 그러나 라합은 세상 물정에 밝은 지혜로운 여인이었다. 심지어 그녀는 야훼 신에 대해서도 이해하고 있었던 듯하다. 또한 위기의 순간에도 가족과 전체 일족의 안전을 생각하는 책임감이 강한 여성이었다. 그런데 쉽게 이스라엘의 정탐꾼들과 협력했던 것

14 라합은 다말의 자손 중 한 명인 살몬에게서 보아스를 낳았다. 보아스는 룻에게서 오벳을 낳는데 오벳은 다윗의 할아버지이다.

으로 보아 그녀는 여리고의 지배자들과는 척을 지고 있었던 것으로 추정된다. 아니면 물정에 밝은 그녀가 여리고가 이스라엘과의 전쟁에서 질 것과 또 전쟁에서 지면 고대의 진멸법상 성의 모든 사람들이 죽게 될 것이라는 것을 알았을 수도 있다. 이러한 상황에서 라합은 이스라엘의 정탐꾼과 협상을 벌여 그들을 숨겨주는 대신 자신의 부모와 형제와 주변 사람들은 살려주겠다는 약속과 증표를 받아낸다.[15] 이로써 그녀는 여리고 성의 모든 사람들이 죽을 수밖에 없었던 상황 속에서 그녀의 일가를 살려낸다. 당시 이스라엘의 지도자였던 여호수아는 라합과의 약속을 지켜 고대의 진멸법에도 불구하고 라합의 집안과 일족을 모두 살려주었던 것이다. 그래서 여리고 사람으로서 이방인인 라합의 식솔들은 이스라엘 민족과 함께 살게 되었고, 라합을 통해 다윗 왕조가 이어졌다.

「여호수아」에서 라합의 이야기는 이방인 창녀의 이야기가 아니라 고대의 야만적인 전쟁 속에서도 가족을 살리는 지혜로운 여인의 이야기로 재탄생한다. 또 라합의 일족을 살려줌으로써 이스라엘도 여리고 도성 안의 모든 사람을 다 죽이는 잔인한 전쟁 수행을 면하게 된다. 더욱 놀라운 것은 라합이라는 이방인이 유대 역사상 가장 위대한 왕인 다윗의 조상이 되었다는 점이다. 라합 이야기 때문에 제2성전 시대[16] 이후 유대인들이 이방인에게 취했던 배타적인 유대 중심 정책도 그 정당성을 상실한다. 라합 이야기는 여리고 성의 가장 천대받던 기생이 유대 민족의 역사를 다시 돌아보게 만드는 지혜롭고 용감함 여성이었음을 밝혀낸다.

---

15 "기생 라합과 그 집에 동거하는 자는 모두 살려주라 이는 우리가 보낸 사자들을 그가 숨겨주었음이라"(「여호수아」 6:17).

16 이 장의 '제2성전 시대와 이방 여성' 부분 참조.

축제의 주인공, 룻

「룻기」의 주인공 룻은 이방의 땅 모압 출신이지만 다윗의 증조할아버지 보아스와 결혼해서 다윗 가문의 직계 조상이 된 여성이다. 모압의 과부 룻과 그녀의 시어머니 이스라엘 과부 나오미의 생존기인 「룻기」는 이스라엘의 민족적 축제이며 추수감사제인 맥추절에 불리던 노래를 담고 있다. 즐거운 맥추절에 유대인들이 이방 여인을 다룬 「룻기」를 낭송했다는 것은 의미심장하다.[17]

룻은 모압 땅으로 이주해온 이스라엘 사람의 아내였는데 남편과 시아주버니, 시아버지가 모두 죽고 난 후 시어머니와 함께 시어머니의 고

⋮ <룻>, 제임스 티소, 1896년

17 「룻기」에서는 룻과 그의 시어머니가 주인공인데 실제 역사적인 배경보다 이 책의 저작 연대는 훨씬 후기인 제2성전 시대 이후라고 할 수 있다.

⋮ <나오미와 딸들>, 조지 다웨, 1804년

향인 베들레헴에 온 이방인 과부이다. 고대 세계에서 과부는 기본적인 생계를 꾸릴 수 없는 취약한 계층으로서 과부의 국적이 어디인지는 중요하지 않았다. 집안에 의지할 남성 가족이 전혀 없었던 이 두 과부는 나오미의 먼 친척 보아스의 밭에서 이삭을 주워 먹으며 연명할 수밖에 없었다. 이런 가운데 나오미는 자기 며느리를 자기 집안에서 가장 유력하고 너그러운 보아스의 여자가 되도록 꾀를 냈다. 그녀는 보리 추수를 하는 타작마당에서 보아스가 잘 때 그의 성기를 의미하는 발치 이불 속에 들어가라고 룻에게 당부했다. 그러나 보아스는 정당한 절차를 거쳐서 룻을 아내로 맞이하고, 룻은 당당하게 보아스의 아내로서 아들을 낳았다. 그리고 그 아이의 양육자가 나오미가 된다. 재미있는 것은 베들레헴의 여인들이 아기의 이름을 '나오미에게 아들이 태어났다'하며, '오벳'이라고 지어주었다는 것이다. 나오미의 슬픔은 이렇게 해서 말끔히 해소되었다.

룻의 이야기에서 두드러지는 것은 여성 간의 유대이다. 나오미가 기근을 피해 타향에 갔다가 남편과 아들들을 잃고 고향으로 돌아가기로 결심할 때 나오미와 두 며느리는 서로를 위로하며 함께 울었다(「룻기」 1:8-18). 시어머니는 며느리들의 앞날을 생각하고 며느리들은 시어머니를 생각하며 슬퍼했던 것이다. 또 룻은 밭에서 이삭을 주워 양식을 얻어와 늙어 힘없는 나오미를 살렸고, 나오미는 지혜를 내어 비참한 룻의 인생을 가난한 과부에서 부유한 집안의 안주인으로 바꾸어주었다. 결과적으로 룻과 나오미가 서로를 돌보았기 때문에 둘 다 살 수 있었고, 이런 여성 유대가 불운했던 그들의 삶을 축복으로 변화시켰다. 그리고 베들레헴의 여인들이 이런 두 여성의 연대와 해피엔딩을 축복해준다.[18]

유대인들의 맥추절 축제에서 매년 노래로 불리는 「룻기」의 이야기는 룻과 같은 '이방 여성'이 유대인의 가장 위대한 왕 다윗의 조상이라는 점을 축제 참가자들에게 상기시킨다. 이리하여 축제날, 남녀를 불문한 모든 유대인들은 룻과 나오미가 가부장제에서 가장 취약했던 자식 없는 과부였지만 이 가장 힘없는 여성들의 연대가 유대인의 역사 속에 가장 위대한 다윗 가문을 열었다는 사실을 기억하는 것이다. 이 의미심장한 룻의 이야기는 우리 시대에도 되새겨볼 가치가 있다.

왕의 여자 vs. 권력의 희생양, 밧세바

솔로몬의 어머니, 밧세바는 <다윗과 밧세바>(헨리 킹Henry King 감독, 1951)라는 영화의 주인공이 될 만큼 서구 사회에서 유명하다. 다윗이 최초로 통일왕국을 세운 기원전 10세기 그의 부하 우리아의 아내였던 밧세바는 남편이 먼 변방에서 나라를 지키고 있던 틈을 타 의도적으로 다윗 왕을 유혹하여 그의 여자가 되고, 결국 솔로몬을 낳아 왕위를 계

18 축제에서 부르는 노래답게 「룻기」에는 이렇게 서로를 돌보는 여인들의 눈물겨운 모습이나 남성인 보아스가 어려운 친척을 돕고, 나아가 룻의 도발을 악용하지 않는 관대함을 보인다는 등 실제 과부들의 비참한 삶의 이야기를 다소 안심하고 듣게 만드는 따뜻함이 있다. 이를 결국 여성들의 운명이란 남성들에게 달려 있고, 궁극적으로는 보아스처럼 관대한 남성의 미덕에 여성들의 생존이 달려 있다는 식으로 해석하는 경우도 있다.

⋮ <목욕하는 밧세바>, 렘브란트 하르먼손 반 레인, 1654년

승하게 만든 야심 찬 여자로 알려져 있다. 따라서 일반인에게 밧세바는 위대한 다윗 왕 일생일대의 오점으로 기억되어왔다. 권력자가 방심하면 여자의 유혹에 넘어갈 수 있으니, 여자를 경계하라는 경고와 함께 그녀는 유혹녀, 팜므 파탈의 대명사가 되었던 것이다.[19]

그러나 이 밧세바 이야기를 전하는 「사무엘하」의 맥락을 살펴보면 다른 이야기가 전개된다. 「사무엘하」는 다윗이 밧세바가 옥상에서 목욕하는 아름다운 모습을 보고 그녀에게 반한 것이지, 밧세바가 작정하고 옥상에서 목욕을 하여 다윗을 유혹한 것이 아니라고 명확하게 전한다. 밧세바는 당시 월경 중이었기 때문에 다윗을 유혹할 수 없었고, 또 중동 지역 여성들의 공간인 옥상에서 목욕을 했다고 해서 밧세바가 다윗 왕을 유혹했다고 단정할 수 없기 때문이다. 타 민족 헷 사람의 아내

---

19 밧세바에 관한 그림은 거의 밧세바의 반라의 모습을 주로 그리고 있다. 렘브란트의 <목욕하는 밧세바> 참고.

였던 그녀가 유대 왕 다윗의 성적 요구에 불복하는 일은 쉽지 않았을 것까지 고려해보면, 밧세바가 다윗의 유혹녀라고 확정적으로 말할 수 없다.

「사무엘하」 11-12장에 의하면 헷 족속이던 그녀의 남편 우리아는 다윗에게 충성을 다하던 신하이다. 다윗은 자신이 밧세바를 범하고 임신시킨 것을 숨기기 위해 계획적으로 우리아를 전쟁터에서 소환해 밧세바와 동침할 것을 종용한다. 그러나 우직한 우리아가 전쟁 중이라며 집으로 돌아오지 않자, 결국 다윗은 계략을 짜서 그를 전쟁터에서 죽게 만든다. 우리아가 죽자 밧세바가 목 놓아 울었다는 기록은(「사무엘하」 11:26) 그녀가 권력자에게 남편을 빼겼을 뿐 아니라, 자신의 남편을 살해한 남자의 여자로 살아야 했던 비운의 여성이라는 점을 명확하게 알려준다. 놀라운 것은 아무도 모르는 이 은밀한 악행을 선지자 나단이 정확하게 고발했다는 것이다. 나단 선지자는 신의 계시를 따라 다윗을 찾아와 가난한 자의 소중한 한 마리 양을 빼앗아 자기 손님을 위해 잡아 죽인 어떤 부자의 이야기를 들려준다(「사무엘하」 12:1-6). 다윗이 그 악행에 대노하자 나단은 그 악인이 바로 다윗이며, 신은 악한 다윗의 은밀한 죄를 백주에 징벌할 것이라고 예언한다. 나단은 이 힘없는 자가 한 마리밖에 없던 자신의 어린양을 마치 자식처럼 사랑했었노라고 이야기한다. 바로 밧세바와 우리아의 관계가 얼마나 애틋했었는지 비유한 것이다.

이러한 나단의 고발은 밧세바가 권력자의 폭력에서 살아남은 생존자임을 알려준다. 그의 고발에 의하면 밧세바는 권력을 탐해 남편 우리아를 죽게 만든 악녀가 아니라, 다윗의 희생 제물이었다.[20] 나단의 비유 속에서 밧세바는 힘없는 우리아의 소중한 양이었고 다윗이 빼앗아 제물을 삼은 양이었다. 게다가 실제로 살해당한 희생자가 밧세바가 아니라 우리아였다는 사실은, 다윗이 우리아에 대한 밧세바의 사랑을 빼앗고 나아가 그녀를 자기 욕망의 제물로 삼으려고 우리아를 죽인 것임을 명확히 드러낸다. 우리아의 죽음 앞에 밧세바가 소리 높여 울었다는 「사무엘하」 11장 26절의 기록은 밧세바의 슬픔을 그대로 드러낸다. 이방인이지만 다윗에게 충성을 바치며 평생을 그의 용사로 살았던 남편 우리아가 다윗에게 당한 배신과 그를 잃은 상실감에 목 놓아 울었던 것이다. 하나님은 다윗의 악행에 대한 대가로 다윗과 밧세바의 첫 아들을 거두어간다. 다윗의 죄과로 남편에 이어 다시 한번 밧세바는 그녀의 소중한 존재를 잃고 슬픔에 빠진다. 그녀의 고통은 여기서 그치지 않는다. 솔로몬을 낳아 다윗 왕가의 계보를 이었지만 밧세바는 다윗의 여러 아내들과 왕자들의 끊임없는 권력 다툼 속에서 쉽지 않은 세월을 살아내야만 했다.

밧세바 이야기는 오늘날의 권력형 성 비리를 상기시킨다. 예언자 나단의 고발과 심판이 없었더라면, 밧세바의 억울함은 묻혀버리고 그녀는 다윗 왕을 유혹해서 남편을 죽게 만든 여자, 그러고도 솔로몬의 어머니로 호의호식한 여자로만 남았을 것이다. 밧세바의 이야기는 그녀가 옥상에서 목욕했고 아름다웠다는 이유만으로 다윗을 유혹한 음녀로 낙인찍는 상투적인 해석을 거두라고 경고한다.

예수의 어머니, 마리아

「마태복음」 족보의 마지막 여성은 예수의 어머니 마리아이다. 1세기 유대 사회의 규정에 따르면 약혼한 여자가 약혼자와 동침 없이 임신

---

20 나단은 다윗 시대의 예언자이다. 밧세바 사건 이후 하나님은 나단을 다윗에게 보내어 다윗에게 임할 신의 진노를 전한다(「사무엘하」 12:1-15).

한 것은 돌에 맞아 죽을 중죄이고, 혼전 임신을 한 마리아는 나쁜 여자임에 틀림없다. 그러나 이런 사회 규정에도 불구하고 마리아는 아기를 임신할 것이며 그 아기가 이스라엘을 구할 메시아라는 가브리엘 천사의 예언을 듣고 "예, 그대로 될 것입니다."라고 응답한다. 마리아는 사회 규율을 어기고 예언을 따른 면에서뿐만 아니라, 남성의 족보를 잇지 않는 면에서도 마태 족보의 다른 여성들과 구별된다. 「마태복음」의 족보는 아버지에게서 아들로 이어지는 부계 족보로서 아버지가 아들을 낳았다는 표현을 쓴다. 여성들도 "~에게서(ἐκ)"라는 전치사 구와 함께 부계 족보에 삽입된다. 그러나 놀랍게도 마리아의 경우는 남편 요셉을 "마리아의 남편"으로, 예수를 요셉이 아니라 마리아의 아들로 언급한다. 「마태복음」에서 예수를 낳은 사람은 아버지가 아니라 어머니인 것이며, 따라서 예수는 남자의 후손이 아니라 여자의 후손으로 자리매김된다.

원래 이 족보는 마리아의 족보가 아니라 그녀의 남편 요셉의 족보이다. 그런데 예수는 마리아가 요셉과 동침하기 전인 동정녀의 아들이므로 엄밀한 의미에서 요셉의 혈육이라고 할 수도 없다. 「마태복음」은 요셉을 혼전 임신한 마리아를 보호한 의로운 사람으로 칭송은 하지만 예수를 낳은 사람은 요셉이 아니라 마리아라는 점을 분명히 밝힌다. 이 경이로운 족보의 주인공인 마리아는 예수의 모든 생애에 등장하는, 아들 예수의 메시아적 사명을 이해하는 비범한 여성이다. 마리아 이야기가 예수 이야기를 담은 네 권의 복음서 이곳저곳에서 발견될 만큼 『신약성서』에서 마리아가 차지하는 비중이 크다.

일반적인 전기물과 달리 4복음서에는 예수의 사적 생애[21]는 거의 나

21 『신약성서』에 포함되지 않는 외경복음서는 예수의 유아기 또는 사적 생애에 대해 알 수 있는 복음서들로 「예수유아기복음서」, 「빌립복음서」 등이 있다.

오지 않는다. 그럼에도 예수의 어린 시절 이야기 속에서 늘 그 어머니 마리아의 존재가 강하게 느껴진다. 아기 예수를 처음 품에 안고 성전에 갔을 때, 마리아는 예언자 시므온으로부터 "칼로 마음을 찌르는 듯할 것(「누가복음」 2:35)"이라는 예언을 듣는다. 또 마리아는 예수가 열두 살 때 유월절 명절에 예루살렘에 갔다가 이 아들을 잃은 적이 있었다. 며칠 만에 성전에서 예수를 찾았는데 아이는 자기를 미칠 듯 찾은 부모에게 "나를 왜 찾느냐고, 나는 내 아버지의 집에 있다."는 기막힌 이야기를 하며 며칠째 성전에서 학자들과 토론을 벌이고 있었다. 바로 이때 마리아는 이 모든 일을 마음에 두었노라고(「누가복음」 2:51) 「누가복음」은 기록한다. 메시아의 어머니로 살아가는 마리아의 운명과 그럼에도 의연한 그녀의 모습이 짧은 이 두 이야기 속에 나타난다.

마리아의 삶은 결코 평탄치 않았을 것이다. 로마제국의 압제하에서 보잘것없는 나사렛 마을 가난한 목수의 아내로 산다는 것도 힘겨운 일인데, 이처럼 범상치 않은 아들을 키우는 일은 더더욱 쉽지 않았을 것이다. 게다가 당시 유대인에게 메시아란 유대 민족의 정치적 해방을 가져오는 존재를 의미했기에, 로마제국의 통치라는 위험한 상황 속에서 장차 메시아가 될 아들을 키운다는 것은 평범한 어머니로서 감당하기 어려운 일이었을 것이다. 그럼에도 그녀는 아들의 메시아적 사명을 잘 알고 있었다. 그래서 「요한복음」은 가나의 혼인잔치에서 포도주를 만드는 예수의 첫 기적이 바로 어머니 마리아의 부탁 때문에 일어난 사건이라는 점을 기록하고(「요한복음」 2:1-11) 있다. 나아가 예수가 하나님 나라를 설명하기 위해 비유로 이야기할 때 그토록 그의 이야기 속에 여성들의 일상적인 삶, 어머니들의 이미지가 넘쳐난다는 것도 이 두 모자지간이 각별했음을 시사한다.

마리아에 관한 가장 유명한 이야기는 「누가복음」에 나오는 동정녀

⋮ <수태고지>, 레오나르도 다 빈치, 1470년대 추정

탄생의 수태고지일 것이다. 그런데 비범한 마리아에 대해 알려면, 이 이야기를 예수의 신성한 탄생을 전달하기 위한 신화나 마리아의 성적 순결을 강조하기 위해 마리아의 혼전 임신을 얼버무린 이야기로만 바라보면 안 될 것이다. 다시 이 이야기를 제대로 읽어본다면, 마리아는 오래도록 고통당한 자기 민족의 아픔과 신의 계획을 알고 응답한 위대한 인물이다. 고난의 역사 속에서 민족적 대망을 안고 메시아를 고대해 왔던 다른 유대인들처럼, 어린 마리아도 메시아의 도래를 갈망했기에 메시아를 보내겠다는 신의 계획에 응답한 것이다. 당시 고대 여성들의 약혼 시기를 고려해보면, 수태고지를 들었을 당시 마리아의 나이는 십대 중반을 넘지 않았을 것이다. 「누가복음」은 이 작은 소녀가 메시아를 보내려는 신의 계획에 동참했고, 그래서 그것을 이루었다고 전한다. 나사렛 작은 마을의 가난한 어린 소녀에게 인류의 미래를 맡기던 가브리엘 천사와 어리지만 용감한 마리아가 만나는 이 아름다운 순간 없이는 메시아, 예수 그리스도가 올 수 없었음을 말한 것이다. 그리고 「마태복음」은 이 아름다운 이야기를 자신의 방식으로 예수의 족보에 담아냈다.

"마리아에게서 그리스도라 칭하는 예수가 나셨다."라고. 이로써 아버지들의 족보로 시작되었던 예수의 족보는 어머니의 족보로 완성되었다.

4. '나쁜 여자'를 넘어 인류의 구원자 어머니로

고대 종교 엘리트들의 지식창고라 할 수 있는 경전에서 여성들의 자리는 미미했다. 남성들의 입장과 관점에 따라 여성들의 이야기는 왜곡되거나 누락되었고, 필요에 따라 나쁜 여자들도 탄생했다. 지식과 정보를 장악한 고대의 남성 지식인들에게 여성은 통제의 대상이었고 여성의 성도 일방적으로 가치절하되었다. 여성의 경우 선과 악의 문제는 남성의 통제 안에 있는가 아닌가를 기준으로 결정되었다. 그래서 『구약성서』의 지혜문서에서 남성 통제 밖에 존재하는 여성의 성은 악으로, 낯선 이방 여성은 악녀로 이미지화되었다. 그러나 놀라운 것은 이렇게 고대의 가부장 문화를 고스란히 반영하고 유포하는 성서에 여성들의 삶과 생존의 흔적이 남아 있었다는 것이고 거기서 여전히 빛나는 가치를 찾을 수 있었다는 것이다.

『신약성서』의 가장 처음 책, 「마태복음」에 나오는 예수의 족보 속 여성들은 유대 민족의 조상으로 유대 가문을 일으킨 역사적인 어머니들이었다. 이들의 역동적인 삶은 남성 지식인들의 인위적 이분법으로는 잡을 수 없는 것이었고, 오히려 유대 민족의 역사를 형성하는 전설적인 이야기와 노래가 되어 사람들의 마음에 살아 있었기에, 후대의 경전 속에 침투할 수 있었다. 그리고 이들의 이야기를 구전으로 형성하고 전수했던 사람들은 누구보다 이들을 잘 이해했던 여성들이었을 것이며 이런 차원에서 고대 세계의 여성들은 스스로 여성들의 이야기를 전하고 보존하는 또 하나의 문화적 주체들이었음을 가늠하게 한다(Park, 41-54).

「마태복음」의 저자는 이 여성들의 족적을 자신의 복음서 맨 앞장에 담아냈고, 무엇보다 예수의 어머니 마리아의 이름으로 메시아의 족보를 완성했다. 행복했던 불행했던 간에 이들은 모두 살아남아 자식을 낳아 길렀고, 때로 온 집안을 살리며 나아가 한 가문을 일으킨 여성 영웅들이었다. 「마태복음」이 남긴 이 여인들의 목록을 따라가니 이들의 삶을 다시 돌아볼 수 있는 여지 속에서 세상의 모든 여성들의 삶이 보였다. 이 모든 여성들의 치열한 그러나 아름다운 삶은 남자들이 악녀로 부르건, 나쁜 여자로 부르건 상관없이 자신과 남을 살리며 이 세상을 지탱해왔다. 그들은 수천 년 전 고대의 세상이나 지금이나 여전히 생명을 살리는 일에 기여하고 있다. 기독교 역시 여성들의 숨은 공로가 없었다면 오늘날까지 살아남아 세계인들에게 영향을 주는 종교가 될 수는 없었을 것이다. 강자의 논리와 폭력으로 점철된 고대 가부장제에서도 살아남아 역사를 이어갔던 여성들, 그들의 생존의 지혜와 노력을 통해 오늘의 여성들도 격려와 응원을 얻는다.

Chapter 3

다섯 명의 남편을 둔 그녀들 : 사마리아 여자와 바쓰의 여장부[1]

이현주

1. 성서 속 나쁜 여자 다시 보기

페미니즘의 영향으로 최근 착한 여자는 관습이나 도덕에 의해 억압받는 여성으로, 나쁜 여자는 자신의 권리를 주장하는 당당한 여자로 보는 의식이 발생하기 시작했다. 이후 다양한 분야에서 기존의 착한 여자와 나쁜 여자에 대한 전통적 개념이 점차 해체되었다. 성서에 등장하는 나쁜 여자들도 재해석되었는데, 그 대표적 예가 「창세기」의 이브다.

1 이 장은 「현대 여성 시각에서 바라본 사마리아 여자와 바쓰의 여장부 연구」라는 제목으로 2021년에 간행된 『문학과 종교』 제24권 3호 203-225쪽에 게재된 논문을 일부 수정·보완한 것이다.

이브는 하나님 최초의 창조물인 인간 아담의 짝으로 창조되었다. 이브는 "그 나무 열매를 먹으면, 눈이 밝아지고, 사탄의 유혹에 넘어가 하나님처럼 되어서, 선과 악을 알게 될"(「창세기」 3:5) 선악과를 따먹고, 아담에게도 이 선악과를 먹도록 유혹한다. 이렇게 인간은 하나님의 말씀을 거역하는 죄를 짓고, 그 벌로 남자는 평생 노동의 짐을, 여자는 출산의 고통의 짐을 갖게 된다.

기독교는 선악과를 따먹은 인간의 행동을 '원죄'라 부르고, 인간이 평생 고통받는 것은 이 원죄 때문이며, 항상 이 죄를 회개해야 한다고 가르친다. 성서에 따르자면 이브는 하나님의 최초의 창조물이자 인류의 조상인 아담이 원죄를 짓게 된 근원이다. 이브에 대한 이런 시각은 율법에 따라 살았던 유대 시대에도 존재했으며, 또 이런 시각이 기독교 교리에서 완전히 자리잡은 것은 기독교가 사회를 이루는 도덕이자 근간이었던 중세 시대였다. 하지만 기독교가 전형적인 악녀로 규정한 이브도 시대에 따라 재해석된다. 기독교 인본주의자이며 위대한 영국 시인 존 밀턴John Milton(1807-1865)은 『실낙원*Paradise Lost*』에서 사탄이 이브를 유혹하는 순간과 낙원에서 추방될 때 이브의 행동을 세밀하게 묘사하여 고뇌하는 여성 이브를 제시했다. 밀

: <아담과 이브>, 산치오 라파엘로, 1508년

턴의 이브는 여성주의 학자들에 의해 자유의지를 갖고 선악과를 스스로 딴 주체적 여성으로, 또 낙원에서 추방되었을 때도 아담을 이끌고 낙원 밖으로 나가는 적극적인 여자로 파악된다(김시현, 48).

이브 이외에도 성서에는 많은 나쁜 여자들이 등장한다. 『구약성서』에는 유일신을 믿는 유대의 왕 아합의 왕비로서 이방 신인 바알 신을 믿었던 이세벨Jezebel, 다윗을 유혹한 밧세바, 남겨둔 재산이 아까워 도시를 떠날 때 뒤돌아보지 말라는 하나님의 명령을 어겨 소금기둥이 된 롯lot의 아내 등이 그 예이다. 『신약성서』, 특히 예수의 공생애 및 부활을 다룬 4복음서, 「마태복음」「마가복음」「누가복음」「요한복음」 중에서 예수와 접한 여자들 중 그 시대의 관점으로 볼 때 나쁜 여자라 칭할 수 있는 대표적 여성은 사마리아 여자이다.

「요한복음」에만 등장하는 사마리아 여자[2]는 사별 후 재혼하기보다는 죽은 남편을 위해 기도를 드리며 경건하게 생활하는 것을 중시하는 유대 관습 하에서 과거에 남편을 다섯이나 두었었고 현재는 법적 남편이 아닌 여섯 번째 남성과 살고 있기에 당대 남성들의 시각에서 볼 때 나쁜 여자임이 분명하다. 하지만 사마리아 여자는 예수와의 신학적 대화를 통해 주어진 환경을 극복하고 사마리아인들에게 예수가 메시아임을 증명하고 선포한다는 점에서 현대적인 시각으로 재해석될 수 있다.

---

2 4복음서는 모두 예수의 공생과 부활이라는 공통 주제를 갖고 있지만 각 복음서가 제시하는 자료는 공통적이면서도 저자에 따라 다르다. 이를 특수자료라 부른다. 「요한복음」의 경우 특수자료가 80퍼센트에 달하며, 사마리아 여자의 이야기는 이 특수자료에 속한다.

2. 『신약성서』 속 나쁜 여자, 사마리아 여자

「요한복음」이 쓰인 시대는 유대 관습 아래 가부장 체제가 완전히 자리 잡힌 시대였다. 이 시대는 여자를 사회나 가정에서 차별하거나 증오하는 것이 오히려 신의 질서를 지키는 것이라 생각했다.

> … 당시 유대 사회에서 여성의 삶은 조선 후기 시대의 그것과 비슷했다. 남성들이 일방적으로 정해놓은 제도와 관습에 철저히 묶여 있었다. 인생 대부분을 가정에 갇혀 보내야 했고, 거리로 나설 때는 베일로 얼굴을 가려야 했으며, 남성들과 대화는커녕 감히 말도 섞어서는 안 되었다. 공적으로나 법적으로나 여성의 의견은 독립적으로 인정되지 않아 반드시 보호자인 남성을 대리인으로 세우지 않으면 안 되었다. 이는 누구도 이의를 제기할 수 없는 신의 질서로 받아들여졌다. (하희정, 21)

당시 여성은 독립적인 인격으로 인정받지 못했을 뿐 아니라 집 밖으로 나가는 일도 금지되었다(하희정, 21). 또 「요한복음」에서 오천 명을 먹인 예수의 기적 이야기가 예시하듯이, 여성이 공적인 모임에 참가하더라도 이들은 아이들과 마찬가지로 참석 인원에서 제외되었다.

> "여기에 보리빵 다섯 개와 물고기 두 마리를 가지고 있는 한 아이가 있습니다. 그러나 이렇게 많은 사람에게 그것이 무슨 소용이 있겠습니까?" 예수께서는 "사람들을 앉게 하여라." 하고 말씀하셨다. 그곳에는 풀이 많았다. 그래서 그들이 앉았는데, 남자의 수가 오천 명쯤 되었다. (「요한복음」 6:9-10)[3]

새 번역판 9절에 기록된 "많은 사람"은 헬라어 원어와 가장 유사하게 번역한 NIVNew International Version판에 따르면 "people"이다. 하지만 10절의 "앉은 사람들"은 "men"으로 '남성'들이다. 실제로 여성과 아이들도 앉았는지 불명확한데, 신약학자 프레드릭 페비 브루스Frederick Fyvie Bruce는 이 모임의 공식적인 숫자는 오로지 앉은 남자들의 숫자이므로 실제로 여기에 있던 사람들은 여성과 아이들을 포함해서 더 많았을 것으로 추정한다(144).

「요한복음」 속 사마리아 여자는 그 당시 시대상으로 볼 때 철저하게 사회에서 배제되었던 여성이다. 「요한복음」 4장 9절에 유대 사람은 사마리아 사람과 상종하지 않는다고 기록되어 있듯이 당시 유대인들과 사마리아인들은 예배를 모시는 장소를 두고 심하게 갈등했다. 유대인들은 사마리아인들이 자신들과 같은 종교적 순수성을 지녔는지 의심하고 이들의 도움을 받거나 이들과 유대 관계를 가지려고 하지 않았다.

성서에서 사마리아인들이 최초로 기록된 것은 『구약성서』 「열왕기하」 17장 24절에서 41절이다. 이 기록에 따르면 사마리아인들은 아시리아 왕의 식민 이주 정책으로 유입된 원주민으로서 유대교의 전통을 따르지만 온전한 유대인으로 인정받지 못하는 민족이다. 역사상 사마리아인들에 대한 기록은 알렉산더 대왕이 사마리아를 정복한 이후에 등장했다(박정수, 204). 사마리아는 시돈[4]의 식민지로 약 150년간(기원전 480-330) 사람이 살고 있지 않았던 지역이었지만 기원전 333년 알렉산더 대제의 동방 정벌이 시작되면서 마케도니아의 식민도시로서 역사에 재등장했다. 도시 세겜을 중심으로 발달하기 시작한 사마리아는 자신들이

3 앞으로 성서 본문 인용은 새 번역판을 사용하기로 한다.

4 페니키아의 주요 도시 국가로 현재 레바논 지역.

야훼[5] 신앙의 계승자임을 주장했다. 이들은 기원전 400년경 그리심Geriazim 산 위에 성전을 건립한 일로 예루살렘 성전을 유일한 예배 장소로 생각하는 유대인들과 대립하게 되었다. 이후 사마리아인들은 유대인들에게 절대 상종할 수 없는 이방인이 되었다.

⋮ <그리스도와 사마리아 여자>, 칼 하인리히 블로흐, 작품 연대 미상

사마리아 여자는 사마리아 출생으로 유대인들에게 멸시받았다. 그러나 그녀는 유대인들뿐만 아니라 다섯 번 결혼하고 여섯 번째 남자와 동거 중이라는 이유로 사마리아 지역에서도 소외받고 천대받았다(김효정, 118). 이 사마리아 여자가 따돌림받았던 비천한 여성임은 그녀가 물을 길으러 오는 시간이 한낮, 정오라는 점에서 잘 드러난다.

사마리아 여자는 동족인 사마리아 사람들의 시선이 두려워 인적이 드문 정오에 물을 긷는다. 젊은 유대인 남성이 그녀에게 물을 달라고 하자 그녀는 유대와 사마리아 사이의 적대 관계를 언급하며 "선생님은 유대 사람인데, 어떻게 사마리아 여자인 나에게 물을 달라고 하십니까?"(「요한복음」 4:9)라고 답한다. 그런데 이 답변은 당시 '여성은 집 밖에서 외간 남자와 말하는 것이 금지되었는데 어떻게 여성에게 말을 거

5 구약의 하나님을 야훼라 부름.

느냐'의 뜻을 암시하기도 한다.

대화 도입부에 사마리아 여자는 생명수의 의미로 물을 청하는 예수와의 대화에 적극적으로 참여하지 않으며 생명수가 주는 중의적 의미를 전혀 이해하지 못한다. 그녀는 눈에 보이는 사실만을 보며 물동이도 없는 예수가 어떻게 물을 길어 자신에게 생명수를 줄 수 있는지 의아해한다. 하지만 사마리아 여자는 자신이 말하지도 않았는데 예수가 자신의 과거, 즉 다섯 명의 남편이 있었고 현재 함께 살고 있는 남성은 남편이 아니라 동거인이라는 사실을 말하자 그를 "예언자"로 확신한다. 이후 사마리아 여자는 예수를 "선생님"이라 부르며 유대인들과 사마리아인들의 갈등 원인인 예배 장소에 대해 묻는다.

> 예수께서 그 여자에게 말씀하셨다. "가서, 네 남편을 불러오너라." 그 여자가 대답하였다. "나에게는 남편이 없습니다." 예수께서 여자에게 말씀하셨다. "남편이 없다고 한 말이 옳다. 너에게는, 남편이 다섯이나 있었고, 지금 같이 살고 있는 남자도 네 남편이 아니니, 바로 말하였다." 여자가 말하였다. "선생님, 내가 보니, 선생님은 예언자이십니다. 우리 조상은 이 산에서 예배를 드렸는데, 선생님네 사람들은 예배드려야 할 곳이 예루살렘에 있다고 합니다." (「요한복음」 4:16-20)

사마리아 여자의 이 질문은 진실한 예배에 관한 신학적 의문을 제기한 것으로 이후 예수와 사마리아 여자는 마치 스승과 제자처럼 진지하게 대화를 나눈다. 중요한 것은 장소가 아니라 영과 진리로 예배하는 것이 참되게 예배하는 것이라는 예수의 답(「요한복음」 4:23)과 생명수에 대한 예수의 설교(「요한복음」 4:14)를 듣고 사마리아 여자는 그가 그리스도임을 확신한다. 이후 사마리아 여자는 자신이 들고 왔던 양동이를 버리고 마을 사람들에게 달려가 예수가 그리스도임을 공표하여 예수 곁으로 동네 사람들이 몰려들게 한다(「요한복음」 4:28-30).

예수가 그리스도임을 공표하는 사마리아 여자의 모습은 그녀의 첫 등장 모습과는 완전히 다르다. 지역과 젠더의 차별로 인해 공동체 안에서 적극적인 말이나 행동을 금지당했던 사마리아 여자는 예수와 신학적 대화를 나눈 후 활동적인 선교자로 변모한다. "그 여자는 이제 민족적, 지역적 차이에 기인한 원초적 적대감을 극복하고 예수를 증언하는 절정의 헌신을 수행하게 된다"(이성혜, 12). 하지만 마을 사람들은 예수가 메시아임을 선포하며 그들로 하여금 예수를 직접 만나도록 만든 사마리아 여자의 중요성을 폄하한다. 자신들이 예수를 믿게 된 것은 사마리아 여자의 말이 아니라 예수의 말을 직접 들었기 때문이라고 생각하며 선교자로서 사마리아 여자의 역할을 부정한다.

> 그 동네에서 많은 사마리아 사람이 예수를 믿게 되었다. 그것은 그 여자가, 자기가 한 일을 예수께서 다 알아맞히셨다고 증언하였기 때문이다. 사마리아 사람들이 예수께 와서, 자기들과 함께 머무시기를 청하므로, 예수께서는 이틀 동안 거기에 머무르셨다. 그래서 더 많은 사람들이 예수의 말씀을 듣고서, 믿게 되었다. 그들은 그 여자에게 말하였다. "우리가 믿는 것은, 이제 당신의 말 때문만은 아니오. 우리가 그 말씀을 직접 들어보고, 이분이 참으로 세상의 구주이심을 알았기 때문이오." (「요한복음」 4:39-42)

사마리아 여자의 존재를 인정하지 않으려는 것은 예수의 사도들도 마찬가지다. 음식을 구하러 마을에 갔다 온 사도들은 예수가 사마리아 여자와 대화하는 상황을 이상하게 생각했다(「요한복음」 4:27). 예수의 제자들은 남성 중심적 유대 관습 안에서 성장한 사람들로, “유대인 남자가 사마리아 여자와 말할 수 없다는 질서, 거룩한 사람이 거룩하지 못한 사람과 함께할 수 없다는 질서를 옹호하려는” 사람들이었다(김효경, 120-121).

사마리아 여자의 말을 듣고 예수를 믿게 되었으면서도 이를 부정하는 마을 사람들이나, 예수가 사마리아 여자와 이야기하고 있는 모습을 이상하게 보는 예수의 제자들은 여성의 존재나 의견에 가치를 두지 않는 당대 남성들의 전형적인 모습이다. 사마리아 여자가 여성이라는 이유로 이를 부정하는 마을 남자들의 모습은 복음의 선포가 남성들만의 역할이라고 생각하는 당대의 전형적인 사고를 보여준다. 기독교 역사에서 많은 여성들이 복음의 선포에 앞장섰지만 그 행적이 제대로 기록되기는커녕 남성의 질서를 파괴하려는 나쁜 여자로 왜곡되어왔다.

> 그동안 많은 여자들이 주의 복음을 위해 수고하고 애썼지만, 말씀을 선포하는 권력은 늘 남자들의 것이었고 여자들은 그들의 권력을 탐낼 수 없었다. 그것은 질서를 파괴하는 것이기 때문이다. 이러한 질서는 ‘너는 아니야’를 반복하면서 그 선을 넘으려는 여자들을 나쁘거나 불온한 자로 만들고 그녀들을 주제넘은 자로 명명하였다. (김효경, 122)

복음서가 쓰였던 시대 남성들의 시각에서 사마리아 여자는 분명히 나쁜 여자이다. 남편이 다섯이었으며 현재의 동거인은 합법적으로 남편으로 인정받을 수 없는 남성이라는 점에서 도덕적으로 비난받는 여성인 것이다. 또한 복음을 선포하는 선교자 역할을 하는 사마리아 여자는 남성 영역에 침범한 여성, 즉 사회의 위계질서를 깨뜨리는 여성으로 평가받는다. 하지만 오늘날의 관점에서 보면 사마리아 여자는 사회의 차별적 한계와 시각을 극복한 여성이다. 다섯 명의 남편과 살았고 현재 다른 남성과 동거 중인 비도덕적 여성이라는 평판을 넘어 당당하게 남성 영역으로 들어가 적극적으로 선교자 역할을 수행하며 주체적 여성으로 우뚝 섰기 때문이다.

3. 중세 시대의 나쁜 여자: 바쓰의 여장부

사마리아 여자를 모티브로 해서 등장하게 된 인물이 바로 중세 시대의 바쓰의 여장부The Wife of Bath다. 바쓰의 여장부는 '영시의 아버지'라 불리는 제프리 초서Geoffrey Chaucer(1340-1400)의 『캔터베리 이야기*The Canterbury Tales*』에 포함된 「바쓰의 여장부 서문과 이야기The Wife of Bath's Prologue and Tale」의 중심인물이다.

『캔터베리 이야기』는 1170년 순교를 당한 토마스 베케트Thomas Becket(1118-1170)[6]의 묘지가 안치된 캔터베리 성지로 순례를 떠나는 기사, 수녀원장, 옥스퍼드의 서생, 방앗간 주인 등 각계각층의 인물들 이야기로, 각 이야기는 서문과 중심 이야기로 구성된다. 「바쓰의 여장부 서문과 이야기」 역시 서문과 이야기로 이루어져 있는데, 서문은 바쓰 여장부의 생애를, 이야기는 중세 궁정풍 사랑 문학의 패러디를 담고 있다.

바쓰의 여장부는 사마리아 여자처럼 다섯 번 결혼한 여성이다. 여성이 큰 소리로 대중 앞에서 말하는 것을 금지했던 중세에 바쓰 여장부는 큰 소리로, 그것도 여성의 성적 쾌락에 대해 말하는 담대한 여성이기도 하다. 그녀는 이 때문에 동료 순례자 중 종교인들과 기독교인들의

---

6 캔터베리 대주교로 헨리 2세에 의해 암살되었다.

비난을 받아왔지만 최근 “거물급 페미니스트arch-feminist”(조일재, 119)로 재평가받기에 이르렀다.

중세 초기 공식적인 여성관과 여성에 대한 태도를 형성한 두 가지는 교회와 기사도였다(김정자, 343). 국가와 사회, 나아가 개인을 지배하는 권력 중심체였던 중세의 교회는 여성을 인간을 원죄로 이끈 타락한 이미지로 고정시킴으로써 여성의 낮은 지위를 정당화했다(김정자, 244). 기독교 신앙뿐 아니라 봉건 체제를 기틀로 한 귀족 사회도 왕을 최고 정점으로 철저한 위계질서를 지키는 남성 중심 사회였다. 위계질서에 기초한 가부장 사회에서 여성은 정치와 법의 영역과 교회에서 지위가 미약하기 짝이 없었다(슐람미스, 39).

> 사회가 ‘신분들*ordres*’로 나뉘어 있다는 개념은 모든 신학적 · 정치적 사고에 그 골수까지 침투되어 있었다. 이는 세 계급 곧 승려 · 귀족 · 제3계급에게만 국한된 것이 아니며, ‘신분’ 개념은 훨씬 더 큰 의미와 넓은 사정거리를 갖는다. 일반적으로 각 그룹 · 기능 · 직업은 하나의 ‘신분’이 된다. 그 결과 사회는 세 계급으로 나뉘는 데 비해 한 계급은 12신분쯤으로 나타날 수가 있다. 왜냐하면 ‘직업*estat*’은 곧 ‘신분*ordo*’이며 신에 의해 고안된 현실이라는 생각이 지배적이기 때문이다. (호이징가, 69)

계급의 위계질서가 가정에도 적용되었기 때문에 가정에서 최고 정점은 작은 군주인 남편이었다. 위계질서 상 남편보다 하위에 위치한 부인은 마치 귀족이 봉건영주에게 복종하듯이 남편의 말에 절대적으로 복종해야 했다. 성적 관계에서도 오로지 남편만이 성적 쾌락을 즐길 수 있었고 부인은 성적 욕망을 드러내거나 성적 쾌락을 추구할 수 없었다.

과부에게도 (공식화되지는 않았으나) 암묵적으로 엄격한 금욕 생활이 권장되었다. 중세 시대에 교회는 "공식적으로 재혼을 금하지 않았으나, … 엄격주의자들은 과부로 지내는 편이(물론 처녀로 있는 것만은 못하지만)… 부부 생활을 하는 것보다 훨씬 더 덕이 있다."(뒤비, 177)고 주장했다. 중세 시대 과부의 첫 번째 의무는 죽은 남편의 영혼을 위해 경건한 행위를 하는 것이고, 두 번째 의무는 금식하고, 미사에 빠지지 않으며 아낌없이 불쌍한 사람들을 도와주는 것이었다(뒤비, 178). 과부는 남편이 죽은 후 받는 과부 재산을 자신의 쾌락이나 사치를 위해 쓰면 안되고 가난하고 불쌍한 사람들을 위해 기부해야 했다. 또 기독교가 요구하는 경건한 행위를 철저히 지키는 일이 과부의 최고 미덕으로 숭앙받았다.

경건함과 정절을 엄격하게 요구하는 과부 지침 기록은 4세기 말 5세기 초 시리아에서 발간된 『사도규정』 3장에서 발견된다.

> 진정한 과부는… 선행으로 인해 많은 사람들에게 좋은 평판을 가진 자로 참으로 착실하며 정숙하며 신실하며 경건한 자요, 자녀들을 가르치고 양육하고 흠 없이 나그네들을 대접한 자다… 모든 과부가 온유하고 조용하고 부드럽고 진지하고 화를 내지 않고 말을 적게 하고 소란을 피우지 않고… 과부는 자신의 생계를 공급하는 자들을 위해 그리고 교회 전체를 위해 기도하는 일 이외에 어떤 것도 생각하지 않도록 한다. (하희정, 108-109 재인용)

위의 글이 실제로 지켜졌는지에 대해서는 기록이 없기 때문에 알 수 없다(하희정, 109). 그러나 중세 교부들이 과부 규정이라 정한 지침서에 이와 유사한 금기 사항들이 나온다. 이 점을 고려하면 고대·중세 서구 사회가 과부에게 정절과 엄격한 경건 생활을 요구한 것은 분명하다.

바쓰의 여장부는 과부에게 경건함과 정절을 요구하는 중세의 여성상을 거역하는 과감한 여성이다. 무엇보다 그녀는 과부 정절을 지키지 않고 다섯 번이나 결혼했으며, 나아가 순종과 침묵의 미덕에 역행해 여성의 경제권과 쾌락의 자유에 대해 목소리를 높였다. 게다가 그녀는 남편의 경제적·성적 주도권을 빼앗고, 심지어 남편을 자신에게 순종시키기 위해 폭력까지 행사했다.

「바쓰의 여장부 서문」 처음 부분에서 바쓰의 여장부는 과부의 정절을 요구하는 시대를 의식한 듯이 다섯 번 결혼한 사마리아 여자의 이야기를 예로 들며 자신의 다섯 번 결혼을 정당화한다.

심지어 바쓰의 여장부는 많은 부인을 거느렸다는 성서의 솔로몬 이야기를 예로 들어 고대 기독교는 중혼을 인정했다고 주장한다. 나아가 그녀는 남성뿐 아니라 여성도 성적 쾌락을 즐길 자격과 권리가 있다고 피력한다.

> 또한 말해보십시오. 무슨 목적으로
> 생식 기관이 만들어졌고, 우리의 인체 기관들이
> 그렇게도 완벽하게 현명한 창조주에 의해 만들어졌는지?
> 아무런 이유도 없이 만들어졌다고는 생각지 않을 것입니다. (115-118)
> …
> 그러나 학자들의 노여움을 사지 않기 위하여
> 난 이렇게 말하고 싶습니다.
> 그것들은 두 개의 목적을 가지고 있는데,
> 말하자면, 하나는 생리적 작용을 위한 것이요,
> 또 다른 하나는 하느님의 뜻을 거역하지 않는 경우에
> 생식의 기쁨을 위한 것이라는 사실이죠. (176-177)[7]

수도원의 발달과 더불어 금욕을 중시하고, 순결을 지키는 삶을 최고의 미덕으로 강조하는 사회적 풍토에서 여성도 남성과 동등하게 성적 쾌락을 즐길 수 있다는 바쓰의 여장부의 주장은 파격적이다. 바쓰의 여장부의 이 주장에 대해 면죄승Pardoner이 부인이 남편에게 성관계를 요구하는 것은 "남성 육체가 골탕을 먹는 것이므로 차라리 결혼하지 않는 게 낫다."(167-168)고 말하는 것에서 드러나듯이 당대 남성들은 여성의 성적 쾌락을 받아들일 수 없었다.

바쓰의 여장부는 남녀 간의 성적 결합을 쾌락 추구의 도구에서 남편에 대해 "주도권soveraynetee"을 갖는 무기로 확장한다. 바쓰의 여장부의 첫 세 남편은 모두 성적으로 젊은 여장부를 만족시켜줄 만한 능력이 없다고 여겨지는 늙은이들이다. 바쓰의 여장부는 성적 관계를 무기로 이 세 남편을 자신의 뜻대로 조정한다. 일례로, 젊음을 이용하여 늙은 남편들에게 적당한 질투심을 유발시킨 후, 질투심에 사로잡힌 남편을 근거 없이 질투하는 자로 몰아세우며 부부 관계의 주도권을 획득한다.

> 제 얘기를 이해할 만한 여러 부인들이여,
> 자 제가 어떻게 그들을 다루었는지 들어보시오.
> 얘기할 때는 이렇게 하는 것이며 남편의 잘못을 비난할 줄 알아야 해요,
> 욕하고 거짓말하는 데 있어서
> 여자의 반만큼 대담하게 할 수 있는 남자는 드물답니다.
> 이미 알고 있는 부인을 대상으로 얘기하는 것은 아닙니다.
> 일이 잘못되어 가는 경우,

---

7 한글 번역은 제프리 초서, 『캔터베리 이야기』. 이동일 · 이동춘 옮김. 한국외국어대학교출판부, 1976에 수록된 「바쓰의 여장부 이야기」를 따랐다. 괄호 안에는 인용 쪽수를 기입했다.

무엇이 자신에게 이로운지를 알고 있는 현명한 부인은
하녀를 자신을 도울 증인으로 삼아
자신에게 불리한 소문을 거짓으로 믿도록
남편을 설득해나갈 것입니다. (180)

주도권을 잡는 과정에서 남편에게 욕하고 거짓말하며, 자신의 잘못을 남편에게 돌리는 행동을 오히려 바쓰의 여장부는 "현명한 부인"(224)의 행실로 칭송한다. 즉 그녀는 중세 시대 나쁜 여자들인 '수다스럽고 공격적이며 성욕이 강한 여성들'을 도리어 현명한 부인들로 규정함으로써 현명한 여인과 사악한 아낙네 사이의 경계를 흐릿하게 만든다(이동춘, 275).

바쓰의 여장부가 주도권 싸움에서 가장 치열하게 싸웠던 상대는 다섯 번째 남편 젊은 "옥스퍼드 학생a clerk at Oxenforde"(527행)[8]이다. 외모와 젊은 몸만을 보고 결혼했던 바람둥이 네 번째 남편과 달리 이 다섯 번째 남편 젠킨Jankin은 바쓰의 여장부가 진실로 사랑해서 결혼한 사람이다. 하지만 그녀는 다섯 번째 남편과도 주도권 싸움을 벌인다. 그러나 이번 싸움은 이전과 달리 주로 경제적인 측면에서 벌어진다.

중세 여성들은 경제 활동을 거의 할 수 없었다(Delany, 72). 일반적으로 여성에게 주어지는 경제권은 결혼 지참금과 과부 재산 관리에 한정되었다. 하지만 결혼 지참금의 경우, 지역에 따라 다르긴 해도 주로 결혼하는 여성의 부모가 여성의 남편에게 그 소유권과 관리권을 주어 결혼 당사자 여성의 권리는 거의 없었다. 여성은 남편이 죽었을 경우 과

8 원문 인용 행수는 Geoffrey Chaucer, *The Canterbury Tales: Fifteen Tales and the General Prologue*. Ed. V.A. Kolve & Gledning Olson. New York: Norton, 2005를 따랐다.

⋮ <바쓰 여장부의 그림>, 1400-1410년.

부 재산권은 행사할 수 있었다. 과부 재산권은 결혼 전 여성의 부모와 남편의 협상으로 미리 정해졌는데(부셔, 137), 일반적으로 남편 재산의 3분의 1 정도였다. 그러나 바쓰의 여장부의 경우 부유한 늙은 세 남편의 죽음으로 과부 재산이 꽤 축적되었을 것으로 추정된다.

재혼을 하면 이 과부 재산의 주도권이 남편에게 넘어간다. 어린 남편을 사랑한 "지는 꽃The flour is gone"(477행)인 바쓰의 여장부는 그 시대의 부인들이 그렇듯이 모든 토지와 재산을 남편에게 넘겼다.

> 더 이상 무얼 더 얘기하겠어요,
> 그달 말경, 잘생기고 생기발랄한 학생 젠킨은
> 엄숙한 의식을 통해서 나와 결혼했답니다.
> 나는 내가 물려받은

> 모든 재산과 땅을 그에게 주었답니다.
> 후에 나는 이에 대해 크게 후회했죠.
> 그랬는데도 그는 내가 원하는 것을 하나도 해주지 않았어요.
> 정말이지, 그가 나의 귀를 한 차례 심하게 때린 적이 있었죠.
> 그의 책을 한 장 찢었다는 이유 때문이죠.
> 그 충격으로 나의 귀는 점점 멀어갔답니다. (193)

"결혼으로 바쓰의 여장부가 이전에 결혼했던 남편으로부터 받았던 과부 재산과 여기에서 나오는 수입까지도 법적으로 갖게 된"(Martin, 101) 어린 젠킨은 이제 가족의 군주로서 바쓰의 여장부를 지배하려 한다. 『캔터베리 이야기』에 등장하는 「옥스퍼드 서생의 이야기The Clerk's Tale」의 여주인공 그리셀다Griselda처럼, 젠킨은 바쓰의 여장부를 남편이 시키는 일은 무엇이든지 하는 순종적인 여성으로 만들려고 한다. 젠킨은 가부장적 제도를 중시하는 성 제롬(Saint Jerom, 674행)의 글을 읽고, 또 인류를 타락으로 이끈 이브(Eva, 715행),[9] 삼손Sampson의 힘을 잃게 만든 연인(721-722행),[10] 남편 소크라테스Socrates에게 오줌을 부은 부인 크산티페(xantippa, 729행), 크레테의 왕비로 황소와 정을 통한 파시파에(Phasipha, 733행), 정욕에 눈이 멀어 남편을 살해한 클리타임네스트라(Clitermnistra, 737행) 등 성서나 그리스 역사에 등장하는 "사악한 부인들wukked wyves"(685행)의 이야기를 들려주며 바쓰의 여장부를 순종적 부인으로 길들이고자 한다. 자신은 절대 군주, 바쓰의 여장부는 종신으로 변모시키고자 한다.

---

9 현대 영어에서 이브Eve를 말한다.

10 데릴라. 「바쓰의 여장부 서문」에서 초서는 이름을 명확하게 밝히지 않았다.

주도권 투쟁에 들어간 젊은 젠킨과 바쓰의 여장부의 싸움은 언어 차원을 넘어 물리적인 폭력으로 확대된다. 바쓰의 여장부가 젠킨이 밤마다 읽어주는 순종적 여성들과 나쁜 여성들에 대한 책을 찢으면서 두 사람은 서로의 뺨을 때린다. 하지만 남편을 다루는 방법에 대해 잘 아는 바쓰의 여장부는 젠킨이 자신의 귀를 멀게 했다는 약점을 잡아 남편 젠킨을 자신 앞에 무릎 꿇게 한다.

중세 봉건 시대에 무릎을 꿇는 행위는 가신이 왕에게 절대적 복종을 표현하는 행위이다. 따라서 젠킨이 바쓰의 여장부 앞에 무릎 꿇었다는 것은 경제적·성적 주도권을 비롯한 모든 권한을 바쓰의 여장부에게 넘긴다는 것을 의미한다. 남편을 다루는 법을 잘 아는 "현명한 부인" 바쓰의 여장부는 도리어 기지와 계교로 젊은 젠킨을 자신에게 종속시킨다. 싸움에서 이긴 바쓰의 여장부는 젠킨에게 주었던 토지와 재산을 돌려받으며 경제권과 우월한 지위를 획득한다.

> 그는 집과 토지의 관리권뿐만 아니라
> 그의 혀와 손을 통제할 수 있는 주도권을 나에게 넘겨주었으며,
> 그리고 나는 그 자신 스스로가 책을 불사르도록 하였답니다.
> 내가 능숙하게 주도권을 잡았을 때
> 그가 말했어요. "여보, 당신이 사는 동안 하고 싶은 대로 하구려.
> 당신의 명예를 잘 지키고, 내 재산 역시 잘 보전하시구려. (814-821행)

"명예를 잘 지키고 내 재산 역시 잘 보전하시구려."라며 젊은 남편 젠킨은 자신의 재산권을 여전히 주장하지만, 어쨌든 바쓰의 여장부는 옥스퍼드 출신 학자 남편에게 대항하여 주도권을 획득하는 데 성공한다. 투쟁을 통해 가정에서 여성의 경제권과 성적 자유를 찾은 바쓰의

여장부는 가정에서 남성과 동등한 경제권과 육아권을 갖고자 했던 제2세대 페미니스트[11]의 선구자라고 할 수 있다.

4. 사마리아 여자와 바쓰의 여장부

「요한복음」의 사마리아 여자와 『캔터베리 이야기』의 바쓰의 여장부는 각 시대가 요구하는 윤리나 사회적 관습의 측면에서는 착한 여자가 아니다. 오히려 이들은 여성의 목소리를 금지하는 사회에 맞서서 용감하게 목소리를 낸 나쁜 여자다. 다섯 번 결혼한 전력이 있는 사마리아 여자는 선민의식과 위계질서에 입각한 유대인 공동체 사회에서 조용히 살아야 하는 이방인 여성임에도 불구하고, 예수와의 신학적 대화 이후 사마리아 공동체에 말씀을 선포하는 사도가 된다. 사마리아 여자처럼 다섯 번 결혼한 바쓰의 여장부는 가정에서 군주와 같은 역할을 하려는 남편들에게 항거하고 또 여성들이 성적 쾌락을 즐길 자유를 당당히 밝힌다(Martin, 96). 나아가 과부 재산을 비롯하여 여성의 재산권에 대해서도 여성이 주도권을 가질 수 있다고 피력한다. 두 인물은 각 시대의 결혼관과 여성관을 거스르고 주체적 삶을 거침없이 살았던 여성으로서 오늘날의 관점에서 보아도 충분히 전복적이다.

하지만 이 여성 주인공들을 쓴 작가가 남성이기 때문에 여전히 두 여성의 묘사에 각 시대의 남성 중심적 시각이 내재되어 있다. 「요한복

---

11 제2세대 페미니즘은 1963년 페미니스트 운동가인 베티 프리던Betty Friedan이 『여성성의 신화*The Femenine Mystique*』를 출간함으로써 시작되었다. 이 책은 3년 동안 200만 부 이상 팔렸으며, 이 책으로 인해 1960년대 이후 미국 페미니즘 운동은 이전의 참정권을 비롯하여 정치적 권리를 찾으려는 운동과 달리 가정과 육아에서의 해방을 부르짖는 방향으로 바뀌었다(이현주, 2020: 93).

음」의 저자는 확실치는 않지만 당시 요한 공동체에 속한 남성 지도자일 것으로 추정된다. 「요한복음」의 저자는 유대인 예수가 사마리아 여성과 대화하는 모습을 보고 이상하게 생각하는 제자들의 모습, 또 사마리아 여성의 말을 듣고 예수를 믿게 된 것이 아니라 자신들이 직접 보았기 때문에 예수를 믿는다는 사마리아 남성들의 말을 삽입함으로써, 선교사이자 사도로서 사마리아 여자의 역할에 대한 의구심을 드러낸다.

「바쓰의 여장부 이야기」 초반에는 「바쓰의 여장부 서문」에 묘사된 당당한 여장부 바쓰가 여전히 나타난다. 「바쓰의 여장부 이야기」는 중세의 대표적인 사랑 이야기인 궁정풍 사랑의 문학 형식을 빌려 당시 우상화되었던 레이디Lady[12]를 희화화하며 남성에게 모든 주도권을 빼앗긴 여성의 모습을 비판한다. 아서 왕이 처녀를 겁탈한 궁정의 젊은 수습기사(a lusty bacheler, 883행)를 벌하려 하자, 귀네비어 왕비와 레이디들이 아서 왕에 반대하는 상황 묘사를 통해 당시 귀족 계급 여성들의 여성의식의 부재를 보여준다.

「바쓰의 여장부 이야기」는 외관상 주요 주제가 이전에 「바쓰의 여장부 서문」에서 다루었던 남성과 여성의 주도권 문제인 듯 보인다. 「바쓰의 여장부 이야기」는 젊은 기사가 자신의 목숨을 구하기 위해 왕비의 명령에 따라 여성이 세상에서 가장 원하는 것이 무엇인지를 찾아가는 과정을 추적한다. 왕비가 던진 질문의 답을 찾아가는 과정에서 젊은 기사는 여성이 가장 원하는 것이 남성에 대한 주도권이라는 답을 노파에게서 얻은 후 목숨을 구한다.

목숨을 구한 기사는 노파와의 약속을 지키기 위해 그녀와 결혼을 한다. 첫날밤을 맞이한 젊은 기사는 늙고 추하며 냄새나는 노파와 잠자리

12 중세 시대의 레이디는 왕비를 수발하는 귀족 부인이나 처녀를 지칭하는 말로 이에 적합한 우리말을 찾을 수 없으므로 그냥 레이디로 칭하기로 한다.

⋮ <랜슬롯과 귀네비어>, 허버트 제임스 드레이퍼, 작품 연대 미상

를 원치 않는다. 이 기사의 마음을 읽은 노파는 자신이 마녀임을 밝히며 기사에게 정절을 중시하지 않는 젊고 아름다운 여자와 정절을 지키는 추녀 중 선택하라고 요구한다. 이 질문에 대해 젊은 기사는 "당신이 원하는 대로 하세요."라고 답하며 주도권을 노파에게 넘긴다. 그러자 노파는 기사와의 관계에서 자신이 주도권을 갖게 된 것에 만족하여 젊고 순종적인 여성으로 변신하고, 젊은 기사도 만족하여 행복한 결혼 생활을 이어간다.

앞의 이야기에서 모든 주도권을 여성에게 준다는 기사의 말은 여성이 남편을 마음대로 할 수 있다는 여성주의적 결말을 암시하지만, 노파가 자신의 의지로 남편이 원하는 젊고 예쁘고 순종적인 여성이 되는 결말은 젊고 아름다운 여성을 칭송하는 남성 작가 초서의 가부장적 여성관을 드러낸다(Dinshaw, 120). 젊고 정절을 지키는 여자를 가장 바람직한 여성으로, 결혼의 행복을 보장하는 조건으로 설정하는 「바쓰의 여장부 이야기」의 결말을 고려하면, 바쓰의 여장부는 파격적 여성주의 자라기보다는 자신이 살고 있는 시대의 가치관에 부합하는 이야기를 들려준 남성 중심적 여성일 수 있다. 더구나 남성 종교인 탁발승Friar이 이 이야기를 듣자마자 곧바로 이에 대해서 "어려운 주제를 다룬 학문적인 내용"(1271행)이 아니라고 규정하는 것을 볼 때, 바쓰의 여장부가 들려준 이야기가 남성들이 관심을 갖고 들을 만한 것으로 인정받지 못하고 있는 듯하다.

사마리아 여자 이야기와 바쓰의 여장부 이야기는 모두 남성 중심적 시각이 살아 있다는 점에서 완전히 여성주의적 시각을 보여주는 이야기라 규정지을 수 없다. 하지만 율법주의와 남성중심주의가 팽배한 기독교 사회에서 두 이야기의 각 남성 저자가 각 시대의 시각에서 나쁜 여자를 주요 인물로 내세웠다는 점은 매우 흥미롭다. 특히 오늘날 사마리아 여자와 바쓰의 여장부는 가부장제 사회에서 나쁜 여자로 폄하되는 한계 상황을 극복하기 위해 노력하고 투쟁하는 현대적 여성으로 재평가받을 만하다.

Chapter 4

셰익스피어 비극 속 악녀들

권오숙

영국 르네상스 시대를 대표하는 극작가이자 시인인 윌리엄 셰익스피어William Shakespeare(1564-1616)의 작품에도 나쁜 여자들이 등장한다. 다양한 인간 유형과 세상사를 통찰력 있게 묘사하여 세계 문학 최고봉에 오른 셰익스피어는 38편의 희곡을 집필하고, 두 편의 장편 설화시, 그리고 154편의 소네트를 남겼다. 후대인들은 그중 『햄릿*Hamlet*』, 『리어왕*King Lear*』, 『오셀로*Othello*』, 『맥베스*Macbeth*』를 가장 뛰어난 작품으로 꼽아 4대 비극이라고 일컬으며 칭송했다. 이 비극들에서 셰익스피어는 주로 탐욕과 욕망, 격정에 휘둘리고, 어리석은 판단과 분별력으로 비극적 상황에 빠지는 인간상을 그려냈는데 흥미진진한 여성 인물들도 많이 선보였다.

그런데 흥미롭게도 셰익스피어의 비극 속 여성들은 천사형 인물과 악마형 인물로 양분되어 있다. 자기 목소리를 크게 내지 않고 남성들에게 순종적인 여성은 흔히 천사형 인물로, 반면 자기주장이 강하고, 적극적으로 자신의 욕망을 추구하며, 남성들을 압도하는 힘을 발휘하는 여성들은 악마형 인물로 그려지고 있다. 『햄릿』의 오필리어Ophelia나 『오셀로』의 데스데모나Desdemona, 『리어 왕』의 코딜리어Cordelia는 전자에 속하고, 『리어 왕』의 거너릴Goneril과 리건Reagan, 『맥베스』의 맥베스 부인Lady Macbeth은 후자에 속한다.

이 장에서는 이 중 나쁜 여자 축에 속하는 거너릴과 리건, 그리고 맥베스 부인이 어떻게 나쁜 여자로 그려지고 있는지를 당대 가부장 이데올로기와 연관시켜서 분석할 것이다. 좀 더 구체적으로는 셰익스피어 비극 속 여성 인물들이 자기 목소리를 내느냐 침묵하느냐에 따라 나쁜 여자와 착한 여자로 이분화되는 양상, 자기주장이 강한 여성을 성적 욕구가 강하거나 혹은 성으로 타인을 통제하려는 성적 충동이 강한 여성과 동일시하는 양상, 그런 방식을 통해 남성 중심 사회가 어떻게 여성의 목소리를 교묘히 통제해왔는지를 분석할 것이다. 또 이 여성들이 어떻게 전통적인 성 역할을 거부하고 남성보다 우위를 차지하려고 했는지에 주목할 것이다. 나아가 그 여성 인물들에 대한 전통적인 해석과 더불어 현대의 새로운 해석들을 살펴보고, 이 작품들의 현대 각색에 나타난 재현 양상까지 살펴볼 것이다.

1. 영국 르네상스 시대의 가부장 문화와 셰익스피어

영국 르네상스 시대의 가부장 문화 엿보기

영국 르네상스 시대는 가부장제 이데올로기가 팽배했던 시기였다. 존 켈리Joan Kelly는 「여성들에게도 르네상스가 있었는가?Did Women Have Renaissance?」라는 글에서 1528년에 출간된 예법서인 『궁정인*The Book of the Courtier*』의 예를 들며 "적어도 르네상스 시대 동안에는, 여성에게 르네상스는 없었다."고 주장한다(19). 『궁정인』은 마키아벨리의 『군주론*The Prince*』과 쌍벽을 이루는 르네상스 최고의 정치 교양서로, 평생 이탈리아 궁정에서 일했던 발다사레 카스틸리오네Baldassare Castiglione가 쓴 조신들의 처세와 예법 안내서이다. 이 책은 우르비노 궁정에서 공작부인과 귀부인, 궁정 신하들이 완벽한 궁정 신하의 모습 등을 주제로 나흘에 걸쳐 토론하는 상황을 상상한 대화록이다.[1] 켈리는 이 책이 어떻게 전통적인 남녀 성 역할, 남성에 대한 여성의 종속적 위치, 여성의 목소리 억압 등을 공고히 하고 있는지를 분석했다. 그런데 이 책이 1561년에 토마스 호비Thomas Hoby에 의해 영어로 번역되어 셰익스피어 동시대 사람들에게 널리 읽혔다(Collington, 281).

이처럼 새로운 문화가 부흥했던 르네상스기에도 여전히 가부장 문화가 지배적이었기 때문에 이 시기 사회 전 분야에서 발생했던 기존 정설들의 해체 및 전복에도 불구하고 여성과 남성의 성차나 덕목에 대해서는 고대부터 전해 내려온 전통적인 시각이 지속되었다. 즉 남성에

---

1 이 책에 등장하는 인물들은 실존했던 사람들이며, 4장으로 나뉘어 진행되는 대화 속에 르네상스 시대의 역사, 철학, 사상, 음악, 미술, 생활상, 관습 등을 농담과 풍자로 담아냈다.

게는 용기와 능변 같은 덕목들이, 여성에게는 겸손과 침묵, 순결 같은 덕목들이 요구되었다. 특히 영국에서는 1450년에서 1630년까지 강력한 중앙집권 체제가 유지되면서 이런 체제와 연결선상에 있는, 가정 내에서 아버지와 남편의 전제적 권위를 강화하는 가부장제가 더 강화되었다(Stone, 144).

하지만 실생활에서는 사정이 좀 달랐던 것 같다. 카렌 뉴먼Karen Newman에 의하면 영국 근대 초기(대략 1580-1640년)에 영국 사회 체제에 막대한 변화가 있어서 기존의 위계질서가 흔들리면서 그 혼란에 대한 불안감이 크게 고조되었다(xviii). 그런데 그중에서도 전통적인 성 역할을 거스르는 여성들에 대한 위기감과 관심이 지대했다. 이윤주는 당시 영국의 법정 기록물에 잔소리가 심하거나, 이웃과 다투거나, 남편을 지배하고 때리는 등 가부장 체제에 위협적인 여성들의 출현이 빈번했던 것으로 보아 성차에 대한 관념에는 거의 변화가 없었지만 실생활에서는 이런 고정관념에 어긋나게 행동하는 여성들이 증가했음을 유추할 수 있다고 주장한다(9).

르네상스 시대의 가부장제 가치관은 셰익스피어 작품에도 영향을 끼쳤다. 연극의 목적이 "자연에 거울을 들어 보이는 것to hold as 'twere the mirror up to nature"(『햄릿』 3막 2장 22행)[2]이라고 생각한 셰익스피어는 그의 극 속에 당대의 가부장제 문화나 관습을 고스란히 담아냈다. 특히 여성의 언어를 통제하는 담론이나 사회 관습들은 여러 작품에서 엿볼 수 있다.

2 이 장에 인용된 셰익스피어 작품 인용은 모두 필자의 번역임을 밝힌다.

셰익스피어의 작품 속 여성 목소리의 억압 양상

셰익스피어가 활동한 르네상스 시대의 가부장 문화 가운데서도 특히 여성의 언어 행위에 대한 억압이 심했고, 그런 문화가 셰익스피어의 작품 속에 고스란히 투영되어 있다. 이렇게 당대 사회와 셰익스피어 작품 속 여성의 언어에 대한 억압 양상을 먼저 살펴보는 것은 이 장에서 분석하고자 하는 나쁜 여자들의 부정적 이미지가 주로 여성에게 부과되는 순종, 침묵, 순결이라는 덕목들에서 벗어난 탓인데, 이 덕목들이 별개의 것이 아니라 모두 여자들의 적극적인 언어 행위와 긴밀히 연결되어 있기 때문이다.

권력 집단이 언어를 지배함으로써 종속 집단을 지배하고 자신들의 권력을 유지해온 것은 시대와 공간을 초월한 보편적 현상이다. 그 이유는 미셸 푸코Michel Foucault가 지적하듯이 언어가 권력의 도구이며 동시에 결과이기도 하지만 또 한편으로는 장애물, 제동장치, 저항의 거점, 반대편 전략의 출발점도 될 수 있기 때문이다(127). 특히 남성들은 오랫동안 여성의 목소리를 통제해왔다. 이에 대해 데일 스펜더Dale Spender는 여성들의 적극적인 자아를 해체하려는 남성들의 욕망에 따라 여자의 언어 행위에 대해 부정적 가치 판단을 심는 사회적 규범이나 터부를 생산해왔다고 주장했다(12).

4대 비극 중 하나인 『오셀로』에서 그런 문화를 잘 엿볼 수 있다. 베니스의 무어인 용병대장 오셀로는 부하 이아고Iago의 모략으로 아내가 젊은 부관 카시오Cassio와 불륜을 저질렀다고 의심한다. 하지만 그는 자신의 의심에 대해 아내 데스데모나Desdemona의 해명을 듣지 않고 이아고의 거짓말에만 귀를 기울인다. 아내를 대면하기만 하면 불같이 화를 내지만 이유를 묻는 그녀의 말은 무시하고 응대하지 않는다. 데스데모나도 여성의 입이 열림을 곧 성적 방종과 동일시하는 가부장 사고방식을 체화한 탓에 적극적으로 자신을 변호하지 못한다. 그녀는 자신의 순결을 변호해야 함과 동시에 입을 닫아 정숙한 여인임을 입증해야 하는 아포리아에 빠져 있는 것이다(권오숙, 2004: 21).

『오셀로』에서는 데스데모나뿐만 아니라 이아고의 아내 에밀리아Emilia와 카시오를 사랑하는 창녀 비앙카Bianca도 침묵을 강요당한다. 특히 이아고가 여성의 발화 행위에 대해 부정적 언급을 많이 하는데 2막에서 그는 에밀리아의 수다에 대해 강한 거부감을 표현한다. 그리고 극의 후반부에서는 데스데모나가 정숙한 여인이었음을 입증하고자 하는 에밀리아에게 수차례 침묵을 강요한다. 하지만 이아고의 침묵 강요에 대해 에밀리아는 필사적으로 저항한다. "공기처럼 자유롭게 하고 싶은 말을 하겠다. 하늘과, 인간과, 악마가 모두 내게 부끄러운 줄 알라고 하더라도 나는 말을 할 것이다"(5막 2장 221-23행)라고 선언한다. 결국 이아고는 칼sword로 에밀리아를 찔러 죽임으로써 그녀의 말word을 봉쇄한다(권오숙, 2004: 22). 이와 같이 셰익스피어는 여성의 목소리를 억압하는 가부장 문화를 보여주기도 하지만, 그와 함께 그런 문화에 강하게 저항하는 여성들도 제시하고 있다.

『말괄량이 길들이기*The Taming of the Shrew*』에서도 여성들에게 침묵을 강요하는 당대의 문화를 잘 엿볼 수 있다. 이 극에서 천하의 말괄량이로 알려진 카테리나Katherina는 고분고분하지 않고 말벌의 침과 같은 언어로 남성들의 지배와 독선에 맞선다. "나는 여자가 저항 정신을 갖지 않으면 바보취급을 받는다는 걸 알고 있어"(3막 2장 218-219행)라고 주장하는 카테리나는 전형적으로 가부장 사회에서 남성들이 경계하는 여성의 이미지이다. 그래서 그녀는 파두아Padua의 뭇 남성들로부터 질타를 당하고, 결혼 시장에서 결함 있는 상품으로 여겨진다. 그리고 남자들은 그런 그녀를 끊임없이 “악마devil, fiend”라고 부른다. 반면 조신하고 고분고분한(혹은 그런 척하는) 카테리나의 동생 비앙카Bianca는 뭇 남성들의 찬사를 받는다. 루첸티오Lucentio는 그녀에게 첫눈에 반하는데 그 이유는 그의 말대로 비앙카의 “침묵 속에서 규수다운 상냥한 자태와 온순함”(1막 1장 70-71행)을 느끼기 때문이다. 카테리나와 비앙카에 대한 남자들의 평가는 당대 사회가 여성들의 언어 행위에 대해 어떤 시각을 지녔는지를 여실히 보여준다.

그럼 이제 구체적으로 셰익스피어의 4대 비극 중 특히 비평가들의 주목을 받아온 『리어 왕』과 『맥베스』의 나쁜 여자들을 살펴보자.

2. 『리어 왕』 속 나쁜 여자들: 거너릴과 리건

1604-1605년경에 집필된 것으로 알려진 『리어 왕』은 기원전 8세기 고대 브리튼의 전설적인 왕의 이야기이다. 셰익스피어의 극 중 감정의 격렬함이나 비극성이 가장 장대한 것으로 알려진 이 극은 노부모의 공양과 효심이라는 주제와, 인간의 어리석은 판단력, 인간의 탐욕과 욕망이라는 아주 보편적 주제를 다룬다.

늙은 리어 왕은 왕국과 재산을 세 딸에게 양도하고 평온한 노년을 보내고자 한다. 그래서 세 딸에게 자신에 대한 사랑의 크기에 따라 왕국을 나누어줄 터이니 사랑을 말로 표현해보라고 요구한다. 권력과 재산에 대한 욕망에 사로잡힌 첫째 딸 거너릴과 둘째 딸 리건은 화려하게 포장된 언어로 자신들의 사랑을 표현한다. 반면 막내딸 코딜리아는 아버지를 향한 사랑을 화려한 말로 치장하기를 거부한다. 리어 왕은 코딜리아가 공식석상에서 자신의 권위에 도전한 것을 용납하지 못한다.

그래서 온갖 거짓된 언어로 사랑을 표현한 두 딸에게 모든 권력과 재산을 이양하고 코딜리아와는 부녀 관계를 끊는다. 이때 리어 왕의 어리석은 처사를 비난하는 충신 켄트도 추방당한다. 리어 왕의 이런 행동에서는 폭력적인 부권주의의 면모를 엿볼 수 있다. 이 극에서는 불같은 리어 왕의 성정이나 까다로운 성미, 외고집 등에 대한 언급이 자주 나온다. 이를 통해 셰익스피어는 리어 왕을 상당히 권위적이고 억압적인 군주이자 가부장으로 제시하고 있다. 그가 왕권을 이양하면서 "사랑하는 사위들이여, 국가의 통치권, 국고 수입, 그 외의 집행권이 이제 그대들 것이다."(1막 1장 135-137행)라고 선언하면서 왕관을 두 딸이 아닌 사위들에게 넘겨주는 데서도 부권주의가 엿보인다.

버림받은 코딜리아는 프랑스 왕비가 되어 떠나고, 얼마 지나지 않아 거너릴과 리건은 본색을 드러낸다. 100명의 수행원과 함께 두 딸의 집에서 한 달씩 번갈아 지내겠다는 조건을 걸고 모든 것을 내주었던 리어 왕에게 딸들은 한 달이 채 되기도 전에 수행원들의 행실을 핑계 삼아 그 수를 줄일 것을 요구한다. 딸들의 배은망덕에 심한 분노를 느낀 리어 왕은 그들에게 온갖 저주를 퍼붓고 복수를 다짐하며 폭풍우가 몰아치는 황야로 나선다. 황야를 헤매면서 리어는 점점 미쳐간다. 그 소식을 들은 코딜리아는 아버지의 권력을 되찾아주고자 군대를 이끌고 브리튼으로 쳐들어오지만 패배한다. 리어와 코딜리아는 포로로 잡히게 되고 사악한 에드먼드Edmund의 밀사에 의해 코딜리아는 교살당하고, 그 충격에 리어 왕도 죽음을 맞이한다.

거너릴과 리건은 이 젊은 야심가 에드먼드에게 반해 서로 사랑싸움을 벌인다. 거너릴은 에드먼드에게 자기 남편을 죽이고 자신의 침실을 차지해달라는 내용의 연서를 보낸다. 그런데 리건의 남편인 콘월 공작Duke of Cornwall이 갑작스레 죽음을 맞이한다. 에드먼드의 아버지인 글로스터 백작이 리어 왕을 도운 것에 분노하여 그의 눈을 뽑다가 이를 막으려는 하인의 칼에 찔려 죽은 것이다. 홀로 된 동생에게 에드먼드를 빼앗길까 두려움을 느낀 거너릴은 리건을 독살한다. 그리고 나중에 자신이 저지른 일들이 백일하에 드러나자 자결한다.

욕정에 눈이 멀어 동생을 독살하는 거너릴은 대단한 악녀이지만 리건 또한 이에 못지않은 악녀이다. 남편 콘월 공작과 함께 글로스터 백작을 고문하는 장면에서 리건은 글로스터 백작의 백발 수염을 잡아 뽑기도 하고, 남편과 함께 그의 눈을 뽑는다. 또한 그런 야만스런 행동을 막으려고 하인이 콘월 공작을 찌르자 그 하인을 찔러 죽이는 것도 리건이다. 이렇듯 불효에, 불륜에, 살인 교사 및 살해, 신체 훼손까지 서슴지 않는 거너릴과 리건은 셰익스피어의 그 어떤 인물보다 잔인함과 공격성을 지닌 여성들이다. 그래서 캐슬린 맥러스키Kathleen McLuskie는 아무리 여성주의 시각으로 이 극을 읽으려 해도 거너릴과 리건을 옹호할 수 없다고 했다(102).

그런데 희대의 악녀인 거너릴과 리건의 재현에는 말이 많은 여자를 부정적으로 바라보는 가부장적 시선이 무의식처럼 깔려 있다. 그래서 적극적인 언어 행위를 하는 거너릴과 리건은 탐욕스럽고 호색적이고 잔인한 나쁜 여자로, 극도로 말을 아끼는 코딜리아는 효심이 뛰어나고 심성이 고운 착한 여자로 제시하고 있는 것이다. 리어 왕이 사랑을 말로 표현하라고 했을 때, 거너릴과 리건은 리어 왕의 기대에 부응해 온갖 과장된 수사로 자신들의 사랑을 주장한다.

> 거너릴: 폐하, 저는 말로 표현할 수 없을 만큼 아바마마를 사랑하옵니다.
> 시력, 움직일 수 있는 공간과 자유보다 더 사랑하옵고,
> 값비싸고 희귀하게 여겨질 것들을 능가하고,

은총, 건강, 아름다움, 명예를 갖춘 목숨 못지않고,
자식이 부모에게 바치고, 아비가 받아온 그 어떤 사랑 못지않은,
숨결을 무색케 하고, 말로 표현할 수 없는 사랑,
그 모든 비교를 능가할 만큼 아바마마를 사랑합니다. (1막 1장 54-60행)

리건: … 제 진심을 들여다보니
언니가 아바마마에 대한 저의 사랑을 다 말하였습니다.
다만 좀 부족할 따름입니다. 가장 정교한 감각이
가져다주는 모든 기쁨들은
저의 적이라고 단언하옵니다.
저는 오직 아바마마의 지극한 사랑 안에서만
행복하옵니다. (1막 1장 68-74행)

두 딸은 이런 화려한 수사를 동원한 애정 표현으로 아버지의 권력과 재산을 차지한다. 이와 반대로 막내딸 코딜리아는 리어에게 "없습니다, 폐하."(Nothing, sir. 1막 1장 86행)라는 단 두 마디로 대답한다. 하지만 셰익스피어는 코딜리아의 방백을 통해 이 단답형의 답변에 아버지에 대한 무한한 사랑이 담겨 있음을 보여준다.

코딜리아: 이 코딜리아는 무어라 말하지?
사랑할 뿐 아무 말 말자. (1막 1장 62행)

코딜리아: 그렇다면 코딜리아는 초라하구나!
아냐, 그렇지 않아. 분명 나의 사랑은

말로 표현할 수 있는 것보다 더 깊은 것이니까! (1막 1장 75-77행)

이렇게 셰익스피어는 의도적으로 거너릴과 리건의 언어를 장황하게 설정하고 코딜리아의 답변을 단음절의 두 단어로 설정함으로써 다변과 침묵을 극단적으로 대조시키고 있다(권오숙, 2007: 111). 그리고 코딜리아의 이 간결한 대답이 언니들의 화려하고 장황한 수사에 대한 일종의 반동임을 드러낸다. 리어의 충신 켄트는 코딜리아의 답변에 대해 다음과 같이 평가한다.

켄트: 폐하의 막내 따님께서 폐하를 가장 적게 사랑하시는 것도 아니옵고
목소리가 낮아 빈 통처럼 울리지 않는다고
마음마저 빈 것이 아니옵니다. (1막 1장 151-153행)

그리고 코딜리아는 프랑스 왕에게 간택되어 브리튼 궁정을 떠나면서 언니들이 "입심 좋고 번지르르한 말재주로 리어의 보석"이 되었다고 말한다(1막 1장 223행). 극의 끝부분에서 코딜리아가 죽은 뒤 리어는 그녀의 시신을 안고 "이 애 목소리는 항상 부드럽고 조용하고 나지막해서 여자로서는 훌륭한 자질이었지."(5막 3장 272행)라고 말한다. 켄트와 코딜리아, 리어의 이런 언급들은 거너릴과 리건, 코딜리아의 언어 행위에 대한 독자/관객의 관심을 환기시킨다.

프로이트는 이 사랑표현 대회가 신데렐라 동화나 파리스의 심판, 프시케 신화 등과 밀접한 관계가 있다고 주장한다. 이 이야기들의 공통점은 세 여인 사이에서 한 남성이 선택을 하는 것이다. 그런데 다른 경연에서는 모두 침묵하는, 가장 아름다운 여자를 선택한다. 그런데 셰익

⋮ <리어 왕과 세 딸들>, 윌리엄 힐튼, 개인 소장, 작품 연대 미상

⋮ <코딜리아의 작별인사, 리어 왕 1막 1장>, 에드윈 오스틴 애비, 뉴욕 메트로폴리탄 미술관, 1913년

스피어는 이런 패턴을 뒤집어 리어로 하여금 침묵한 자가 아닌 요란한 언어로 자신을 어필한 두 딸을 선택하게 만들었다. 그리고 딸들의 이후 행동들을 통해 다변을 늘어놓았던 두 딸은 악의 화신으로, 과묵했던 코

딜리아는 선의 화신으로 제시한다.

거너릴과 리건은 아버지의 권력과 재산을 차지한 지 얼마 지나지 않아 리어의 왕으로서의 정체성을 상징하는 100명의 수행기사를 줄일 것을 요구한다. 결국 그들의 요구는 리어의 왕으로서의 정체성을 말살하는 것이다. 거너릴과 리건이 자신의 권위에 도전하자 리어는 그들의 배은망덕을 참지 못하고 심한 욕, 폭언, 저주 등을 퍼붓고 폭풍우가 몰아치는 황야로 향한다. 셰익스피어는 리어가 느끼는 배신감과 분노의 감정을 고스란히 언어로 배설하게 함으로써 두 딸의 불효를 극대화시킨다. 반면 코딜리아는 아버지를 돕기 위해 군대를 일으키고, 제정신을 잃은 리어 왕을 극진히 간호하여 치유해주는 지고지순한 효녀의 모습으로 그려낸다.

다음으로 이 극에서는 여성이 입을 여는 행위를 성기를 여는 행위와 동일시하여 말이 많은 여자는 곧 정조가 부족한 여자로 봤던 가부장제 시각도 보여준다. 리어에 대한 사랑 표현에서 화려한 수사를 구사하고, 리어 왕에게 자신들의 요구 사항을 거침없이 말했던 거너릴과 리건은 유부녀임에도 불구하고 에드먼드를 향한 성적 욕망을 드러낸다. 가부장 사회에서 성적 대담성은 흔히 남성의 특징으로 여겨졌고 여성들에게는 정조가 최고의 미덕으로 여겨져 왔다. 이는 가부장 사회를 지탱하는 부자父子 혈연관계가 철저히 통제된 여성의 성에 의해 유지되고, 여성들의 문란한 성은 이 구조를 무너뜨릴 수 있기 때문이다(Shepard, 16). 황야에서 리어는 여성의 성욕을 켄타우로스에 비유하며 "족제비나 발정난 말도 그보다 더 강렬한 음욕을 보이지는 않을 것이다."(4막 6장 121-122행), "그 아래쪽은 모두 악마의 영역으로 거기에는 지옥이 있고, 어둠이 있고, 유황불 나락이 있다."(4막 6장 126-127행)고 아주 경멸적으로 말한다. 여기서 우리는 가부장 통치에 위협이 되는 여성의 두 신체

기관, 즉 목소리와 성기에 대한 중첩된 통제를 엿볼 수 있다.

게다가 거너릴과 리건은 남녀 성 역할을 뛰어넘어 남성적 권력을 행사하고 통제권을 차지하려는 면모도 보인다. 거너릴은 에드먼드에게 인정 많은 자신의 남편 올바니 공Duke of Albany을 조롱하며 "난 집에 가면 도구를 바꾸어 남편 손에 물레를 쥐어줘야겠어요."(4막 2장 17-18행)라고 말한다. 이때 물레질은 여성의 소일거리를 상징하는 것이므로 이 말은 곧 두 사람의 성 역할을 바꾸겠다는 선언이다. 실제로 거너릴의 하인인 오스왈드Oswald는 리건에게 "마님의 언니가 더 훌륭한 군인이십니다."(4막 5장 3행)라고 말한다. 또 극의 후반부에서 자신의 모든 악행이 드러난 뒤에도 거너릴은 올바니 공작에게 "국법은 내 것이지, 당신 것이 아니에요. 누가 감히 그런 일로 나를 기소하겠어요?"(5막 3장 157-158행)라고 말함으로써 실권이 자신에게 있음을 주장한다.

그런가 하면 리건은 글로스터 백작을 취조하는 과정에서 남성의 상징인 수염을 잡아 뜯고 남편과 함께 그의 눈을 뽑는다. 그런 끔찍한 장면을 옆에서 지켜보던 하인은 "만일 저런 여자가 오래 살아 천수를 누리다 죽으면 여자들은 다 괴물로 변할 것이다."(3막 7장 98-100행)고 한탄한다. 비평가 마릴린 프렌치Marilyn French도 "이런 여성들은 끔찍한 성적 오염의 악취를 발산하는데… 남성을 압도할 정도로 강력하다고 느껴진다."고 표현했다(235). 샌드라 길버트Sandra M. Gilbert와 수잔 구바Susan Gubar가 "남성에게는 중요한 행동력으로 여겨지는 자기주장과 호전성이 여성에게 나타나면 '여성스럽지 않다'는 이유로 괴물화된다."(28)고 주장했듯이 거너릴과 리건은 괴물로 여겨진다.

이런 괴물화된 여성들은 극 속에서 제거되어야 할 대상이다. 그녀들에 대한 셰익스피어의 처리에 대해 이윤주는 다음과 같이 주장하고 있다.

> 극의 상황이 거너릴과 리건의 음욕을 강조하고, 피살과 자살로 그녀들이 무대에서 자취를 감추도록 전개되는 이유에는 남성을 능가하는 여성의 지배력과 정치권력에 대한 남성들의 두려움이 숨겨져 있다. 또한 이들의 비극적 종말은 정치권력의 쟁취라는 남성만의 특권적 영역과 권리를 침범하는 여성들의 위력에 대한 남성의 두려움이 굴절되어 여성 혐오적 억압으로 분출된 것이며 동시에 남근 중심의 가부장적 질서를 재건하려는 준비과정이라 할 수 있다. (99)

지금까지 살펴보았듯이 거너릴과 리건은 당대 가부장 문화가 부정적으로 보았던 여성의 많은 특징들을 두루 지니고 있다. 그들은 전통적인 성 역할에서 벗어나 흔히 남성들의 특징으로 여겨졌던 권력에 대한 욕망과 주체적 욕정을 과감히 드러낸다. 그리고 그 과정에서 대담성, 주체성, 적극성, 잔인한 공격성 등을 보여준다. 그런데 셰익스피어 4대 비극 속 여성 인물들 중 그런 특징들을 모두 지닌 또 다른 여성이 바로 맥베스 부인이다.

3. 『맥베스』의 나쁜 여자: 맥베스 부인

1606년에 초연된 『맥베스』는 권력이라는 헛된 야망에 이끌린 맥베스가 던컨 왕을 시해하고 왕위를 찬탈하는 과정과 그것이 초래한 비극적 파멸을 그린 극으로 거너릴과 리건 못지않은 악녀인 맥베스 부인을 선보인다. 마녀들로부터 왕이 될 것이라는 예언을 듣고 야망에 사로잡힌 맥베스는 던컨Duncan 왕을 시해하고 왕권을 찬탈한다. 그 후 그는 피의 숙청을 일삼는 폭군으로 변하고, 얼마 지나지 않아 정적인 맥더프

Macduff의 손에 죽임을 당하고, 던컨 왕의 장자 말콤Malcolm 왕자에게 왕위를 빼앗긴다. 남편이 왕권 찬탈을 하도록 부추겼던 맥베스 부인도 던컨 왕을 시해한 죄책감을 이기지 못하고 몽유병에 시달리다가 남편보다 먼저 자살한다.

셰익스피어는 이 처절한 비극에서 권력과 정치 문제보다는 사악한 죄악을 저지르는 인간들의 양심과 도덕적 갈등 등 심리적인 부분을 더 집중적으로 다룬다. 바라는 것을 차지하기는 했지만 그 과정에서 저지른 죄악에 대한 죄책감으로 맥베스와 맥베스 부인은 기쁨은커녕 고통 속에서 죽어간다. 권력에 대한 야망으로 악에 물들어가는 맥베스 부부의 모습과 던컨 왕을 암살한 뒤 그들이 느끼는 공허감과 두려움을 통해 셰익스피어는 욕망의 허상을 생생하게 묘사한다. 바로 이런 심리적 깊이 때문에 『맥베스』는 4대 비극에 속하게 된 것이다.

리어 왕의 비극적 파멸에 거너릴과 리건, 두 딸의 감언이설과 배은망덕이 큰 역할을 한 것처럼 맥베스의 던컨 왕 시해와 왕권 찬탈, 그로 인한 비극적 파멸에도 여성 인물들의 역할이 지대하다. 『맥베스』에서는 세 마녀와 맥베스 부인이 맥베스의 파멸에 결정적인 역할을 한다. 마녀들은 맥베스가 왕이 될 것이라는 예언을 통해 그의 마음속에 잠재되어 있던 야심을 일깨우고, 맥베스 부인은 그 야심을 행동으로 옮기도록 충동질한다.

『맥베스』에서 비극의 단초는 마녀들의 예언이다. 이 마녀들이 역모를 진압하고 돌아오는 맥베스에게 장차 왕이 될 것이라는 예언을 해 맥베스 마음에 역심을 잉태시킨다. 그런데 셰익스피어는 이 마녀들을 여자인 듯하나 수염이 나서 여자라고도 남자라고도 규정할 수 없는 애매한 존재로 묘사한다. 이렇게 여성이 남성의 특징을 가지고 있다는 것은 자연의 법칙에서 일탈한 위험한 존재로 묘사한 것이다. 이는 마녀들

⋮ <세 마녀>, 헨리 퓨젤리, 스트랫퍼드어폰에이번, 왕립 셰익스피어 극단, 1783년경

을 부정적인 존재로 여겼던 당시의 사회상을 무의식적으로 담아낸 것이다. 그런데 맥베스는 이런 마녀들의 예언에 자극을 받아 왕권에 대한 욕망에 사로잡히게 되고, 궁극적으로 던컨 왕을 시해한다. 또 왕위에 오른 뒤에도 자신의 권력이 확고한지를 알아보기 위해 그들을 다시 찾아간다. 이것은 맥베스가 마녀들의 영향력 하에 있음을 보여준다. 그리고 그들의 표리부동한 예언으로 파멸을 맞게 된 맥베스는 마지막에 그들을 "요술을 부리는 악마juggling fiends"(5막 8장 20행)라고 부른다.

그런데 셰익스피어는 우회적 방식으로 맥베스 부인을 마녀들과 연결시키고 있다. 던컨 왕이 그들 성으로 온다는 소식을 전해 들은 맥베스 부인은 이 기회에 남편이 왕관을 차지하도록 하겠다고 결심한다. 이런 사악한 음모를 꾸미면서 그녀는 악령들에게 다음과 같이 기원한다.

맥베스 부인: 무서운 음모를 도와주는 악령들이여,
날 나약한 여자로부터 벗어나게 해다오.
머리 꼭대기에서 발끝까지 무서운 잔인함으로
가득 채워다오! 나의 피를 응결시켜
연민의 정으로 통하는 길목을 끊어다오…
살인을 주관하는 자여! 나의 가슴으로 들어와
내 젖을 쓰디쓴 담즙으로 바꾸어다오. (1막 5장 40-48행)

여성성을 제거해달라unsex me는 이 기도로 인해 맥베스 부인은 모호한 성 정체성을 지닌 마녀들과 긴밀히 연결된다. 피터 스탈리브라스Peter Stallybrass는 이런 기원을 하는 맥베스 부인은 여성성에 대한 사회의 일반적인 규범을 파괴한다는 점에서 마녀와 동질성을 띠고 있다고 주장한다(31). 잠시 뒤 성으로 돌아온 맥베스를 그녀는 "위대한 글램즈 영주여, 훌륭한 코더 영주여,/ 다가오는 인생에서는 그 둘보다 더 위대한 이름으로 불리실 분이여."(1막 5장 53-55행)라고 부르며 맞이한다. 이는 황야에서 마녀들이 맥베스에게 한 예언의 반향이다.[3] 이렇듯 맥베스 부인은 마녀들과 긴밀히 연관성을 보여주며 마녀들이 사라진 곳에서 그들의 역할을 대신한다. 그래서 맥베스가 도덕적 갈등을 겪을 때마다 그의 야심을 다시 부추기곤 한다.

이때 맥베스 부인은 모성성의 상징인 "젖"을 잔인함의 속성을 지닌 체액인 "담즙"으로 바꾸어달라고 기원하면서 여성의 본성 중 하나인 모성성을 거부하기도 한다. 대체로 "젖"은 다정함과 연민 같은 여성 특

3 마녀 1: 맥베스 만세, 글램즈 영주 만세!
마녀 2: 맥베스 만세, 코더 영주 만세!
마녀 3: 맥베스 만세, 장차 왕이 되실 분 만세. (1막 3장 48-50행)

유의 속성을, "담즙"은 잔인함과 대담성 같은 남성 특유의 속성을 지닌 체액이다. 결국 맥베스 부인이 악령들에게 올리는 이 기원은 여성의 속성에서 벗어나 남성성을 지니게 해달라는 것이다. 맥베스 부인은 자신에게서 그런 속성을 제거하고 싶어할 뿐만 아니라, 맥베스가 지닌 그런 성향—"너무 인정이 넘치는 당신의 성정이 걱정입니다.I fear thy nature: It is too full o'th'milk of human kindness"(1막 5장 16-17행)—도 염려한다. 다음 대사도 맥베스 부인이 모성성에서 크게 일탈하는 모습을 보여준다.

> 맥베스 부인: 저는 젖을 빨려 보았으므로
> 제 젖을 빠는 아기를 사랑하는 것이 얼마나 행복한 일인지
> 알고 있어요. 하지만 제가 당신처럼 맹세했더라면,
> 그 아기가 제 얼굴을 보고 방글거리더라도
> 전 이도 안 난 잇몸을 젖꼭지에서 뽑아내고
> 머리통을 깨버렸을 겁니다. (1막 7장 54-59행)

남성들이 여성을 공적인 영역으로부터 배제할 목적으로 강조해온 역할이 바로 출산과 양육이다. 따라서 "모성애", "모성성"이라는 여성 고유의 특질도 같은 목적으로 강조되어온 여성성이다. 맥베스 부인의 여성성과 모성성 거부와 가장 연민과 동정을 불러일으키는 갓난아이의 살해 상상은 가부장 이데올로기에 전면 배치되는 것이고, 기존의 성 역할이나 여성적 미덕에서 크게 벗어난 것이다. 후대 비평가들의 비난도 주로 그녀의 성 정체성 부정에 초점이 맞추어졌음을 리자 자딘Lisa Jardine의 다음 글에서 알 수 있다.

> 이러한 확고한 여성 혐오적 전통은 '비여성적인' 행위—대체로 살인

같은—를 저지르기 전, 극적인 긴장감이 극에 달했을 때 맥베스 부인 같은 여성 인물들이 '여성이 아닌 것'으로 표상되는 순간과 관계가 있다. 그녀는 '성 정체성에 있어 아주 남성 같고,' '아주 괴물 같다.' (94-95)

맥베스 부인이 성 정체성을 깬 것은 전통적 시각에서 볼 때는 자연의 질서를 깬 아주 부자연스러운 행위이다. 그리고 그 비정상은 맥베스 부인의 불임, 몽유병이라는 정신분열, 마녀와의 연계 등에 은유된다. 그래서 프로이트도 그녀에게 자식이 없음은 곧 자연의 법칙에 반한 그녀의 무능력을 확인시켜주는 것이라고 본다(42).

실제로 이 극은 남성/남편으로서의 맥베스와 여성/아내로서의 맥베스 부인의 성 역할이 전도된 모습을 많이 보여준다. 맥베스 부인은 왕의 행차 소식을 듣자마자 자신들의 목적을 달성할 기회로 여기고 현실적 계략을 세운다. 성에 도착한 던컨 왕을 맞이하는 것도 맥베스 부인이다. 던컨의 만수무강을 기원하며, 자신들은 그의 충복일 뿐이라 말하는 그녀에게서 유창한 언변과 상황에 알맞은 처세 능력을 볼 수 있다. 그녀는 맥베스를 능가하는 권력지향성을 보여주며 던컨 살해와 왕권 찬탈에서 주도적 역할을 한다. 다음 대사에서 그런 면모를 엿볼 수 있다.

맥베스 부인: 오, 태양은
　　내일을 보지 못할 것입니다![4]
　　…
　　당신의 시선에, 손길에, 언어에 환영의 뜻을 담으세요.

---

4 여기서 태양은 왕을 가리키는 은유적 표현으로 던컨을 내일이 오기 전에 시해하리라는 의지를 표현한 것이다.

순진한 꽃처럼 보이시되,
그 밑에 도사리고 있는 뱀처럼 행동하십시오.
오실 분을 맞을 준비를 해야 합니다.
오늘 밤의 거사는 제게 맡기세요. (1막 5장 59-67행)

이 대사에서 맥베스 부인은 던컨 왕을 시해할 것이라는 의지를 천명하고, 사람들을 속이기 위해 맥베스가 취해야 할 위선적 행동 방식을 지시한다. 그리고 국왕 시해의 거사는 자신에게 맡기라고 말한다. 이런 맥베스 부인의 적극적인 태도와 달리 맥베스는 던컨 왕의 살해에 미온적인 태도를 취한다. 그래서 "나중에 다시 얘기합시다."(1막 5장 70행)라는 동의도, 거부도 아닌 대답을 한다. 하지만 맥베스 부인은 이에 물러서지 않고 "밝은 표정만 지으세요./ 표정을 바꾸는 것은 두려움의 표시입니다./ 나머지는 모두 제게 맡기십시오."(1막 5장 70-72행)라며 재차 자신이 주도적 역할을 할 것임을 천명한다. 이에 "혹여 실패하면?"(1막 7장 58행)이라며 소심한 모습을 보이는 맥베스에게 맥베스 부인은 "실패는 없을 것"(1막 7장 61행)이라고 단호하게 말한다. 이후에도 의도한 바를 꿋꿋이 수행해가는 맥베스 부인과 달리 맥베스는 망설이고, 주저하고, 그녀에게 의존한다. 부부의 이런 모습에서 전통적인 성 역할의 전도 양상을 볼 수 있다.

맥베스는 던컨 왕을 살해하고 피범벅이 된 단검을 쥐고 휘청거리며 나와서는 자기 손에 묻은 피를 보며 다음과 같이 탄식한다.

맥베스: 위대한 바다의 신 넵튠의 온 바닷물인들
이 손에 묻은 피를 씻어낼 수 있을까? 아니다.
오히려 이 손이 거대한 바다들을 진홍빛으로 만들며

푸른 대양을 붉게 물들일 것이다. (2막 2장 59-62행)

이런 대사들을 통해 셰익스피어는 맥베스를 도덕적 본성을 지탱하고자 애쓰고 양심의 가책에 시달리는 인물로 그려낸다. 맥베스 부인이 피 묻은 검을 왕의 호위병들 손에 쥐어주고 나오라고 요구하자 맥베스는 "내가 한 짓을 생각하면 겁이 나오. 난 그걸 다시 볼 용기가 없소."(2막 2장 50-51행)라고 하며 용기를 내지 못한다. 그러자 맥베스 부인은 "잠든 자와 죽은 자는 그림에 불과해요."(2막 2장 52-53행)라고 말하며 직접 그 일을 수행한다. 뿐만 아니라 호위병들의 얼굴을 던컨의 피로 칠하는 대범함을 보인다. 그리고 돌아와서 자기 손에 묻은 피를 맥베스에게 보여주며 다음과 같이 말한다.

맥베스 부인: 제 손도 당신 손처럼 붉어졌지만
당신처럼 창피스럽게 하얗게 질리지는 않아요.
남쪽 문에서 문 두드리는 소리가 들려요. 어서 방으로 가세요.
물 조금이면 우리가 한 짓을 씻어낼 수 있으니
얼마나 쉬운 일이에요? (2막 2장 63-67행)

이런 맥베스와 맥베스 부인의 모습에서 여성적 두려움과 남성적 용맹이 뒤바뀐 것을 볼 수 있다.

맥베스 부인에서 주목해야 할 점은 그녀가 거너릴과 리건 못지않은 거침없는 발화자라는 점이다. 남편이 양심의 가책이나 도덕적 갈등을 느끼며 유약한 모습을 보일 때마다 그녀는 강한 어조로 남편을 힐책해 물러서지 못하게 막는다. 마녀들의 예언과 함께 맥베스 부인의 강한 언어가 맥베스가 비극적 선택을 하고 파멸하게 만드는 것이다. 마녀들의 예언에 대한 남편의 편지를 읽은 맥베스 부인은 첫 독백에서부터 이런 속성을 드러낸다.

> 맥베스 부인: 위대하신 글램즈 영주여, 어서 오세요.
> 제가 당신의 귀에 기백을 불어넣고, 내 강한 혀로
> 운명과 초자연적인 도움이 당신의 머리에 씌우려는
> 금관을 향해 가는 그 길에 방해가 되는 것들을
> 모두 혼내주겠어요. (1막 5장 25-29행)

여기서 그녀가 직접 "내 강한 혀the valour of my tongue"라고 언급한다. 조덕희는 이 극의 첫 독백이 맥베스가 아닌 그의 부인에게서 나온다는 것은 이 극에서 맥베스 부인이 큰 비중을 차지하고 있다는 것을 상징적으로 보여준다고 주장한다(31). 결국 맥베스는 아내의 강력한 혀에 휘둘려서 암살을 거행한다. 맥베스 부인이 신호로 울리는 종소리를 듣고 "내가 가면 모든 게 끝난다. 종소리가 나를 부르고 있다."(2막 2장 62행)라고 말하며 왕의 침소로 향하는 맥베스에게서 맥베스 부인의 마력에 이끌리는 모습을 볼 수 있다.

맥베스 부인은 주로 "남성다움"을 부추겨 맥베스를 행동하게 만든다. 당대 사회에서 남자답다는 것은 전쟁과 정복, 공격적인 것의 수행 등에서 용기와 대담함을 보여주는 것으로 여겨졌는데 맥베스 부인은 바로 이런 전형적인 남성성을 이용한다.

> 맥베스 부인: 그렇다면
> 아까 이 일을 내게 털어놨던 건 어떤 괴물이었나요?
> 그 일을 하려 했을 때, **당신은 사내였죠**. 또한 그보다

더한 일을 해낼수록 그만큼 더 사내다워질 겁니다. (1막 7장 47–50행)[5]

이렇게 맥베스 부인은 "사내다움"을 부추겨 맥베스가 던컨 왕 암살을 거행하게 하는가 하면 맥베스가 암살을 사주해 죽인 동료 장수 뱅쿠오Banquo의 유령을 보고 놀랄 때도 "당신도 남자예요?Are you a man?"(3막 4장 58행)라든가, "어리석게 이리도 사내답지 못하시다니What, quite unmanned in folly"(3막 4장 72행) 등 남자다움, 사내다움을 들먹이며 그의 유약함을 질책한다. 그런데 흥미롭게도 맥베스 또한 똑같은 성 관념에 사로잡혀 있다. 그는 뱅쿠오의 유령에게 "만약 내가 떨면 계집애라고 흉봐도 좋다."(3막 4장 105행)라고 말한다. 또 앞서 뱅쿠오 암살을 사주하려고 부른 사람들에게는 마치 맥베스 부인이 자신에게 그랬던 것처럼 그들의 "사내다움"을 부추긴다. 그래서 하딩D. W. Harding은 이 극 초반부터 끝까지 계속되는 질문이 바로 '남자다움'의 개념이라고 했다(245).

또한 맥베스 부인은 자신의 섹슈얼리티를 이용하여 맥베스를 종용하기도 한다. 맥베스가 도덕적 갈등을 느끼며 거사를 번복하자 "이제부터 당신의 사랑도 그러리라 생각하겠어요."(1막 7장 39행)라고 성적인 어필로 남편을 몰아붙인다. 이렇게 맥베스 부인은 강한 목소리, 여성성 거부, 성 역할 전도, 성을 이용한 상대의 통제 등 가부장 사회가 터부시한 나쁜 여성의 다양한 면모를 보여준다. 그런 그녀를 극 끝부분에 말컴 왕자는 "악마 같은 왕비fiend-like Queen"(5막 9장 35행)라고 부르는데 이 "fiend"라는 표현은 앞에서도 살펴보았듯이 맥베스가 마녀들에게 사용한 단어이고, 『리어 왕』에서 거너릴과 리건에게 사용된 단어이기도

---

5 필자 강조.

⋮ <맥베스 역의 데이비드 개릭과 맥베스 부인 역의 한나 프리처드>, 요한 조파니, 런던 개릭 클럽, 1768년경

⋮ <몽유병에 걸린 맥베스 부인>, 헨리 푸젤리, 파리 루브르 박물관, 1784년

하다.

그런데 흥미롭게도 이 극에서는 던컨 왕의 살해를 전후해서 두 사람의 성격이 완전히 뒤바뀐다. 여성적 성향이 강했던 맥베스는 잔인한 살인마로 변해가며 남성적 기질로 여겨지던 잔인함과 대담함을 보인다. 반면 남성적 성향이 강했던 맥베스 부인은 죄책감을 이기지 못하고 괴로워하다가 몽유병에 걸려 자살한다. 또한 마녀와 맥베스 부인의 부추김으로 야기된 맥베스의 찬탈은 적통 왕자인 말컴과 맥더프 연합군에 의해 진압되고 새로운 질서가 회복된다. 이때 맥베스의 목을 벤 맥더프가 달이 차기 전에 제왕절개로 세상에 나온 자라는 설정을 눈여겨볼 필요가 있다. 이런 결말에 대해 자넷 아델만Janet Adelman은 "막강한 여성성의 악몽으로부터의 탈출"이자 "여성이 배제된 남성들만의 세계의 승리"라고 보았다(144-145).

4. 리건, 거너릴, 맥베스 부인에 대한 평가와 현대적 재현

지금까지 셰익스피어의 4대 비극 속에서 나쁜 여자로 거론되어온 거너릴, 리건, 맥베스 부인에 대해 살펴보았다. 그녀들의 모습에서는 가부장 사회가 비난하고 통제하고자 한 여러 여성적 특징들을 엿볼 수 있었다. 그들은 모두 강한 목소리를 지녔고, 남성보다 우위를 차지하려고 하고, 전통적인 성 역할을 거부한다. 그리고 모두 파멸을 맞이한다.

당연히 거너릴, 리건, 맥베스 부인에 대한 평가는 부정적이었다. 대체로 리어 왕은 자식들의 배은망덕으로 고통받는 가련한 노인으로, 거너릴과 리건은 탐욕스럽고 배은망덕한 딸로, 코딜리아는 진실로 아버지를 사랑해서 기꺼이 아버지를 구하기 위해 희생당한 효녀로 해석되어왔다. 맥베스 부인에 대해서도 브루스 스미스Bruce R. Smith는 그녀가 자신의 본성이며 천성인 여성성에서 벗어나 남성성을 추구하고, 맥베스에게 자신이 정의내린 그릇된 남성다움을 강요하여 결국 남편을 파멸의 길로 이끌었다는 이유로 비난받아왔다고 주장한다(26).

리건, 거너릴, 맥베스 부인에 대한 현대적 비평

분명 그녀들에게서 엿보이는 '악'의 이미지를 변호하기는 쉽지 않지만 여성주의 비평이 등장한 이후 셰익스피어 작품에 대한 새로운 시각들은 이런 인물들에 대해서도 기존 비평과는 다른 시각을 보여주었다. 코펠리아 칸Coppelia Kahn은 『리어 왕』을 '남성 불안'의 극이라고 주장했다(246). 다시 말해 리어가 자신이 딸들에게 의존해야 한다는 사실과 눈물을 흘리는 행위와 같은 여성적 성향에 대해 극단적으로 거부하다가 비극적 상태에 빠지지만, 결국 우는 법을 배우고 가부장의 권위를 버렸을 때 비로소 구원을 받는다고 해석했다. 칸은 이런 관점에서 이 극이 여성성을 긍정적인 힘으로 보고 있다고 주장한다.

『맥베스』에 대해서도 아이린 대쉬Irene G. Dash는 극 초반에 맥베스 부인이 비정하고 강인한 존재가 되기를 기원하지만, 던컨 왕이 자신의 아버지와 닮아서 죽이지 못하는 점이나, 던컨 왕 시해 후 죄책감을 이기지 못하고 몽유병에 시달리다 자살하는 것에 주목한다. 그래서 맥베스 부인이 철저하게 여성성을 부정하지도, 비도덕적이 되지도 못했다고 해석한다. 그런데 이 극이 무대에 올려질 때 모성애보다 권력을 갈망하는 여성을 무조건 비인간화하는 사회적 경향 때문에 맥베스 부인과 관련된 중요한 장면들이 삭제되고 그녀는 그저 악당으로 제시된다고 대쉬는 주장한다(179). 그런가 하면 이윤주는 셰익스피어가 맥베스 부인처럼 성 역할에서 벗어난 여성 인물들을 통해서 성 역할의 가변성을 심도 있게 다루었다고 지적한다(184).

거너릴, 리건, 맥베스 부인의 현대적 재현 엿보기

르네상스 가부장 담론이 치밀하게 얽혀 있는 셰익스피어의 『리어 왕』과 『맥베스』는 많은 예술가들에 의해 새로운 작품으로 재현되었는데, 이 중에서 새로운 관점으로 재해석한 작품들을 소개하고자 한다. 우선 『리어 왕』을 여성주의 시각에서 새롭게 다시 쓰기 한 것으로는 제인 스마일리Jane Smiley의 소설 『천 에이커*A Thousand Acres*』(1991)가 있다. 스마일리의 일곱 번째 작품으로 1992년 퓰리처상과 전미도서상을 수상한 『천 에이커』는 미국 중서부의 한 농가를 배경으로 『리어 왕』을 옮겨왔다. 스마일리는 등장인물의 이름부터 리어 왕에 해당하는 아버지 래리Larry, 거너릴에 해당하는 지니Ginny, 리건에 해당하는 로즈

Rose, 코딜리아에 해당하는 캐롤라인Caroline으로 원작과 유사하게 설정했다.

불모의 습지를 개간해 천 에이커 땅의 주인이 된 래리 쿡Larry Cook은 상속세를 내지 않으려고 딸들에게 미리 땅을 상속하려고 한다. 그런데 막내딸 캐롤라인이 아직 아버지가 일할 수 있는 나이이고, 미혼인 자신의 몫이 적다고 생각해 상속에 반대한다. 리어처럼 자신의 뜻에 거스르는 막내딸에게 화가 난 래리는 다른 두 딸에게 땅을 나눠준다. 하지만 나중에 이를 후회하고 막내딸과 함께 상속 반환 소송을 한다. 결국 두 딸이 승소하고, 이후 래리는 치매에 걸려 죽는다. 그 사이에 가족 간의 재산 싸움과 무리한 경영으로 가족은 해체되고 농장도 남의 손에 넘어간다. 이 소설은 인물과 스토리는 『리어 왕』과 유사하지만 메시지는 사뭇 다르다. 스마일리는 첫째 딸 지니의 관점을 통해 영토 확장의 욕망에 사로잡힌 남성 중심의 가부장 이데올로기에 의해 여성과 자연이 어떻게 파괴되어가는지를 보여준다. 이 소설 속 아버지는 리어처럼 아집과 독선에 싸여 있고 토지 생산성을 높이기 위해 농약을 과다 사용해 자연을 파괴한다. 심지어 욕망을 채우기 위해 딸들까지 범하는 철저히 가부장적인 인물이다. 스마일리는 래리를 이렇게 부정적으로 제시하고 두 딸에게는 행위를 변호하는 목소리를 부여하여 『리어 왕』을 새롭게 해석했다.

『맥베스』의 현대적 재현으로 가장 유명한 작품은 러시아의 작곡가 드미트리 쇼스타코비치Dmitrii Shostakovich의 오페라 <므첸스크의 맥베스 부인Lady Macbeth of Mtsensk>이다. 전 4막으로 구성된 이 오페라는 니콜라이 레스코프Nikolai Leskov의 소설을 오페라로 각색한 것이다. 오페라의 전체 줄거리는 셰익스피어의 『맥베스』와는 별 상관이 없어 보인다. 하지만 가부장 사회에 도전하고 자신의 욕망에 충실한 카테리나Katerina는 분명 맥베스 부인의 모습을 투영하고 있다. 이 오페라는 19세기 중산층을 풍자한 작품으로, 사랑 없는 결혼을 한 카테리나는 억압적인 시아버지 보리스Boris를 쥐약으로 독살하고, 무능한 남편 지노비Zinoviy를 정부 세르게이Sergei의 도움을 받아 살해한다. 카테리나와 세르게이는 경찰에 체포되어 시베리아로 호송되는데, 그 와중에 세르게이가 여죄수 소네트카Sonyetka와 사랑을 나눈다. 이에 분노한 카테리나는 소네트카와 함께 급류에 뛰어들어 죽는다. 카테리나는 이렇게 봉건적 시골 마을에서 가부장제의 억압을 거부하고 자유롭게 사랑하고 살다가 죽음을 맞이한다.

원작인 레스코프의 소설에서는 카테리나를 타락한 여인으로 그렸으나, 쇼스타코비치는 봉건 질서와 가부장제에 저항하는 여인, 자신의 욕망에 솔직한 비극적 여인으로 재현했다. 쇼스타코비치는 카테리나보다는 오히려 인간의 가장 기본 권리인 사랑마저 보장해주지 않는 사회를 비난한다. 흔히 이 오페라에서 억압적인 시아버지 보리스는 스탈린을 상징하고, 카테리나는 쇼스타코비치를 상징하는 것으로 해석한다. 즉 쇼스타코비치는 이 오페라에서 비극을 일으키는 참담한 현실을 스탈린의 공포 정치와 병치시킨 것이다. 이 오페라는 1932년 초연된 이후 전 세계에서 큰 성공을 거두었다. 하지만 당시 러시아는 사회주의 리얼리즘 예술 운동이 전개되고 있던 터여서 난해하고 실험적이고 퇴폐적 사랑을 다룬 이 오페라는 스탈린 정부의 강한 비판을 받았다.

5. 셰익스피어는 가부장제의 공모자인가?

페미니스트 비평가 맥러스키는 셰익스피어가 여성의 활력을 억압하는 가부장제의 구조와 억압의 문화에 갇혀 여성을 종속시키는 문화 이데올로기를 강화하고 보급하는 가부장제의 공모자라고 주장했다(102). 하지만 이런 맥러스키의 견해에 전적으로 동의할 수는 없다. 왜냐하면 셰익스피어는 자신의 극에서 젠더에 상관없이 다양한 인간 군상을 그려내고 있기 때문이다. 실제로 셰익스피어 극 속에는 이 작품에서 논의하고 있는 거너릴과 리건, 맥베스 부인에 못지않게 사악하고 잔인한 남성 인물들이 다수 등장한다.

『리어 왕』에서만 보더라도 글로스터 백작의 서자 에드먼드는 권력과 재산을 차지하기 위해 형을 음해해 아버지가 체포령을 내리게 한다. 또 리어 왕을 돕고 코딜리아와 내통하는 아버지를 리건 부부에게 고발하기도 한다. 프랑스와의 전쟁이 끝난 뒤에는 첩자를 보내 몰래 코딜리아를 교살시키라는 명령도 내린다. 그가 형을 음해하기 위해 아버지와 형을 이간질하는 언술 행위는 거너릴과 리건의 사랑 표현과는 비교도 될 수 없을 만큼 사악하다. 뿐만 아니라 셰익스피어는 리어 왕 자신의 독선적이고 권위적인 태도나 제어되지 않는 분노, 그리고 코딜리아에 대한 편애 등을 두 딸의 부정적 면모와 함께 제시해 그들의 갈등 관계에 일정 정도 균형 잡힌 시각을 보여준다.

『맥베스』에서도 극의 전반부에서는 양심의 가책이나 도덕적 상상력이 풍부한 맥베스와 달리 맥베스 부인은 정서가 메마르고 도덕적 상상력이 결핍된 인물로 묘사되지만 극 후반으로 가면서 점점 두 사람의 성격이 도치된다. 맥베스는 저돌적이고 냉혹한 살인마로 변모해가는데 반해, 맥베스 부인은 밀려드는 온갖 공상과 자책감에 시달리며 괴로워하다가 몽유병에 걸린다. 던컨을 살해한 뒤 맥베스에게 물 조금만 있으면 손에 묻은 핏자국 정도는 쉽게 씻어낼 수 있다고 말하던 맥베스 부인은 이제 자신의 손에서 피냄새를 지우려고 계속 손을 씻는 행동을 한다. 이런 설정에서도 셰익스피어 특유의 균형 잡힌 시각을 엿볼 수 있다.

뿐만 아니라 셰익스피어는 여성을 억압하는 당대 가부장 문화를 인식하고 그 문화를 그대로 재현하면서도 그런 문화에 반발하는 여성의 목소리도 적잖이 극 속에 담아내고 있다. 무엇보다 그는 침묵하는 것이 미덕이라 여겨졌던 시대에 일부 여성 인물들에게 큰 '목소리'를 부여했다. 이 장에서 다루었던 거너릴, 리건, 맥베스 부인의 모습과 행동은 분명 나쁜 여자라는 평가에서 벗어나기 힘들어 보이지만 그 인물들의 다른 측면도 들여다볼 필요가 있다. 그들은 남성 중심 사회가 만들어낸 여성성이나 성 역할 담론에 순종하기보다는 이에 전복을 시도하고 도전한 인물들이라고 볼 수 있다. 이렇게 셰익스피어는 당대 가부장 제도의 주종 관계와 구조, 성 역할을 재현하면서도 그런 사회의 고정관념에 도전하는 여성들을 등장시켜 새로운 관계 설정의 가능성을 보여주었다.

그럼에도 불구하고 셰익스피어가 당대의 성 관념을 무의식적으로 체화하고 있음을 보여주는 지점도 분명 있다. 예를 들어 셰익스피어는 목소리를 높여 자기주장을 강하게 하는 거너릴, 리건, 맥베스 부인을 성적 욕구나 성적 어필을 하는 여성으로 재현하고 있다. 이런 셰익스피어의 설정에서 자기주장을 서슴지 않는 여성들은 성적으로도 방종하다고 보았던 가부장 문화의 집단 무의식을 엿볼 수 있다. 결국 셰익스피어가 그린 여성 인물들은 시대를 뛰어넘은 그의 위대성과 한계를 동시에 보여준다.

Chapter 5

마녀로 불린 여자들
: 역사적 개관

배경진

1. 마녀는 존재했다

마녀란 존재할까? 이 질문을 받으면 현대인들은 마녀는 동화 속에나 존재한다고 답할 것이다. 현대인들에게 마녀란 동화 『백설공주』 속 변장한 사악한 계모, 검은 망토에 원뿔형 모자를 쓰고 사마귀 달린 매부리코에 허리가 굽은 추한 노파 이상은 아닐 것이다. 어쩌면 검은색 원뿔형 모자를 쓴 초록색 얼굴이 인상적인 뮤지컬 <위키드Wicked>의 서쪽 마녀를 떠올릴 수도 있다. 일반적으로 현대인들에게 마녀는 마법을 써서 사람에게 불행이나 해악을 가져다주는 주술적 능력을 지닌 서양의 민간 전설, 신화, 동화 속 여성, 즉 실재 인물이 아니라 상상의 존재이다.

하지만 역사적으로 볼 때 마녀라 불리는 존재는 실재했다. 마녀는 세 가지 유형으로 분류할 수 있다(러셀, 308). 첫째 세계 어느 문명에서나 볼 수 있는 주술을 행하는 고대의 마법사들, 둘째 악마를 숭배한다는 명목으로 마녀사냥에 희생당한 중·근세의 마녀들, 마지막으로 오컬트occult 붐으로 재해석된 마녀들로 고대의 토속적인 마술과 유사한 능력을 추구하는 현대의 '신新이교주의자들'이 그들이다. 이 세 유형의 매우 다른 마녀들은 오로지 마녀라는 이름과 주술과 관련이 있다는 점에서만 유사하다.

이 중에서 역사적으로 가장 커다란 반향을 불러일으키고 문화적으로도 재생산되고 있는 존재는 마녀사냥 시대의 마녀들이다. 예외적으로 소수의 남자 마녀가 존재하기는 했으나 희생자의 80-90%가 여성이었다. 그런데 몇십만 명의 목숨을 빼앗고 몇백만 명을 공포에 질리게 했던 마녀사냥 시대의 마녀들이 실제로 어떤 존재였으며 어떤 일을 했는지를 파악하는 것은 쉽지 않다. 몇몇 개인이나 집단이 악마숭배의 의례를 거행했다는 의구심이 들지만, 가능성은 지극히 희박하다. 마녀사냥의 역사에서 수많은 희생자들은 있지도 않은 죄를 뒤집어쓰고 죽어갔다.

마녀사냥 발생의 원인으로 일부 연구자들은 중세에서 근대로의 이행 시기 가부장적인 문화와 제도, 근대 국가의 탄생과 국가 권력의 억압, 여성 혐오 등을 제시한다.[1] 유럽에 만연했던 흑사병, 인구 증가와 경제 위기, 종교개혁과 종교전쟁으로 인한 사회적 혼란과 위기의식의 복합적 작용을 원인으로 주장하는 연구자들도 있다. 그 원인이 무엇이

---

1 마녀사냥의 현상은 매우 복합적이어서, 그 원인만 하더라도 중세 말부터 근대 초기 유럽의 전반적인 종교적, 사회적, 정치적 원인부터 경제적이고 법적인 원인까지를 모두 포함한다(오성근·이택광·주경철 참조).

든 마녀사냥은 사회적 약자들을 희생양으로 삼았는데, 그 과정에서 기독교는 신의 섭리와 악마의 마술을 이분법적으로 구분하며 마녀재판을 부추겼다. 사회적 약자 중에서도 특히 여성을 희생양으로 삼은 것은 여성은 열등하고 부정한 존재이며 여성성 자체가 악이라는 기독교의 가부장적 통념에 기인한다. 오늘날 이 '마녀사냥'은 의미가 확대되어, 사회의 불특정 다수가 특정 사람 혹은 소수에게 근거 없는 죄를 뒤집어씌우고 몰아붙이는 것을 비유적으로 이르는 표현이 되었다. 마녀사냥이 일상 용어가 되었다는 것은 개인의 피해가 매우 심각하다는 것을 드러낸다.

2. 마녀 개념이 완성되고 마녀사냥이 시작되다.

마녀란 누구인가? 먼저 어원을 통해서 살펴보자. 영어의 "witch"라는 단어의 어원에 대해서는 여러 설이 있는데, 그중에서 가장 설득력이 있는 것은 고대영어 기원설이다(러셀, 14). 이 이론에 의하면 "witch"는 남성을 의미하는 "wicca"(발음은 [wicha])와 여성을 의미하는 "wicce"(발음은 [witcheh])에서 비롯한 것이고 '주문을 걸다'라는 단어에서 파생된 말이다. "witch"라는 단어는 성별에 상관없이 요술을 부리는 이들을 지칭하는 단어이므로, 마녀라는 단어 속에는 여성뿐만 아니라 남성이나 어린아이도 포함되어 있다. 그러나 유럽에서 마녀사냥이 기승을 부린 이후 "witch"는 곧 여성이라는 관념이 일반화되었다.

마녀의 역사는 인류의 역사와 함께 시작했다. 점쟁이, 주술사, 무당과 같은 초자연적인 힘과 교류하는 존재는 어떤 사회, 어느 문명에나 있었다. 유럽 마녀사냥 시기(12세기-17세기)의 마녀 개념은 고대 마술 및 마법 개념에서 출발해 중세를 거쳐 17세기 무렵까지 장기간에 걸쳐 형성된 것이다. 고대 메소포타미아인들과 바빌로니아인들의 마술 개념이 고대 그리스에 전해지면서 초자연적인 현상을 일컫는 마법과 마술을 행하는 자들에 관한 개념이 정립되었다. 그런데 고대 로마 시대에 이르면 마법은 종교적인 의례와 대립적인 영역이 되고, 더 나아가 사회에 대한 위협으로까지 여겨진다. 고대 로마는 모든 마법에 대해 비관용적 태도를 취했는데, 중세 시대 마술 박해는 여기서 영향을 받았다(러셀, 50).[2] 마녀의 이미지도 고대 그리스와 로마 시대에 형성되었다. 남자를 홀리는 키르케나 살인자 메데이아의 이미지에서 알 수 있듯이 고대 그리스와 로마 신화 속 마녀는 한결같이 사악하게 묘사되었다. 이런 사악한 여자 마법사를 그린 고전 문학의 전통은 기독교의 마녀 이미지에 영향을 미쳤다(러셀, 51).

그러나 오늘날 우리가 알고 있는 마녀 이미지가 형성된 것은 15세기 이후 마녀사냥과 마녀재판을 통해서이다. 처음에는 유럽의 마녀도

---

2 고대인들이 믿고 의지한 이런 마법을 흔히 오컬트라 부른다. "은닉되어진, 숨겨진"이라는 어원의 오컬트는 주술적, 초자연적, 불가사의한 신앙을 의미한다. 고대인들은 신들을 초자연적인 힘을 지닌 존재로 여겨 자신들이 살고 있는 세상이 신들의 영향을 받는다고 믿었다. 신의 뜻을 알아내고자 하는 여러 방식의 점술은 고대 그리스의 아시아 정복으로 그리스로 전달되었고, 다른 많은 문화와 마찬가지로 그리스의 영향으로 점술도 로마에 전해졌다. 로마인들은 그리스의 전통을 이어받았으나 마법을 대하는 로마인들의 태도는 양면적이었다. 동물의 내장을 보고 점을 치는 점술과 새들이 나는 모습을 관찰하여 점을 치는 점술이 국정 운영의 일부였는데도 기원전 82년에 제정된 『살인범과 독살범에 대한 코르넬리우스 법』은 마법 사용을 불법으로 규정했다. 주술적 약물, 독을 사용한 살인을 다룬 이 법은 이후 주술과 관계된 의례 및 범죄 행위를 고발하는 데 두루 사용된 것으로 보인다(최화선, 181). 로마인들은 자신들의 종교 관습과 의례에서 벗어난 주술을 종교의 범주에서 제외시키고 그 자체로 비합법적인 것, 처벌의 대상으로 파악했다. 이 법이 시행되면서 마법을 실행한 자는 십자가형에 처하거나 맹수의 먹이로 삼았고, 마법사는 화형에 처했다. 고대 메소포타미아 시대의 마법부터 그리스와 로마의 마법, 중세, 르네상스, 계몽주의 시대를 거쳐 현대문화 속의 마법까지 지속되고 있는 오컬트에 대해서는 『오컬트, 마술과 마법』 참조.

⋮ 14세기 필사본 미니어처 그림 삽화에 재현된 마녀 고문과 처형

다른 지역의 마녀와 마찬가지로 공동체 내에서 의료 기능을 담당하거나 점을 치고 묘약을 만드는 주술적 기능을 수행하던 집단에 속했다. 그런데 이교와 이교의 마법에 대한 기독교인들의 부정적 생각이 마녀 이미지에 반영되면서 마녀는 이교도 의식을 행하고 이교의 신들을 숭배하면서 주술을 부리고 악마를 숭배하며 악마와 교접하는 사악한 이미지로 정형화되었다. 마녀 개념에는 마귀나 사탄, 데몬demon이 함께 사용되었는데, 사탄은 유일신 하나님의 반대자를, 마귀와 데몬은 악령을 의미했다. 그런데 마귀나 데몬이 인간의 몸이나 동물의 몸으로 들어갈 수 있다는 주장이 나오면서, 마녀사냥을 정당화하는 학설이나 논거가 지지를 받고, 마귀나 데몬이 몸 안으로 스며들면 마녀가 된다는 믿음이 널리 확산되었다.

기독교 사회는 마녀의 개념과 구체적 대상도 정립했다. 마녀는 기독교 신앙을 버리고 악마를 섬기는 계약을 맺고 그 대가로 받은 마력을 사용한다고 인식되었다.[3] 통상 악마는 남성으로, 악마에게 성적으로 굴종하는 마녀는 여성으로 개념화되었다. 마녀가 가축을 해칠 뿐만 아니라 영아 살해 등 인간을 공격한다는 믿음이 퍼지면서 점차 마녀의 이미지는 나쁜 마귀 이미지로 확고하게 굳어졌다. 마녀로 지칭된 사람들은 주로 이교도, 집시, 유대인, 흑인, 동성애자, 하층민, 가난한 사람 등으로 주변부에 해당하는 사람들이었다. 이웃들로부터 부당한 대우를 받던 극빈층 사회 구성원들이 구호를 못 받는 경우 마을 사람들에게 악의를 품고 저주를 퍼붓곤 했으며, 이를 본 마을 사람들이 그들에게 주술사 또는 마녀라는 누명을 씌우는 경우도 있었다(이희원, 2017: 153-154 재인용). 또한 말이 많거나 약초 지식을 지닌 하층민 과부나 노파들도 늙음을 추함으로 간주하는 사회적 분위기 속에서 마녀로 간주되었다(김수경, 6; 러셀, 48).[4] 이러한 전통에서 마녀는 이국적이거나 검은 피부 혹은 매부리코에 주름이 자글자글한 추한 노파, 나아가 검은 옷에 검은 모자를 쓴 과부로 정형화되었다. 동화나 전설을 통해 잘 알려진 깊은 숲속에 거주하며 고양이나 까마귀를 기르고, 어린아이들을 잡아먹기도 하고, 초자연적인 힘인 마술을 이용해서 나쁜 일을 꾸미는 마

---

3 로마제국에서 박해를 받으면서도 점차 교세를 확대해가던 기독교는 서기 313년 제국의 공인을 받았고, 서기 392년 로마제국의 공식 종교가 되었다. 정통의 자리를 차지한 후 기독교는 스스로를 '렐리기오religio'라 칭하고 자신 이외의 다른 종교는 '수페르스티티오superstitio'라 불렀다. 앞의 것은 종교 또는 정교, 뒤의 것은 미신 또는 사교로 해석할 수 있다(주경철, 40). 초기 기독교는 기독교에 포섭되지 않는 잔존하는 방대한 신앙 체계와 구별되는 종교관을 확립하고자 다른 모든 종교는 허황되고 사악한 믿음이라는 주장을 펼치며 기독교(선) 대 비기독교(악)라는 이분법적 세계관을 유지했다. https://en.wikipedia.org/wiki/Canon_Episcopi

4 비교적 인구통계학적인 기록이 자세히 남아 있는 뉴잉글랜드 세일럼의 마녀재판 통계에 따르면 마녀로 몰린 사람들은 대부분 41세부터 60세 사이의 기혼 여성이거나 미망인이었다(이창신, 9).

녀 이미지는 이렇게 만들어졌다. 그러나 늙고 추한 하층민 여성들만이 마녀로 내몰린 것은 아니었다. 가부장적인 규범이나 틀이 세워놓은 여성상에 부합하지 않는 모든 계층의 여성들이 마녀로 지목되거나 고소당했다(이창신, 16). 돈이 너무 많거나 자식이 많아도, 또는 자식이 없어도 비난의 대상이 되었다. 여성이 돈이 많은 것은 사악한 축재로, 돈이 없는 것은 혐오를 불러일으키는 성격 탓으로 비난받았고, 자식이 많은 것은 악마와 거래한 것으로, 자식이 없는 것은 열등하고 부정한 것으로 의심받았다.

고대 이집트는 물론 고대 그리스와 로마에도 널리 퍼져 있었던 마녀의 존재가 본격적으로 공공의 적이 되기 시작한 것은 12세기 말 3차 십자군 원정 실패 이후이다. 그전까지 유럽 사회는 '나쁜 일을 하고 사람을 공격하는 노파'와 같은 부정적이고 파괴적인 마녀 개념을 정립하긴 했지만 마녀에 대해 관대해 반사회적인 행위를 할 때만 벌을 가했다. 마녀사냥은 십자군 원정이 실패한 이후 가톨릭교회가 사회 불안과 종교적 위기를 극복하기 위하여 이단적 신앙에 공격을 가하면서부터 시작되었다(김수경, 5). 십자군 전쟁 실패 후 사회 불안과 종교적 위기가 계속되자 권력층과 교회는 민중의 관심을 다른 데로 돌리기 위해 아무 죄도 없는 사람을 마녀 또는 악마의 사도로 몰아 대대적인 재판을 벌였던 것이다.

마법이 이단으로 정의되고 이단 금지법이 적용되며 마녀재판은 유럽 전체에 더욱 심각한 사태로 대두되었다. 마법 금지법이 아니라 이단 금지법이 적용됨으로써 마녀가 악마와 교통하는 등의 행위는 민사상의 범죄가 아니라 종교상의 범죄로 여겨졌기 때문이다. 민법과 교회법에서 모두 이단을 취급하는 방식과 법률이 더욱 가혹해지고 마녀 색출도 강화되었다. 12세기 이전에는 게르만족의 풍습에 따라 피해자가 있어야만 고소가 가능했지만 12세기 후반부터 피해자의 신고 없이도 마녀의 고소와 색출이 가능해졌다. 황제 시해 '음모'만으로도 반역죄에 해당해 사형으로 다스린다는 로마법 구절을 인용하여 피해자의 신고 없이도 바로 마녀재판이 가능하게 되었던 것이다. 이에 주교들이 적극적으로 자신들의 교구에서 이단에 대한 종교재판에 착수하며 죄인들을 수색하기 시작했는데, 바로 이 시점이 바로 마녀사냥의 시작점이라고 할 수 있다. 이단자들은 사탄과 암묵의 동맹을 맺은 자로 간주되었다.[5]

마녀사냥은 14, 15세기에 여성 마녀에 대한 극단적인 혐오, 공포, 억압의 양상으로 변질되기에 이르렀다. 그러나 마녀사냥의 절정기는 1560년부터 1660년까지이다(러셀, 144). 이 시기의 유럽 기독교 문명만큼 마녀를 심각하게 적대시한 문명은 인류 역사상 없었다고 할 수 있다. 그렇다면 그 원인은 무엇일까? 그 답은 기독교 문명의 성격 자체가 진지한 악의 규정을 필요로 했다는 데서 찾을 수 있다. 중·근세 국가와 교회는 자신들의 정당성을 확고히 하기 위해 악을 재정립하는 과정에서 악마화를 매우 중요하게 활용했다(주경철, 313). 즉 근대적 국가 권력이 아직 자리 잡지 못한 상태에서 교회와 국가는 자신들을 정립하고 자신들의 지배력을 강화하기 위해 어떤 절대적인 선을 규정해야 했고 또 그만큼 절대적인 악을 규정할 필요가 있었다. 종교개혁의 시대 다양한 종파의 등장으로 기본 질서가 와해되었고, 기근, 흑사병, 전쟁 등 계

5 그럼에도 불구하고 중세에는 마녀 혐의로 처형당하는 경우는 드물었다. 잔 다르크(1412-1431)도 마녀가 아니라 이단이라는 죄목으로 유죄 판결을 받았다. 종교재판을 마녀재판과 혼동하는 경우가 많은데, 종교재판이 주로 12세기 프랑스 남부의 이단을 대상으로 시작되어 그 영향력을 확대한 반면, 마녀재판은 15세기 중반부터 17세기까지 유럽 전역에서 이루어진 것으로 주로 독일어권을 중심으로 행해졌다고 볼 수 있다(민영섭·송시섭, 170).

속되는 사회 혼란으로 군중들의 불안과 분노는 한계를 넘어가기 시작했다. 지도자들은 혼란스러운 사회를 쇄신하기 위해서 불순분자를 걸러낼 필요성을 느꼈다. 처음 불순분자 후보로 떠오른 것은 종교적 전통의 오랜 적인 악마였지만, 눈에 보이는 존재가 아니었으니 처벌하는 것도 불가능했다. 사회 쇄신의 거름으로 삼아 박해할 구체적인 존재가 필요했다. 그리하여 찾아낸 것이 실체가 명확한 마녀였다. 악마의 하수인인 마녀를 처형하여 혼란의 원인을 차단했으니 무질서를 규제하고 질서를 구축할 수 있다고 믿었다.

3. 마녀사냥, 절정과 종식

15세기가 지나면서 마녀 처벌이 이단자 처벌보다 엄격해져, 마녀들은 두 번째로 적발될 때까지 기다릴 것도 없이 첫 유죄 판결과 동시에 화형에 처해졌다. 이단을 그다지 위험하게 여기지 않았던 시절에 교회는 신앙이 다른 자들을 교정할 책임을 주교에게 일임했다. 그러나 이단의 세력이 커지고 교회의 효율도 높아지자 교황은 주교들에게 좀 더 단호한 대처를 요구했고 주교들은 각자의 종교재판소의 기능을 확대, 강화했다. 종교재판관들은 마법 수사에 이단 혐의를 덧붙이기 시작했고, 심문, 협박, 고문을 통해 마술이 실제로 존재했는지의 여부와는 상관없이 증거를 찾아냈다. 이런 과정을 거쳐 유죄 판결이 나올 때마다 민중들의 의식 속에 마녀의 구체적 이미지가 형성되었고, 그리하여 후대의 종교재판관이 참고할 마녀재판 판례 건수도 늘어났다.

이와 같이 대규모 마녀사냥의 무대가 마련되자, 계획적이고 대대적인 마녀사냥과 처형, 박해와 학살이 자행되었다. 종교적 분쟁으로 강력

⋮ 1598년의 이 목판화는 신부와 조수가 마녀로 기소된 여성을 붙들고 있고, 사제가 여성의 입에서 악마가 나오도록 치료하고 있는 장면을 보여준다.

한 사회적 대립이 뒤얽힌 곳, 전염병, 기근과 같은 재해가 사회적 긴장을 부채질한 곳, 프랑스처럼 이단 심문의 오랜 전통으로 법에 따라 마술을 억압하는 기반이 형성되어 있는 곳에서는 그 광기가 더욱 심했다. 16세기 프로테스탄트 신교도 또한 가톨릭 구교도 못지않게 많은 마녀들을 재판에 회부했다(러셀, 142). 16세기에는 종교개혁이 불러일으킨 종교적 갈등, 민중 운동, 전쟁 등이 사회의 긴장 상태를 더욱 악화시켜 온갖 기독교 종파에 의한 마녀 고발 건수가 현저하게 증가했다. 독일의 경우, 16세기에는 신교 세력이, 17세기에는 구교 세력이 마녀에게 가혹했다. 종교전쟁기의 정점에 달하는 1618년에서 1648년 사이의 독일, 특히 1623년에서 1633년 사이의 밤베르크에서는 영주를 역임한 요한 게오르크 2세Johann Georg II Fuchs von Dornheim가 600명의 마녀들을 불태워 죽였다. 프랑스에서는 구교 쪽이 훨씬 더 지독했다.[6] 그러나 영국, 스코틀랜드 등 신교 국가에서도 마녀재판의 가혹함은 다른 나라들의 경우와 비슷했다.

마녀사냥의 부당성에 대해 저항하는 인물들이 등장하기 시작하면서 서서히 유럽 전체를 휩쓸었던 광기도 가라앉기 시작했다. 독일 예수회의 신부 프리드리히 폰 슈페Friedrich von Spee(1591-1635)는 사회 전체가 무지막지한 마녀사냥 때문에 어지러운 실타래처럼 얽혀 있다는 사실에 경악하며 마녀재판과 고문을 반대하는 내용을 담은 『재판관에 대한 경고*Cautio Criminalis*』를 출간했다. "범죄에 관한 경고"로 직역되는 이 책은 그 내용을 따라 "마녀재판에 대한 경고"로 번역되기도 한다(오성근, 284-285). 슈페에 의하면 많은 사람이 진짜 마녀가 아니라 그냥 술을 많이 마신다는 이유로 혹은 이웃의 시기나 질투, 복수나 해코지의 목적으로 밀고를 당하는 경우가 대부분이었다. 슈페는 당대 마녀사냥의 맹목성과 광기, 그리고 그 폐해를 다음과 같이 진단한다. 마녀란 신학자들의 탁상공론 속에서 만들어진 가상의 인물인데, 사람들이 이 가상의 인물이 실제로 있다고 믿으며 마녀로 의심되는 사람들을 잡아 심한 고문을 하느라 정작 억울하게 죽어가는 사람들의 비명소리를 듣지 못했다는 것이다(양태자, 70). 미셸 에켐 드 몽테뉴Michel Eyquem de Montaigne(1533-1592) 또한 "억측에 근거해 인간을 산 채로 태워 죽이는 것은 우리의 억측을 지나치게 높이 평가하는 것이다."라며 마녀사냥이 자행한 무분별한 폭력을 비판했다(러셀, 129).

1700년 이후에는 고발되어 유죄 판결을 받은 마녀의 수가 급속히 감소했다. 영국의 경우 마지막 마녀재판은 1731년 제인 웬함Jane

---

6 흥미롭게도 같은 구교를 믿는 나라였지만 스페인이나 포르투갈에서는 마녀재판이 거의 일어나지 않았다(러셀, 143).

Wenham 사건인데 판결은 무죄였다. 1563년 엘리자베스 1세 시절 나온 새로운 법률은 마녀, 요술사, 마법사는 사형에 처한다고 규정하고 있었지만 172년 동안 이어지던 이 법률도 1735년 폐지되었다. 이는 유럽 전체에서 볼 수 있듯이 마녀사냥에 대한 '일반적 트렌드'가 변화했음을 시사하는 것이다.[7] 영국에서 마녀가 대륙에서처럼 화형에 처해지는 일 없이 항상 교수형에 처해진 것은 교회법이 아니라 민법이 정하는 바에 따랐기 때문이다. 유럽 대륙에서 마녀로 몰린 이들과 달리 영국의 마녀는 종교재판소에서 심문을 받지 않았고 화형이 아니라 교수형이라는 보다 완화된 처형 집행을 받았다(최성훈, 446).

⋮ <세일럼 순교>, 토마스 노블, 1869년

유럽에서 마녀사냥이 종식되어가는 시점에 미국 식민지에서는 마녀사냥의 서막이 올라가고 있었다. 미국 뉴잉글랜드에서는 1640년대에 접어들어서야 마녀사냥이 본격화되었다. 1647년에 뉴잉글랜드 최초로 마녀에 대한 교수형이 집행된 이래, 1640년에서 1680년대 사이에 마녀 관련 사건이 여러 건 재판에 회부되었다(러셀, 180). 특히 1692년 2월에서 10월 사이 미국 뉴

7 https://en.wikipedia.org/wiki/Witchcraft_Act_1735

⁝ <세일럼 마녀재판>, 윌리엄 A. 크래프츠, 1876년

잉글랜드의 세일럼에서 200여 명이 마녀사냥에 의해 고발되었으며 이 중 대부분이 여성들이었다. 세일럼의 마녀사냥의 원인은 복합적이다. 1692년 이전 재판 판례 및 서적들이 뉴잉글랜드 세일럼 주민들에게 마녀의 실재에 대한 근거를 제공했으며,[8] 영국과의 분쟁, 원주민과의 대립, 전염병, 흉년, 기존 개척민과 새로 이주한 개척민들의 갈등 등 사회적, 정치적, 경제적인 긴장이 집단 광기를 부추겼다.

마녀사냥의 광란을 일으킨 직접적인 원인은 세일럼 마을에서 아이들이 벌인 오컬트 놀이였다. 9살과 11살짜리 여자아이 둘이 반쯤은 진지한 마음으로 장래의 남편감을 알아보기 위한 주술 의식을 벌였다.

---

8 뉴잉글랜드 청교도 유지에 힘썼던 목사이자 역사가 코튼 매더Cotton Mather 목사가 쓴 『기억할만한 신의 섭리*Memorable Providences, Relating to Witchcrafts and Possessions*』는 마귀에게 고통당하는 어린이들의 사례를 상세히 기록하고 있다. 이 책은 마녀와 소통했는지를 판정하는 마녀재판 자료로 활용되었다.

그 후 겁먹은 아이들이 신경장애 증세를 보이며 주변을 데굴데굴 구르고 몸을 비틀기 시작했다. 여자아이들 중 한 명의 아버지이자 이 마을의 목사인 새뮤얼 파리스Samuel Paris가 의사를 불렀는데, 의사는 아이들이 신체에 문제가 있는 것이 아니고 마녀의 주술에 사로잡힌 것 같다는 소견을 내놓았다. 두 여자아이는 어른들의 집요한 질문공세에 서인도제도 출신의 여자 노예 티투바와 사라 구드와 사라 오스본 등 두 명의 여자를 마녀로 지목했다. 티투바는 기다렸다는 듯이 자신이 마녀임을 인정하고 나머지 두 명이 공범이라고 진술했다. 티투바의 자백 동기는 알려지지 않았지만, 역설적인 것은 이 자백이 그녀의 생명을 구했다는 사실이다. 일단 마녀로 지목받은 자들이 자백을 한 후 소녀들의 증상이 경미해졌기 때문에 자백을 해도 교수형에 바로 처해지지는 않았다. 오히려 죄목을 부인한 사람들의 대부분은 소녀들의 상태가 악화됨에 따라 교수형에 처해졌다. 세일럼 마녀재판을 소녀들이 희생된 재판으로 잘못 아는 경우가 있지만, 마녀로 몰려 교수형으로 목숨을 잃은 19명 중 30대 3명, 40대 3명, 50대 3명을 제외한 10명이 60대 이상이었고, 여자가 15명, 남자가 4명이었다.

이 세일럼 마녀사냥은 유럽에서처럼 기득권층이 내부 결속을 위해 적을 타자화시켜 희생양을 공격했던 사건이라기보다는 공동체 내부의 갈등이 기득권의 논리와 맞아 떨어져 이웃이 이웃을 마녀로 몰아 죽였던 사건으로 볼 수 있다(주경철, 310-311). 세일럼과 같은 소규모 지방 공동체는 잠재해 있던 여러 복합적인 갈등 요소들이 강력하게 분출할 수 있는 곳이었다. 돈을 악착같이 모았거나 행실이 나빠 평소 미움을 받았던 사람들이 주로 처형당했다. 토지를 둘러싼 주민 간의 갈등이 마녀 고발로 분출되기도 했다.[9] 처형된 사람 중에는 세일럼의 목사 조지 버로스George Burroughs도 있었다. 버로스는 교수형을 당하기 직전 군중을 바라보며 마녀나 주술사는 외울 수 없다는 주기도문을 완벽하게 암송했다. 버로스와 같이 존경받는 사람마저 마녀사냥에 연루되고 나서야 군중들은 뭔가 잘못되었음을 깨달았고 주지사가 특별법정을 해산시키고 재판을 기다리던 사람들을 석방시키고 나서야 광풍이 가라앉았다.[10]

4. 마녀사냥의 원인, 정치 경제적 이해관계와 얽히다

1692년 세일럼 마녀사냥으로 극에 달했던 17세기 뉴잉글랜드 지방의 집단적 광기 현상은 유럽 마녀사냥 원인 분석에 실마리를 제공한다. 세일럼 마녀사냥의 배경이 된 뉴잉글랜드 청교도 공동체를 통해서 마녀사냥이 단순한 종교의 문제가 아니라 가부장제, 정치, 경제 등 복합적 요인이 결합되어 발생한 것임을 알 수 있다. 뉴잉글랜드 지방의 청교도 개척자들은 자신들의 신앙심을 기초로 결혼의 신성함과 가부장적 권위를 바탕으로 한 가족 중심의 공동체 문화를 형성했다. 그러나 청교도 원리에 입각한 경건한 가족 중심의 생활이란 철저하게 상하수직의 젠더 질서에 입각한 것으로 종교 생활의 핵심 공간인 가정에서 가부장적 권위는 종교적 권위와 중첩되었다. 청교도 공동체에서는 가장으로서 남성의 역할이 강조되었으며 대부분의 여성들은 가부장제

---

9 https://www.salemnews.com/archives/essex-county-chronicles-land-feud-fueled-witchcraft-allegations/article_8bf841e5-c973-5d23-aa51-2650c973e091.html

10 18세기 중반에는 마녀 고발이 거의 자취를 감추었다. 마녀에 대한 최후의 형 집행은 영국에서는 1684년, 미국에서는 1792년, 스코틀랜드에서는 1727년, 프랑스에서는 1745년, 독일에서는 1775년에 이루어졌다(러셀, 218-219).

체제에 순응해야만 했다. 뉴잉글랜드 청교도 공동체에서 마녀로 고소된 여성들은 주로 가부장적 사회 구조에서 여성에게 요구되는 미덕이 결핍된 여성들이었다(이창신, 24). 일례로, 앞서도 언급했듯이 세일럼 마녀재판에 기소된 마녀들은 대부분 기혼 여성이거나 미망인으로 41세에서 60세 사이가 수적으로 우세하게 많았다는 통계는 마녀사냥이 간통, 낙태, 혼외 출산, 불복종, 아내 구타, 재산 상속 등 남녀 간의 관계에서 발생하는 갈등을 다루는 중요한 수단으로 사용되었음을 반증한다. 낙태를 행했던 여성이나, 남편의 폭력에 시달렸던 여성, 남성에 비해서 상속분이 많아 마찰이 있었던 여성들도 마녀로 고소되었다.

세일럼 마녀재판에서 살펴보았듯이 마녀사냥의 이면에는 가부장제 중심의 다양한 이해관계와 인간의 지극히 세속적인 이기적 욕망이 자리하고 있다. 역사학자 러셀은 기본적으로 "마녀사냥이란 인간성에 내재하는 하나의 결함, 즉 악을 타자에게 투영해 그 사람들을 국외자로 규정함으로써 그들을 가차 없이 벌하려 하는 빗나간 욕구가 취한 하나의 특정 형태였다."고 평가한다(308-309). 마녀재판이라는 타자화 담론을 통해 가부장적 국가와 교회는 종교적이면서도 세속적인 정당성을 세울 수 있게 되었다. 마녀사냥이 격심했던 시기가 흉년, 전쟁, 전염병 등 재해가 심했던 시기 그리고 기독교의 신·구교 갈등이 심했던 15세기부터 17세기까지라는 것은 마녀사냥이 내부 질서 확립을 위해 적을 타자화하는 방식으로 활용되었음을 확인시켜준다. 세일럼 마녀재판에서 보듯이, 종교는 마녀사냥에 박차를 가하면서 마녀사냥을 종교의 권위 구축과 안정을 위한 방편으로 이용했다. 종교는 마녀사냥을 통해 민중들에게 악마에 대한 두려움을 불러일으키고 선을 행하도록 독려했을 뿐만 아니라, 적대시할 타자의 이미지를 이교도나 소외된 주변부 사람들에게 투사해 종교 자체의 권력을 강화하고자 했다. 이처럼 마녀란 주체 세력의 안정과 고착을 위한 수단으로 만들어진 가상의 인물이었다. 사회의 불안과 공포가 특정 개인에게 투영된 결과 마녀사냥의 희생자들은 고문당하고 처형되었으며 그렇게 무참히 제거되어도 괜찮은 존재가 되었다. 앞에서도 언급했듯이 사람들의 그릇된 욕망과 맹목적인 열의는 과부나 노파처럼 소외된 사회적 약자들에게 가장 쉽게 투영되었다. 고발된 자들 중에는 공포와 죄책감으로 말미암아 자신이 정말 유죄라고 믿어버리는 사람도 있었다. 고문은 자백을 끌어냈고, 자백은 다시 유죄 판결을 이끌어내었다.

마녀사냥의 원인은 실로 복합적이고 다층적인 측면을 가지고 있지만, 한 가지 확실한 점은 마녀사냥이 국가와 교회, 그리고 마을공동체가 적을 타자화하고 기득권을 강화하기 위해 활용한 권력 기제였다는 것이다. 또한 마녀사냥은 사회에 재앙을 초래하는 악을 처단한다는 명목으로 기득권 세력이 경쟁자를 제거하고, 부당하게 재산을 축적하며, 공포를 조장해서 사회 통제를 합법화시킨 사업이라고 볼 수도 있다. 실제 마녀사냥에서 희생당한 사람들은 주로 권력 싸움에서 밀려난 자들이거나 기독교의 비호를 받지 못하고 민간신앙에 기대어 살았던 하층민, 그리고 가부장적 이데올로기의 잣대로 볼 때 열등하기 때문에 악에 취약하다고 억압받은 여성들이었다.[11] 그러나 마녀사냥의 주체가 전적으로 국가와 교회 등 지배 세력만은 아니란 점도 주목해야 한다. 마녀재판이 성공하려면 누군가가 이웃을 마녀로 고발하고 여기에 필요한 증언을 제공해야 했다. 세일럼의 마녀재판 사례에서 보듯이 희생

11 고발의 배후에는 유죄 판결을 받은 사람의 재산을 횡령하고자 하는 욕망이 주요 동기로 작용하고 있었다고 비난할 수 있지만, 유죄 판결을 받은 사람들은 거의 대부분 가난한 사람들이었다. 세일럼 마녀재판의 경우에도 마녀로 고소된 몇몇의 여성들은 부유한 남편 덕에 처형 전에 자유롭게 풀려날 수 있었지만, 고소된 여성들 중 아들이나 형제가 없는 경우 처형된 확률이 높았다(이창신, 16-22).

자들을 마녀로 몰아 죽음에 이르게 한 것은 이웃 주민과 공동체였다(주경철, 12).

14세기 초반 마녀 고발을 정치적으로 악용하는 경향이 생겨나기 시작했다. 이 무렵 고발된 사람들은 대개 성직자들이나 주술에 관해 읽고 쓸 줄 아는 지식인들이었다. 물론 나중에는 사회적 약자, 특히 여성이 마녀로 고발되었지만 초기 단계에는 이익을 얻기 위한 권력 투쟁의 수단으로 마녀 고발이 활용되었던 것이다. 교황이나 주교가 악마와 계약을 맺고 있었다는 죄목으로 고발당했고, 마녀재판의 건수는 특히 프랑스, 독일, 알프스 지방에서 빠르게 늘어갔다(러셀, 131).

1448년 남프랑스에서 한 노인이 받은 재판이야말로 마녀사냥의 정치적, 경제적 성격을 드러내는 이 시대 마녀재판의 전형이었다(러셀, 136). 피에르 발랑이라는 노인이 마술 혐의로 종교재판소에 체포되었는데, 그의 재산은 몰수되었고, 재판 비용을 제외하고 남은 재산의 3분의 1은 대주교와 종교재판소의 몫이 되었다. 재판관들은 피에르에게 공범자의 이름을 실토하라고 요구했고 1주일간의 고문 끝에 그는 많은 사람을 지목했다. 재판관들이 피에르에게서 가난한 사람들의 이름뿐 아니라 신부들, 사제들, 귀족들, 부자들의 이름을 쥐어 짜내고자 수고를 아끼지 않았

⋮ <마녀재판에서 고문을 받는 여성>, 에밀 데샹, 작품 연대 미상

던 것은 그들의 머릿속에 재산 몰수가 자리 잡고 있었기 때문이다. 몇 세기에 걸쳐 유럽 전역에서 이와 같은 재판이 몇만 건이 되풀이되었다.

1676년 독일의 소도시 이드슈타인 마녀사냥은 마녀사냥이 정치적인 목적이나 개인적인 복수를 위해 동원되었음을 드러낸다(양태자, 152-158). 이드슈타인 시는 로마 가톨릭교회를 지지하는 국가들과 신교를 지지하는 국가들 사이에서 벌어진 30년 전쟁(1618-1648)의 여파로 재정 파탄을 겪고 있었다. 설상가상으로 인구 감소로 경제력이 더욱 약화되자 이 시의 영주 요하네스는 마녀 혐의를 받아 잡혀온 사람 중 출산이 가능한 40세 이하의 여자는 무조건 풀어주었다. 어떻게든 인구를 늘리겠다는 계산이었다. 또한 영주 요하네스는 마녀 혐의를 받는 사람의 재산 정도에 따라 식사 비용, 재판관의 식사비, 관료의 심문비 등의 경비를 청구해 그들이 재판비로 재산을 탕진하도록 조치했다. 당시 지배 계급은 시의 재정을 불리기 위해 마녀는 죽여야 할 사악한 존재이므로 의심되는 사람은 무조건 잡아들여야 한다며 민중을 부추겼고, 나아가 정치적 목적과 이기적인 탐욕을 위해서도 온갖 명분을 붙여 마녀사냥을 이용했다.

14, 15세기에서 17세기 사이에 유럽 전역에서 지속되었던 마녀사냥은 합리적 정신과 과학적 사고방식을 강조하는 계몽사상이 전파되던 18세기부터 점차 사라지게 되었다. 계몽주의에서 파생된 '자유주의적' 종교사상은 선한 하나님과 사악한 악마의 투쟁이라는 고대적인 관념 대신해 냉정하고 공정하며 합리적인 신 개념을 구축했다(러셀, 224). 새로운 세계관은 마술과 악마를 미신의 차원으로 끌어내렸고 실증할 수 없는 비이론적인 것들을 보편적이고 설명 가능한 과학으로 대체해나갔다. 또한 근대 국가가 확립된 이후에는 지방 권력의 구시대적인 마녀사냥은 오히려 중앙정부의 권위를 저해하는 요소가 되어 강화된 근대

국가의 권위는 더 이상 마녀사냥을 필요로 하지 않게 되었다.

5. 왜 여성이 주로 마녀로 몰렸을까?

마녀사냥으로 희생된 사람의 수는 학자마다 의견이 분분하다. 볼프강 베링거Wolfgang Behringer는 유럽에서만 약 10만 명 이상이 마녀로 몰려 희생되었고, 그중 독일어권(독일, 오스트리아, 스위스 등)에서 약 6만 명 정도가 희생되었다고 추산한다(양태자, 90). 앞에서 밝힌 대로 수많은 남자들이 마녀로 몰려 죽임을 당하긴 했으나 마녀로 몰려 화형당한 희생자의 약 80%는 여자였으며 그들 중 대부분은 과부와 가난한 사람, 또는 정신적으로 이상이 있는 사람이었다(양태자, 69-70). 그렇다면 왜 남성보다 더 많은 수의 여성들이 마녀로 몰려 마녀재판의 대상이 되었을까? 혹시 기독교와 자본주의에 기반을 둔 가부장제가 마녀사냥을 매개로 여성을 탄압한 것은 아닐까? 대답은 긍정적이다. 마녀사냥은 가부장제가 그 권위를 강화하고 체제를 공고히 하기 위해 사용한 정치적인 수단이었다. 특히 자본주의 체제가 기존 가부장제를 경제적으로 재편하게 되면서, 공동체 내의 경제적 계급 갈등, 더욱 보편화된 기독교 여성 혐오, 그리고 전문적 지식의 확대 등 복합적 요인들의 상호 연쇄작용이 더욱 체계화된 마녀사냥을 탄생시켰다(이희원, 1994: 111). 따라서 마녀사냥의 역사는 이단과 악마술의 역사가 아니라 편견과 소외 그리고 혐오의 역사이다.

왜 여성이 주로 마녀로 몰렸는지에 대한 의문은 영국의 사회 경제를 통해 설명 가능하다. 자본주의의 발전과 엔클로저 운동으로 인해 가축을 키워 생계를 이어갈 땅을 잃은 데다 공동체 내의 상호부조 전통이 소멸하여 각 교구가 보호하기 힘들어진 가난한 여성들, 과부, 미혼모들이 마녀로 고발되었음에 주목할 필요가 있다. 이들을 마법 혐의로 고발한 사람들은 바로 가난한 사람들에 대한 도움을 거절한 사람들이었다. 구걸을 했으나 빈손으로 쫓겨난 가난한 사람들이 악담을 중얼거렸을 수 있다. 그때 마침 집에 뭔가 좋지 않는 일이 일어나면 고발자는 즉시 모든 책임을 자선을 받지 못한 가난한 사람들에게 돌렸다. 마녀 고발은 가난한 자들에 대한 자선의 임무를 거절한 교구민들의 내적 갈등에서 비롯되었을 수 있다. 가난한 자들을 마녀로 고발한 자들은 구호를 거절한 적이 있는 자들로 죄책감을 떠안느니 차라리 고발해서 그들을 제거하려 했다는 것이다(주경철, 261). 이런 의미에서 마녀 고발 현상은 농촌 자본주의의 확산과 그 영향으로 토지 몰수, 사회적 격차의 심화, 집단적 공동체 관계의 붕괴 등으로 생긴 경제적 소외 계층과 공동체 사이의 계급 투쟁라고 볼 수 있다(이희원, 2017: 154).

: <마녀 체포>, 하워드 파일, 1883년

여성이 본격적으로 마녀로 몰리게 된 또 다른 배후에는 『말레우스 말레피카룸: 마녀의 추*Malleus Maleficarum*』(1486년 초판)라는 마녀사냥 교본이 있었다. "말레피카룸"은 여성형 소유격으로서 "마녀의"라는 뜻이며, "말레우스"는 '망치'라는 의미로, "말레우스 말레피카룸"은 모든 마녀와 이단을 심판하는 망치라는 뜻을 지닌다. 이 책은 여성이 왜 마녀가 되기 쉽고, 어떻게 마녀가 되고, 마녀가 된 후 어떤 특징이 나타나며, 재판은 어떻게 진행해야 하는지를 자세히 알려주는 마녀 관련 지침서이다. 『마녀의 추』의 저자는 오랫동안 미상으로 알려졌으나 최근 독일 쾰른대학교 학장 야콥 슈프렝거Jacob Sprenger와 오스트리아 티롤 지역 종교재판관인 하인리히 크래머Heinrich Kramer가 쓰고 교황 인노첸시오Innocentius 8세가 서명하고 인준해준 것으로 확인되었다. 이 책은 1486년에서 1600년 사이에 무려 28판이나 발행되었고, 이 책이 등장하면서 유럽 전역에서 200여 년간 마녀사냥의 분위기가 고조되며 수많은 무고한 사람들이 처형대에 올랐다.

이 책의 중요성은 이 책이 기독교 내의 여성 혐오 이데올로기의 단초를 마련했다는 데서 찾을 수 있다. 마녀의 핵심 개념은 이 책에 의해서 거의 완성된 형태를 보인다.[12] 왜 마녀는 주로 여성일까 하는 문제에 대해 두 작가(슈프렝거와 크래머)는 여성의 본성 자체가 악마와 소통하기 쉬운 불완전하고 사악한 성격을 갖기 때문이라고 주장한다. 6장 "악마에게 복종하는 마녀들에 관하여"에서 두 작가는 "여자의 악의보다 더 나쁜 것은 없다. 사악한 여자를 데리고 살 바에는 차라리 사자와 사는 게 낫다."(92)라는 성서(외경서 중 하나인 「집회서」 25:12)를 인용하며 여성은 필연적인 악이고 이성이 결여된 불완전한 동물이며, 마녀술은 여성의 동물성 즉 그칠 줄 모르는 탐욕스러운 육체적 욕망에서 유래한다고 주장한다. 이 책은 그럼으로써 여성이 남성보다 악마가 되기 쉽다는 근거를 제공한다. 『마녀의 추』의 영향으로 15세기 말, 마녀사냥의 광기는 수그러들기는커녕 그 기세를 더해갔다. 『마녀의 추』는 마법의 악행을

12 『마녀의 추』에서 다루어진 마녀의 여성성 문제는 주경철, 189-208 참조.

여성의 문제로 축소시켰고, 당대의 사람들은 이 책이 전하는 말에 호응했다. 『마녀의 추』가 이렇게 강력한 영향력을 지니게 된 것은 기독교에 뿌리 깊게 내재해 있던 이원론과 여성 혐오 전통이 서로 공명을 이뤘기 때문이다. 마녀사냥은 『마녀의 추』가 부추긴 로마 가톨릭 교회의 여성 폄하와 반여성주의적 혐오 감정이 보편화된 가부장적 사회 구조가 맞물리면서 현실화된 여성 탄압이라고 할 수 있다.

『마녀의 추』는 마녀 색출법과 고문 방법 등을 담아 마녀 색출의 기준점을 제공한 점에서도 여성을 희생시키는 데 막대한 영향력을 행사했다. 이 책에 따르면 마녀 판별의 핵심 조건은 악마와의 계약이다. 악마와의 성관계를 통해 계약을 맺은 마녀는 악마의 하수인이 되는 것이다. 하지만 마녀가 악마와 계약을 맺고 악마로부터 엄청난 힘을 얻어 사람과 짐승을 병들게 하고 암소의 젖을 마르게 한다는 말도 안 되는 이야기를 증명할 수는 없었다. 따라서 마녀를 판정하는 최후 수단은 고문을 통한 자백이었다. 대부분의 경우 혹독한 고문을 견디지 못하고 자백하거나 거짓으로 공모자를 실토할 수밖에 없었다.[13] 결과적으로 이 책의 출판 이후 사람들은 마녀가 실재한다는 것을 더욱 확신하게 되었고 그에 따라 마녀에 대한 처벌도 잔인해졌다. 왜 여성이 주로 마녀로

---

13 마녀 감별법으로 불리며 널리 활용되었던 마녀 색출법은 단순하나 피의자에게 상상할 수 없는 고통을 주었다. "마녀 물에 빠뜨리기 시험"은 흔히 사용된 마녀 심사법 중 하나로 사실 함무라비 법전에도 나와 있는 매우 오래된 이교도의 방법이다. "마녀 물에 빠뜨리기 시험"은 마녀를 깊은 물속에 던져 넣어, 신의 피조물인 물이 그녀를 거부해 몸이 물 위로 떠오르면 유죄, 가라앉으면 무죄로 간주했다(러셀, 135, 140; 양태자, 64). "뜨거운 물 시험"은 맨손으로 끓는 물속에 들어 있는 막대기나 돌을 꺼내야 한다. 그 후 손에 붕대를 감아두었다가 며칠 후 풀었을 때 상처가 곪지 않았다면 마녀가 아닌데, 신의 도움으로 상처가 곪지 않은 것이기 때문이다. 반대로 상처가 곪아 터진 경우는 두말할 것도 없이 마녀로 판명되었다(양태자, 65). "바늘로 찌르기 시험"은 사람들이 마녀의 몸에 악마의 표식인 무감각점이 있다고 생각한 데서 비롯되었다. 악마의 표식은 상흔이나 멍으로 남아 눈에 보이기도 하지만 보이지 않는 경우도 있기 때문에

몰렸는지에 대한 또 다른 원인은 산파, 약초사, 간호사 등 전통적 여성 치유사들과 당대 새로 부상한 남성 과학자들 및 의사들 사이의 갈등에서 찾을 수 있다. 전통적으로 기초적인 의료 지식을 보유하여 의료 시술을 수행하던 산파, 약초사, 간호사 등 유럽의 여성 치유사들이 반기독교적이고 과학적이지 않은 주술에 의해 생명을 관장한다는 면에서 핍박의 대상이 되었던 것이다. 여성 치유사들의 치료 방법은 식물과 연고를 이용하기도 했지만 미신적인 기도와 의식을 곁들였기 때문에 반기독교적이라는 비판을 받기도 했다. 신학적 담론이 우세했던 중세에서 근대로 이행하면서 과학이라는 보다 전문성을 요하는 새로운 학문이 생겨나 영향력 있는 담론으로 부상했다. 또한 대학에서 전문 교육을 받은 남성 의사들이 여성 산파나 치료사가 점유했던 의료 영역에 등장했다. 그리고 이들 남성들은 세력을 구축하기 위해 기존 교회와 가부장제와 결탁해 기득권(교회와 정부)의 비호와 중재를 받으며 여성 치유사들을 마녀라는 이름으로 매도했다(이희원, 1994: 132-133 재인용). 한편 흑사병과 같은 전염병이 창궐하는 재난 상황에서 민간 의료 행위에 종사했던 여성들이 사제의 지위를 위협할 정도로 성장하면서 지배 계층 남성들의 위기의식을 유발했다. 또한 기존의 지식 체계가 무너지는 전환기에 낯선 질병 사례에 대한 적절한 설명이 어려워진 의사들이 이를 초자연적인 원인으로 귀결시키며 민간 치료사였던 여성들을 질병의 근원인 마녀로 몰아세웠다(이택광, 81-82). 이리하여 중세의 민간 치료사가 근세로의 전환기에 마녀로 폄하되며 핍박의 대상이 되었다.

그 부분을 발견할 때까지 끝이 뾰족한 바늘로 피고의 온몸을 찔렀다.

6. 마녀사냥, 현대에도 계속된다

15세기에서 18세기까지 지속되었던 유럽과 북미의 마녀사냥은 특정 시대와 문화권의 특이한 현상이었지만 마녀사냥은 현대에도 여러 형태로 지속되고 있다. 현대의 마녀사냥은 세 가지 측면에서 접근할 수 있다. 그중 하나는 실제 세계에서 벌어지는 것으로 마녀로 간주된 자들에 대한 물리적 탄압이다. 마녀사냥에 대한 오해 중 하나는 마녀사냥이 완전히 사라진 과거의 유물이라는 것이다. 그러나 마법이나 주술을 실행한 사람들에게 폭력을 가하는 마녀사냥은 오늘날에도 여러 나라에서 자행되고 있다. 아프리카 사하라 사막 남쪽에 위치한 카메룬, 가나, 케냐, 나이지리아, 탄자니아, 잠비아 등과 인도, 인도네시아 등지에서는 주술을 사용한 사람들을 색출해 그들에게 엄벌을 가하고 있다.[14] 서구를 비롯한 선진국에서는 드문 일이기는 하지만 현대에 마녀사냥으로 희생된 사람들의 숫자는 근세 마녀사냥 희생자의 숫자를 넘어서고 있다. 현대 마녀사냥 또한 약자를 대상으로 한다. 희생자의 대다수는 국경을 넘어온 불법 이주민이나 노인, 여성, 고아, 장애인 등이다.[15]

이러한 실제 마녀사냥 외에 상징적 의미의 마녀사냥 또한 진행되고 있는데, 발생 국가와 영향 범위 측면에서 전자의 경우보다 더 심각하다고 할 수 있다. 상징적 마녀사냥으로는 우선 정치적 목표를 이루기 위한 것을 들 수 있다. 근세의 마녀사냥이 여러 정치적, 경제적 이해관계를 종교 이면에 숨겨두고 있었던 반면, 20세기 정치적 마녀사냥은 노

---

14 https://en.wikipedia.org/wiki/Modern_witch-hunts

15 탄자니아의 경우는 지난 20년 동안 약 2만 명의 사람이 마녀사냥으로 희생되었는데 희생자의 대부분은 노파였다고 한다. https://en.wikipedia.org/wiki/Modern_witch-hunts

골적인 정치색을 띤다는 점에서 차별화된다. 『정치사전』은 "마녀사냥이란 정치적 동기에서 비롯하며 대중의 공포를 먹고 성장하는 보복적인 수사"라고 정의 내린다. 그러면서 1950년대 냉전 시대를 배경으로 한 미국 공화당 상원이었던 조지프 매카시Joseph McCarthy의 공산주의 색출 운동을 예로 들고 있다.[16] 1950년 매카시 공화당 상원의원은 국무부 안에만 205명의 공산주의자들이 활동하고 있다고 선언해서 큰 반향을 불러일으켰다. 국무부 내의 진보파들이 대거 공산주의자로 몰려 제거되었다. 민주당까지도 자신들이 공산주의와 무관하다는 것을 증명하기 위해서 매카시에 동조했고 1954년까지 정계, 학계, 예술계, 교육계, 노동계 등에서 공산주의자 색출 운동이 벌어졌다. 공산주의와 무관한 사람들까지도 낙인찍혀 사회에서 매장되고 투옥되는 일이 속출했다.[17] 매카시의 이름을 딴 매카시즘이라는 용어까지 탄생했다. 이에 분노한 미국의 극작가가 아서 밀러Arthur Miller는 매카시즘이 17세기 세일럼의 마녀사냥과 다를 바 없다는 메시지를 담은 희곡 『시련*The Crucible*』(1953)을 발표해, 소수의 이익을 위해 근거 없는 비난과 광기어린 책동을 일삼는 것은 마녀사냥이라는 주장을 편 바 있다. 매카시즘은 1954년 공화당 집권 후 수그러들었으나 유사한 사례는 콘텐츠와 대상을 바꿔서 전 세계에서 나타나고 있다. 1970년대 우리나라에서 민주화 운동가들이 공산주의자로 몰려 처벌받은 것도 한 예라고 할 수 있다. 시대와 장소를 가리지 않고 마녀사냥이 지속되는 이유는 마녀사냥에는 누군가는 이익을 취할 수 있는 요소가 있었기 때문이다. 이런 면에서 오늘날 벌어지고 있는 마녀사냥이 누가 무엇을 위해 벌인 사업인지 관심을 가질

---

16 https://politicaldictionary.com/words/witch-hunt/

17 https://terms.naver.com/entry.naver?docId=928375&cid=43667&categoryId=43667

필요가 있다.

상징적 마녀사냥의 또 다른 갈래는 익명성을 전제로 한 소셜 미디어를 통한 것이다. 인터넷 마녀사냥은 정치적 세력에 의해서 기획되고 진행되기도 하지만 불특정 다수가 인터넷 플랫폼을 활용해 불확실한 사실을 근거로 몇몇 사람을 궁지로 몰아넣기도 한다. 그 대상은 평소 이미지가 좋지 않은 연예인일 수도 있고 일반인 대상일 수도 있다는 점에서 심각하다. 희생자는 대부분 가부장제, 양성애에 기반을 둔 한국사회가 내세우는 '착한' 이미지를 넘어선 사람일 경우가 많다. 또한 마녀 증명에 있어서 객관적인 정보에 의존하는 대신 편견에 일치하는 심증 편향적인 판단으로 실제 존재하지 않거나 아주 약한 상관관계를 확대해석해 사회적으로 처단하고자 하는 경향을 보인다. 일례로 가수 고 김광석의 처 서해순 씨는 김광석의 사망사건과 관련해 의혹을 받았을 뿐 아니라 딸의 사망을 밝히지 않은 사실로 두 사람의 사망에 관련이 있는 '살인자'라고 언론과 인터넷에서 마녀사냥을 당하기도 했다. 성폭력 당한 것을 수치를 무릅쓰고 폭로한 여성들의 신상이 털리고 오히려 팜므 파탈 유혹녀나 악녀의 이미지로 재생산되어 악성댓글의 표적이 되는 것은 간과할 수 없는 사회 문제이다. 다수가 근거 없이 한 개인이나 집단을 폭력적으로 공격하는 마녀사냥은 전 세계적 현상이다. 따라서 나쁜 여자로 매도되었던 '마녀'들의 이야기를 되짚어보는 것은 현대판 마녀사냥의 근절을 지향한다는 점에서 미래지향적이다.

Chapter 6

고전 소설은 나쁜 여자가 필요하다

서경희

1. 소설이 여자를 가르친다

전 근대 시기 여성들이 공적인 인정을 받고 모범적인 삶을 살았다는 것은 가족 관계 속에서 증명되었다. 조선 시대 여성들은 어질고 효성스러운 딸이자 며느리로, 순종적이고 물심양면 내조를 잘하는 아내로, 자애롭고 엄하게 가르치는 어머니로 살았을 때 칭송받았다. 때로 인생이 마음대로 되지 않아서 위기가 찾아오면 본인의 몸, 아니 인생 전체를 바쳐 자신이 속한 가족 공동체를 구원할 때 존재의 가치가 빛나게 되었다. 이처럼 괜찮은 사람으로 사는 방법은 여훈서女訓書[1]를 통해서 공유되었다. 양반가 여성들은 어린 시절부터 『소학小學』이나 『열녀전列女傳』,

여타의 계녀서戒女書 등을 읽으며 여자다움을 배웠고 평생 그 가르침에서 벗어나지 않아야 친족과 인맥 사회로부터 의미있는 생애로 추앙되었다.

여성의 규범과 반규범: 여성의 기본값과 괴똥어미

그렇다면 사회적 기대를 자신의 의지로 내면화하고 역할을 다하는 여성의 삶이란 어떤 모습이었을까? 『시경詩經』[2]에서 그 모습을 확인할 수 있다.

> 사내아이를 낳아서, 평상 위에 재우고, 긴 치마를 입히며, 구슬을 갖고 놀게 하매, 우는 소리가 우렁차니, 붉은 슬갑이 휘황찬란하여, 실가를 두고 군왕이 되리로다. 여자아이를 낳으면 방바닥에 잠재우고, 포대기로 덮어주며, 길쌈 도구 갖고 놀게 하니, 잘하고 잘못함도 없는지라, 오직 술과 밥이나 알아서 하여, 부모님께 걱정 안 끼치리로다.
>
> 乃生男子, 載寢之牀, 載衣之裳, 載弄之璋, 其泣喤喤, 朱芾斯皇, 室家君王. 乃生女子, 載寢之地, 載衣之裼, 載弄之瓦, 無非無儀, 唯酒食是議,

---

1 20세기 초까지 다양한 방식으로 편찬되었던 여성교육서는 '여훈서女訓書', '규훈서閨訓書', '계녀서戒女書' 등 다양한 이름으로 불리는데, 모두 여자/딸을 가르치는 책이라는 의미이다. 혼인하기 전 몸가짐과 부모에 대한 효행을 가르치기도 하지만, 대개 혼인한 뒤 시가에서 어떻게 처신해야 하는지 교육하는 내용이다. 효와 순종, 화목 등 시가 식구들과의 관계 윤리, 정결과 근검을 실천하는 일상의 태도 등을 강조한다. 여성교육서로 『소학』, 『열녀전』과 같은 아이들을 위한 유가의 교육서나 모범이 되는 여성들의 행적을 담은 역사서를 활용하기도 했고, 양반가 남성들이 딸을 가르치기 위해 제작하거나 민간에 유통되는 여훈서를 편집, 필사하기도 했다. 또 '계녀가사'처럼 교육적 내용을 가사 형식에 담기도 했다.

2 『시경詩經』은 중국 고대의 시가를 모아서 편찬한 책이다. 유가의 가장 중요한 교육서로 여겨졌으며, 민간의 정서와 풍속을 알 수 있는 유교 경전 가운데 하나이다.

無父母詒罹. (『詩經』 小雅 斯干)

경전의 구절을 통해 아들과 딸에 대한 기대가 전혀 달랐음을 알 수 있는데, 특히 아들이 세상에 그 존재감을 드러내길 바랐던 것과 달리, 딸은 무비무의無非無儀, 즉 잘못하는 것은 물론이요 잘하는 것도 없이, 다만 길쌈을 배우고 음식을 의논하며 부모에게 걱정을 끼치지 않으면 되었다. 가족이 생활하는 '집'의 유지에 필요한 기본적인 일을 제외하고는 집밖에 뜻을 두지 않고 문제를 만들지도 않아야 하지만 무엇인가 '잘'해서 자신을 드러나게 하는 것도 여자 된 도리가 아니며 부모의 근심이 되는 일이었다. 그 반대로 평생을 잘잘못 없이 살아내면 당사자가 죽은 뒤에 무비무의의 삶이 아름답게 기록되었다. 윤선도(1587-1671)는 아내가 세상을 떠난 뒤 쓴 만시挽詩에서 아내가 자식 손자를 볼 때까지 장수했지만 평생토록 옳고 그른 일도 없었고 잘한 일도 없었다고 그 일생을 기렸다.[3] 자기 존재를 드러내지 않고 일생을 살아낸 아내에 대한 흡족한 칭송이다.

19세기 문인 한장석이 김상현金尙鉉에게 어머니의 생전 행적을 쓴 기록[行狀]을 보여주며 묘지에 남길 글[墓誌]을 써달라고 부탁했는데, 김상현이 글을 써서 보내자 정중하게 몇 가지 수정해줄 것을 제안하는 편지[4]를 보냈다. 이 편지에서 한장석은 글 초고에 모친이 문장에 다소 소양이 있었다고 기술한 부분이 부녀자의 도리에 해당되지 않는 것이어서 무비무의의 도에 어긋나지 않을까 걱정하는 뜻을 전하고 고쳐줄

3 윤선도尹善道. 『고산유고孤山遺稿』 제1권 <부인 만시挽夫人 을미乙未>. "有子有孫還有壽, 無非無是又無儀."

4 한장석韓章錫. 『미산집眉山集』 제5권 <경대 김공께서 은혜로이 선비의 묘지를 지어주신 것에 감사드리는 편지上經臺金公謝惠先妣墓誌書>.

것을 부탁한다. 여자의 덕에 해당되지 않는 태도나 행적, 즉 무비무의의 궤를 벗어난 일이 오히려 모친의 삶을 폄훼하는 근거가 될 수 있다고 우려하는 것이다. 안으로 간직하면서 조용히 나서지 않는 것이 무엇보다 여성이 따라야 하는 규범적인 자세였고 평가의 잣대였다. 따라서 여성의 실제 삶이 이 궤도를 이탈했을 때 이를 감추고자 했다.

무비무의의 태도, 이러한 여성의 기본값에서 벗어나는 극단적인 사례로 제시되는 인물이 민간계녀서民間誡女書, 혹은 계녀가사誡女歌辭에 등장하는 괴똥어미다. 계녀서는 주로 시집가는 딸에게 남의 집에 들어가 여자의 도리를 잘해야 된다는 것을 가르치는 내용인데, 혼인한 여자가 본받지 말아야 할 모델로 괴똥어미가 언급된다.

> 신행하여 오는 날에, 가마 문에 나서면서, 눈을 들어 사방 살펴, 기침을 크게 하니, 신부 행실 바이 없다. 차담상에 허다 음식, 생율 먹기 고이하다. 무슨 배가 그리 고파, 국 마시고 떡을 먹노라. 좌중 부녀 어이 알아, 떡 조각을 집어 들고, 이도 주고 저도 주니, 새댁 행실 전혀 없다. 입구멍이 침이 흘러, 연지분도 간데없고, 아까울사 대단치마, 어룽더룽 흉악하다. 신부 행동 그러하니, 뉘 아니 외면하리. 삼 일을 지낸 후에, 형용도 기기하다. 백주의 낮잠 자기, 혼자 앉아 군소리며, 둘이 앉아 흉보기와, 문틈으로 손보기며, 담에 올라 시비구경, 어른 말씀 초달기와, 금강산 어찌 알고, 구경하니 둘째로다. 기역니은 모르거든, 책을 어찌 들고 앉노. 앉음앉음 용열하고, 걸음걸이 망측하다. 달음박질하는 때의, 너털웃음 무슨 일고. 치마꼬리 희여지고, 비녀 빠져 개가 문다. 허리띠 어데 두고, 붉은 허리 드러내노. 어른 걱정 하올 적에, 족박함박 드던지며, 성내여 솟대 닿기, 독살 부려 그릇 깨기, 등잔 뒤에 남 보기며, 가만가만 말도깨와, 아니한 말 지여내여, 일가간에 이간

> 질과, 좋은 물건 잠깐 보면, 도적하기 여사로다. 그중에 행실 보소. 악한 사람 부동하야, 착한 사람 흉보기와, 지 처신 그러하기, 남편인들 귀할소냐. 금실조차 살풀이며, 무병하라 푸닥거리, 의복주고 금전주어, 아들 낳고 부귀하기, 정성껏 빌어보소. 산에 올라 산지하고, 절에 가서 불공한들, 지 심사 그러하니, 귀신인들 도울소냐. 우환이 연접하니, 사망인들 없을소냐. (「복선화음가」『규방가사』I 34-36)

괴똥어미는 드러나지 않고 나서지 않아야 한다는 부녀자의 덕목을 전혀 따르지 않는다. 하나씩 자세히 뜯어보면, 식욕이 왕성하고 처음 보는 사람과 친화력도 좋으며 용모가 단정하지도 않다는 것. 잠이 오면 자고, 하고 싶은 말도 다 하며 이것저것 관심도 많은 데다 음전한 태도가 전혀 없다는 것이다. 더 나아가 성을 내기도 하고 사람 사이에서 불화를 일으키거나 나쁜 사람 편에서 선한 이를 흉보고 욕심을 부려 물건을 훔치기도 한다. 괴똥어미는 자기 본능대로 행동하고 실수도 하고 잘못도 저지르며 처신이 거침없다. 그러나 「복선화음가」에서 괴똥어미가 영위하는 일상은 서술자의 부정적인 묘사뿐 아니라 그를 외면하고 귀히 여기지 않는 주변 반응을 통해, 그리고 결국 우환이 겹쳐 사망에 이를 수 있다는 경고를 통해 공동체가 원치 않는 나쁜 여성의 행동 패턴이며 불운을 맞이하게 되는 비도덕적 행실임이 드러난다.

잘잘못을 행하지 않고 몸가짐을 단속하는 것이 여성의 규범이라면 괴똥어미같이 본능과 욕심을 거리낌없이 드러내는 것은 반규범이다. 특히 반규범은 혼인한 여성에게서 적극적으로 목격되고 해석되었다. 시가의 질서와 문화에 모나지 않게 적응하도록 훈육하는 데 여성 교육의 초점이 놓여 있다는 것을 고려하면, 무비무의는 여성이 새로운 공간과 관계에서 불편한 존재가 되지 않도록 하는 기본값이며, '괴똥어미'

는 시가에서 너무나 불편해진, 그 결과 우환과 죽음이라는 벌을 연이어 받아야 하는 빌런villain의 모습이라는 것을 알 수 있다. 이처럼 다른 '집'에 들어간 낯선 여성을 바라보는 시선에서 모두가 외면하는 그 여자, 거침없이 행동하며 자기 존재감을 드러내는 나쁜 여자가 발견된다.

고전 소설과 수상한 여자

17세기 이후 본격적으로 성행하여 20세기 초까지 창작된 고전 소설은 문장이 도道를 싣는 그릇이어야 한다는 유학자들의 문학관에 맞지 않는 글이었다. 당시 사람들은 소설을 즐겨 읽으면서도 문체를 어지럽히고 사람의 마음을 해치는 허무맹랑한 이야기이며 학문 정진에 방해만 되는 자질구레한 헛소리라고 여겼다. 특히 부녀자들이 소설을 읽는 것에 대해 부정적으로 바라봤는데 이덕무李德懋(1741-1793)의 글에서 당시 분위기를 엿볼 수 있다.

> 언문으로 번역한 소설을 탐독하느라 집안일을 하지 않고 두거나 여자가 할 일을 게을리 버려두어서는 안 된다. 심지어 돈을 주고 빌려보면서 깊이 빠지기를 그치지 않아서 집안 살림을 말아먹는 자도 있다. 또는 그 이야기가 모두 투기하거나 음란한 일이어서 방탕하게 풀어진 것이 혹 이것 때문이기도 하니, 어찌 간교한 무리들이 남녀의 애정이나 괴이한 사적을 늘어놓아서 부러워하는 마음을 돋우고 있다는 것을 알지 못하는가?
>
> 諺翻傳奇, 不可耽看, 廢置家務, 怠棄女紅. 至於與錢而貰之, 沈惑不已, 傾家產者有之. 且其說皆妬忌淫媟之事, 流宕放散, 或由於此, 安知無奸巧之徒, 鋪張豔異之事, 挑動歆羡之情乎? (『靑莊館全書』 卷30 士小節 婦儀)

이덕무는 부녀자가 일상에서 유의해야 할 예禮의 조목들을 서술하면서 언문 소설에 탐닉하는 문제를 지적했다. 여자들이 소설에 푹 빠져서 부녀자가 할 일을 게을리하고 재산을 낭비하기도 하는데 이는 소설의 내용이 독자의 마음을 해이하게 만들기 때문이라는 것이다. 당시 여성들 사이에서 언문 소설은 일상을 제쳐놓을 정도로 선호되는 것이어서 소비의 대상이 되기에 충분했는데, 이덕무가 문제삼는 것처럼 이러한 현상은 부녀자들이 나태해지고 낭비하는 요인이 되므로 경계해야 된다고 보았다. 소설이 풍속을 해친다고 여겨졌던 것이다.

따라서 당시의 부정적 인식을 극복하기 위해서 조선 후기 소설에는 복선화음福善禍淫과 권선징악勸善懲惡의 세계가 구현되었다. 소설이 풍속 교화에 도움이 된다는 점을 강조하는 것이다. 더 나아가 서술자나 필사자의 목소리를 통해 교훈적 메시지가 또렷하게 전달되었다.

> 이러므로 착한 사람은 복을 받고 악한 사람은 재앙을 받으니 후인을 경계함 직하고 사적이 기이하기로 대강 기록하여 후세에 전하니 보시는 사람은 명심하소서 하더라. 희로애락을 지극한 정성으로 삼가 아뢰옵니다. (『사시남경긔』 76-77 필자 윤문)

> 슬프다. 남의 첩이나 남의 후처 된 자가 이 글을 거울삼아 조심하고 조심할지어다. (『양풍운뎐』 50 필자 윤문)

> 슬프다. 남을 해치고 나의 행복을 구하는 자는 그 몸과 그 집안이 망하지 않는 자 없고 내 몸이 죽어 남을 구하는 자는 그 집안이 창성하고 그 자손이 번성하니 하느님의 큰 권능으로 화복이 서로 갚는 터이라. (『장화홍련전』(1) 1 필자 윤문)

소설의 후기後記에서 밝힌 주제 의식은 후인들이 거울삼을 만한 도덕 원리이자 실천 윤리에 대한 것이었다. 특히 집안 갈등을 주 소재로 삼는 가정 소설에서는 부녀자의 행실을 경계하는 내용을 적극적으로 다뤘는데, 서사적 재미를 만들기 위한 목적뿐 아니라 악한 일을 행하면 징계를 받는다는 경고를 하기 위해 괴똥어미와 같은 문제적 여성 인물이 자주 소환되었다. 규범에서 벗어난 여성의 품행과 비극적 말로는 반규범에 대한 독자들의 반감을 불러일으키는 자극적이고 그만큼 효과적인 기제가 되기 때문이다.

그렇다면 가정 소설에 불려나와 나쁜 짓을 일삼다가 결국 징치를 당하는 여자는 어떤 인물일까? 소설에서 또 다른 괴똥어미를 만들어내는 과정에서 여성을 악마화하는 메커니즘을 읽어낼 수 있다. 그 나쁜 여자들을 만나러 가자.[5]

2. 질 나쁜 여자가 나타났다: 밖에서 들어온 나쁜 여자

갓 혼인해 들어온 여자라면 누구나 시가의 집안, 이웃 친지들의 관

---

5 고전 소설은 편의상 소재, 연행이나 유통 방식, 기록의 특성 등에 따라 유형을 구분하는데, 그 가운데 가정 소설은 주로 가정 내에서 일어나는 문제들을 소재로 하는 작품군을 이른다. 『장화홍련전』, 『사씨남정기』와 같이 계모와 전실 소생, 처첩 갈등을 다루는 작품이 대부분이며 형제 갈등을 조명하는 작품들도 다수 존재한다. 『심청전』과 『흥부전』은 연행 방식의 특성상 판소리계 소설로 분류하지만, 이 작품들도 효와 우애의 가족 윤리를 주된 소재로 하기 때문에 가정 소설의 범주에 포함할 수 있다.
소설에 대한 인식이 좋지 않았던 탓에 고전 소설은 작가와 창작 연대를 알 수 없는 경우가 많다. 이 장에서 다루는 『사씨남정기』는 17세기에 김만중이 창작했고, 『장화홍련전』, 『심청전』, 『흥부전』은 작가와 창작 시기가 밝혀지지 않았다. 다만 19세기 초부터 20세기 초까지 많은 이본이 생산되고 활발하게 유통되었던 작품이라는 사실을 확인할 수 있다.

심을 한 몸에 받게 되는데, 그 가운데 가장이 혼인해서 이미 가족을 이룬 뒤에 가장의 중혼重婚으로 집에 들어온 여성에 대해서는 먼저 구성된 가족과 경쟁하는 존재로 인식되기도 했다. 이러한 인식은 가정 소설에 흔히 등장하는 계모나 첩의 형상화에서 확인할 수 있는데, 이들은 바로 우리 집으로 들어온 수상한 여자였다. 본처가 세상을 떠난 뒤 다시 혼인해 들어온 후처後妻나 처를 두고 따로 들이는 첩에 대해서는 작품에 등장하는 시점, 그리고 집안에 들어오는 순간부터 의심의 눈초리를 거두지 않는다. 먼저 나쁜 계모의 대명사로 불리는 『장화홍련전』의 허씨를 살펴보자.

『장화홍련전』의 계모 허씨

배좌수의 아내 장씨가 장화와 홍련 자매를 낳고 병을 얻어 세상을 떠나자 배좌수는 후사를 생각하여 허씨 여자를 후실로 얻는데, 허씨의 첫 등장이 이러하다.

> 부득이하여 허씨를 얻으니 그 용모를 말할진대 양 볼은 한 자가 넘고, 눈은 통방울 같고, 코는 질병 같고, 입은 메기 같고, 머리털은 돼지털 같고, 키는 장승만 하고, 목소리는 시랑이 소리 같고, 허리는 두 아름이나 되는데 그중에 곰배팔이며 수중다리에 쌍언청이를 겸하였고, 그 주둥이는 썰면 열 사발이나 되고, 얽기는 멍석 같으니 그 형용을 차마 견디어 보기 어려운데 그 용심이 더욱 불측하여 남에게 못할 노릇을 찾아가며 행하니 집에 일시도 두기가 난감하더라. (『장화홍련전』(2) 3 필자 윤문)

허씨는 그 외양을 바로 보기 어려울 정도로 흉하게 묘사된다. 이목구비가 무엇 하나 고운 것이 없고 크고 거친 모습인데다가 몸 여기저기의 장애도 얕잡아 표현되고 있다. 허씨의 겉모습을 조롱하는데 이어서 그 심사가 어질지 못해 행실이 나쁘다고 소개한다. 서술자를 포함한 소설 세계의 인물들이 허씨를 바라보는 시선은 애초에 부정적이다. 허씨는 배좌수의 가족들과 무엇을 하기도 전에 벌써 쳐다보기도 싫고 집에 두기도 난감한, 외면하고 싶은 존재로 인식되었다. 수상한 여자가 집에 들어온 것이다.

:『장화홍련전』, 세창서관, 1961(이화여자대학교 도서관 소장본)

모두가 아는 것처럼 허씨는 전실 자식을 박대하는 계모의 전형이다. 그는 장화가 낙태한 것으로 꾸며서 배좌수가 장화를 죽이는 데 동의하도록 만들고 장화를 연못에 밀어넣어 죽이는 일을 배후에서 조정한다. 허씨는 그 죄로 결국 능지처참을 당하여 계모가 어질지 못할 때 어떻게 되는지 보여주면서 소설이 부여한 소명을 다한다.

그러나 장화를 죽인 책임을 인정하더라도 허씨는 억울하다. 허씨는 배좌수의 집안에 나타나는 순간부터 그를 목격한 이들에게 미운털이 박혔고, 배좌수와 장화 홍련 자매로부터 소외되었다. 허씨는 후사를 얻고자 한 배좌수의 바람에 따라 혼인한 뒤 연달아 세 아들을 낳았으나 그럴수록 배좌수는 장화 자매와 함께 전처 장씨를 생각하면서 눈물을 흘리고 서로 떨어지지 않으려 했으며, 죽은 장씨의 재물 덕에 먹고 사는 것을 감사해야 하는데 오히려 장화 홍련을 괴롭힌다고 허씨를 나무랐다. 허씨는 세 아들을 낳았지만, 가장에게 인정받거나 전실 딸들과 정서적 교감을 쌓아가지 못하고 기존 가족들에게 해를 끼칠 것이라는 의심까지 받게 되자 장화 홍련에 대한 악감정이 더 커졌다.

> 소첩의 몸이 대대거족으로 문중이 쇠잔하고 가세가 탕진하던 차, 좌수 간청하므로 그 후처 되오니 전실에게 두 딸이 있으매, 그 행동거지 심히 아름다웁거늘 내 자식같이 양육하여 이십 세에 이르러 저희의 행사가 점점 불측하여 백 마디 말에 한 마디도 듣지 아니하고 말로 다 하지 못할 일이 많사와 원망함이 많기로 때때로 저희를 경계하고 깨우쳐 아무쪼록 사람이 되도록 하였삽더니 일일은 저희 형제의 비밀한 말을 우연이 엿듣고 보니 그 말이 내가 짐작했던 말이온 바 그 부정한 말이 측량치 못하올지라. 마음에 가장 놀랍고 분하여 가장에게 알려도 반드시 모해하는 줄로 알아들을까 하여 다시 생각하여 가장을 속이고 죽이려 하여 쥐를 잡아다가 피를 묻히고 장화의 자는 이불 밑에 넣고 낙태하였다 하고… (『장화홍련전』 (2) 25-26 필자 윤문)

철산부사가 장화 자매가 죽은 사건을 조사할 때 허씨가 진술한 내용을 보면, 허씨가 장화 홍련을 전실 자식이라 해서 무조건 미워했던 것은 아니라는 것을 알 수 있다. 처음엔 두 딸을 어여삐 여겼는데 이들이 자라며 점차 갈등이 심해졌다고 했다. 그러던 어느 날 자매끼리 허씨의 험담을 하는 것을 듣고는 분한 마음을 품게 되었으나 배좌수에게 이 말을 해도 믿지 않을 것이라 여겨 장화를 모해하는 데 이르렀다고 진술했다. 후처로 들어온 허씨가 나쁜 계모가 되기까지는 앞서 형성된 자궁가족과의 경쟁과 가족으로부터의 소외가 있었으며 가장 배좌수의 중재를 기대할 수 없는 사정이 놓여 있었다. 또한 장화를 연못에 밀어 넣어 죽이기로 최종적으로 결정한 것은 부친인 배좌수였다. 그럼에도 『장화홍련전』의 세계 내부에서 이 사건에 책임을 지고 처형을 당해야 하는 당사자는 허씨였으며 허씨의 사정은 전혀 참작되지 않았다.

허씨 역시 장씨와 같은 '처妻'의 지위이지만, 후처의 자리는 전처에 비해 열악했다. 전처의 자식은 부친을 매개로 계모의 지위를 인정했으며 친모와는 다른 관계로 인식했다.[6] 또 후처가 전처의 자식과 갈등이 생기면 후처/계모가 불화의 원인 제공자로 의심을 받았다(이정원, 106; 정지영, 430-431). 따라서 배좌수의 전처인 장씨의 자궁가족이 가장과 유대를 공고히 하는 상황에서 후처인 허씨의 처신은 현 상황을 그대로 받아들이는 것, 그리고 불편한 감정을 드러내지 않는 것이어야 했다. 그렇지 않고 기존의 관계에 개입하거나 관계에서 오는 서운함을 표현하며 자신의 존재를 내세우면, 집안의 갈등과 불화의 소지를 제공했다는 비난을 받고 그 모든 책임을 온전히 져야 했다. 가부장제 사회에서 가장은 아내가 사망한 경우 '가家'의 유지를 위해 후처를 들이는 것이 당연한 일이었으나, 기존의 가족 안으로 후처가 편입되면서 생기는 문제는 오롯이 후처가 감내해야 할 몫이었다. 나중에 집으로 들어온 아내들은 이러한 불안한 지위와 시선 위에서 못된 계모로 징치되지 않도록 '있어도 없는 존재'로 살아야 했다. 그렇지 않으면 그 수상한 여자는 결국 의심한 그대로 나쁜 여자가 되고 마는 것이다. 허씨처럼.

---

6 안정복安鼎福이 한함지에게 보낸 편지(『순암선생문집順庵先生文集』 제5권 <한함지에게 답함[答韓咸之書]>)에 의하면, 후실과 전실의 자식이 모자지간이기는 하지만, 계모는 아버지 때문에 어머니로 대우하는 것이고, 계모가 부정한 행실로 아버지와 관계가 끊어지면 모자지간이라 볼 수 없다고 했다. 또 계모가 어머니와 '같다'고 한 것은 어머니와 다소 '차이가 있다'는 뜻이라 했다.

『사씨남정기』의 첩 교씨

그나마 허씨는 후실이라도 정처正妻의 지위에 있었지만, 『사씨남정기』의 교채란은 첩의 자격으로 유연수의 집안에 들어왔다. 소설의 독자가 모두 정실의 지위는 아니었겠지만, 『사씨남정기』는 처와 첩의 관계가 선악의 구도로 그려지며, 서술자도 사정옥의 입장에서 진술한다. 또 유연수의 고모인 두부인[7] 역시 유연수가 첩을 두는 것에 대해 애초 못마땅해하면서 교씨뿐 아니라 훗날 첩으로 들어오는 임씨 또한 곱지 않은 시선으로 바라본다. 이 소설은 정처의 입장에 동조하면서 집안에 들이는 '첩'을 예의주시하고 있다.

보통 아내가 몸이 허약해서 남편을 모시지 못하거나 자식을 두지 못해서 첩을 들인다고 했으나, 이는 명분일 뿐 첩은 남성들의 성적 욕구를 충족시키기 위해 필요했다. 따라서 첩으로 들어온 여성은 가족 내에서 공식적인 지위를 인정받기보다 성적 대상화된 존재로 주변부에 머물렀고 처와의 위계가 분명했다(황수연, 349-380). 집안에서의 역할이 한정되고 낮은 서열에 위치했던 것이다.[8] 교채란 역시 유연수가 본처인 사정옥과 혼인한 지 9년 동안 아이가 생기지 않자 집에 들이게 된 여자이며 자신의 아름다운 외양과 재예로 유연수를 매혹하여 자기 지위를 유지하고자 했던 첩이다.

두부인은 처음부터 교채란의 미모가 빼어나서 사씨에게 이롭지 못

---

7 유연수의 부친 유희에게는 두강과 혼인한 누이가 있는데, 유희는 누이와 우애가 돈독해 일찍 세상을 떠날 때 누이 두부인에게 아들 부부를 부탁했다. 유희가 세상을 떠난 뒤 두부인은 유연수에게 부친을 대신하는 존재로 집안의 큰 어른 역할을 한다.

8 『흥부전』에서 흥부는 박을 타서 약물, 곡식, 비단, 세간 등 온갖 재물을 얻는 가운데 첩도 얻게 된다. 이처럼 재산 목록과 나란히 등장하는 것은 첩의 존재가 사물화私物化되고 소유 가치로 평가되었음을 보여주는 것이다.

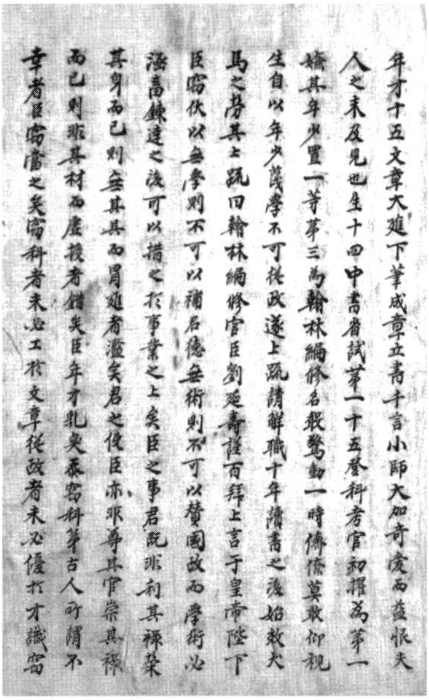

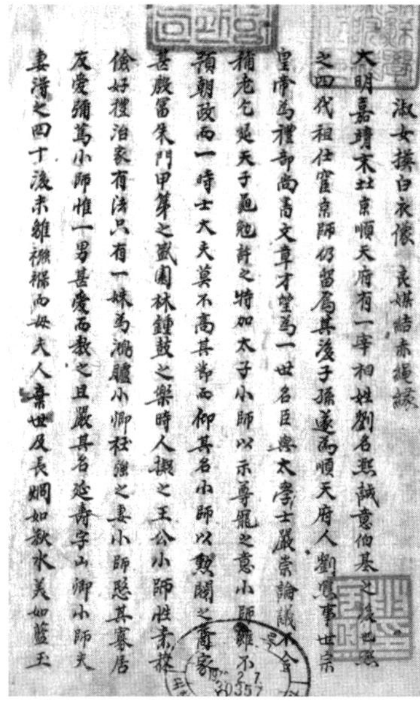

:『사씨남정기』 1, 2 한문필사본, 필사 연대 미상(국립중앙도서관 소장본)

할뿐더러 성정이나 행실도 어질지 않을 것이라 짐작했다. 두부인의 염려에 대해 사정옥은 추한 외모가 자식을 보는 데 도움이 되지 않으며 외모가 빼어나다고 해서 모두 악한 것은 아니라고 둘러대지만, 사정옥 역시 첩은 남편에게 성적 매력을 드러내 자식을 보기 위한 존재이며 미색을 갖추고도 사람됨이 어진 것은 예외적이라는 것을 인정하고 있다. 미색이 남다른 첩은 위험한 인물일 가능성이 크다는 인식이 암암리에 존재했던 것이다.

교채란이 처음 유씨 집안에 들어왔을 때 일가친척들은 교씨의 외양에 관심을 모았다.

> 교씨는 한림 부부 및 모든 친척들에게 예를 올린 후 자리에 나아가

> 앉았다. 뭇사람들이 교씨를 바라보았다. 그 자태가 화려하고 행동이 경첩하여 마치 해당화 한 가지가 이슬을 머금은 채 바람에 나부끼는 것 같았다. 모두가 칭찬하여 마지않았다. 그러나 오직 두부인만은 기뻐하는 기색이 없었다. (『사씨남정기』 34)

교채란의 첫인상이 매우 아름다워 모두 흡족해했다는 서술이다. 이는 사정옥이 혼인하여 시가로 들어갈 때와 대비된다.

> 그때 친척과 빈객들이 마루에 가득하였다. 뭇사람들 모두가 소저를 응시하고는 단지 '향기로운 난초가 봄바람에 흔들거리고 하얀 연꽃이 가을 물에 비치는 광경'을 볼 수 있을 뿐이었다. 진퇴하는 거동이 예법을 지켜 조금도 어긋나는 바가 없었다. 사람들은 모두 떠들썩하게 칭찬하며 소사(유연수의 부친)를 향하여 치하를 올렸다. (『사씨남정기』 27)

혼인에 참석한 유씨 집안 친척과 손님들은 예법에 조금도 어긋나지 않은 사정옥의 거동에 칭찬해 마지않았다. 사정옥과 교채란은 모두 외양이 출중하지만, 사정옥은 외모로 인정받기보다 규범에 꼭 들어맞는 처신이 주목받았던 것에 반해, 교채란은 예법이나 덕보다 미모와 민첩한 움직임으로 시선을 끌었다. 처와 첩의 등장은 이렇게 달랐다.[9]

---

9 여러 집안 남녀의 혼인 과정을 다루는 대하 소설에서도 여자의 미모가 외부에 알려지는 것을 위험하거나 온당치 않은 일로 여기는 장면이 종종 나온다. 『이씨세대록』(장서각본 권1)에서 철수는 오래간만에 만난 육촌 동생 이미주의 미모에 반해 혼인하고자 하자, 이미주의 부친 이몽현은 딸에게 몸가짐을 조신하게 하지 않아서 가문의 명성을 떨어뜨렸다고 나무라며 비구니의 법을 본받아 깊은 방에 들어가 지내게 했다. 이미주는 이후에 철수와 혼인하게 되지만, 두 인물이 혼인하는 과정에서 여자의 미모가 드러나는 일은 당사자에게 불명예스러운 일이 되었다. 『사씨남정기』의 사정옥이 자신의 미모 때문에 청혼한다는 매파의 말을 듣고 유연수 집안과의 혼사를 거절했던 것도 같

교채란은 애초 두부인이 걱정했던 그대로 정처에게 위협이 되는 인물로 성장한다. 그런데 유씨 집안에 들어와서 잘 적응하던 교씨가 사씨를 모함하고 정처의 자리를 노리게 된 데에는 특별한 계기가 있었다. 사정옥은 교씨가 자신의 거처에서 혼자 거문고를 타고 노래 부르는 것을 듣고는 교씨를 불러 그 음률이 모두 망국亡國의 곡이고 부정不貞한 여인의 노래라는 점을 들어 나무랐는데, 교씨는 사씨에게 훈계를 들은 후부터 다른 생각을 품기 시작한다. 교씨는 사씨가 제시하는 대로 처신하면 집안의 질서 속에서 모나지 않게 지낼 수는 있지만, 유연수의 첩으로서 존재감을 갖기는 어려웠다. 교씨는 자신의 미색과 재주를 드러내서 남편의 마음을 얻는 것으로 집안에서의 위치를 공고히 할 수 있다면, 사씨는 부녀자의 덕을 지키며 자신을 드러내지 않는 방식으로 스스로의 가치를 증명하는 것이 순리였다. 교씨는 사씨가 아들을 낳는다면 자신의 처지가 보잘것없이 될 것이라 걱정하면서 집안에서 존재 의미를 잃지 않기 위해 애썼다. 사씨의 질서를 거부하는 것, 그것이 교씨가 유씨 집안에서 사랑받으며 자기 가치를 지키는 방법이었다.

그러나 교씨가 선택한 삶의 방식은 여성의 마땅한 처신에 맞지 않을뿐더러 오히려 부녀가 경계해야 하는 모습에 가까웠다. 『사씨남정기』에서 교씨는 자신의 살 도리를 마련하는 과정에서 점차 비윤리적인 일에 나서게 된다. 남편 유연수의 마음을 홀리고 사씨를 모함했으며 다른 남자와 정을 통하고 남편을 위험에 빠뜨린데다가 자식을 죽이기까지 해서 결국 유연수의 처분에 따라 목을 매 죽는 것으로 죗값을 치렀다.

『사씨남정기』에서 교씨가 나쁜 행실을 거듭해 누구도 부정할 수 없는 악녀가 되는 방식은 낯설지 않다. 교씨를 죽어 마땅한 인물로 만드

은 맥락에서 이해할 수 있다. 미모를 갖추고 있더라도 그보다 덕과 바른 처신을 내세우는 것이 정숙한 여자의 도리였다. 그러나 이들은 모두 미모가 뛰어났다.

는 근거들은 인조가 소현세자의 빈이었던 며느리 강씨를 사악한 인물로 규정하는 방식과 닮아 있다. 인조는 강빈이 왕권에 위협이 된다고 판단하고 후환을 제거하기 위해 그 죄상을 밝히고 사사(賜死, 죽일 죄인을 대우하여 임금이 독약을 내려 스스로 죽게 함)했다. 당시 여론은 강빈이 억울하게 누명을 썼다고 동정했는데, 이러한 여론을 잠재우기 위해서 왕실에서는 강빈을 처벌한 이유를 거듭 내놓아야 했다. 강빈은 심양에서 생활할 때부터 권력을 탐하고 시아버지인 인조에게 무례하게 처신한 일로 혐의를 받기 시작했는데, 점차 왕실을 저주하고 임금을 시해하려 했으며, 병중인 소현세자와의 잠자리를 피하지 않았고, 이를 숨기기 위해 자신이 낳은 자식을 버렸다는 죄목이 추가되었다. 인조와 왕실이 강빈을 숙청하고 여론을 설득하는 과정에서 강빈은 점차 속내가 흉악하고 패륜을 일삼는 인물로 만들어졌다(서경희, 2020: 263-298). 강빈을 사사한 일은 숙종대까지 논란이 이어졌고 숙종이 인현왕후를 폐출시킬 때 강빈의 전례를 참조했다고 한다. 김만중이 인현왕후를 궁에서 쫓아낸 일이 잘못되었음을 숙종에게 에둘러 아뢰고자 『사씨남정기』를 창작하면서 사씨의 현덕을 강조하기 위해 교씨의 부정한 행실을 부각해야 했다는 점을 고려하면, 불편한 여성을 축출하고 죄악시하는 논리가 역사의 현장에서나 이야기 세계에서 공유되고 있었음을 알 수 있다.

정실이 있는 집에 남성의 욕망 충족을 위해 들어오는 첩은 기득권을 지닌 정실의 시선을 통해 애초 선한 의지를 의심받고 그 외양에서 분란의 조짐이 읽혔다. 첩은 처와의 절대적 서열 관계에서 자신의 생존 전략을 적극적으로 모색할수록 나쁜 행실이라 비난받았다. 교씨와 같은 첩은 자신을 따라다니는 의심의 눈초리에 포획되어 악녀로 낙인이 찍히는 경우, 음란한데다 모성을 부정하기까지 한 패륜의 행실을 더하는 방식으로 형상화되었다. 교채란은 미모든 재주든 드러내지 않고는 첩의 자리를 지키기 어렵지만, 그것이 시대가 요구하는 여성 윤리에서 벗어난 처신이라는 모순에 갇혀 있다. 이것이 언제든 나쁜 여자가 되어 축출되거나 처벌받을 수 있는 밖에서 들어온 첩의 운명이다.

3. 욕먹을 사람이 필요하다: 안에서 지목된 나쁜 여자

밖에서 들어온 계모와 첩은 집안에 화를 불러온다고 의심받는 낯선 이들이다. 이들이 기존 질서에 스며들지 않고 자기 입장을 드러낼 경우 의심은 사실이 되어버린다. 그렇다고 전실 자식이나 정실과 갈등하지 않는 여자들이 이러한 의심에서 자유로운 것은 아니다. 집안에 뜻하지 않은 불행한 일이 일어나고 원가족들 사이에 불화가 생길 때 이 문제를 봉합하거나 책임을 물을 대상이 필요하게 되면 사건의 당사자가 아닌 집안 여성들이 나쁜 여자로 지목된다. 이럴 때 소환된 인물들이 『심청전』의 뺑덕어미와 『흥부전』의 놀부 마누라다.[10]

『심청전』이나 『흥부전』에 이들이 등장하지 않아도 두 소설의 주요 사건에 전혀 지장을 주지 않는다. 계모 허씨나 교채란처럼 사건의 중심에 선 인물들이 아니다. 그럼에도 뺑덕어미나 놀부 마누라는 심청이만큼이나 유명하고 흥부 마누라보다 강한 인상을 남겼다. 이처럼 두 인물이 못된 심보로 존재감을 드러내야 했던 이유는 무엇인가?

10 뺑덕어미가 『심청전』에 모두 등장하는 것이 아니며, 놀부 마누라가 모든 『흥부전』에서 오늘날 우리가 아는 모습으로 형상화되는 것도 아니다. 심보가 사나운 뺑덕어미와 놀부 마누라는 후기 이본이나 판소리로 불렸던 이본들에서 주로 만날 수 있다. 이야기에 향유층의 간섭이 많아질수록 뺑덕어미와 놀부 마누라의 캐릭터가 욕심 사나워지는 것이다.

『심청전』의 뺑덕어미

『심청전』은 청이가 단독 주인공으로 활약하는 소설이다. 잘 알려진 대로, 장님인 아버지 심학규의 눈을 뜨게 하려고 뱃사람들에게 스스로 몸을 팔아 인당수에 뛰어들지만, 옥황상제의 도움으로 생모 옥진 부인을 만나고 연꽃을 타고 떠올라 황제와 혼인하며 부친과도 재회하여 눈을 뜨게 한다는 이야기이다. 청이가 죽음을 선택하게 되기까지 누군가의 나쁜 의도가 작용하거나 극악한 인물이 개입하는 일은 없었다. 청이는 영리하지 못한 부친과 신앙에 충실한 스님, 악운을 두려워하는 뱃사람의 소망이 만들어낸 우연한 연쇄작용에 떠밀려 세상을 등지기로 결심한 것이다. 오히려 청이의 세계에는 젖을 동냥해주던 이웃, 청이의 사정을 살펴준 장승상 부인처럼 따듯한 이웃들이 많았다.

사실 심학규 일가를 자세히 들여다보면, 심학규는 나쁜 의도가 없다손 치더라도 무책임한 가장임은 틀림없다. 그의 장애가 대책 없는 그

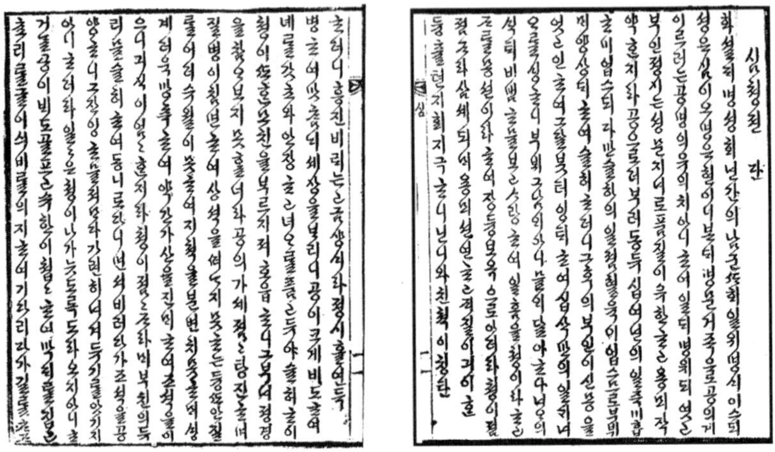

: 『심청전』 1, 2, 翰林書林, 1920(국립중앙도서관 소장본)

의 행동을 모두 정당화해주지는 않는다. 그러나 『심청전』에서 곽씨 부인과 딸 청이는 심학규의 무능함을 원망하기보다 가장의 권위를 지켜내기 위해 자기 소진을 선택한다. 집안, 그리고 가장과 운명을 함께하는 것을 생존 전략으로 삼으며 기꺼이 자기희생에 나선다(서경희, 2014: 33-67). 결국 생계를 책임지던 곽씨 부인이 고생 끝에 세상을 떠나고 청이가 부친을 위해 스스로 몸을 팔면서 가정이 해체되지만, 『심청전』에는 이들의 좌절과 불행에 대해 책임을 물을 대상이 등장하지 않는다. 적어도 청이가 심학규를 찾아 공양미 삼백 석의 효과를 확인하는 순간까지 이야기의 동력은 장애를 가진 아버지를 위한 청이의 효심이다.

그렇기 때문에 뺑덕어미는 이야기의 주된 흐름에 요긴한 존재는 아니다. 『심청전』의 뺑덕어미도 심학규가 두 번째 혼인을 해 집안에 들어온 인물이지만, 『장화홍련전』의 허씨나 『사씨남정기』의 교채란과는 처지가 다르다. 뺑덕어미가 심봉사와 인연을 맺을 때는 이미 청이가 뱃사람들을 따라 집을 나선 뒤이기 때문에 전실 자식과 갈등을 겪을 일이 없었다. 청이가 끝내 뺑덕어미를 만날 일이 없었던 것을 고려하면, 계모의 자격으로 소설에 등장하는 것이 아니다. 또 뺑덕어미가 첩이라고 표현되고 있지만, 집안에 정처가 없으니 처첩 사이의 갈등이 일어날 일도 없다. 뺑덕어미는 본처 곽씨 부인을 여의고 혼자된 지 오래된 심봉사에게 절실했던 성적 대상이었다.

뺑덕어미를 집에 들인 이후 심학규는 더욱 궁한 처지가 된다. 뱃사람들이 심학규 부녀의 사정을 불쌍히 여겨 공양미뿐 아니라 심학규가 먹고살 만하게 살림을 마련해주었고 마을 사람들도 도와주었지만, 뺑덕어미와 살림을 산 뒤로 가산을 모두 탕진하고 다시 빌어먹을 처지가 되었다. 뺑덕어미는 심학규와 맹인잔치에 참석하러 가던 중 가산이 넉넉한 황봉사가 꼬이자 형편을 따져보고 황봉사를 따라 도주한다. 결국 청이와 만나기까지 심학규는 편안한 일상을 누리지 못하고 옷가지를 빌리거나 음담패설과 품팔이로 밥을 얻어먹으며 맹인잔치가 열리는 도성을 향해 가게 된다.

불쌍한 아비와 갸륵한 딸의 얄궂은 운명을 다루는 소설에서 뺑덕어미는 굳이 악역을 맡으며 등장한다. 그러나 뺑덕어미가 돈과 곡식이 풍족한 심학규의 첩으로 들어가 생계를 보장받고자 한 만큼 외로운 심학규 역시 뺑덕어미가 곁에 있는 것이 좋았다. 심학규에게 필요한 존재였던 것이다. 또 살림이 바닥난 것은 뺑덕어미만의 잘못은 아니었다. 심학규와 함께 먹어 치운 음식값 때문이었다. 그러나 상호 이해에 부합한 관계였음에도 뺑덕어미는 심학규를 곤경에 빠뜨린 인물로 묘사된다.

애초 뺑덕어미는 예사롭지 않게 등장한다.

> 그 마을에 서방질 일쑤 잘하여 밤낮없이 흘레하는 개같이 눈이 벌게서 다니는 뺑덕어미가 심봉사의 돈과 곡식이 많이 있는 줄을 알고 자원하여 첩이 되어 살았는데, 이년의 입버르장이가 또한 보지 버릇과 같아서 한시 반때도 놀지 아니하려고 하는 년이었다. 양식 주고 떡 사 먹기, 베를 주어 돈을 받아 술 사먹기, 정자 밑에 낮잠자기, 이웃집에 밥 부치기, 마을 사람더러 욕설하기, 일꾼들과 싸우기, 술 취하여 한밤중에 와 달석 울음 울기, 빈 담뱃대 손에 들고 보는 대로 담배 청하기, 총각 유인하기, 온갖 악증을 다 겸하였으되, 심봉사는 여러 해 주린 판이라 그중에 동침하는 즐거움은 있어… (『심청전』 161-163)

뺑덕어미는 『심청전』에만 단독 출연하는 것이 아니라 「용부가庸婦歌」와 같은 가사歌辭에도 등장한다. 「용부가」는 못난 부녀자를 풍자하는 내용이다. 여기서 묘사되는 뺑덕어미는 괴똥어미의 행실과 별반 다르지 않다. 제사를 정성껏 모시고 남편을 성심껏 공경하며 자식을 잘 기르는 부녀자들의 모범을 전혀 따르지 않는다. 괴똥어미와 같이 온갖 일에 참견하고 자기 욕망에 충실한, 행실이 좋지 않은 여성의 모양새이다(길진숙, 85-118). 그런 뺑덕어미는 『심청전』에서도 남자를 유혹하고 게으르며 식욕이 넘치고 자기 성질대로 사는 인물이라 설명된다.[11] 전형적인 못된 여자라는 정보를 주고 있는 것이다.

따라서 심학규가 다시 빌어먹을 처지가 된 것은 뺑덕어미의 나쁜 행실 때문이라는 공식이 자연스럽게 성립된다. 더 나아가 뺑덕어미가 다른 남자를 따라 배신하고 달아나는 것으로 서사를 완성하면서 『심청전』의 악역을 온전히 담당하도록 한다. 교채란이 사정옥의 현덕賢德을 더욱 드러나게 했듯이, 뺑덕어미가 자기 욕망에 충실할수록 심학규에 대한 충성도가 높았던 곽씨 부인과 청이의 효열이 더욱 돋보이게 되며, 심학규 가족의 고난과 불행을 지켜보던 독자들의 심적 부담은 뺑덕어미에 대한 비난을 쏟아내며 어느 정도 해소될 수 있었다.

그런 이유로 황봉사와 달아난 뺑덕어미는 자기 욕심껏 살도록 놔둘 수 없었다. 심학규는 왕비가 된 청이 덕에 부원군에 오른 뒤, 뺑덕어미와 황봉사를 잡아들여서 뺑덕어미는 능지처참하고 황봉사는 유배 보낸다. 뺑덕어미가 황봉사를 만나 심학규를 버리고 도주하게 된 것은 황봉사의 치밀한 계획이 있었기 때문이다. 일찍이 뺑덕어미의 소문을 들은 황봉사가 미리 작정하고 뺑덕어미를 꼬여낸 것인데 이들의 도주 행각에 대한 처벌은 오히려 뺑덕어미에게 가혹했다. 황봉사가 여자를 밝

11 특히 여자가 정욕을 감추지 않는 것은 비윤리적이고 바탕이 나쁜 것으로 간주되었다. 앞서 강빈의 사례에서도 확인했듯이, 남편과의 잠자리도 경우에 따라서 비난 받을 수 있었고 이를 삼가거나 성욕을 드러내지 않는 것이 마땅했다. 대하 소설 『이씨세대록』의 노몽화는 정욕을 돋우는 것이 심하다는 이유로 남편의 미움을 샀는데, 이러한 행실은 노몽화가 부정적인 인물이라는 중요한 단서였다.

힌 것은 남자라면 이해할 만한 사정이라고 공감하며 관대하게 처벌하지만, 뺑덕어미가 맹인 남편을 봉양하지 않고 다른 남자와 간통을 저지른 것은 가중처벌의 사유가 되었다. 『심청전』은 무력한 가장에 대한 비판도, 그 삶이 마모된 가족 구성원에 대한 현실적인 대안도 제시하지 못한 작품의 한계를 뺑덕어미에 대한 가혹한 처벌로 은폐하고 있다. 뺑덕어미라는 희생양을 내세워, 부조리한 가족 이데올로기가 재현된 현장에서 눈을 돌려, 원망을 쏟아낼 감정의 배설구를 마련하고 있는 것이다. 그래서 뺑덕어미는 더욱더 못된 욕받이여야 했고 속 시원하게 처벌을 받아야 했다.

『흥부전』의 놀부 마누라[12]

『흥부전』은 자본과 사유私有에 대한 개념과 욕망이 변화하더라도 형제 사이의 우애가 무엇보다 중요하다는 것을 경쾌하게 보여주는 이야기이다. 심보가 사나운 형 놀부는 부유한데다 돈 버는 재능도 있었던 반면, 마음 착한 아우 흥부는 가진 게 없는 것도 모자라 돈을 모을 재간도 부족했다. 그런데 이들의 각기 다른 처지는 독립적인 상황으로 존재할 수 없었다. 흥부는 놀부에게 바라는 것이 생기고 놀부는 흥부의 행운을 남일로만 여기지 않았다. 이들이 형제지간이기 때문이다. 그러다 보니 놀부와 흥부 사이에는 이런저런 물리적, 감정적 갈등이 생기게 되었다.

이처럼 『흥부전』은 시종일관 흥부와 놀부 형제의 문제를 다루고 있는데, 이야기가 여러 이본으로 재창작되는 과정에서 인물들의 역할 변

12 놀부 마누라에 대한 글은 「놀보 처 형상의 전변과 그 의미」라는 제목으로 2021년 간행된 『한국문학논총』 89집, 165-193쪽에 게재된 필자의 논문을 수정·보완한 것이다.

화가 일어났다. 그 가운데 주목되는 인물이 바로 형 놀부의 아내다. 놀부 처는 갈등의 당사자가 아니면서도 오늘날 『흥부전』에서 가장 인상적인 장면을 연출한 신스틸러다.

그러나 흥부 형제 이야기가 형성되던 초기부터 놀부 처가 밥주걱으로 흥부의 뺨을 때리지는 않았다.[13] 초기 『흥부전』에서 놀부 아내는 무모하게 욕심을 내는 남편을 만류하는 것으로 자기 소임을 다했다. 놀부가 부질없이 재물을 허비하는 것을 마땅찮게 여기고, 박을 탈 때마다 재물이 아니라 재앙이 닥치는 것을 보며 더 이상 박을 타지 말라고 반대한다. 놀부 처는 『장끼전』의 까투리마냥 욕심에 눈이 멀어 낭패를 당하는 것도 깨닫지 못하는 남편에게 현실적인 조언을 아끼지 않았다. 때로 조언의 대가로 폭언이나 폭력이 돌아오기도 하지만 말이다.

그랬던 놀부의 처는 이해조李海朝(1869-1927)가 신문에 연재했던 『연의각』이나 판소리 창본 등에서 우리가 잘 아는 '못된 놀부 마누라'의 이미지를 가지게 된다.

> 놀보 계집은 심술이 놀보보다도 훨씬 더 저울이 세던 것이었다.
> (『흥보전·흥보가·옹고집전』 중 흥보가, 정충권 옮김, 112-113)

> 이년 또한 몹쓸 년이라. (『연의각』 19 필자 윤문)

> 놀보 계집 욕심은 제 서방보다 한층 더하여 좋은 것을 보면 기절하기 일쑤여서 장에 갔다가 기이한 물건 놓인 것을 보든가 돈 세는 것을

13 현재 전하는 『흥부전』의 여러 이본 가운데 『흥보만보록』이 상대적으로 초기 형태이며, 하버드 연경도서관 소장본 『흥부전』 역시 이른 시기의 이야기 모습을 보여준다고 추정된다(『흥보만보록』, 김동욱 옮김, 117-120 참조).

보다가 죽은 듯이 엎어져 업혀 와 석 달 만에야 일어난 위인이라. 얼마나 욕심이 많던지 남의 혼인 구경을 가면 신부의 새 금침을 덮고 땀을 내어야 앓지 아니 하는데… (『연의각』 67-68 필자 윤문)

애초 놀부의 처는 재물 욕심에 사리 판단이 흐려진 놀부의 비정상성을 문제 삼는 인물이었으나, 점차 놀부보다 더 욕심 많고 고약하며 그 물욕 때문에 곧잘 기절하고 앓아눕는 비뚤어진 계집으로 묘사된다. 이 몹쓸 심성을 지닌 놀부 처는 놀부에게 매를 맞다가 몸을 피한 시동생을 쌀과 돈을 자주 요구한다는 이유로(정광수 창본 『흥보가』), 혹은 남녀가 유별한데 부엌에 뛰어들었다는 이유로(『연의각』) 밥주걱으로 뺨을 때리고 부지깽이로 매질을 한다. 흥부가 형수에게 뺨을 맞는 현장은 가난으로 박대받는 흥부의 처지를 단적으로 보여주는 장면으로 독자들의 뇌리에 각인되었다.

이처럼 형제간의 분쟁을 다룬 이야기에서 놀부의 처가 악당의 이미지를 가지게 되는 이유는 무엇일까? 전근대 시기의 여성교육서에서 그 실마리를 확인할 수 있다.

그리하여 부부가 서로 협심하면서도 형제들은 서로 미워하여 집안이 나누어져 분가하고 집안 재산은 갈라 가지면서 마치 도적과 원수처럼 여긴다. 이것들은 모두 부인의 소행이다. 세상 남자로서 마음이 굳센 사람 중에 몇 사람이나 능히 부인에게 미혹되지 않을 수 있을까? 이와 같이 집안에서 형제들이 싸우는 행적들이 세상에 많이 들려온다. (『규범』 76-77)

조선말의 유학자 김복한金福漢(1860-1924)이 편찬한 『규범』에서는 남편의 형제가 우애 있게 지내도록 하는 것도 부인의 일임을 분명히 한다. 그래서 형제 사이가 틀어져 따로 살기로 하고 재산을 나누다가 원수지간이 되는 경우 그 분쟁의 원인을 부인에게서 찾았다. 부인에게 미혹되어 형제가 다투고 감정의 골이 깊어지는 것이라 보는 것이다. 따라서 놀부가 재물 욕심을 부리며 아우 흥부를 모질게 구박하고 우애를 저버린 데에는 놀부 처의 책임도 있으리라는 의심이 이야기 밖에 존재할 수밖에 없었고, 이러한 의심은 이야기가 놀부 처를 점차 심보 사나운 인물로 만들어내도록 했다.

민간에서 만들어진 여성교육서에서는 시동생을 극진히 대접해 그의 눈 밖에 나지 말아야 한다고 경계한다.[14] 자칫 흉이 잡히거나 허물을 보이기 쉬운 대상이기 때문이다. 이처럼 부인네에게 시동생은 정성을 쏟아 마음을 얻어야 하는 어려운 존재임에도 놀부 처는 조심하기는커녕 흥부의 뺨을 올려붙이고 집에서 쫓아내는 인물로 거듭나면서 형제간 우애를 해친 장본인임을 만천하에 드러내게 된다. 이야기의 수면 아래 놓여 있던 의심이 수면 위로 실체를 드러낸 것이다.

더욱이 놀부 처의 재물욕, 소유욕은 부인네의 욕망이어서는 안 되는 것이었다. 조선 후기에는 여성에게 근면한 노동과 살림 솜씨로 재산을 모아 부富를 일구는 능력을 요구하면서 동시에 그 재물을 가족과 친지를 위해 아낌없이 사용할 것을 기대했다. 『이춘풍전』에서 춘풍의 아내처럼 어려운 살림을 다시 일으키는 것이 비범한 여성 인물의 자질로 곧잘 형상화되었지만, 여성들이 평생 자기 재물을 따로 두지 않고 어려운 친지를 돕는 것을 모범적인 행실로 기렸다.[15] 생산의 주체이지만 소유

---

14 싀동싱 되졉을 극진이 졍셩으로 ᄉᆞ랑ᄒᆞ고 눈밧긔 내디말나 (흉) 잡히〃며 허물나긔 싀동싱의게 잇ᄂᆞ니라(『閨範[계녀어]』. 국립중앙도서관 소장[청구기호 승계고1570-45], 41).

15 유도원柳道源이 쓴 <유인 의성 김씨 묘지孺人義城金氏墓誌>에서도 여성의 경제 활동과 소비

나 소비에 당당할 수는 없었던 것이다. 당연히 물욕이 넘치고 시동생에게 재산 나눠주기를 아까워하는 놀부 처는 당시 규범적 여성들의 반대편에 선 인물, 일그러진 욕심에 사로잡힌 여성의 모습일 수밖에 없다.

결국 놀부 처는 형제 사이의 불화에 일조하고 더 나아가 시동생에게 패악질을 한 몹쓸년이 되었다. 놀부가 개과천선을 하고 흥부와 우애를 회복할 때도 놀부 처는 흥부와 관계를 회복하는 서사를 만들지 못했다. 그런 까닭에 지난 잘못을 반성한 놀부와 달리 놀부 처는 밥주걱을 든 이미지가 고착되고 지금까지 시동생을 때린 대가를 혹독하게 치르고 있다. 흥부가 뺨을 맞는 장면만 따로 떼어내 음담淫談으로 재생산되면서 그 음담 속에서 놀부 처는 흥부로부터 은근하고도 지속적으로 성희롱을 당하고 있다.[16] 시동생을 제대로 대접하지 않은 몹쓸년의 최후이다.

4. 나쁜 여자는 자기편이 없다

장화 홍련의 계모 허씨는 배좌수의 바람을 이뤄주고 두 딸에게도 어

에 대한 인식을 확인할 수 있다. 이 묘지는 처제 김씨를 위해 쓴 글인데, 여기서 유도원은 아내의 말을 빌려 처제가 생전 부지런히 일하여 재물을 충분히 모았으나 자신을 위해 쓰거나 남기지 않고 부친과 시동생을 위해 아낌없이 모두 쓴 일을 기록했다. 그는 이 일화만 봐도 처제의 일생이 어떠한지 알 수 있다고 칭송한다. 유도원柳道源. 『노애집蘆厓集』 제8권, <유인 의성 김씨 묘지孺人義城金氏墓誌>. "方孺人之病難爲也, 亡妻淑夫人以一裳衣寄且泣曰: 吾弟賢孝絶倫, 又勤於女紅, 箱篋之資, 最於諸姊妹. 尊舅之病, 輒貨而供藥餌, 至夫弟東翼之病, 遂傾盡之. 今身死之日, 無以爲殮."

16 "오늘의유머", "웃긴대학" 등 여러 인터넷 커뮤니티 사이트에는 흥부가 놀부 마누라에게 뺨을 맞은 이유를 설명하는 여러 버전의 이야기가 소개되어 있다. 놀부 마누라가 밥을 빌러 간 흥부의 말을 성희롱으로 잘못 이해해서 뺨을 때리는 구조가 반복되지만, 흥부의 입을 빌려 점점 노골적으로 놀부 처를 성희롱하는 상황이라는 것은 이야기를 듣는 사람이면 누구나 알 수 있다.

미 노릇을 하며 새 가족의 일원이 되고자 했다. 『사씨남정기』의 교채란도 유연수와 정처 사씨를 잘 받들고 집안 사람들에게 인정을 받으며 편입된 집안에서 자신의 입지를 공고히 하고자 노력했다. 그러나 허씨나 교씨는 애초 기존 가족구성원들에게 불편한 존재였고 나름대로 잘 해보려는 노력은 불온하게 여겨졌다. 허씨나 교채란은 기존 가족들에게 지극히 위험한 침입자의 모습으로 비극적인 서사의 중심에 섰다.

이와 달리 뺑덕어미는 심청이가 죽음의 문턱에 다다르게 된 일과 별 상관이 없었고 놀부 처는 놀부와 흥부의 우애가 상하는 볼썽사나운 상황에 관계하지 않았지만, 두 인물은 『심청전』과 『흥부전』에서 가장 주목받는 악인이 되었다. 무능한 가장으로 인한 가정의 해체나 절대 빈곤으로 인한 인간관계의 훼손으로 인물들이 고통스러운 상황에 직면하지만, 제 역할을 다하지 못한 가장이나 재물을 독점한 당사자에게서 원인을 찾기보다는 '부녀자답지' 못한 여자, 자기 생존이나 욕심을 우선시하는 여자를 원망의 대상으로 부각시켰다. 뺑덕어미와 놀부 마누라에 쏠리는 부정적 감정은 효나 우애와 같은 근본 윤리의 허구성을 은폐하는 데 기여하고 있다.

이처럼 고전 소설은 가부장제의 구조적 모순과 경직된 이념의 폭력성을 반영하고 있지만 그 실체를 정면으로 응시하지 않는다. 가정에서 벌어지는 비극적 상황은 위험하고 방자한 여성이 집에 있었기 때문에 일어났거나 증폭되었다고 여겼다. 이 불편한 여자의 비도덕성이 증대될수록 집안의 위기가 깊어지지만, 이 여자만 제거하면 집은 다시 정상성을 회복할 것이라는 환상을 가지게 된다. 따라서 이 여자는 누군가의 동정이나 연민을 허락하지 않을 정도로 나쁜 여자가 되어야 했으며, 자기편을 만들지 못했다.

계모 허씨부터 살펴보자. 집안의 수치로 여겼던 장화를 명예 살인하기로 최종적으로 결정한 것은 배좌수였지만, 장화 자매는 원망의 대상을 계모로 한정하고 부친에 대해서는 효를 다했다. 일상에서 강력하게 작동하는 효 담론을 거슬러 가장을 정조준해 고발하는 것이 현실적으로 용납되기 힘든 환경이었기 때문이다. 가장의 건재는 장화와 홍련이 다시 새로운 삶을 살 수 있는 안정적인 환경을 조성하는 데 필수적이었다(서경희, 2019: 111-142). 이런 배경에서 장화 홍련은 허씨가 재물을 독점하려는 욕심에 자신들을 죽였다고 관에 고발하며 억울한 죽음의 책임을 계모 허씨에게 더욱 가혹하게 물을 수밖에 없었으며, 그 결과 계모에 대한 뒤늦은 이해나 용서, 화해는 불가능했다. 허씨는 능지처참을 당하는 것으로 새로 들어간 집에서 그 존재가 삭제되었다.

교채란도 집안에서 고립되기는 마찬가지였다. 유연수와 혼인하기 전부터 두부인에게 미운털이 박힌데다가 정처 사정옥의 질서에 순응하지 않고 자기 살길을 찾은 끝에 집안에 들이지 말았어야 했던 여자가 되었다. 교채란은 자신을 돕던 납매, 설매 등 여종들과 온갖 모략을 짜는 일을 도왔던 이십랑과도 신의를 지키는 관계가 되지 못했다. 특히 납매는 교씨를 위해 주변 인물을 유인하고 일을 도모하는 역할을 맡았지만 자신의 목적을 이루는 도구로 활용하는 데 머물렀으며 자기 자리에 위협이 된다고 판단되었을 때에는 가차없이 제거했다. 집안 구성원들의 의심을 받고 또 남편의 애정을 갈구해야 하는 첩의 위태로운 처지에서 주변 인물들과 인간적인 신뢰 관계를 형성하는 것은 지나치게 낭만적인 일인지도 모른다. 교채란은 결국 그 누구의 동정도 받지 못한 채 죽임을 당하고 시체마저 버려졌다.

나쁜 행실로 소문난 뺑덕어미는 천하의 효녀인 심청이에게 의리상의 관계도 인정받지 못했다. 뺑덕어미는 심봉사와 함께 살면서 청이를 만날 기회는 없었지만, 한때 부친의 배우자였으니 도의상 청이와 모녀 관계가 된다. 청이는 타고난 효심으로 부친의 안위를 위해 자신의 목숨을 내놓았으며 훗날 황후의 자리에 오른 뒤 심봉사가 세 번째 취한 안씨에 대해서도 예를 지켰다. 그러나 뺑덕어미만은 끝내 외면하며 가혹하게 처벌하는 데 주저함이 없었다. 심학규를 위해 희생하지 않은 뺑덕어미는 남보다 못한 대역 죄인일 뿐이었다.

놀부 처의 경우 자신에게 도움을 청하는 흥부를 주걱과 부지깽이로 때려 내쫓은 까닭에 시동생과 회복하기 어려울 정도로 관계가 어그러졌다. 이는 흥부 처가 시아주버니인 놀부에게 서운한 감정이 있으면서도 자기 할 도리는 다하면서 관계를 악화시키지 않은 것과 대비된다. 형수에게 뺨을 맞은 흥부는 형수가 시동생을 이렇게 박대할 수 있는 것인지 억울함을 호소했다.[17] 흥부와 놀부의 빈부 차이가 역전되고 놀부가 개과천선하면서 형제간은 우애를 회복했지만, 놀부 처에게는 흥부와 악화된 감정을 풀 수 있는 기회가 끝내 주어지지 않았다. 결국 놀부 처는 악역을 담당한 뒤 다시 마음을 고쳐먹거나 지난 앙금을 해소하는 일 없이 이야기의 뒤안길로 사라진다. 흥부가 마련해준 놀부의 집 어딘가에서 숨죽이며 살겠지 짐작만 할 뿐이다.

이들은 모두 가족들로부터 고립되고 배제되었다. 주변 인물들뿐 아니라 서술자도 이 나쁜 여자들의 입장을 동정하거나 대변하지 않는다. 이들과 거리를 두고 처벌에 동조할수록 자신의 살길이 열리고 자기 도덕성이 더욱 공고하게 증명되기도 한다. 같은 처지에 있는 여성 인물들의 연민과 공감을 얻기는커녕 혐오의 대상이 되는 것은 이런 이유 때

---

17 정광수 창본 『흥보가』에서는 형수에게 뺨을 맞은 흥보의 심정이 보다 자세히 표현된다. 형에게 맞는 것은 늘상 있을 수 있는 일이지만, 형수가 시동생 뺨을 치는 것은 있을 수 없는 일이라 원망하며 차라리 죽어 부모에게 이 사정을 아뢰겠다고 하소연한다.

문이다. 이 여자들을 향한 손가락질에 동참할 때, 기존의 이념과 질서, 권력 구도 속에서 안전을 구가할 수 있는 것이다. 그래서 나쁜 여자들은 연대가 불가능하며 더욱 외로운 처지에 놓인다. 그리고 더 나쁜 여자가 된다.

5. 소설은 나쁜 여자를 먹고 자란다

세상을 활보하는 영웅들의 소설에서 악한은 높은 벼슬아치, 오랑캐, 도적 같은 권력과 힘이 있는 남자들이지만, 집안의 화복禍福을 다루는 가정 소설에서 악인은 낯설거나 규범에서 벗어난 여자들이다. 조선 후기 소설을 향유했던 이들은 집에서 생기는 문제의 원인을 기존 질서에 길들여지지 않은 여자에게서 찾았다.

고전 소설에서 악인들은 독자의 감정을 동요시키고 극적 몰입을 유도하며 이야기의 재미를 만들어내기도 하지만, 동시에 독자에게 반면교사反面教師가 되어 강렬한 메시지를 전달했다. 자기 색깔을 고집하다가 요주의 인물이 되어 악마화의 길을 걷는 것을 보고 소설 밖의 여자들은 자기 색깔을 버리고 기존 권력과 이념에 스며들었다. 실질적인 노동으로 집안 대소사를 책임지면서도 무색무취, 즉 존재를 드러내지 않는 무비무의의 삶을 사는 것이 자신도 편안하고 집안도 잘되는 길이라는 '소설적 사실'을 현실의 사실로 받아들였다. 소설은 이렇게 독자의 마음을 사기 위해 나쁜 여자를 소비하고 나쁜 여자를 통해 여자를 길들였다. 소설은 끊임없이 나쁜 여자를 죽이면서 더 나쁜 여자를 만들어냈다. 소설은 지금까지도 나쁜 여자와 음험하게 공존한다.

Chapter 7

여신인가 사이렌인가?
:『위대한 유산』과 『위대한 개츠비』의 악녀들

이소영

1. 남성의 꿈의 대상이 된 여성들

이 장에서는 영국의 소설가 찰스 디킨스Charles Dickens(1812-1870)의 『위대한 유산*Great Expectations*』(1861)과 미국의 소설가 F. 스콧 피츠제럴드F. Scott Fitzgerald(1896-1940)의 『위대한 개츠비*The Great Gatsby*』(1925)에 나타난 여성 인물들이 어떻게 '나쁜 여자'로 불리게 되는지 그 과정을 각 소설의 남성 인물의 시각과 당대 남성 중심의 이데올로기에 기대어 분석해보고자 한다.

두 소설은 영국과 미국 근대화의 전성기 런던과 뉴욕을 배경으로 두 인물의 성공신화를 다루며, 주인공 핍Pip과 개츠비Gatsby의 사랑의 대상

⋮ <오디세우스와 사이렌>, 허버트 제임스 드레이퍼, 1909년

이자 성공의 표상으로 에스텔라Estella와 데이지Daisy를 설정한다. 핍과 개츠비는 자신들의 꿈을 에스텔라와 데이지에게 투영해 그들을 여신으로 숭배한다. 그러나 그들은 아름다움으로 남성을 유혹하고 포로로 만드는 일을 자신들의 존재 이유로 삼는다. 이런 면에서 에스텔라와 데이지는 그리스 신화의 사이렌Siren을 상기시킨다.[1] 에스텔라는 미스 해비샴Miss Havisham에게 입양되어 남성을 유혹하고 상처를 주는 여성으로

1 사이렌은 아름다운 노래로 남성을 유혹해 마법을 걸고는 파멸로 이끄는 아름다운 반인반수의 존재이다. 사이렌은 호메로스의 『오디세이』에서는 바다의 요정으로 등장하고, 여성의 머리와 물새의 몸, 또는 인어와 같은 모습을 하고 있는 것으로 알려져 있다. 스타벅스의 로고에 있는 여인이 사이렌인데, 호메로스는 사이렌이 노래로 뱃사람들을 유혹하여 마법을 걸고 자신의 포로로 만드는 여자들이라고 설명했다. https://terms.naver.com/entry.naver?docId=1642069&cid=60656&categoryId=60656

키워진 반면, 데이지는 미국의 꿈을 이루고자 염원하는 개츠비를 매료시킬 만큼 물질적으로 성공한 부잣집 딸이다. 즉 『위대한 유산』과 『위대한 개츠비』는 신분이 낮은 핍과 개츠비가 신분이 높은 여인을 숭배하고, 그 사랑을 쟁취하기 위해 성공을 열망하는 이야기를 다룬다. 에스텔라와 데이지는 남성 주인공들의 욕망의 대상이 되는 동시에 불안과 고통을 안겨주고 파멸시키는 '나쁜 여자'들이다. 두 소설은 여주인공인 에스텔라와 데이지뿐만 아니라 부차적 여성 인물들도 '나쁜 여자'들로 설정해서 여성에 대한 부정적 관점을 드러낸다. 두 소설의 '나쁜 여자' 묘사는 각각 19세기 영국과 20세기 초 미국의 각기 다른 성공신화와 관련된다. 특히 영국의 19세기와 미국의 20세기 초반 사회의 열망과 어두운 면이 에스텔라와 데이지에게 투영되어 두 여성은 각각 핍과 개츠비의 여신이자 '나쁜 여자'로 부각된다. 에스텔라는 남성을 유혹하고 버리는 사이렌의 역할을 의식적으로 맡고 있으며 데이지는 자각하지는 못하지만 결국 사이렌처럼 개츠비를 죽음으로 몰고 간다. 이 장에서는 두 소설 속 여성 주인공들이 (그리고 다른 여성 인물까지도) 어떻게 남성 서술자에 의해 사이렌 혹은 나쁜 여자로 묘사되는지를 살펴본다. 부정적으로 서술되는 두 작품의 여성 인물들을 점검하기 전에 먼저 두 소설에 영향을 준 두 작가의 자전적 요소, 시대적 상황과 젠더 이데올로기, 그리고 두 작가의 각 작품에 나타난 성공신화인 신사의 꿈과 미국의 꿈에 대해 알아보자.

2. 『위대한 유산』의 시대적 배경과 찰스 디킨스

찰스 디킨스는 소설이 중산층 사회와 문화의 중심이었던 19세기 영국의 대표적 작가이다. 인쇄술의 발달과 함께 등장해 대중을 사로잡은 디킨스의 연재 소설들은 19세기 영국의 변화하는 사회상을 충실하게 반영하며 디킨스를 셰익스피어와 함께 영국의 문화적 영웅 반열에 올려놓았다. 디킨스는 시대를 대표하는 작가로 영광뿐 아니라 경제적 성공도 거머쥔 19세기의 셰익스피어였던 셈이다. 그러나 어린 시절의 디킨스는 빚을 져 감옥에 갇혔던 중하층 계급의 아버지의 슬하에서 12살의 나이에 학업을 중단하고 구두약 공장에서 일해야 하는 수모를 겪었다. 또 자신보다 높은 계층의 여성에게 실연당했으며, 이로 인해 심한 수치감을 느끼고 다시는 누구에게도 자신의 마음을 주지 않았다.[2]

『위대한 유산』은 디킨스에게 수치심을 안겨준 이 두 가지 자전적 요소를 반영한 찰스 디킨스의 후기 소설 중 한 편이다. 이 소설은 성인이 된 주인공이자 화자인 핍의 회상담 형식으로 디킨스의 가난은 핍을 통해서, 디킨스의 실연은 에스텔라와의 관계를 통해서 담아낸다. 『위대한 유산』에서 디킨스의 자전적 이야기는 핍의 관점에서 다음과 같은 이야기로 재탄생된다. 핍은 신사 계급인 미스 해비샴의 아름다운 양녀 에스텔라에게 반하게 되면서 자신의 낮은 신분과 대장장이인 매형 조를 수치스럽게 여긴다. 에스텔라가 속한 신사 계급을 동경하며 지내던 어느 날 핍은 성인이 되면 비밀의 후원자로부터 막대한 유산을 받게 될 것이라는 말을 듣고 신사 교육을 받으러 런던으로 향한다. 그는 비밀의

2 디킨스의 자전적 사항은 전승혜, 15-30 참조. 전승혜에 의하면 마리아 비드넬Maria Beadnell이라는 여성이 디킨스의 모든 상상력, 열정, 야망을 일깨워준, 우주와도 같은 존재였다고 한다. 비드넬에 대한 맹목적인 사랑이 디킨스가 『위대한 유산』에서 에스텔라를 향한 핍의 사랑을 그리는 데 영향을 미쳤을 것이라고 유추할 수 있다. 그는 후에 캐서린 호가스Catherine Hogarth와 결혼했으나 이혼하고 여배우 엘렌 터넌Ellen Ternan을 깊이 사랑해 그녀에게 살림을 차려주기까지 했다. 그러나 그는 그 어떤 여성과도 행복한 관계를 맺지 못했다. 작가로서는 작품 활동과 작품 순회 낭독회로 큰 인기와 경제적 성공을 누렸다.

⋮ 어린 핍을 유심히 살펴보는 미스 해비샴(2012년작 영화 <위대한 유산>)

후원자가 미스 해비샴이라고 믿으며 수많은 남성들을 유혹하는 에스텔라를 고통스럽게 지켜보고 흠모한다. 미스 해비샴은 결혼식 날 자신을 버린 콤페이슨Compeyson뿐 아니라 모든 남자들에 대한 복수심으로 에스텔라를 남성을 유혹한 후 상처 주는 유혹녀 즉 '나쁜 여자'로 키운다. 하지만 에스텔라는 해비샴이 강요한 유혹녀 역할에서 벗어나기 위해 자신이 경멸하는 상류층의 벤틀리 드럼믈Bently Drummle과 결혼한다. 핍은 그동안 자신의 후원한 사람이 신사 계급의 미스 해비셤이 아니라, 오히려 어릴 때 자신이 도운 죄수 매그위치라는 사실을 알게 된다. 핍은 신사가 되기 위해 매부를 저버린 배은망덕한 자신보다 매그위치가 훨씬 더 훌륭한 인간임을 깨닫게 되고, 사형수가 된 매그위치에게 최후까지 인간적 충절을 지킨다. 결말에서 핍은 스스로의 노력으로 무역가로 성공하고 남편과 사별한 에스텔라와 재회한다.

노동 계층의 핍이 사랑하는 신사 계급의 에스텔라에게 다가서기 위해 노력하는 과정은 디킨스 시대 영국의 계급 이데올로기를 그대로 반영한다. 전통적으로 영국에서 신사 계급 또는 젠트리gentry는 장자상속제로 귀족 계급이 되지 못한 친인척과 중간 계층을 일컬었다.[3] 그러나 사회가 급변하던 19세기, 하층 계급에서도 돈을 벌면 신사가 될 수 있게 되면서 신사는 더 포괄적인 의미를 지니게 되었다. 즉 신사는 일하지 않고 먹고살 만한 충분한 수입이 있어 여유를 즐기고 행동거지가 다른 사람들로부터 존경을 받을 만한 사람들을 일컫게 되었다. 19세기 영국에서는 누구나 신사의 지위에 오를 수 있었고 나중에는 이러한 개방적 요소에 도덕적인 면모가 추가되었다. 『위대한 유산』에서 죄수 매그위치의 딸인 에스텔라가 신사 계급에 입양되어 그 신분에 알맞은 교육을 받는 것, 핍이 그녀와 동등하게 되고자 바람직한 신사의 행동을 배우는 것, 매그위치가 신사 계급인 콤페이슨에게 복수하기 위해 핍을 신사로 만들려고 하는 것, 모두 19세기 영국의 이러한 계급 이동 현상을 반영한다. 『위대한 유산』의 특이성은 19세기 신사 계급이 되려는 영국인의 욕망을 여성과의 관계로 그려낸 데 있다.

핍과 에스텔라 그리고 핍과 미스 해비샴의 관계를 이해하기 위해서는 『위대한 유산』의 배경이 되는 19세기 영국 산업화와 여성에 대한 시각 변화도 이해할 필요가 있다. 산업화 과정에서 자본 축적이 남성 중심으로 이루어졌던 19세기 영국에서 여성은 공적인 영역에서 이전보다 더욱 소외되었다.[4] 산업화와 함께 불어닥친 도시화는 남녀 영역을 사회와 가정으로 분리시키고, 여성의 역할을 '가정의 천사' 역에 한정

3 19세기 영국의 신사는 작위는 없었지만, 토지를 가진 지주로서 태도나 생활 방식이 귀족과 크게 다르지 않았다. 후에 상공업이 발달하면서 재산을 모은 부유한 중간 계층이 신사에 포함되었다. 영국의 신사에 관한 내용은 전승혜 참조.

4 '가정의 천사'와 빅토리아 시대 여성의 위상에 관한 내용은 Holland 참조.

시켰다. 사회에 나가 경쟁을 해야 했던 남성은 도덕적으로 순수한 아내가 집안의 평안을 수호하기를 원했던 것이다. 이런 가운데 19세기 영국은 '가정의 천사' 이미지에 부합하지 않는 여성들을 문제적 여성으로 치부했다. 결혼하지 않아 가정을 이루지 못한 여성들은 사회로부터 소외되었을 뿐 아니라 경제적 어려움도 겪었다. 정신병원에 입원하는 여성들도 꽤 많았으며, 경제적 도움을 받을 수 없어서 매춘의 길로 들어서는 여성들도 있었다. 여성은 '가정의 천사'로서 자신의 욕망과 자아를 희생시키고 남편과 아이들을 위해 살아야 했다. 남녀의 역할을 분리하는 19세기 영국의 이러한 가부장적 체계 속에서 여성은 천사나 괴물, 처녀나 창녀라는 고정관념에 갇히게 되었고 이상적인 여성상에 맞지 않는 여성은 광녀, 마녀, 출세주의자, 살인자 등으로 지목당했다. 즉 19세기 영국 사회는 여성의 희생을 강조하면서 희생하지 않는 여성을 악녀로 규정했던 것이다. 『위대한 유산』은 이러한 당대의 젠더 이데올로기를 반영하여 가정적이고 순종적인 여성은 긍정적으로, 그리고 서술자 남성 핍의 통제 밖에 있으면서 핍에게 권력을 행사하는 에스텔라와 미스 해비샴은 부정적으로 묘사한다. 다음 절에서는 핍과 에스텔라의 관계를 자세히 들여다보고, 디킨스가 그린 여성들이 진정한 악녀인지 생각해본다.

3. 핍의 '신사되기' 열망과 두 여성, 에스텔라와 미스 해비샴

『위대한 유산』은 1인칭 시점에서 주인공 핍의 어렸을 때부터 30세까지의 성장 과정을 추적하며, 핍의 여성에 대한 시각을 비교적 자세하게 보여준다. 여기서 핍이 자기 자신을 권력과 결정권을 가진 남성이 아니라(제목 "위대한 유산Great Expectations"이 암시하듯이) 수동적으로 자신의 운명을 바꿔줄 어떤 기대를 가지고 사는 남성으로 파악하는 점은 주목할 만하다. 소설의 제목은 자신을 신사 계급으로 옮겨줄 "막대한 유산"을 이야기하는 동시에 핍의 미래에 대한 꿈, "거대한 기대great expectations", 구체적으로는 여성과 결부되어 '남자 신데렐라'로서의 신분 상승에 대한 기대를 지칭한다. 이런 맥락에서 이 소설은 핍이 자신의 운명을 좌지우지하는 여자들에게 순응하면서 낮은 계급으로부터의 탈출을 꿈꾸다가, 그들을 벗어나야 할 나쁜 대상으로 여긴 후 진정한 신사로 성장한다는 이야기를 들려준다. 특히 핍을 유혹하고 속이는 에스텔라와 미스 해비샴에 대한 묘사는 핍을 유혹당하는 희생자로, 여성들을 가해자로 설정함으로써 여성들을 나쁜 여자로 보는 시각을 드러낸다.

이 소설에서 여성에 대한 묘사는 전적으로 핍에게 달려 있기 때문에, 여성은 그의 시각에 따라 긍정적 또는 부정적으로 묘사된다. 핍이 긍정적으로 묘사하는 인물들은 '가정의 천사'에 부합하는 여성 인물들이다. 일례로, 비디Biddy는 핍의 허황됨을 꾸짖고 글을 가르쳐주는 차분하고 지혜로운 여성으로 기술된다. 그녀가 환자가 된 핍의 누이 미세스 조를 돌보고, 이후 매형 조Joe와 아름다운 가정을 이루고 아들을 낳아 집안에 안정감을 주고 구심점 역할을 하는 "가정의 천사" 역을 해내기 때문이다. 그러나 이러한 전형적인 여성상에서 일탈한 여성들은 부정적으로 묘사된다. 미스 해비샴이 핍에게 신사가 되어 에스텔라와 결혼할 수 있다는 헛된 기대를 갖게 하는 나쁜 어머니상이라면, 에스텔라는 핍의 신분 상승의 꿈에 동기를 부여하지만, 그를 사로잡고 신분에 집착하게 해서 결국 상처와 상실을 가져다주는 나쁜 여자이다.

⋮ 에스텔라를 보며 고통스러워하는 핍 (2012년작 영화 <위대한 유산>)

여성에 대한 핍의 시각은 왜곡된 가부장적 시각이다. 그는 에스텔라를 그녀의 입장이나 상황을 고려하지 않고 자신에게 고통을 안겨주는 잔인한 여성으로만 바라본다. 핍의 서사에서 에스텔라는 핍의 계급에 대한 자의식을 가차 없이 깨우쳐 핍에게 천박한 신분을 의식하고 수치심을 느끼게 하는 '나쁜' 유혹녀이다. 조의 영향으로 "가정을 성스럽게" 생각하고 믿었던 핍은 에스텔라를 만난 후 "모든 것이 변해버리고 모든 것이 거칠고 비천했다."고 고백한다(132).[5] 핍은 자신이 사용하는 카드게임 용어나 그의 거친 손과 무거운 장화를 에스텔라가 경멸하자 그 경멸이 자신에게 전염되어 스스로를 부끄럽게 생각한다(73). 그는 새로운 시선으로 자신의 환경을 바라보며 자신에게 카드게임을 제

---

5 Charles Dickens, *Great Expectations*. Ed. Janice Carlisle, New York: St. Martin's, 1996. 앞으로 『위대한 유산』의 직접 인용은 이 책에 의거하며 괄호 안에 쪽수만 표기한다. 이 책의 번역은 『위대한 유산 1, 2』(김옥수 옮김)를 참조해 번역했다.

대로 가르쳐주지 않았던 조에 대해 거리를 두기 시작한다. 어린 핍은 창피하고 분해서 에스텔라 앞에서 눈물을 보이는데, 그를 울린 것을 기뻐하는 에스텔라를 바라보며 잔인한 마음을 가진 여성이라고 생각하게 된다.

핍이 자신의 과거 삶을 부정하고 신사되기 작업에 착수하는 것은 신사 계급인 에스텔라에 대한 갈망 때문이다. 에스텔라의 놀이 상대로 미스 해비샴의 집을 드나들었던 핍은 에스텔라에 대한 동경 때문에 노동계층인 자신의 가정환경을 경멸하고 신사가 되겠다는 야심을 품고 런던으로 향한다. 게다가 핍은 자신의 갑작스러운 신변 변화가 미스 해비샴이 자신을 에스텔라의 짝으로 점지했기 때문이라고 잘못 믿는 오류도 범한다. 핍의 미래에 대한 '거대한 기대'는 에스텔라를 숭배하면서 시작된 것으로 그의 각본에서 에스텔라는 신사 계급에 대한 욕망을 일깨우는 대상으로만 존재한다. 마치 동화에서 왕자가 높은 성에 갇힌 공주를 향해 나아가듯, 그는 에스텔라뿐만 아니라 그녀와 연관된 모든 것—사랑, 부, 신분적 상승—을 얻고 싶어한다. 그는 에스텔라에게 절대적으로 지배받으며 맹목적으로 그녀를 사랑했던 과거를 다음과 같이 회고한다.

> 내가 경험한 바에 의하면 연인에게 일반적으로 품는 생각은 실제와 다를 때가 많다… 내가 에스텔라를 사랑하는 이유는 에스텔라에게 빠져서 헤어나올 수 없기 때문이다. 나는 에스텔라를 이성과 가능성, 평안, 희망과 행복을 거스르며, 모든 방해요소에 저항하며, 사랑한다는 사실을 항상 그런 건 아닐지언정 아주 빈번하게 느끼며 슬퍼했다… 이러한 사실을 너무나 잘 알면서도 나는 에스텔라가 완벽한 인간이라도 되는 듯 열렬히 사랑했다. (222)

그녀의 진정한 모습을 사랑하기보다는 아무리 에스텔라가 상처를 주고 현실을 직시하도록 경고해도, 핍은 에스텔라에 대한 환상을 고수한다. 다음 고백처럼 그의 사랑은 그녀를 자신과 하나로 만들고자 하는 열망의 표현이다.

> 너는 내 존재의 일부야. 나 자신의 일부란 말이야. 내가 여기 처음 온 이래, 내가 읽는 모든 글귀마다 네가 존재하고 있었어. 그 이후 내가 보는 모든 것 속에 너는 존재하고 있어… 에스텔라, 내 일생의 마지막 시간까지 너는 내 자신의 한 부분으로 남아 있을 수밖에 없어. (335)

핍은 에스텔라를 독립된 개체라기보다는 자신의 일부라고 생각한다. 자신과 에스텔라를 하나로 파악하는 핍과 달리, 에스텔라는 자신과 핍 사이에 일정 거리를 두고 자신에게 부여된 사이렌의 역할, 즉 뭇 남성을 유혹하고 그들을 애태우는 임무를 수행한다. 에스텔라는 핍을 이용해 그녀의 숭배자들에게 질투심을 품게 하고, 이에 따라 핍은 온갖 번뇌와 고통에 휩싸인다. 사이렌의 목소리에 매료되어 이성을 잃은 뭇 남성들처럼 핍도 그녀의 포로가 되지만, 남성에게 고통을 주는 것이 목표인 그녀는 그 어떤 사랑도 핍에게 되돌려

: 에스텔라를 사이렌으로 내세운 1998년작 영화 <위대한 유산>

주지 않는다. 핍이 가장 경멸하는 벤틀리 드럼믈이 에스텔라 곁에 있는 것을 목격한 핍은 "오늘 밤 전리품은 별 볼 일 없다."며 왜 많은 남성들이 그녀 주위에 서성거리게 놔두는지 묻는다. 에스텔라는 "촛불 주변에는 나방은 물론 온갖 곤충이 꼬이는 법인데 그렇다고 촛불이 어떻게 할 수는 없다."고 답하며, 드럼믈이나 다른 남성들을 속여 함정에 빠뜨리는 것이 자신의 의도라고 밝힌다(290). 핍의 고통스러운 마음을 알면서도 에스텔라는 핍을 이용한 미스 해비샴의 복수극이 진행될 수 있도록 핍을 사랑하는 척 희망 고문을 이어간다.

미스 해비샴은 에스텔라와 핍을 조종하며 얻는 대리 만족을 자신을 배반한 남성에 대한 복수라고 생각하고, 자신을 후원자로 오해하는 핍의 오해를 바로잡아주지 않는다. 미스 해비샴은 핍이 허황된 꿈(언젠가는 해비샴의 유산을 받고 에스텔라와 결혼할 것이라는 꿈)을 믿도록 내버려둔다. 더 나아가 앞서 설명했듯이 그녀는 어린 에스텔라를 남성을 유혹하고 그들 마음에 상처를 주는 '나쁜 여자'로 키우고 그녀를 사랑하는 핍을 이용해 남성들에게 복수하고자 한다. 이런 미스 해비샴의 계획에 따라 핍은 어려서는 에스텔라의 놀이 대상이자 연습 상대로, 후에는 뭇 남성들을 유혹하고 차버리는 에스텔라를 지켜보며 고통받는 고행자 역할을 수행한다. 미스 해비샴은 아래 말에서 알 수 있듯이 핍의 고통을 통해 자신이 전에 느꼈던 고통을 보상받는다.

> 진정한 사랑이 무언지 내가 알려주마. 진정한 사랑은 맹목적으로 헌신하고, 무조건으로 겸손하고, 전적으로 복종하고, 자신과 온 세상을 거스르며 믿으며, 자신이 홀딱 반한 사람에게 마음과 영혼을 모두 바치는 거야… 내가 그랬던 것처럼! (229)

어린 시절 핍은 “황폐한 성”인 새티스 하우스Satis House에 빛을 다시 찾아주는 왕자가 되어 미스 해비샴과 에스텔라를 구한다면 그 상으로 에스텔라와 결혼할 수 있다(221)는 헛된 기대를 갖고, 미스 해비샴의 의도를 꿰뚫지 못한다. 그러나 성인이 된 핍은 에스텔라에게 집착하는 미스 해비샴에게서 “자신이 키운 아름다운 여성을 맛있게 먹어치우는… 마녀의 탐욕스러운” 모습을 발견하고 자신이 그녀 복수의 도구였음을 깨닫는다. 핍은 미스 해비샴을 괴기스러운 마녀와 동일시한다. 자신의 신사 교육에 필요한 자금을 계속 지원해준 후원자가 미스 해비샴이 아니라 그가 어렸을 때 빵과 톱을 가져다준 탈옥수 매그위치라는 것까지 알게 되자 핍은 해비샴의 영향으로부터 벗어나고자 한다. 에스텔라가 핍이 아닌 벤틀리 드럼믈과 결혼하자 그는 모든 꿈과 계획이 틀어지는 아픔을 겪는다. 그는 또한 자신의 신사되기의 꿈이 자신을 파멸로 이끈 헛된 꿈임을 자각한다.

핍의 시각에서 구성된 이 소설은 나쁜 여자들을 단죄하고, 매그위치나 조와 같은 아버지 유형을 구원함으로써 당대의 가부장적 젠더 이데올로기를 강화한다. 핍은 미스 해비샴의 의도를 파악한 후 그녀와 에스텔라의 영향력에서 벗어나, 자신을 후원하고 있는 매그위치와 조를 아버지와 같은 존재로 받아들이고 친구 허버트 포켓과 함께 무역상으로 자신의 길을 개척해나간다. 새로운 출발을 꿈꾸는 핍은 두 여인의 몰락 과정에 집중해서 이야기를 전개한다. 먼저 미스 해비샴은 에스텔라가 사랑하지도 않는 남자와 불행한 결혼을 선택하는 것을 보고서야 자신의 잘못을 뉘우치고 핍에게 용서를 빈다. 핍이 미스 해비샴의 실체를 인지하고 가엾게 여기게 될 때 그녀는 화재로 큰 불길에 휩싸여 죽음에 이른다. 자신을 용서해달라는 말을 남긴 미스 해비샴은 유령을 연상시키는 하얀 이불을 덮고 핍의 이야기에서 사라진다. 핍의 일부였던 에스텔라도 벌을 받는다. 에스텔라는 드럼믈의 폭력을 경험한 풀죽은 여성으로, 후에는 미망인으로 핍 앞에 선다. 핍의 시점에서 서술된 이 소설의 마지막에 에스텔라나 미스 해비샴과 같은 남성의 통제 밖에 있는 여성들은 극복되어야 하는 인물로, 핍 자신은 진정한 신사가 되기 위해 조와 매그위치, 그리고 허버트 포켓 등 남성 인물을 포용하며 새로운 길을 개척해가는 긍정적 인물로 묘사된다.

4. 『위대한 유산』의 악녀를 위한 변명

핍이 이 소설의 서사를 완전히 지배하기 때문에 독자가 만나는 여성 인물들은 핍의 시각의 산물들이다. 그래서 독자는 그들이 들려주는 자신의 목소리를 듣지 못한다. 핍이 전해주는 미스 해비샴은 에스텔라를 사이렌으로 키워 대리 만족을 하는 자이며, 에스텔라는 사이렌 역할을 충실히 행하는 가해자이자 피해자이다. 이 두 여성이 빅토리아 시대 가부장제에서 어떻게 핍에 의해 악녀로 묘사되었는지 살펴볼 필요가 있다.

에스텔라와 핍은 미스 해비샴의 계획에 따라 성장한 피해자라는 공통점을 지닌다. 그러나 핍에게 해비샴의 지배에서 벗어날 출구가 마련되어 있다면, 에스텔라에겐 해비샴의 영향에서 벗어날 기회조차 없다. 에스텔라는 해비샴의 지배 아래 자아를 버리고 사이렌이라는 도구적 역할을 충실히 이행할 뿐이다. 에스텔라가 핍과 자신이 미스 해비샴의 연출에 따라 움직이는 꼭두각시라는 사실을 직시하는 반면, 핍은 그녀를 환상 속에서 숭배하면서 현실을 외면한다. 후에, 핍이 헛된 환상에서 벗어나 자신의 길을 개척하고 도덕성을 갖춘 진정한 신사가 되는 반면, 에스텔라는 총명한 여성임에도 불구하고 자기실현의 기회를 부여받지 못한다.

에스텔라는 자신이 미스 해비샴의 도구임을 인식하면서도 저항하지 않는다. 그것은 그녀가 미스 해비샴 이외엔 다른 가족이 없고, 스스로 경제 활동을 할 수도, 주변에서 경제적 도움을 구할 수도 없는 여성이라는 것, 그리고 결혼만이 자신이 스스로 선택할 수 있는 유일한 '자신의 길'이라는 것을 자각했기 때문이다. 다른 활로가 없는 현실을 인지한 에스텔라는 자신이 미스 해비샴의 목적을 위한 도구임을 인식하며 자란다. 에스텔라는 자신의 입양을 하나의 계약이나 거래로 파악한다. 그래서 미스 해비샴에게서 받은 모든 것을 해비샴이 되찾아갈 수는 있지만, 사랑은 주지 않았기 때문에 사랑할 수 없다고 주장한다(284). 에스텔라는 해비샴의 의도에 따라 남성들의 시선을 끌되 사랑은 주지 않는 주어진 역할을 충실히 수행한다.

그러나 에스텔라는 가끔 미스 해비샴의 뜻을 따르지 않으며 자신의 주체성을 일부 드러낸다. 그녀는 해비샴의 의도를 알지 못하는 핍에게 자기를 조심하라고 경고한다(281). 또한 벤틀리 드럼믈과 같은 멍청한 놈에게 호감을 보이는 척하지 말라는 핍의 항의에 다른 남자들은 속일지라도 핍에게는 그렇게 하지 않겠다며 핍을 향한 진심을 보인다. 그러나 시대적 제약이 그녀의 주체성을 훼손시킨다. 그녀는 미스 해비샴에 의해 조정되는 삶에서 벗어나 주체적 결단을 보여주고자 하지만, 당시 그녀가 미스 해비샴의 영향으로부터 벗어나는 방법은 누군가와 결혼하는 길밖에 없다. 그러나 그녀는 핍처럼 자신을 사랑하는 사람이 자신의 텅 빈 마음을 알아차려 고통받도록 하기보다는, 벤틀리 드럼믈처럼 자신의 진정한 사랑을 갈구하지 않는 상대에게 "자신을 내버리"는 것이 낫다고 판단한다(334). 그러나 핍의 서사에서 에스텔라는 그가 이해할 수 없고 통제할 수 없는 여성으로 부정적으로만 그려진다.

핍의 서사에서 에스텔라는 19세기 영국의 이상적 여성과 가까운 모습으로 등장하는 결말에 가서야 긍정적 평가를 받는다. 즉 마지막에 그녀가 가정폭력을 경험하고 벤틀리 드럼믈의 미망인이 되어 순종적인 모습으로 핍에게 나타났을 때에야 비로소 핍은 그녀에 대해 긍정적으로 서술한다. 또한 앞서 설명했듯이 에스텔라가 핍과 진실한 관계를 유지하기 위해 그와의 결혼을 거부하는 것인데도 핍은 이해하지 못하고 그녀를 자신에게 고통을 안겨준 가해자로만 여긴다. 핍은 마지막까지도 자신의 관점에서 소설의 서사를 이끌어간다. 결말에서 에스텔라가 핍에게 이별을 고하고 좋은 친구로 남기를 원하지만, 핍은 에스텔라의 의사를 받아들이기보다는 에스텔라에게서 "이별의 그림자를"(439) 찾지 못했다고 말한다. 이것은 핍이 자신의 관점에서 에스텔라의 목소리를 통제하고 그녀를 독립된 인격체로 인정하지 않는다는 것을 보여준다. 그녀의 이름 에스텔라가 말해주듯 그녀는 자신의 별(스텔라, stellar), 자신의 열망에 대한 상징이다.

에스텔라의 삶은 미스 해비샴의 그릇된 자기 성취로 인해 왜곡되기 시작했다. 미스 해비샴이 에스텔라와 핍을 조정하고 통제하며 그들을 자신의 복수의 도구로 삼은 가해자인 것은 분명하다. 그러나 자세히 살펴보면 그녀 또한 가부장제가 낳은 피해자이다. 미스 해비샴의 삶은 여성에게 기회를 제공하지 않는 사회와 그녀의 개인적 욕망 사이의 갈등에서 비롯된 비극적 삶이다. 미스 해비샴의 비극은 19세기 영국 여성에게 유일하게 열려있는 길인 결혼을 앞두고 약혼자에게 버림받으면서 시작된다. 이후 그녀는 새티스 하우스라는 만족의 집에 자신을 감금시키고, 그 안에서 자신이 버림받은 그 순간 모든 것이 정지된 것처럼 웨딩드레스를 입은 채 유령의 삶을 영위한다. 19세기 일반 영국 여성처럼 결혼을 미래를 꿈꿀 유일한 방법이라고 생각한 미스 해비샴은 자신을 배신한 약혼자 콤페이슨에 대한 분노와 복수의 마음을 에스텔라를 사이렌으로 키우는 일로 달랜다. 에스텔라가 그녀의 억압된 분노와 혐오의 배출구 역할을 한 셈이다.

그러나 미스 해비샴은 새티스 하우스에서는 남성적 권력을 휘두른다. 재산이 많은 그녀는 입양의 방식으로 에스텔라를 소유하고 그녀를 통해 핍까지 소유하고자 한 것이다. 이것은 약혼자에게 버림받은 후 아무 일도 할 수 없었던 미스 해비샴이 취할 수 있는 유일한 삶의 방식, 가부장 사회에서 여성의 심리적 방어 혹은 왜곡된 주체성의 표현이다. 다시 말해 미스 해비샴이 환상의 세계를 구축한 후 그 안에서 젊은 두 남녀를 조정하며 주체적 힘을 간접적으로 표출하는 것이라고 볼 수 있다. 그러나 미스 해비샴은 이 세상에 사랑할 만한 가치가 있는 것은 없다고 에스텔라에게 가르치면서도 자신은 에스텔라에게서 사랑받고 싶어하는 모순을 보인다. 미스 해비샴이 에스텔라의 냉담함을 지적하자 에스텔라는 '냉정한 에스텔라'를 만든 사람이 바로 미스 해비샴이라고 응수하며 미스 해비샴을 일깨운다.

> 입양으로 맺어진 어머니… 그동안 저에게 주신 건 무엇이든 한마디만 하시면 그대로 가져갈 수 있어요. 제가 가진 건 그게 전부예요. 그런데 저에게 주신 적이 한 번도 없는 걸 달라고 하시면, 저로선 고마운 마음에 아무리 드리고 싶어도 도저히 드릴 수 없어요… 저는 양어머니가 받은 부당한 대우와 그렇게 된 원인을 한 번도 잊은 적이 없어요. 저는 양어머니가 가르치신 내용을 거스른 적이 한 번도 없어요. (284-285)

에스텔라의 항변에 각성한 미스 해비샴은 이 모든 것이 인과응보의 결과라고 생각한다. 그녀는 “칭찬과 보석, 내 가르침으로 그리고 내 자신의 모습이 내 가르침을 강조하고 경고가 되어 나는 에스텔라의 마음을 훔쳐내고 그 자리에 차가운 얼음덩이를”(366) 넣었다며 후회한다. 미스 해비샴은 자신의 편협함과 집착으로 에스텔라를 자신과 같은 사람으로 만들었다고 후회하며 죽는다. 그녀가 사회에 대한 비판적 통찰력을 가졌더라면 뒤늦게 후회하는 가부장 체제의 가해자이자 희생자로 죽음을 맞이하지 않았을지도 모른다.

핍의 서사를 깨고 새롭게 읽은 미스 해비샴은 빅토리아 시대의 가부장적 사회 체제와 젠더 이데올로기의 희생자이다. 도덕적으로 문제가 있긴 하지만 미스 해비샴의 비극적 삶은 그녀에 대한 재평가와 가부장적 사회 체제에 대한 비판적 시각을 유도한다. 사회로부터 소외되고 단절된 그녀는 가부장제 이데올로기를 그대로 내면화하고 자신이 취할 수 있는 권력을 뒤틀린 방식으로 휘두르며 주체성을 행사했던 것이다. 19세기 영국 사회나 핍의 입장에서 볼 때는 가해자나 악녀임에 틀림없지만 자세히 살펴보면 그녀 또한 19세기 영국 가부장제의 희생양이다.

5. 『위대한 개츠비』의 시대적 배경과 스콧 피츠제럴드

스콧 피츠제럴드의 작가로서의 위상과 삶도 디킨스의 경우와 유사하다. 20세기의 가장 위대한 미국 소설들 중 한 편인 『위대한 개츠비』는 미국 문학의 영원한 기념비이다. 피츠제럴드는 디킨스와 마찬가지로 24살이라는 나이에 그의 첫 소설, 『낙원의 이편*This Side of Paradise*』을 통해서 작가로서의 경제적 여유와 인기를 일찌감치 거두었다. 또한 디킨스와 마찬가지로 피츠제럴드는 첫사랑에 실패하고 그 상처를 지니고 살았다. 19살에 만난 시카고 은행가의 딸 16살 지니브러 킹Ginevra King을 사랑했으나 가난하다는 이유로 거절당했던 것이다. 이후 그녀는 부유한 가문의 다른 남자와 결혼했는데, 가난 때문에 사랑하는 여성을 빼앗긴 피츠제럴드의 이 경험은 작품에 지대한 영향을 미쳤다.[6] 이듬해 만난 대법원 판사의 딸 젤다 세이어Zelda Sayre에게도 미래가 불투명하다는 이유로 파혼당할 뻔했지만 자전적인 소설 『낙원의 이편』의 대성공으로 결혼 승낙을 받았다. 결혼 이후 젤다와의 화려한 생활과 이후 젤다의 신경쇠약증 치료를 위해 그는 잡지 연재, 할리우드 시나리오 작가로서 작품 활동을 쉬지 않고 계속했다. 피츠제럴드의 상대적인 가난과 실연 경험은 그의 여러 작품의 주요 모티브로 자리 잡았는데, 특히 지니브러와 젤다는 『위대한 개츠비』의 데이지라는 인물 묘사에 지대한 영향을 주었던 것으로 보인다.

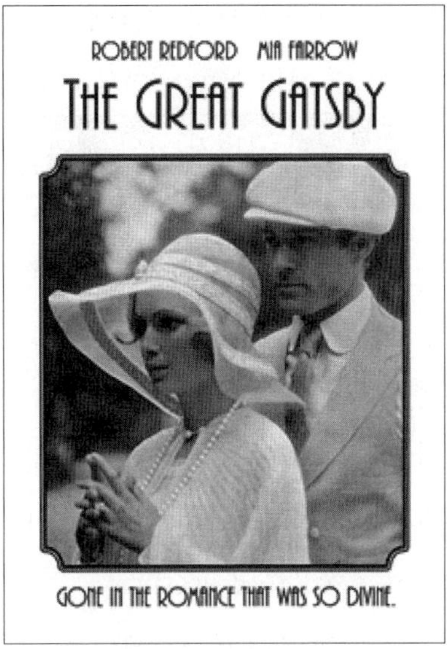

: 개츠비의 사랑을 영웅적으로 그린 1974년작 영화 <위대한 개츠비>

피츠제럴드의 두 번째 소설 『위대한 개츠비』의 개츠비는 피츠제럴드와 유사하게 사랑하는 여인 데이지를 가난하다는 이유로 잃고 그녀를 숭배하면서 성공을 꿈꾸고 이룬다는 이야기를 다룬다. 가난한 농부

6 피츠제럴드는 자신의 일기에 "가난한 남자는 부자 여자와 결혼할 생각을 해서는 안 된다."고 지니브러의 아버지가 자신에게 경고했다고 적는다(Lehan, 69).

의 아들인 개츠비는 피츠제럴드처럼 전쟁터로 떠나기 전 상류 계층의 뭇 남성들에게 인기가 많은 데이지와 사랑에 빠진다. 그러나 집안의 반대에 부딪힌 그녀가 그와 헤어지고 이듬해 좋은 조건의 톰 뷰캐넌Tom Buchanan과 결혼하자, 개츠비는 그녀를 되찾아오겠다는 열망으로 수단을 가리지 않고 막대한 부를 축적한다. 개츠비는 데이지를 만나기 위해 주말마다 파티를 여는데 옆집으로 이사 온 닉의 도움으로 그녀와 재회한다. 그러나 데이지는 개츠비와 톰 사이에 한 명을 선택하라는 개츠비의 요구에 그를 배신하고 자신의 잘못으로 살해당한 개츠비의 곁을 지키지 않는다. 마지막에 쓸쓸한 개츠비의 장례식이 치러진 후 닉은 환멸감에 고향으로 돌아간다.

『위대한 개츠비』는 제즈 시대로 불리었던 물질지향적인 1920년의 산물이기도 하다. 『위대한 유산』이 신사 계급의 에스텔라를 차지하고자 하는 핍의 꿈을 다루었다면, 『위대한 개츠비』는 20세기 초반 미국의 부의 상징인 데이지에 대한 낭만적 환상을 투영한 개츠비의 꿈('미국의 꿈')을 다룬다. 이 소설의 배경이 된 1920년대 미국은 제1차 세계대전 이후 세계 강국으로 부상하고 눈부신 성장에 힘입어 경제 호황을 누렸다. 그러나 다른 한편으로 당시 미국은 과시적인 소비, 심화된 도덕적 타락과 부패로 몸살을 앓았다. 한편 눈부신 산업적 발전과 카네기Carnegie나 록펠러Rockefeller와 같은 기업가의 성공은 개인들에게 성공 신화를 꿈꾸게 했는데, 이런 풍토는 아메리칸 드림American Dream('미국의 꿈')을 물질적 성공과 동일시하게 했다.[7] '미국의 꿈'이란 누구든 근검절약하고 성실하기만 하면 미국 신대륙의 광활한 땅이 약속하는 기회를 획득할 수 있다는 이상을 의미한다. '새로운 예루살렘'을 건설하겠다는

7 미국의 꿈에 관한 내용은 서숙의 『위대한 개츠비: 서숙 교수의 영미 소설 특강 2』와 김욱동이 번역한 『위대한 개츠비』 참조.

⋮ 데이지와의 재회를 위한 개츠비의 화려한 파티(2013년작 영화 <위대한 개츠비>)

청교도 신앙에서 출발한 이 미국인의 순수한 초록빛 꿈은 산업화와 물질만능주의가 팽배하면서 세속화되고 빛을 잃어갔다.

개츠비는 데이지를 되찾겠다는 일념으로 미국인의 '초록빛' 꿈('미국의 꿈')을 개인의 꿈으로 삼고 성공의 길에 나섰지만, 그의 방법은 순수하지 않았다. 금주법이 시행되던 시기에 불법으로 밀주를 판매하거나 마이어 울프샤임Meyer Wolfsheim과 같은 조직 폭력계 두목과 손을 맞잡았다. 이러한 개츠비의 부패한 '미국의 꿈'은 데이지의 타락에서도 감지된다. 김욱동이 정확하게 설명하듯이 이런 개츠비의 이상주의는 당대 변질된 '미국의 꿈'과 맞닿아 있다.

> 개츠비의 이상주의가 물질주의를 그 수단으로 삼으면서 변질되고 타락한 것처럼, 청교도들이 가슴에 품고 있던 '미국의 꿈'도 물질주의와 손을 잡으면서 점점 변질되고 타락할 수밖에 없었다. 네덜란드 상인들의 가슴을 설레게 했던 그 신대륙의 '초록빛' 땅이 불과 몇 백 년도 지나지 않아 재의 골짜기의 '잿빛' 황무지로 변하고 말았던 것이다. (김욱동, 272)

: 늘 데이지 집을 비추는 초록 불빛을 바라보며 그녀에 대한 갈망을 키우는 개츠비(2013년작 영화 <위대한 개츠비>)

『위대한 개츠비』의 여성들을 이해하기 위해서는 당시의 역사적인 상황과 젠더 이데올로기를 살펴보아야 한다. 20세기 초반 여성이 투표권을 갖고 평등한 공적 교육과 대학 교육을 받게 되면서 여성의 권리가 19세기에 비해서 신장되었다. 가속화된 기술의 발전은 여성에게 어느 정도 가정의 영역과 가사 노동에서 해방될 수 있는 길을 터주었다. 그러나 20세기 초 여성의 권리 신장에 가장 많은 영향을 끼친 것은 1차 세계대전이었다. 전쟁은 여성들이 짧은 치마나 바지를 입는 것을 가능하게 했으며, 남성이 하던 일을 남성만큼 잘할 수 있음을 증명하고, 스스로 보람을 느낄 수 있는 계기를 마련해주었다. 남성들이 전쟁터에서 돌아오면서 여성들은 대부분 다시 가정의 전통적인 여성의 역할로 복귀했다. 하지만 여성들은 이전과는 다른, 자유로운 삶을 추구했다.[8]

---

8 남성 에스코트 없이 여성들이 홀로 대로를 활보할 수 있게 되었으며 영화를 혼자 보거나 여행을 혼자 가도 타락한 여인으로 간주되지 않았다. 피임법과 공동육아센터 등의 발전도 있었으나 아직 여성들이 복귀할 수 있는 직장은 교육이나 간호와 같은 전통적으로 여성스러운 직종이 많았고 여성의 외모를 강조하는 문화는 여성을 다시 인형으로 돌려놓기도 했다. 1920년대의 여성의 시대적 배경에 관한 내용은 Sandra M. Gilbert and Susan Gubar eds. *The Norton Anthology of Literature by*

이런 빠른 변화는 전쟁에서 귀환한 남성들에게 불안감을 안겨주었다. 특별히 남성을 위협했던 여성은 플래퍼flapper라 불리는 신여성이었다. 플래퍼의 등장과 함께 예상을 뛰어넘을 정도로 급변한 가정과 사회는 남성들에게 위협이 되었다. 사적인 영역에서 여성들은 더 이상 전통적 역할에 머물러 있지 않았기 때문이다.

20세기 초 문학은 전통에서 벗어난 여성들, 특히 신여성들을 부정적인 시각으로 그렸다. 20세기 초 남성 작가들의 문학 작품에 나타난 신여성들은 성적으로 자유롭고 짧은 치마와 단발머리에 춤과 술에 빠지고 운전을 하는, 파괴적인 여성으로 등장했다. 한편 도덕성을 갖춘 문학 속 여성 인물들은 아직 여성이 되지 못한 어린 소녀이거나 남성들의 욕망과 필요에 따라 자신을 희생하는 여인이었다. 문학 작품 속 신여성들처럼 실제 20세기 초 여성들도 어떤 면에서는 이전 시대보다 자유로운 삶을 살았다. 그러나 여성들은 여전히 가정과 개인적인 관계에서는 제한된 역할을 수행하며 남성에 의지해야 했다. 또한 새롭게 얻은 여성의 자유는 남성에게 전통적인 성 역할에 위협을 느끼게 했다. 『위대한 개츠비』에서 데이지는 20세기 초반 미국의 전통에서 벗어난 자유로운 여성 또는 플래퍼로 그려지지만 강한 가부장 남편 톰의 통제 하에 놓여 있다는 점에서 일면 자유롭지만 여전히 제약받은 당대 상류층 여성을 대표한다. 그런데 『위대한 개츠비』에서 신여성인 듯 보이지만 역할을 제한받는 데이지는 개츠비의 파멸을 가져오는 사이렌으로 묘사된다. 이 점에서 데이지는 디킨스의 에스텔라와 유사하다.

Women. 2nd ed. New York: Norton, 1996. 1217-1218 참조. 이 책의 인용은 직접 인용의 경우만 인용 표시를 했다.

6. 『위대한 개츠비』에 나타난 '미국의 꿈'과 데이지

⁝ 2013년작 영화 <위대한 개츠비>의 주요 인물들

『위대한 개츠비』를 이해하기 위해서는 이 작품이 닉 캐러웨이에 의해 서술되며 닉의 관점을 드러낸다는 점에 주목해야 한다. 닉은 개츠비의 이웃사촌이며 톰 뷰캐넌의 학교 동창이고, 부인 데이지의 6촌 오빠이다. 서술자 닉은 현재 이스트 에그에 사는 상속 부자 뷰캐넌 부부와 밀주 사업과 의심스러운 방법으로 5년 안에 거부가 된 웨스트 에그의 개츠비, 그 두 세계를 비교하고 판단하며 그들의 비극을 서술한다. 이 소설의 시작은 아버지가 닉에게 한 충고—다른 이들은 너처럼 좋은 환경에서 자라지 않을 수도 있으니 그들을 쉽게 판단하지 말아라—에서 시작된다. 그러나 처음부터 그는 개츠비에 대해 분명한 진단을 내린다.

> 그에게는 어떤 멋진 것이 있었다. 인생의 가능성에 대해 어떤 고양된 감수성이 있었다. 그것은 희망에 대한 비범한 재능, 다른 어떤 사람에게서도 발견하지 못한, 그리고 앞으로도 누구에게서도 발견할 수 없을 것 같은 낭만적 기대감이었다. 결국 개츠비는 좋은 사람으로 판명

되었다. 내가 잠시나마 인간의 속절없는 슬픔과 숨 가쁜 환희에 흥미를 잃어버렸던 것은 개츠비를 희생물로 삼은 것들, 개츠비의 꿈이 지나간 자리에 떠도는 더러운 먼지들 때문이었다. (2)[9]

닉은 개츠비가 보여준 희망에는 찬사를 보내지만 타락한 세상에서 그 꿈의 실현은 불가능하다고 고백한다.

닉의 개츠비에 대한 찬사는 '미국의 꿈' 신화에 기반한다. 미국은 구대륙과는 달리 모두에게 평등한 기회를 제공하고 자신의 꿈을 좇을 광활한 땅을 약속했고, 그 꿈은 실현 가능한 것이었다. 많은 사람들이 근면한 삶의 태도로 자수성가를 할 수 있었고 특히 산업화에 따라 그들에게 부호가 될 수 있는 기회도 열렸다. 소설 속 개츠비는 아메리칸 드림을 실천한 미국인이다. 그는 가난한 농부의 아들이었지만, 아메리칸 드림을 안고 집을 떠나 댄 코디Dan Cody를 만나고 그를 옆에서 도우면서 갑부가 되는 방법을 익힌다. 그리고 그는 장교로 복무하던 중 만난 '우아한' 여자 데이지를 사랑하면서 더욱 큰 성공의 꿈을 품고 큰 부를 성취한다. 많은 경쟁자가 있고 높은 곳에서 빛나는 갖기 어려운 대상으로서 데이지는 개츠비의 부에 대한 열망을 더욱 고조시켰다. 그는 "그 집 주위에는 농익은 신비스러움이 있었다… 지금까지 많은 남성이 이미 데이지를 사랑했다는 사실 또한 그의 가슴을 더욱 설레게 했다. 그럴수록 그의 눈에는 그녀의 가치가 더 크게 보였다(148)."고 말한다.

닉에 의하면 개츠비의 성공에 대한 꿈은 숭배하는 데이지를 차지하겠다는 구체적인 목표로 구현된다. 처음에 개츠비는 데이지와 자신 사

---

9 F. Scott Fitzgerald, *The Great Gatsby*. New York: Scribner's, 1925. 앞으로 『위대한 개츠비』의 직접 인용은 이 책에 의거하며 괄호 안에 쪽수만 표기한다. 이 책의 번역은 『위대한 개츠비』(김욱동 옮김)를 참조했다.

이의 신분 격차를 인정했다. 군인 제복 뒤에 숨어 자신이 그녀와 같은 사회 계층에 속하는 인물인 척하다가 얻을 수 있는 것만 얻고는 떠나 버릴 작정이었다. 그러나 자신이 그녀를 진정으로 사랑하고 있다는 것을 깨닫고 그녀를 평생 자신을 바칠 성배로 섬기게 되었다. 그가 전쟁터로 떠나 있는 사이 데이지가 톰 뷰캐넌과 결혼하자 그는 그녀를 되찾아 오겠다는 생각으로 5년 안에 막대한 부를 축적했다. 그런 후 그는 데이지와 톰이 사는 저택 건너편 집을 구입하고 데이지의 집을 비추는 초록빛을 바라보는 한편 그녀와의 만남을 위해 주말마다 성대한 파티를 열었다.

닉은 개츠비의 부도덕한 면, 심지어는 우스꽝스러운 면도 알고 있지만, 그의 열망과 이 열망을 이루기 위한 헌신에는 깊이 동조한다. 한편 톰에 대해서는 부정적으로 평가한다. 개츠비에 대한 긍정적 평가와 톰에 대한 부정적 평가는 닉이 개츠비가 갑자기 축적한 부는 톰의 물려받은 부와는 다르다고 서술할 때 명확히 드러난다. 개츠비는 '형씨 old sport'와 같은 어울리지 않는 말을 상투적으로 사용하고, 너무 화려한 하얀 양복을 입고 있으며, 울프샤임과 같은 도박꾼과 어울린다. 그러나 데이지를 향한 그의 고집스러운 사랑이 순수하다는 것을 발견하고 "당신 한 사람이 그들을 모두 합쳐놓은 것만큼이나 훌륭합니다.(154)"라며 개츠비를 칭송한다. 닉은 후에 개츠비의 장례를 홀로 주도하며 끝까지 그의 곁을 지킨다. 이에 반해 닉에게 데이지는 톰과 한통속으로 실망스러운 여성일 뿐이다.

특히 닉은 톰을 신분과 부에 따른 우월감에 빠져 타인을 배려하지 않는 가부장제의 대표적 남성으로 묘사한다. 닉의 관점에서 볼 때 톰은 자신의 부와 권력을 과시하는 비인간적인 가부장이다. 그는 데이지와 결혼할 때 값비싼 진주 목걸이를 선물했으며, 부와 권력을 과시하듯

100명의 손님을 초대해 호텔에서 호화로운 결혼식을 올렸다. 결혼 이후 그는 별다른 일 없이 폴로를 치며 여유로운 생활을 즐긴다. 그러나 톰은 데이지가 출산하기 전부터 바람을 피웠고, 현재는 유부녀인 머틀과 뉴욕의 아파트에서 밀회를 즐기는 중이며, 심지어 당당하게 머틀을 닉에게 소개하기까지 한다. 그러나 톰은 머틀이 데이지의 이름을 조롱조로 부를 때는 주먹을 날리는 가학적인 인물이다. 그의 오만함과 폭력성은 위축되지 않고자 폭력을 쓰는 『위대한 유산』의 벤틀리 드럼믈을 떠올리게 한다. 톰은 데이지를 뺏길 위기에 처하자 무자비하게 개츠비를 무너뜨린다. 그는 뒷조사로 개츠비의 부가 비열한 방법으로 축적된 것임을 밝혀 데이지를 흔들고, 머틀이 차 사고를 당하자 머틀의 남편에게 그 차주가 개츠비라고 말해 개츠비를 제거하고 다시 데이지를 차지한다. 어쩌면 톰은 데이지가 개츠비의 사랑보다는 자신이 보장해주는 안전을 택하리라는 것을 예측했는지도 모른다. 그러나 이것은 톰이 자신의 두 소유물 머틀과 데이지를 관리하는 방식이다.

데이지는 개츠비와 톰, 두 남자 사이의 경쟁에서 트로피에 불과하지만 결국 개츠비를 죽음에 이르게 하는 사이렌이 된다. 닉의 서술은 개츠비의 편에 서서 데이지가 개츠비에게 행사하는 마력이 어디에서 나오는 것인지, 그리고 그녀에게 어떤 도덕적 판단을 내려야 하는지에 집중한다. 닉의 서술에서 개츠비는 그녀의 목소리가 매력적인 것은 돈의 소리가 들리기 때문이라고 고백한다. 나른한 데이지의 목소리는 마치 남자를 유혹하고 파괴하는 요정, 사이렌을 연상시킨다(서숙, 32). 데이지는 18세에 개츠비를 만나 진정 사랑했으나 그가 전쟁터에 나가고 돌아오지 않자 불안해하며 재력가 집안의 아들 톰과 결혼한다. 개츠비와 재회한 그녀는 그의 사랑을 받아준다. 그의 저택 방들을 살피고, 그의 머리빗을 만지고, 그가 공중으로 던지는 갖가지 색깔의 영국제 셔츠를 보며 아름답다고 찬사를 보내며 눈물짓는다. 그러나 톰이 개츠비의 파티에 나타나 모임을 즐기는 신흥부자나 연예인을 저급하다고 무시하자 데이지는 개츠비에게 더 이상 파티를 열지 못하게 한다. 둘의 만남이 지속되면서 개츠비는 데이지에게 더 이상 톰을 사랑하지 않는다고 결단력 있게 고백하기를 요청한다. 그러나 그녀는 톰이 개츠비가 밀주업 등 수상한 출처의 돈과 연루되었다고 지적하자 크게 동요한다. 그녀는 불안한 마음으로 개츠비의 차를 대신 운전하다가 머틀을 치지만 자신이 운전석에 있었다는 말을 톰은 물론 아무에게도 하지 않고, 결국 개츠비가 톰 대신 머틀의 정부로 오해받고 살해되도록 방치한다. 닉은 죽은 개츠비의 마지막 길을 곁에서 지켜달라고 데이지에게 여러 번 연락을 취하지만 톰과 급히 여행길에 오른 그녀는 그마저도 피한다. 서술자 닉은 그녀를 나른하고 쾌락을 추구하며 결단력이 없을 뿐 아니라 결국에는 개츠비를 파멸시킨 무책임한 여인으로 평가한다. 사람을 함부로 판단하지 않는다고 했던 닉은, 서술의 시작부터 데이지의 말에는 불성실한 무엇, 속임수 같은 것이 있다는 생각이 든다고 말한다(18). 닉은 데이지가 자신의 결혼 생활이 불행하다고 불만을 터뜨리면서도 그 집에서 나오지 않는 것을 이해할 수 없고, 오히려 그녀의 냉소적인 미소를 보고 데이지와 톰이 그들만의 비밀 조직에 속해 있다고 느낀다. 개츠비의 장례식 후 닉은 톰과 데이지에 대해 경솔하고 무책임한 인간이라고 단정하게 된다.

> 톰과 데이지, 그들은 경솔한 인간들이었다. 물건이든 사람이든 부숴버리고 난 뒤 돈, 엄청난 무관심이나 자기들을 한 통속으로 만드는 그 무언가의 뒤로 숨고는, 자기들이 만들어낸 쓰레기를 다른 사람들이 치우도록 하는 족속이었다. (180)

닉에 의하면, 끝까지 자신의 꿈에 매달렸던 개츠비와 대조적으로 데이지는 개츠비를 파멸로 몰고 간 미국 사회의 물질주의와 미국의 꿈의 타락을 상징한다. 닉은 그 연장선에서 머틀과 조던 베이커Jordan Baker와 같은 다른 여성 인물들도 믿을 수 없고 도덕성이 결여된 여성으로 평가한다. 다음 절에서는 닉의 독단적 시각에서 여성 인물들을 구출해보고자 한다.

7. 『위대한 개츠비』의 악녀를 위한 변명

닉에 의해 사이렌 또는 무책임한 악녀로 평가된 데이지에 대해 우리는 닉의 서술을 넘어, 당시 여성의 사회적 상황과 젠더 이데올로기에 비추어 재평가해야 한다. 데이지에 대한 닉의 부정적인 판단에 어느 정도 타당성이 없는 것은 아니지만, 독자들이 접하는 데이지는 닉의 시각과 닉이 편집한 대사를 통해서만 드러난다. 무엇보다 닉이 데이지의 물질주의를 비판하면서도 개츠비의 세속성에 대해서는 너그럽다는 점에 주목할 필요가 있다. 개츠비가 미국의 꿈을 더 순수하게 간직하고는 있지만, 그가 사용한 불법적인 수단과 과정들은 비도덕적인 것이다. 그런데도 개츠비에 대한 평가가 긍정적이라는 것은 닉의 편향성을 드러낸다. 또한 닉의 서술에서 데이지는 개츠비의 꿈의 대상으로서 수동적인 위치를 차지할 뿐 아니라 그 비중이 작고, 그녀의 목소리도 거의 들리지 않는다. 이것이 닉의 편향적 평가를 바로잡으며 닉의 서술에서 거의 목소리를 들을 수 없는 데이지를 재조명하는 작업이 필요한 이유이다.

닉이 데이지를 향한 개츠비의 사랑을 칭송하는 것은 그의 꿈이 맹목적이기 때문이다. 서술자 닉은 데이지를 완벽한 여신으로 본 개츠비에게 동조하는 가운데 개츠비처럼 그녀의 사회적 현실을 제대로 보지 못한다. 데이지는 개츠비를 처음 만났을 때는 진정으로 사랑했지만 그와 헤어지고 재력이 있는 좋은 가문의 남자와 결혼함으로써 당시 가부장 사회의 부잣집 여성에게 요구하는 가치에 순응한다. 물론 데이지도 처음에는 전쟁에 참전하는 개츠비를 전송하려고 뉴욕행을 시도하기도 하고 개츠비의 편지를 읽으며 톰과 결혼을 거부하기 위한 몸부림을 쳐보는 등 일시적으로 가부장제에 도전한다. 그러나 그녀는 가문과 재물에 의거한 가부장제 결혼 제도에 저항할 만큼 강한 여성도, 가문과 재물을 거부할 만큼 비세속적인 여성도 아니다. 순종적이고 세속적인 데이지는 결혼 후에는 톰을 사랑하려고 노력하고 아이를 키우며 5년 동안 톰의 외도 등 온갖 수모를 당하면서도 아내로서 자리를 지킨다. 데이지 편에서 보면 어느 날 갑자기 개츠비가 나타나 그 5년의 세월을 버리고, 톰을 사랑한 적이 없었다고 말하라고 강요하는 것은 데이지의 삶을 부정하는 일이다. 개츠비가 데이지가 순순히 그가 만든 세계에 편입할 수 있다고 믿는 것 자체가 데이지를 인격적으로 생각하지 않는다는 것을 의미하며, 이 점에서 개츠비는 이기적이라고 할 수 있다. 개츠비가 데이지에게 딸이 있다는 것을 직접 눈으로 확인하고 놀라는 것은 개츠비의 꿈의 세계 안에 데이지의 이미지는 존재해도 데이지 개인의 삶은 존재하지 않는다는 것을 시사한다.

데이지의 결혼 생활이 도덕적으로 마비된 데는 그 나름의 이유가 있다. 데이지도 처음에는 개츠비의 사랑에 용기 있게 화답할 만큼 꿈으로 가득 찼었다. 그러나 결혼 이외의 다른 안전한 삶의 길을 찾을 수 없었던 데이지는 부유한 톰의 아내 역할에 안주했다. 톰의 바람기와 그 특유의 우월주의로 인해 절망스러운 결혼 생활을 하면서 데이지는 겉으로는 아무렇지도 않은 척 우아하고 나른한 삶을 영위했다. 『위대한 유산』에서 에스텔라가 벤틀리 드럼믈의 학대에 길들여져 모습이 변한 것처럼 데이지도 톰의 아내로서 역할을 수행하면서 도덕적으로 마비된 무책임한 상류층 삶에 길들여져 자아를 억눌렀다. 사라 프라이어Sarah Fryer에 따르면, 당시엔 시대 변화에 따라 여성에게도 많은 자유가 허락되었지만 남성에게 순응하기를 바라는 사회적 기대가 여전히 남아 있어 자신의 길을 개척하지 못한 여성은 불안과 갈등을 느꼈다고 한다(17). 데이지가 바로 이런 불안한 여성이라고 할 수 있다. 어쩌면 데이지에겐 지하 조직과 결부된 개츠비보다는 톰이 더 안전하고 익숙하게 여겨졌을 것이다. 남성에게 의존하도록 사회화된 데이지는 어린 시절 개츠비와 헤어지고 톰과의 결혼을 택했던 것처럼 머뭇을 치는 자동차 사고를 일으킨 후에도 톰과의 결혼 생활을 선택한다. 데이지 편에서 생각해보면, 자동차 사고의 공포로부터 도피할 수 있는 유일한 길은 아무 일이 없었던 것처럼 톰과 결혼 생활을 유지하는 것일 것이다. 데이지는 자신을 억압하는 환경에 대해 알고 있지만 그 환경을 거부하고 자신의 운명을 새롭게 개척할 용기는 가지고 있지 않다. 그녀의 이런 면모는 낳은 아이가 딸인 것을 알고 여자는 "아름답고 귀여운 바보(17)"로 자라는 것이 제일 좋다고 말하며 닉에게 여성의 비참한 삶에 대해 자조적으로 말할 때 잘 드러난다.

데이지는 닉에 의해 부도덕한 여인으로 평가받다가 서술에서 사라진다. 데이지의 환경이 그녀에게 부여한 수동성이 결국 개츠비의 파멸을 불러일으키자 닉은 그녀를 톰과 한통속이라고 보고 그녀의 배신과 무책임한 행동에 환멸을 표현한다. 그리고 차사고 이후 닉은 데이지에 대한 서술을 중단한다. 개츠비가 죽은 후 데이지는 닉의 서술에서 그 어떤 역할도 하지 못한다. 닉은 개츠비의 꿈을 그대로 따라가면서 데이지를 개츠비의 열망의 대상으로만, 즉 "하얀 궁전 저 높은 곳에 임금님의 따님, 그 황금의 아가씨"(121)로만 인식했고, 개츠비의 꿈이 실패로 돌아가자 자신의 서술에서 그녀를 배제시킨 것이다. 물론 데이지도 자아를 버리고 톰에 귀속되어 살아가겠지만 이에 대해 닉이 고려하지 않는 것은 서술자 닉이 동일시했던 개츠비의 꿈에서 그녀는 꿈의 대상에 불과했기 때문이다.

닉의 서술에서 데이지뿐만 아니라 조연급 여성 인물인 머틀과 조던도 비판적으로 묘사된다. 닉의 관점을 벗어던지고 머틀을 재조명해보면, 머틀은 신분 상승의 꿈을 가진 면에서 개츠비와 닮았다. 머틀은 재의 계곡으로 묘사되는 황무지 같은 자동차 정비소와는 어울리지 않는, 개츠비에 버금가는 욕망과 에너지의 소유자이다. 그러나 남성 개츠비의 경우와는 달리 여성인 머틀에게 조지의 정비소에서 벗어나는 길은 톰의 내연녀가 되는 길밖에 없다. 머틀은 톰과 지내는 아파트를 톰의 돈으로 싸구려 가구와 자질구레한 물건들로 가득 채움으로써 그녀의 꿈을 실현하고자 한다. 그러나 톰은 머틀을 데이지를 대할 때와 마찬가지로 인격적으로 대하지 않고 신경에 거슬리는 일을 하면 폭력을 휘두르며 그녀의 꿈에 균열을 가한다. 개츠비에게는 자신의 환경에서 스스로 일어날 기회가 다양하게 주어지지만, 머틀에겐 톰에게 기생하며 욕망을 실현하는 방법 이외의 다른 기회가 없다. 머틀이 개츠비의 차를 톰의 차로 생각하고 뛰어드는 것은 부에 현혹되어 현실을 직시하지 못하는 머틀을 보여주며, 물질주의에 내재된 파괴성을 상징한다. 부를 상징하는 멋진 차는 머틀을 죽이고, 그 여파로 머틀의 남편이 개츠비를 죽이게 된 것은 물질주의로 황폐해지는 사회에 대한 암시일 수도 있다. 결국 재의 계곡의 두 대표, 머틀과 조지, 그리고 웨스트 에그를 대표하는 개츠비는 차와 총을 서로에게 겨누어 서로를 파멸시키고 이스트 에 그의 뷰캐넌 부부만이 부유한 삶으로 되돌아간다. 머틀은 자신의 처지로부터 탈출하고자 한 점에서 개츠비와 유사하지만, 닉은 그녀를 개츠비와 대조되는 천박하고 조야한 인물로 그린다.

데이지에 대한 불신과 환멸은 닉과 조던 베이커의 관계에 영향을 미친다. 그녀가 골퍼로서 신뢰를 저버리는 일을 했다는 소문을 들은 닉은 그녀에 대한 편견을 갖고 있기 때문에 그녀와 신뢰하는 관계를 맺지 못한다. 개츠비가 죽은 후 닉에게 동부 지방은 기이하고 뒤틀린 곳으로 여겨지는데, 그는 이 느낌을 보석을 장착한 차가운 여성 이미지로 묘사한다.

> 그림 앞쪽에는 흰 야회복을 입은 네 명의 남자가 흰 이브닝드레스 차림의 술에 취한 여자가 누워 있는 들것을 들고 인도를 따라 걸어가고 있다. 들것 밖으로 축 늘어져 있는 여자의 손에서는 보석들이 싸늘하게 반짝거린다. (178)

닉은 물질주의를 여성에게 투영하고 조던도 데이지나 머틀처럼 부도덕하고 뒤틀려 있다는 생각에 그녀와의 관계를 정리하고 고향인 중서부로 돌아가고자 한다. 이에 조던은 “부주의한 운전자는 또 다른 부주의한 운전자를 만나기 전까지만 안전하다.(179)”라고 한 닉의 말을 상기시키며 닉을 부주의한 운전자로 평가한다. 이것은 닉의 왜곡된 시각을 지적하는 일침이자 닉에 대한 실망감의 표현이다. 조던의 지적은 개츠비를 위대하다고 보고, 그의 꿈의 대상이 되었던 데이지와 다른 여성들인 머틀과 조던에겐 비판적인 닉의 평가를 보류하는 데 도움을 준다.

8. 여신과 사이렌은 없다

『위대한 유산』과 『위대한 개츠비』는 신분 상승에 대한 두 주인공의 꿈과 열망을 에스텔라와 데이지를 통해 드러낸다. 그러나 두 소설의 주인공 핍과 개츠비가 각각 꾸는 꿈은 핍과 개츠비 각 인물이 처한 사회와 복잡하게 연결되어 있으며, 또한 서술자의 관점에서 두 남성 주인공은 희생자로, 여성 인물들은 두 주인공을 유혹하고 파괴하는 사이렌으로 묘사된다. 현대의 독자라면, 여성에 대한 가부장적 사고를 내재화하고 있는 서술자의 관점에 역행해서 두 소설을 다시 읽어볼 필요가 있다. 현대의 독자는 핍과 개츠비에게 상처와 파멸을 초래하는 원인을 여성에게서만 찾을 것이 아니라 사회와 그 체제, 젠더 이데올로기에서 살펴보아야 할 것이다. 우선 두 소설에서 여성 인물들이 서술자에 의해서 '사이렌' 또는 '나쁜 여자'로 묘사되는 이유가 주인공 남자들의 열망에 순응하지 않았기 때문임을 염두에 둔 독서를 시도해야 할 것이다. 말하자면 가부장제와 '가정의 천사' 이데올로기에 따라 순종하고 가정적인 여성은 긍정적으로, 자신의 욕망을 따라 행동해 남성이 제어할 수 없게 된 여성은 유혹녀 또는 악녀로 보는 서술자의 시각을 거슬러야 할 것이다.

사실 두 소설에서 남성의 서술 관점에서 묘사된 에스텔라와 데이지를 포함한 여성 인물들은 자신의 상황에 대해 직접 이야기할 수 있는 통로를 부여받지 못하며 자신의 의지를 실현할 사회적 역할도 제한받는다. 그들에겐 결혼과 아내 역할 외에는 자신만의 삶을 펼칠 기회가 없었다. 빅토리아 시대의 에스텔라보다 60년가량 지난, 여성이 자동차를 혼자 운전할 수 있는 1920년대의 미국 여성 데이지와 영국 19세기 여성인 에스텔라의 삶이 그리 다르지 않다는 점을 기억하며 (그리하여 가부장제의 지속성을 확인하며), 남성의 서술에서 벗어나 에스텔라와 데이지를 비롯한 여성 인물들을 새롭게 평가할 필요가 있다.

현대의 대중 매체에도 여전히 남성이 자신의 사회적 성공에 대한 욕망과 실패에 대한 불안을 매력적인 여성에게 투영하는 심리가 잠재하고 있는 듯하다. 1974년 잭 클레이튼Jack Clayton 감독의 영화 <위대한 개츠비Great Gatsby>는 개츠비를 결점 없는 영웅으로, 데이지를 불안 증세가 있는 히스테리컬한 여인으로 그리고 있으며, 1998년 알폰소 쿠아론Alfonso Cuaron 감독의 <위대한 유산Great Expectations>에서 에스텔라는 핍을 성적으로 유혹하며 남자친구에게 질투심을 불러일으키는 데 그를 이용하는 사이렌으로 등장한다. 2013년 바즈 루어맨Baz Luhrmann 감독의 <위대한 개츠비>나 2012년 마이크 뉴웰Mike Newell 감독의 <위대한 유산>에 이르면 데이지와 에스텔라의 부정적인 면모가 다소 약화되지만, 이 두 영화에서는 남자 주인공들에게 초점을 두고 여성 인물들은 남자 주인공의 사랑의 대상으로서만 평면적으로 다루어진다.[10]

현대의 로맨스 영화나 드라마, 광고나 게임에서도 남성이 매혹적인 사이렌과 같은 여성을 욕망하고 때로는 파멸에 이르는 내용이 자주 등장한다. 그 대표적 예로, 미국의 팝가수 브리트니 스피어스의 <웁스! 아이 디드 잇 어게인Oops! I Did It Again>이 있다.

> 어머 내가 또 그랬나봐
> 너의 마음을 가지고 놀았어, 이 게임에 완전히 빠져버렸네

---

10 1974년작 <위대한 개츠비>와 2013년작 <위대한 개츠비> 두 영화에 대한 더 자세한 내용은 이소영(Soyoung Lee), "Nick's Gatsby, Our Gatsby: Baz Luhrmann's Film Adaptation of *The Great Gatsby*", *British and American Fiction* 21.2(2014): 57-90 참조.

⋮ 브리트니 스피어스의 <웁스! 아이 디드 잇 어게인> 뮤직 비디오 속 거미 이미지

어머, 넌 내가 사랑에 빠졌다고 생각하겠지

내가 하늘에서 내려왔다고 생각하면서, 하지만 난 그렇게 순진하지 않아

Oops, I did it again

I played with your heart, got lost in the game

Oops, you think I'm in love

That I'm sent from above, I'm not that innocent

이 노래의 뮤직 비디오에는 화성에 도착한 우주 비행사가 아름다운 여신과 같은 브리트니 스피어스를 보자 자신의 임무를 망각하고 모니터로 이를 지켜보던 지구 위의 사람들도 모두 매료되는 장면이 등장한다. 브리트니 스피어스의 춤 가운데는 거미줄 모양 무대에 누워 유혹하는 장면이 있는데, 이 장면은 우주의 시대에도 여성이 남성을 유혹하고 남성은 이 유혹에서 헤어 나오지 못할 것이라는 것을 풍자적으로 전한

다. 이 팝송의 예처럼 현대 사회와 문화는 디킨스와 피츠제럴드의 소설과 달리 여성의 사이렌 이미지를 소비하는 동시에 비판한다. 대중문화 소비자로서 우리는 사이렌의 매혹적인 이미지를 부정적으로 해석하려는 대중 매체의 시도를 비판하고, 이미지의 생산자들에게 다양한 여성 인물들이 스스로 자신만의 이야기를 할 수 있는 장을 마련하도록 요청할 필요가 있다.

2부

나쁜 여자의 진화

Chapter 8

미술 속
여성 이미지의 해체

박성연

1. 진화하는 여성 이미지

1980년대 이후 문화 이론과 페미니즘 연구에 힘입어 여성에 대한 전통적 고정관념을 뛰어넘는 도발적인 이미지들이 다양한 시각 매체에 등장하기 시작했다. 특히 기술의 발전과 모바일 환경은 소비자가 하나의 이야기에 만족하지 않고 다양한 매체를 통해 스토리를 소비하고 공유하는 것을 가능하게 해주었다. 고착화된 여성 이미지의 신화적 전형성은 무너지고 있다. 영화 <미나리>로 2021년 아카데미상 여우조연상을 수상한 영화배우 윤여정의 경우를 보면 여성 이미지에 대한 인식과 위상이 변화하고 있음을 확인할 수 있다. 수상을 기념해 KBS 다큐

인사이트 <다큐멘터리 윤여정>을 기획한 PD는 "목소리가 나쁘고 똑똑한 역할을 많이 맡아 한때 비호감을 샀던 배우가 자연스레 진취적 여배우들의 롤모델이 됐다."며 배우 윤여정의 어제와 오늘을 보여주겠다고 기획 의도를 밝혔다. 제작진은 윤여정을 '엄마'나 '할머니'라는 중년 여배우의 전형적인 역할에 한정하려 했던 것에 대한 자기반성을 담았다고 덧붙였다.[1] 이와 같은 방송 제작자들의 자기반성에서 보듯이 예술·문화 전반에 걸쳐 여성 이미지 변화가 진행되고 있다.

사회·문화사적으로 여성은 양극화된 이미지로 소비됐다. 여성은 신비롭고 에로스적인 신화적인 여성이거나 아이들을 양육하고 도덕적 모범을 보여주는 어머니상으로 제시되었다. 오랜 시간 동안 정형화된 여성 이미지는 남성의 글쓰기를 통해 굳어지면서 결국에는 남성의 시선으로 해석됐다. 최근에도 여전히 남성의 시선으로 보는 여성 이미지가 형성되고 있다. 특히 빠른 파급력을 지닌 최근 디지털 미디어 콘텐츠의 경우 사회 속 남성의 시선을 의식하지 않을 수 없고, 이런 상황에서 왜곡된 여성 캐릭터, 말하자면 '에로스적 여성'과 '어머니상 여성'으로 양극화된 여성 캐릭터가 빈번히 나타나는 실정이다. 또한 오늘날의 디지털 미디어 콘텐츠에서 여성 캐릭터는 여신, 공주, 어머니, 아버지의 딸, 하녀, 영웅, 전사, 마녀, 귀신, 미친 여자, 팜므 파탈, 질투의 화신 등으로 등장하는데, 이 또한 '선한 여자'와 '나쁜 여자'라는 양극화에서 자유롭지 못하다.

이 장에서는 전통 회화, 현대 미술, 디지털 미디어 콘텐츠의 작품 사례를 통해서 여성 이미지의 진화 과정, 특히 나쁜 여자의 변화 과정을 살펴보고자 한다. 먼저 미술사에서 '팜므 파탈' 여성을 소재로 한 전통

---

1 https://www.sedaily.com/NewsVIew/22L7330JJW

적 회화 작품과 여성-사회 관계를 자기 경험에 비추어 해석한 여성 현대 미술 작가들의 작품을 소개할 것이다. 현대 미술 작가로는 루이즈 부르주아Louise Bourgeois(1911-2020)와 쉬린 네샤트Shirin Neshat(1957-)를 소개해 여성적 저항을 살펴볼 것이다. 디지털을 기반으로 한 최근의 콘텐츠 중 원형 서사를 재해석한 게임과 웹툰은 원전과 달리 여성 캐릭터에 대한 새로운 시선을 보여준다. 따라서 디지털 미디어 콘텐츠에 나타나는 다양한 여성 캐릭터를 통해 여성에 대한 현대인의 인식도 확인하고자 한다.

이 글은 여성 이미지에 대한 고정관념이 재배치되고 여성 이미지가 새로운 각도에서 새롭게 해석될 수 있다는 것을 확인함으로써 "여자로 태어나는 것이 아니라 여자로 만들어지는 것"이라는 시몬 드 보부아르Simone de Beauvoir(1906-1986)의 유명한 말의 의미를 되새겨보고자 한다.

2. 정숙하거나 위험한 여성, 양극화된 여성 이미지 개관

바로크 시대를 대표하는 피터 폴 루벤스Peter Paul Rubens(1577-1640)의 강렬하고 역동적인 유화 <삼손과 데릴라Samson and Delilah>(1609)는 전통 회화에 있어서 나쁜 여자를 어떻게 그렸는지를 잘 보여준다. 고급 사창가를 암시하는 내부 장식과 피를 상징하는 데릴라의 붉은 드레스 그리고 그녀의 풍만한 육체는 성적 매력으로 남자를 유혹하는 관능적인 '팜므 파탈'의 모습을 전형적으로 보여준다. 이 작품은 『구약성서』에 등장하는 삼손과 데릴라를 강한 음영으로 대비시키고, 장식적 묘사를 곁들여 풍만한 여성과 근육질 남성의 대조를 생동감 있게 연극의 한

⋮ <삼손과 데릴라>, 피터 폴 루벤스, 런던국립미술관, 1609년[2]

⋮ <데릴라, 삼손의 머리를 자르다>, 알브레히트 뒤러, 1500년경[3]

장면처럼 구성한 전형적인 바로크Baroque 스타일의 회화이다. 괴력을 지닌 삼손의 유일한 약점은 머리카락과 사랑이다. 삼손은 유대 민족과 적대적이었던 블레셋 출신의 여인 데릴라와 사랑에 빠져 그녀에게 자신의 힘이 머리카락에서 나온다는 비밀을 말해버린다. 삼손이 데릴라 품에서 잠이 들었을 때 블레셋 병사들이 들어와 그의 머리카락을 자르자 삼손은 힘을 상실한다. 벽면에 그려진 비너스와 큐피트, 문밖의 병사들, 그리고 노파가 들고 있는 촛불로 인해 강조된 명암은 장면에 긴장감을 더한다. 하지만 역시 시선을 끄는 것은 붉은 드레스를 입고 상반신을 거의 노출한 데릴라이다. 바로크 시대에는 성서에 등장하는 유혹

2 https://commons.wikimedia.org/wiki/File:RubensSamsonundDelilah1609LondonNationalGallery.jpg

3 https://commons.wikimedia.org/wiki/File:Albrecht-Durer-Delilah-cuts-Samsons-hair.jpg

적인 여성을 주제로 한 그림이 크게 유행했는데, 그 이유는 에로틱한 성서를 주제로 한 회화가 성적으로 억압된 사회에서 여성 누드화를 대체할 수 있었기 때문이었다. 또한 교황청이 신자의 이탈을 방지하기 위해 극적인 이야기를 요구했기 때문이었기도 하다. <삼손과 데릴라> 속 여성 이미지는 제도가 만든 프레임 안에서 성적인 대리 만족과 신자 이탈 방지라는 양가적인 측면을 보여준다.

바로크 시대 이후 문학이나 미술에서 일반적으로 여성은 지속적으로 정숙한 아내 또는 파괴적인 요부로 재현되었는데, 남성들의 사회생활에 위협이 되지 않는 정숙한 여성은 긍정적으로 묘사되었다. 이런 경향은 인상주의 시대에도 이어졌다. 인상주의 화가 오귀스트 르누아르 Auguste Renoir(1841-1919)의 우아한 귀부인들과 아이들 그림은 현대 사회에 이상적인 가정상을 제시하는 역할을 했다. 1880-1890년대 인테리어 잡지나 카페에는 인상주의 회화가 자주 등장하여 '교양과 품위를 지닌 이상적 가정' 이데올로기 형성에 기여했다. 20세기 후반 서구 사회에서 가정은 항상 도덕적 모범을 제시하며 편안한 안식처로 인식되었다. 그 무렵 세련된 인테리어 잡지와 여성 잡지에 자주 등장하던 인상주의 화가들의 작품은 '홈 스위트 홈'이라는 이미지를 제공했다. 르누아르의 그림에 등장하는 집은 밝은 자연광 아래서 부유하는 색감으로 묘사되

<두 자매, 테라스에서>, 피에르 오귀스트 르누아르, 시카고 미술관, 1881년[4]

⋮ <말리 정원에서 뜨개질하는 리디아>, 메리 카사트, 메트로폴리탄 미술관, 1880년[5]

었으며, 따스한 햇볕 아래 한적하게 소풍을 즐기는 사람들은 부르주아의 자연과 함께하는 생활을 이상적 삶으로 낭만화한다. 부드럽고 화사한 붓 터치와 빛을 활용한 그의 그림은 교양이 가득한 따뜻한 이미지에 부합해 현대 마케팅에 자주 활용되고 있다. 르누아르의 그림은 남성의 시선에서 여성을 정물화still life 사물 중 하나로 배치함으로써 여성에 대한 모범적 이미지를 강요한다.

르누아르와 달리 당시 인상파 여성 화가들은 여성의 공간을 그리면서 집의 즐거움, 지루함, 단조로움을 함께 표현했다. 대표적인 작가로는 메리 카사트Mary Cassatt(1844–1926)와 베르트 모리조Berthe Morisot(1841–1895)가 있다.[6] 페미니즘 미술이론가 그리젤다 폴록Griselda

4 http://en.wikipedia.org/wiki/Two-Sisters_(On_the_Terrace)

5 https://commons.wikimedia.org/wiki/File:Lydia_Crocheting_in_the_Garden_at_Marly_MET_FIG34R1_31J.jpg

6 카사트와 모리조의 공간 분석 내용은 그리젤다 폴록, 「모더니티와 여성성의 공간」.

: <푸른 소파에 앉아 있는 소녀>, 메리 카사트, 워싱턴국립미술관, 1878년[7]

Pollock(1949-)은 "여성 미술가들이 제작한 작품들에서 전형적인 인상주의 도상이 실제로 얼마나 적게 재현되고 있는가가 훨씬 더 중요하다."(폴록, 456)고 언급한다. 폴록은 카사트와 모리조를 예로 들며 이들이 남성 작가들과는 다른 방식으로 공간을 배치해 고착된 공간성의 헤게모니를 무너뜨렸다고 설명한다. 카사트와 모리조 작품에서도 테라스와 정원이 등장하지만, 그림 속 인물의 시선 방향이나 구도를 달리해 르누아르의 이상적 테라스와 정원과는 차이가 있다. 카사트와 모리조의 유화에서는 육아, 가사 노동 같은 현실적 일상의 단조로움을 느낄 수 있다(폴록, 479-485; 백지숙, 262). 흔히 남성 인상주의 화가의 작품에 등장하는 카페, 식당, 작업실, 정원, 유흥가, 공연장 등의 대중적인 공공 공간은 여성들의 출입이 제한된 부르주아적인 공간이다. 그래서인지 인

『미술의 화두』. 윤난지 엮음. 전혜숙 옮김. 눈빛, 1999, 449-490을 요약했다.

7 https://commons.wikimedia.org/wiki/File:Cassat_-_Blue_Armchair_NGA.jpg

⋮ <수틀 앞의 리디아>, 메리 카사트, 메트로폴리탄 미술관, 1881년경[8]

⋮ <J부인의 초상(검은 옷을 입고 있는 젊은 여인)>, 메리 카사트, 1883년[9]

상주의 여성화가 카사트와 모리조는 이런 공공 공간 대신 여성의 공간인 집을 작품에 담아낸다. 즉 카사트와 모리조는 남성 미술가들이 다루지 않은 새로운 공간인 가정의 공간에 관심을 둔다. 카사트의 작품은 기하학적 원근법의 투사 체계에서 벗어난다. 그녀의 작품 <푸른 소파에 앉아 있는 소녀Little Girl in a Blue Armchair>(1878), <수틀 앞의 리디아Lydia at the Tapestry Loom>(1881년경), <J부인의 초상(검은 옷을 입고 있는 젊은 여인)Portrait of Madame J(Young Woman in Black)>(1883)은 관람자와 그림 속 인물의 거리를 좁혀 전통적인 거리감을 없앤다. 이러한 '근접과 압축' 방식은 관람자도 그림 속 인물과 같은 공간에 위치하게 만든다.

모리조의 작품에서도 카사트가 보여준 이와 같은 특징이 나타난다(폴록, 459-460). 모리조의 작품은 아이를 돌보거나 부엌에서 가사 노동을 하는 장면을 소재로 택하고 공간 배열을 새롭게 함으로써 중산 계층의 사적 영역이나 가정 공간을 보여준다. 모리조의 <트로카데로에서 바라본 파리 전경View of Paris from the Trocadero>(1871-1873)나 <발코니에서On the Balcony>(1872)는 난간으로 파리 시내의 풍경과 여성과 아이의 공간을 확연히 구분한다. <트로카데로에서 바라본 파리 전경>에서 여인과 아이는 난간 뒤 파리의 풍경을 배경으로 서 있어 풍경과 여성, 아이의 공간이 정확하게 분리된다. <발코니에서>는 난간으로 인해 정확하게 파리 시내와 여성이 있는 공간이 구분된다. 폴록은 모리조의 그림이 "공적인 것과 사적인 것의 경계가 아니라, 어떤 공간들이 남성 및 여성에게 개방되어 있는가와 그 공간과 공간을 차지하고 있는 사람들에게 남성 혹은 여성이 어떠한 관계를 갖는가 하는 두 가지 모두의 차원에서 이야기될 수 있는 남성의 공간과 여성의 공간 사이의 경계"를 강조한다고 지적한다(458).

여성 작가들에게 자기만의 공간이나 시간도 절실했지만, 동시대 미술 작가 마리 바시키르트세프Marie Bashkirtseff(1858-1884)의 기록에 따르면 당시 여성 작가들이 가장 원했던 것은 자유롭게 도시를 돌아다닐 수 있는 자유였다.[10] 카사트와 모리조 시대 카페, 극장, 공원 등은 계층

8 https://commons.wikimedia.org/wiki/File:Cassatt_Mary_Lydia_at_the_Tapestry_Loom_c._1881.jpg

9 https://commons.wikimedia.org/wiki/File:Mary_Cassatt_-_Portrait_of_Madame_J_(Young_Woman_in_Black)_-_MSA_SC_4680-10-0010.jpg

10 모리조, 카사트와 동시대 미술 작가 마리 바시키르트세프는 일기에 혼자 도시 공간

⋮ <트로카데로에서 바라본 파리 전경>, 베르트 모리조, 산타바바라 미술관, 1871-1873년[11]

⋮ <발코니에서>, 베르트 모리조, 시카고 미술관, 1872년[12]

과 계급 및 성차가 발생하는 장소로서 여성에게 개방되지 않았다. 즉 당시 여성 작가들은 혼자 밖에 나가 카페나 극장을 방문하거나 공원에 혼자 있을 자유가 없었다. 이런 맥락에서 폴록은 카사트나 모리조의 그림이 남성 화가의 시선과는 다른 여성 화가 특유의 시선과 관계 읽기를 제시한다고 주장한다(485). 폴록은 카사

을 자유롭게 거닐 수 없는 제약을 토로한다(폴록, 468 재인용). 원전은 *The Journal of Marie Bashkirtseff*(1890). Intro. by Rozsika Parker and Griselda Pollock. London: Virago P, 1985. (entry for 2 January 1879) 347.

11 https://commons.wikimedia.org/wiki/File:Berthe_Morisot_-_Vue_de_Paris_hauteurs_du_Trocad%C3%A9ro.jpg

트나 모리조가 그들에게 익숙한 가정이나 여성적 주제, 어머니와 아이를 그린 화가로 축소되는 것에 반대한다. 이들은 성별 구분을 넘어서 우리에게 감동을 줄 뿐 아니라 남성과 여성의 관계, 여성에 대한 유럽 사회의 관점까지도 제시하는 화가라는 점 때문이다(폴록, 481-483).

여성이 남성과 동등한 권리를 요구할 수 없는 존재라는 개념이 19세기에 등장한 지식인 남성의 사고를 지배했다. 특히 이런 지식인 남성의 여성관이 회화에도 반영되었다. 당시 예술가들은 작품의 소재를 신화나 문학 작품 속에 등장하는 에로틱한 '팜므 파탈'에서 찾았는데 프랑스의 상징주의 화가 귀스타브 모로Gustav Moreau(1826-1898)도 예외는 아

: <식당에서>, 베르트 모리조, 워싱턴 국립미술관, 1875년[13]

: <요람>, 베르트 모리조, 오르세 미술관, 1872년[14]

---

12 https://en.wikipedia.org/wiki/File:Berthe_Morisot_001.jpgillustration/50623854921

13 https://en.wikipedia.org/wiki/File:Berthe_Morisot_003.jpg

⋮ <헤롯 왕 앞에서 춤을 추는 살로메>, 귀스타브 모로, 해머 미술관, 1876년[15]

⋮ <오르페우스>, 귀스타브 모로, 오르세 미술관, 1865년[16]

니었다. 모로는 “여성의 아름다움은 동물적인 것이고 여성에게 어떤 사고는 결여되어 있다.”(김영애, 142 재인용)고 주장하여 당시 남성 지식인의 사고의 전형을 보여주었다. 모로는 성서의 이야기나 신화를 주 소재로 삼았는데, 특히 ‘살로메’를 주제로 한 15점의 작품을 남겼다. 살로메는 남성들을 홀려 파멸에 이르게 하는 성서 속 악녀다. 살로메 이야기에는 의붓딸을 탐하는 아버지, 새아버지 앞에서 뇌쇄적인 춤을 추는 딸, 참수당한 요한의 머리 위에 입을 맞추는 여인 등 비정상적이고 타락한 인물들이 가득하다.

---

14 https://en.wikipedia.org/wiki/File:Berthe_Morisot_-_Le_Berceau.jpg

15 https://en.wikipedia.org/wiki/Salome_Dancing_before_Herod

19세기 말에도 '팜므 파탈'의 이미지는 빈번하게 등장했을 뿐 아니라 과격하게 묘사되었다. 여성이 남성의 목을 들고 있는 모습까지 등장했는데 이는 모로의 <오르페우스Orpheus>(1865)와 구스타프 클림트Gustav Klimt(1862-1918)의 그림에서 확인할 수 있다. 모로의 <오르페우스>는 디오니소스의 여사제들에게 살해당하고 리라와 함께 강에 버려진 오르페우스를 그린 그림이다. 광기에 찬 여자들에 의해 몰매를 맞고 죽임을 당한 장면을 정교한 옷장식과 보석 장신구와 함께 그려 기이함을 자아낸다. 클림트의 그림 <유디트와 홀로페르네스Judoth and Head of Holofernes>(1901)는 에로틱한 분위기를 강조해 전형적인 '팜므 파탈' 이미지를 보여준다. 그림 속 여성은 섹시한 외모와 뇌쇄적인 분위기로 남성 머리를 들고 있다. 이러한 그림들이 강조하는 것은 아름답지만 치명적인 여성이다. 19세기 말 사회 변화에 따라 여성의 위치도 상승하자 남성들이 여성을 경계하기 시작했다. 이런 가운데 모로나 클림트 같은

: <유디트와 홀로페르네스>, 구스타프 클림트, 벨베데레 미술관, 1901년[17]

16 https://commons.wikimedia.org/wiki/File:Gustave_Moreau_-_Orpheus_-_Google_Art_Project.jpg

17 https://commons.wikimedia.org/wiki/File:Gustav_Klimt_039.jpgjpg illustration/50623854921

화가들은 남성의 목을 들고 있는 여성 이미지를 통해 아름다운 여성이 남성을 파멸에 이르게 한다는 점을 부각시켰다.

이후 20세기 중반까지 정확한 이유는 모르겠지만 '팜므 파탈'은 미술에서 중요하게 다루어지지 않았다. 그러나 20세기 후반 '팜므 파탈'이 재등장했는데, 이전 시대와는 전혀 다른 모습으로 표현되고 해석되기 시작했다. 오늘날 '팜므 파탈'은 현대적이고 남의 시선을 의식하지 않고 자신의 주장을 펴는 여성으로 간주된다. 여성의 사회적 지위가 변화하고 가족 형태가 다양해지면서 '팜므 파탈'을 대체하던 '요부, 에로틱한 여성, 위험한 여성, 타락한 여성, 유혹하는 여성, 뇌쇄적 여성' 등도 매력적인 여성으로 긍정적 의미를 띠게 되었다. 파격적인 의상과 행보를 보여주는 미국 가수 레이디 가가Lady Gaga나 <싱글 레이디스Single Ladies>에서 관능적인 자아를 표현한 가수 비욘세Beyoncé, 센 언니 이미지의 래퍼 제시, 이름 자체가 브랜드가 된 섹시한 가수 이효리 등이 멋진 여성으로 호평받는 시대가 된 것이다. 2021년 Mnet에서 방송한 여성 스트릿 댄스 서바이벌 <스트릿 우먼 파이터>(2021년 8월-10월 방영)는 서바이벌 형식의 여성 댄서 경연 프로그램이다. "2021년 여름, 춤으로 패는 여자들이 온다! 여자들의 춤 싸움"이라는 프로그램 소개처럼, 이 리얼리티 서바이벌 프로그램에서 여성 댄서들이 자존심을 걸고 경연에 참여했다. 이 프로그램의 화제성으로 인해 스핀오프 프로그램인 10대들의 춤싸움 <스트릿댄스 걸스 파이터>가 제작되었고 댄서가 정식 직업으로 인정받는 사회적 분위기가 형성되었다. 독보적인 존재감을 나타내는 여성 댄서가 "멋있다! 강렬하다!"라는 사회적 인식 변화를 맞이하며 침묵해왔던 여성들은 '카리스마 있는 언니'인 현대적 나쁜 여자에 환호한다.

3. 침묵으로 저항하며 양극화를 넘어서다

'팜므 파탈'과 '정숙한 여인'으로 양극화된 여성 이미지가 끈질기게 회화사를 점령해왔지만 20세기 들어와 이에 저항하는 다양한 여성 이미지들이 나타났다. 그중 주목할 것은 루이즈 부르주아의 작품이다. 부르주아는 드로잉, 조각, 설치 등을 통해 여성 작가로서 오랜 기간 자신의 작품 세계를 구축했다.

버지니아 울프Virginia Woolf(1882-1941)가 『자기만의 방*A Room of One's Own*』(1929)에서 지적했듯이 여성들이 글을 쓰기 위해서는 자기만의 방 혹은 자기만의 책상과 고정 수입이 필요하다. 그러나 전업주부를 겸하는 여성 작가가 직면하는 딜레마는 자기만의 방이나 고정 수입이 제공

: <여성-집>, 루이즈 부르주아, 1946-1947년[18]
© The Easton Foundation/VAGA at ARS, New York/SACK, Seoul, 2022

18 https://en.wikipedia.org/wiki/Femme_Maison

된다 하더라도 해결되기 어렵다. 가족들의 이해가 필요하기 때문이다. 부르주아의 작품 <여성-집femme-maison>(1946-1947)은 그녀의 자화상이자 자신의 몸을 집과 동일시한 작품이다. 이 작품은 여성 작가의 정체성과 아이 셋을 키우는 전업주부 사이에서의 딜레마를 보여주는데, 자신의 누드 위에 머리 대신 집을 배치하고 눈, 코, 입, 귀는 극도로 생략해 듣고 말할 수 없는 형상을 만든다. 그리하여 가장 친숙하고 아늑할 것이라고 여겨지는 집을 머리에 탈처럼 쓰고 보지 못하고 말하지 못하는 그녀의 상황을 드러내는 통로로 만든다. 집과 몸이라는 서로 다른 객체를 병치하는 이러한 초현실적 배치 방식은 부르주아의 재치 있는 사회 비판으로 볼 수 있다. 부르주아의 <여성-집> 시리즈는 여성=집의 동일시에 대한 심리적 압박을 보여줌으로써 1960년대 말과 1970년대 페미니스트 예술가들에게 영향을 주었다.

이란 출신으로 미국에 망명한 현대 미술 작가이자 영화감독인 쉬린 네샤트는 이슬람주의에 대한 여성의 저항을 영상 및 사진 작품으로 표현한 여성 작가다. 네샤트의 <소란Turbulent>(1998),[19] <환희Rapture>(1999), <열정Fervor>(2000)[20]은 그녀를 세계적인 작가로 각인시킨 대표적 영상 작품이다. 이슬람 혁명(1979)이 일어나기 전 개방적인 분위기에서 성장한 그녀는 미국으로 유학을 떠난다. 그런데 유학 후 다시 찾은 고국의 보수적인 폐쇄성에 충격을 받는다. 이란은 여전히 이슬람 율법이 엄격하게 적용되고 자유와 평등이 억압받는 나라로서 이란의 이슬람 여성들은 공공장소에서 노래조차 할 수 없었고 눈과 몸이나 도구를 활용해 목소리를 낼 수밖에 없었던 것이다. 이런 상황을

19 쉬린 네샤트, <소란>. https://youtu.be/VCAssCuOGls

20 쉬린 네샤트, <열정>. https://youtu.be/1F4PdmhydzA

네샤트는 청중 앞에서 격정적으로 노래하는 남성 가수와 텅 빈 극장에서 구음으로 노래하는 여성의 모습을 대비한 작품 <소란>에 담아낸다. 이 작품은 마주 보는 두 개의 스크린에 남성과 여성을 대치적 구조로 배치한 2채널 흑백 영상인데 여성의 노래는 가사가 없고 읊조림이나 절규에 가깝다. 구음을 하는 여성의 저항은 관객에게 전달되며 가슴 먹먹하게 할 만큼 전율을 안긴다. 작품 <환희>도 남성 대 여성의 대비 구조를 흑백의 영상 서사에 담아낸다. 즉 이 작품에서는 성벽에 정렬해 서 있는 남성 무리와 자연인 바다를 향해 걸어가 배를 타는 부르카를 쓴 여성 무리가 대조를 이룬다. 영상 작품 <열정>은 흑백의 영상 대비와 2채널 구조의 화면 분할 방식으로 종교 의식에 참여한 남녀를 담아내 젠더 문제를 부각시킨다. 이 작품에서 종교 집회에 참여한 남녀의 자리는 천으로 분리되는데, 남녀가 고개를 돌려 눈빛을 주고받는다. 이때 여성은 열광적인 집회 분위기가 자신에게 향하는 비난처럼 느껴져 집회를 빠져나온다. 네샤트의 3부작 <소란>, <환희>, <열정>은 이처럼 인공물/자연이나 남성/여성의 대립을 통해 여성의 저항적 행동을 강조하고, 흑백 필름으로 제작하여 이란 사람들 공통의 전통적 가치와 개인의 자유 추구를 형상화한다. 그녀는 "내 작품 속의 여성들은 강인하고 품위와 용기가 있으며 행동하는 사람들로 표현됐다고 생각한다. 이러한 묘사는 이란 여성들에 대한 나의 솔직한 생각과 해석을 담고 있다. 이들은 어떤 억압에도 결코 겁먹지 않으며 침묵하지 않는다."고 밝히며(국립현대미술관 서울관 개인전, 2014), "완벽한 세상은 남성성과 여성성이 평형을 이룰 때 비로소 만들어진다."고 강조한다. 이렇게 쉬린 네샤트는 영상 언어로서 여성 억압을 고발하고 여성의 저항을 드러낸다.

한국 미술계에서도 전통적인 여성 이미지에 대한 저항이 시도되었다. 한국 작가 이불(1964-)은 1990년대에서부터 2000년대까지 인위적 전통과 가부장적 사회를 비판하는 퍼포먼스를 벌여왔다. 이불이 선보인 여성 사이보그와 괴물은 기존 한국 미술계에서 보지 못했던 사례로, 국내외 미술계에 큰 영향을 주었다. 그녀는 퍼포먼스 <낙태Abortion>(1989)에서 여성의 몸에 대한 왜곡된 인식과 가부장적 이데올로기를 강렬하게 비판한다. 이 작품에서 그녀는 여성의 임신, 출산, 낙태의 고통을 표현하며, <아토일렛Atoilet>(1989)에서 동양 여성이 지켜야 하는 관습을 비꼬아 풍자한다. 퍼포먼스 <수난 유감: 내가 이 세상에 산책 나온 강아지 새끼인줄 아느냐?Sorry for suffering-You think I'm a puppy on a picnic?>(1990)와 설치 작품 <히드라, 기념비Hydra, Monument>(1998)에서 코스튬을 통해 신체를 과장된 괴물 형상으로 만들었다. 이후에도 그녀가 보여준 괴물 시리즈는 인간 신체의 확장을 통해 가부장적 관습에 대한 저항을 보여준다. 전혜숙이 지적하듯이, 이불이 선택한 기괴하고 낯선 조합은 동양 여성의 허구적 스테레오 타입에 항의하는 예술적 전략이다(289). 서양 미술사에 주로 등장하는 아름다운 여성 이미지와 반대되는 기괴한 여성 이미지를 통해 이불은 가부장제 사회의 억압적 관습과 규범을 비판한다.

위에 언급한 작품들에서 확인할 수 있듯이 여성 작가들은 각자의 미학적 표현 방식을 통해 오랜 시간 굳어진 여성 이미지나 역할에 정면 도전하며, 여성 이미지의 변화를 이끌어냈다. 그러나 문제는 20세기 후반에 새로 등장한 매체인 디지털 미디어에서 여전히 여성 이미지를 놓고 각축전이 벌어지고 있다는 점이다. 따라서 청년층의 절대적인 호감을 받고 있는 디지털 매체 속 여성 이미지에 대한 비판적 분석이 시급하다.

4. 디지털 미디어 콘텐츠에 나타난 여성 캐릭터

20세기 후반 등장해 최근 지배적인 예술 매체가 된 디지털 미디어로는 웹툰, 게임, 소설, 인터랙티브 영화 등을 꼽을 수 있는데, 이들은 고정된 서사에서 소비자(사용자)가 서사를 넘나들면서 대안적이고 새로운 캐릭터의 정체성을 구축할 수 있다는 장점을 지니며 사용자 중심의 서사를 구축한다는 측면에서 의미가 있다. 경험자의 상호작용형 콘텐츠 수요가 증가하면서 디지털 미디어는 전통적 젠더 개념의 대안을 제시할 매체로 주목받고 있다. 이런 의미에서 디지털 미디어 콘텐츠에 나타난 여성 캐릭터를 보다 세심하게 들여다보고자 한다.

문제는 미디어 환경이 급변하는데도 여전히 여성 혐오적 이미지가 답습되고 있거나 여성의 상품화가 지속되고 있다는 점이다. 디지털 미디어 콘텐츠의 여성 캐릭터는 소비자의 선호도를 반영하는 가운데 전통적 여성 캐릭터를 그대로 보여준다. 여전히 대부분의 디지털 미디어 콘텐츠에서 여성은 성적 소비의 대상이자 도움이 필요한 대상이며, 성과에 대한 보상물로, 정신병, 우울증, 신경증에 걸린 환자로, 나아가 매우 전통적인 여성상인 '팜므 파탈', 공주, 질투의 화신, 여신, 여성 괴물, 마녀, 여전사, 어머니 캐릭터로 그려진다.

디지털 게임에서도 여성 캐릭터는 수동적인 혹은 보조 역할을 하는 인물이거나 인간 모습의 여성에 가깝게 묘사되는 것에 반해, 남성은 주체적이고 공격적이며, 환상적 요소를 지닌 괴물이나 전사로 그려진다. 여성 캐릭터 중 디지털 게임의 전설적 캐릭터로 <툼레이더Tomb Raider> 시리즈의 라라 크로프트를 들 수 있다. 라라 크로프트 캐릭터는 1996년 등장한 이후 새 시리즈가 나올 때마다 변화한다. 초기 캐릭터가 독립적이고 유쾌한 모험가나 영웅 이미지였다면, 점차 가슴과 허리가 강조되고 어두운 성격의 여성으로 변모해간다. 라라 크로포트는 여성 사용자(플레이어)들에게는 이전에 보지 못한 여성 히어로로서 새로운 캐릭터이나 남성 사용자는 점차 실제 인간처럼 묘사된 그녀를 영웅으로서가 아니라 소비될 성적 대상으로 여긴다. 전통적 미디어의 콘텐츠와 달리 디지털 미디어 콘텐츠는 사회 변화가 반영된 캐릭터와 스토리를 창조할 수 있다. 이런 성향 때문에 스테레오 타입의 여성 캐릭터에 호응하거나 새로운 캐릭터를 기대하는 각기 다른 소비자의 요청에 따라, 전통적 여성 캐릭터 또는 대안적인 캐릭터가 등장하게 된다. 이제 디지털 미디어 콘텐츠 속 각기 다른 여성 이미지를 보다 세밀하게 평가하면서 긍정적인 측면과 문제점이 무엇인지 가늠해보도록 한다.

전통적 여성 이미지

신경증적 여성의 재해석

디지털 미디어 콘텐츠에는 히스테리 병증에 걸린 여성 캐릭터가 자주 등장한다.[21] 디지털 미디어 콘텐츠의 남성 캐릭터는 우울증이나 신경증을 지녔다 하더라도 빈도수가 낮고 알코올 중독이나 약물 중독인 경우가 많은데, 여성 캐릭터는 신경쇠약, 편집증, 조울증 등 정신병을 앓는 인물로 등장한다(체슬러, 120). 현대 소설 속에서는 평범하지 않은 삶을 사는 여성 캐릭터의 우울증이 흔히 상실감과 실망감으로 이어지는 데 비해, 디지털 게임에서는 그 우울증이 공격성을 드러내며 때론 자책으로 이어지는 경우가 많다. 이 점이 동일한 조건의 남성 캐릭터와

21 원래 "hysteria"의 어원 자체가 자궁이라는 뜻이다. https://en.wikipedia.org/wiki/Hysteria

차별되는 부분이다(한혜원, 131).[22] 신경증적 여성 캐릭터는 가부장 사회에서의 여성 억압을 압축적으로 보여주는 일종의 기호이자 은유라고 할 수 있다. “여성의 문화적 신경증은 여성을 여성의 정치적, 경제적, 사회적, 문화적 상황으로부터 막으려는 징후로 해석해야 한다.”는 뤼스 이리가라이Luce Irigaray(1930-)의 주장은 이를 입증한다(한혜원, 130 재인용).[23] 그런데 디지털 미디어에서 정신병을 앓고 있는 여성 캐릭터가 남들이 보고 듣지 못하는 것을 보고 듣는 특이한 능력의 소유자로 재해석된다.

디지털 게임 <로보토미 코퍼레이션Lobotomy Corporation>(2017)은 여러 가지 환상체(괴물)를 관리하는 회사 운영 게임으로 상호작용 스토리텔링 구조로 이루어져 있다. 그런데 이 게임은 ‘백설공주의 사과’를 소재로 마녀를 새롭게 해석한 면에서 흥미를 끈다. 이 게임은 동화 「백설공주」의 독사과를 모티브로 하고 마녀가 마법을 통해 사과와 동일한 환상체가 되게 설정한다. 이 게임에서 ‘백설공주 사과’의 몸은 식물 줄기로 되어 있고 목 주위에 나뭇잎이 있으며 머리는 사과로 되어 있고 눈은 없거나 깊이 박힌 듯하다. 동화의 마녀처럼 이 게임의 마녀도 백설공주의 아름다움에 분노하여 자신의 모든 것을 포기하고 사과에 가장 강력한 마법을 건다. 백설공주가 그 사과를 먹음으로써 마녀는 목표를 이룬 듯 보이지만 사과가 된 마녀는 아주 오랫동안 혼자 있어야 한다. 공주와 왕자가 행복하게 떠날 때도 마녀는 여전히 혼자 있어야 하며, 벌레들이 마녀의 눈을 파먹고 마녀 주변엔 독사과를 먹고 죽은 벌레와

---

22 한혜원은 버지니아 울프의 말을 인용해 천재적 여성은 죽거나 미쳐야 했으며, 이 여성들은 가부장제 사회 금기의 영역을 인지하고 평범함을 포기해야 하는 위험한 존재라고 한다(131).

23 원전은 뤼스 이리가라이, 『하나이지 않은 성』. 이은민 옮김. 동문선, 2000. 66-67 참조.

새들의 사체만 굴러다닌다. 사과가 된 마녀는 자신 대신 썩어가는 사체 더미들 속에 묻혀 공주를 증오하며 자신의 존재에 대해 생각하는 외로운 시간을 보낸다. 결국 마녀는 공주처럼 왕자가 와서 자기를 구해줄 것이라는 생각을 접고 혼자만의 길을 걸어간다.

이 게임에서 '백설공주의 사과'는 마녀의 공주에 대한 질투심과 자신에 대한 분노 및 외로움을 상징한다. 원전 동화의 마녀(여왕)가 독기 가득 찬 악녀라면, 이 게임의 마녀는 히스테리로 인해 스스로 사과에 감금된 애잔한 존재이다. 앞서 언급한 루이즈 부르주아의 자화상이 집을 뒤집어쓴 모습으로 표현됐다면, '백설공주 사과'의 마녀는 말라서 시들어버린 줄기와 나뭇잎을 가진 얼굴 없는 사과 캐릭터로 등장한다. 이러한 신경증적 캐릭터는 전통 회화에서는 남성을 파멸로 이끄는 악녀로 등장하는 경우가 흔했다. 반면 이 게임에서 마녀는 초라한 자기 모습에 연민을 품는데, 이런 마녀 재현은 새로운 시도이다.

모성 vs 마녀의 재해석

비뚤어진 모성애를 다룬 작품도 있다. <바토리의 아들>(2016-2018, 카카오웹툰)은 한국의 판타지 스릴러 드라마 웹툰으로 아들을 향한 바토리 에르제베트의 모성애를 그린다. 이 작품은 가상의 중세 유럽을 배경으로 한 판타지물로서 동명의 설화[24]를 모티브로 한다. 이 웹툰은 기보르 영주이자 바토리 가문의 주인인 바토리 에르제베트의 잔혹한 행위의 원인이 무엇인지 탐색한다. 바토리의 아들 미겔 바토리는 사람만

24 바토리 에르제베트(1560-1614)는 흡혈귀의 원형으로 알려진 헝가리 명문 귀족의 딸이다. 처녀의 생피가 자신의 노화를 막을 것으로 생각해 젊은 여성들의 피로 목욕을 했다고 알려졌다. 마녀라는 누명을 썼다는 주장도 있다.
https://namu.wiki/w/%EB%B0%94%ED%86%A0%EB%A6%AC%20%EC%97%90%EB%A5%B4%EC%A0%9C%EB%B2%A0%ED%8A%B8 참조.

먹을 수 있다. 바토리 에르제베트는 아들을 위해 무덤 도굴과 납치, 살인 등을 저지르지만 범죄 행위가 들통나면서 죽음을 맞이한다. 바토리 사후 밝혀진 바에 따르면, 그녀는 어려서부터 정신질환을 앓아왔고 치료를 명목으로 지속적으로 아버지의 학대를 받아왔다. 남편이자 바토리 가문의 데릴사위인 기욤을 통해 그녀는 일시적인 안정을 찾았지만, 훗날 기욤이 죽은 후 과거 트라우마 때문에 잔혹한 면모를 드러내기 시작했다고 한다. 실제 원작을 토대로 한 이 웹툰에서 바토리 캐릭터에 대한 평가는 아들을 살리기 위한 모성애의 상징, 악녀, 정치·사회적 마녀사냥의 희생자 등으로 극단적으로 나뉜다. 원작과 이 웹툰의 가장 큰 차이는 원작과 달리 이 웹툰이 나쁜 여자가 나쁜 여자가 된 이유를 제공한다는 점이다. 나쁜 여자를 내세우는 원전은 그녀가 왜 나쁜 여자가 되었는지를 설명하지 않는다. 원전에서 바토리는 단순히 질투심이나 신경증 때문에 타인을 시기 질투하고 악행을 저지르는 나쁜 여자로 표현된다. 이에 반해 웹툰 <바토리의 아들>은 바토리의 악행의 원인에 주목하고, 그녀의 성장 환경, 아들에 대한 사랑, 계급과 정치·사회적 문제 등을 상세히 알려준다. 이렇듯 디지털 미디어 콘텐츠의 여성 이미지는 "왜 그랬을까?"라는 사유를 중심으로 그 이유를 독자(사용자)와 함께 생각해보게끔 한다.

대안적 여성 이미지

신화/설화 다시 쓰기(한국편): 주체적 유혹녀(구미호)

기존 신화, 전설, 설화를 활용한 디지털 미디어 콘텐츠들에도 다양한 인간 이야기와 흥미로운 여성 캐릭터들이 등장한다. 그중에서도 인쇄 문학에서 다루지 못하는 다양한 소재, 장르, 모티브를 채택해 대중

⁝ 네이버 웹툰, <미호 이야기>, 혜진양, 2010-2011년

문학 장르로 자리잡은 허구적 서사 기반인 웹 소설과 웹툰은 흥미로운 여성 캐릭터의 보고이다. 한국의 웹 소설과 웹툰에는 문화 원형을 재해석한 로맨스, 판타지, 무협이 주를 이루며, 그 이야기들 속에는 전형적으로 남장여자나 신분을 뛰어넘은 로맨스가 등장한다. 특히 설화적 모티브를 차용한 현대 웹툰에는 구미호, 도깨비, 염라대왕, 옥황상제, 선녀 등이 인기 있는 소재로 등장한다. 이러한 설화적 캐릭터가 과거와 미래, 현실과 환상을 중첩시키며 서사를 극적으로 이끌어간다. 그중에서 눈길을 끄는 것은 구미호 외전이다.

네이버 웹툰 <미호 이야기>(2010-2011)는 기존의 구미호 설화를 원작으로 하며, 구미호가 남자를 유혹해 간을 먹는 이유를 제공하는 기존 설화의 외전격이다.[25] 즉 이 웹툰은 구미호가 왜 남성을 유혹하는 요괴가 되었는지에 대한 비하인드 스토리를 만들어 새로운 서사를 제공한다. <미호 이야기>의 줄거리는 다음과 같다. <미호 이야기> 속 구미호는 사랑을 위해 인간 100명의 간을 모아 인간이

---

25 https://namu.wiki/w/%EB%AF%B8%ED%98%B8%EC%9D%B4%EC%95%BC%EA%B8%B0

되려는 꼬리가 아홉 개나 달린 수여우(구미)이다. 92명의 간을 모으던 중 구슬이 깨지고 수여우 구미호(구미)는 내기의 대가로 도깨비에게 살해당한다. 여인 난명은 도깨비와 내기해 아이(미호)를 갖지만 미호(주인공)는 간을 내어주기 위해 잉태된 아이였다. 도깨비와 내기가 틀어지자 미호는 다른 이들을 구하고자 다시 도깨비와 내기를 하고 남자의 간을 빼먹는다는 이야기이다. 그리하여 <미호 이야기>는 미호가 내기에서 이기기 위해 계속해서 남자를 유혹해 간을 빼먹는다는 암여우 설화의 이야기 틀을 갖는다.

이 웹툰은 기존의 설화를 살짝 다른 시선에서 살펴보며, 수컷인 구미호를 내세워 "왜 구미호를 암여우로 알고 있을까" 질문하기 시작한다. 수컷 구미호의 딸인 미호는 남자를 잘 홀리는 요물, 불여우, 백여우라는 설화 속 고정관념에서 탈피해 8명의 이복형제들과 주변 인물을 구하기 위해 남성 100명의 간을 먹는 여성으로 탈바꿈한다. 그녀는 자신의 능력으로 주변 사람을 구하려고 한다는 점에서 기존 설화의 여성상에서 벗어난다. 이 웹툰처럼 최근의 디지털 미디어 콘텐츠는 다양한 독자(사용자)의 다양성과 새로움을 추구하는 성향을 반영해 기존 이야기를 비틀어서 그 이면의 배경이나 조명되지 못했던 등장인물의 서사를 만들고 있다.

신화/설화 다시 쓰기: 지략을 갖춘 리더 (카산드라)

게임, 웹툰 등의 디지털 미디어 콘텐츠는 남성의 펜 끝에서 기록되고 오랜 기간 남성 중심 문화에서 구전되어온 신화를 새롭게 재해석한다. 웹툰 <카산드라>(2012-2014. 3., 2014. 6-현재 연재 중. 카카오웹툰)는 고대 그리스의 트로이 전쟁 신화를 모티브로 한다. <카산드라>는 트로이 전쟁의 신화적 요소를 배제하고 카산드라를 주인공으로 그녀의 입장

⋮ 이하진, 웹툰 <카산드라> 중 카산드라. 이미지 제공: 이하진, 주식회사 HODA.

⋮ 이하진, 웹툰 <카산드라> 중 헬레네. 이미지 제공: 이하진, 주식회사 HODA.

에서 재해석한 정치와 계략, 복수를 드라마 형식으로 담아낸다. 그리스 로마 신화에서 카산드라는 태양신 아폴론의 구애로 예언 능력을 갖지만, 신을 거절한 대가로 누구도 그녀의 예언을 믿지 못하는 저주를 받는다.

이 웹툰은 "그대는 미래를 보겠지만 아무도 믿지 않으리라! 아폴론의 저주를 받은 카산드라 왕녀 이야기"라는 짧은 작품 소개글처럼 카산드라의 예언을 주축으로 이야기를 전개한다. 특히 이 웹툰은 호메로스의 『일리아드』에서 주변적 인물이었던 카산드라를 중심으로 이동시켜, 권력 다툼과 여론 조작을 이용해 트로이를 파괴하려는 헬레네에게 맞서 자신의 나라 트로이를 지켜내는 여전사 카산드라를 부각시킨다. 나아가 <카산드라>는 만화적 허용과 각색을 가미해 헬레네와 같은 다른 여성들도 새로운 시선으로 바라본다. 신화 속 헬레네는 타고난 미모로 뜻하지 않게 두 국가를 파멸로 몰아넣은 인물이지만, 웹툰 <카산드라>의 헬레네는 자신의 의지로 상황을 통제하는 인물이다. 헬레네는 어린 시절 아버지와 형제들에게 농락당할 뿐만 아니라 임신 후 유산까지 당한다. 자기 삶을 비관하던 헬레네는 미모만으로 모든 것이 손쉽게 쥐어진다는 것을 깨닫는다. 이러한 사건을 겪으며 헬레네는 지략가적 인물로 변화하고 헬레네와 카산드라 사이의 치열한 신경전이 계속된다. 이 웹툰은 회차가 진행될수록 다양한 인물을 등장시킨다. 헬레네에게 매달려 나라의 운명을 나락으로 몰고 가는 양치기 파리스, 헬레네를 사랑하나 배신당한 헥토르, 헥토르의 부인 안드로마케, 철없는 트로이의 공주 폴릭세네, 카산드라의 쌍둥이 남매 헬레노스 등 다양한 캐릭터가 등장해 새로운 이야기의 서사를 하나씩 펼쳐낸다. 이 웹툰은 카산드라를 자신의 판단에 따라 상황을 분석하고 훌륭한 전략을 제시하는 전사로 그리지만, 호메로스 신화의 서사, 즉 여성의 지성이 금기시되던 사회에서는 사람들이 카산드라의 예언을 믿지 않

: 이하진, 웹툰 <카산드라> 중 23화 마지막. 이미지 제공: 이하진, 주식회사 HODA.

는다. 그래도 카산드라의 예언이 현실에 대한 혜안임을 깨닫는 몇 안 되는 사람들을 등장시켜 카산드라의 예리한 통찰력을 드러낸다. 이 작품은 카산드라와 헬레네가 주도적으로 행동하는 모습을 재현한 점에서 여성을 수동적인 역할에 제한시킨 드라마나 영화와 차별화된다. 이렇게 웹툰 <카산드라>가 최근의 젠더 감수성을 반영하고 다양한 소비자를 만족시키기 위해, 기존의 원형 서사를 새로운 각도에서 바라본 것은 큰 의의가 있다.

5. 여성 이미지의 다양성을 응원하며

미술 속 여성 이미지는 아직까지도 '팜므 파탈'이나 어머니상 등 정형화된 이미지라고 해도 과언이 아니다. 광고, 드라마, 게임, 웹툰 등 대부분의 대중 매체가 여전히 정형화된 이미지를 소비하고 있는 것이 사실이다. 그러나 정치·사회·문화적 환경이 점차 변화함에 따라 이제 우리 사회도 나쁜 여자를 자기주장을 펼치는 존재감 있는 여성으로 긍정적으로 보기 시작했다. 이 장에서는 전통 미술에서부터 현대 디지털 미디어 콘텐츠에 이르기까지 나쁜 여자의 변화를 몇 개의 키워드를 중심으로 살펴보았다. 루벤스의 <삼손과 데릴라>와 모로의 <살로메>의 에로틱한 나쁜 여자는 현대 여성 댄서들의 경연장 <스트릿 우먼 파이터>나 웹툰 <미호 이야기>에서처럼 "치명적인", "멋진", "강렬한", "카리스마", "아우라"라는 표현과 함께 긍정적인 이미지로 변화되었다. 역사적으로 여성 작가들은 꾸준히 전형성을 탈피하고 고착된 여성 이미지를 탈피하려는 시도를 해왔다. 정원이나 카페는 누구나 거닐 수 있는 공공public 공간이지만 여성들에게는 제한되었음을 보여주는 인상주의 작가 르누아르와 모리조의 작품들은 여성에게 남성과 같은 공간적 개방open이 있었는가나 활동의 자유가 있었는가의 문제를 생각하게 해 준다. 부르주아의 얼굴 없는 자화상은 가장 편안해야 할 나의 사적인 공간(집)도 편안한 공간이 아니라는 비판적 관점을 드러내고, 네샤트의 영상 작품은 가부장적 보수주의와 여성에 대한 폐쇄성에 대항하는 여성의 저항 정신을 담는다.

모더니즘 미술에서 1960년대 포스터 모더니즘 예술로 이동하며 현대 미술계의 가장 큰 주제는 전통적으로 고착된 인종, 종교, 성, 계급의 경계 허물기였다. '탈식민지주의', '탈중심주적 다원적 사고', '해체주의'와 더불어 문화 예술과 미술계에서도 오래 묵은 성별 정치의 헤게모니를 해체하려는 시도가 계속되었다. 특히 디지털 미디어 콘텐츠는 자신의 주장을 적극적으로 표현하고 개성 있는 콘텐츠를 소비하려는 젊은 세대에 힘입어, 원형 캐릭터에 새로운 서사를 입혀 고착된 여성 이미지나 선입견을 깨뜨리는 캐릭터를 등장시키고 있다. 그러나 안타깝게도 디지털 미디어 콘텐츠에 등장하는 대부분의 여성 캐릭터는 전통적인 양극화된 여성 이미지를 여전히 고수하며 '차이의 다양성'을 보여주지 못하고 있다.

오늘날 콘텐츠를 소비하는 방식이 계속 변하고 사용 주기가 아주 빨라지면서 디지털 미디어 콘텐츠의 수요도 지속적으로 증가하고 있다. 이때 사용자(소비자)가 타인을 인정하는 태도, 즉 다양성을 인지하는 사회적 태도를 지향한다면 우리의 여성에 대한 선입견과 고착된 이미지를 비판적으로 바라보고, '차이의 다양성'을 반영하는 개성적 여성 캐릭터들이 등장할 여건이 마련될 것이다.

Chapter 9

신가부장제의 부상과 나쁜 여자의 재귀 : 정이현의 단편 소설 살펴보기

김은하

1. '나쁜 여자'가 돌아왔다

'나쁜 여자'의 이미지는 '마녀사냥'이라는 일반화된 통념과 더불어 확대 재생산되어왔다. '나쁜 여자'는 마녀가 아니지만 마녀로 내몰린 희생자로, 사회의 타락과 일그러짐을 대변하거나 모든 부정적인 것들이 투사되는 존재였다. 문제적인 것은, 사회가 질타하는 부정들이 '마녀'라는 여성형으로 통칭됨으로써 여러 층위의 사회 규범들이 젠더 규범으로 치환된다는 점이다. '마녀'는 여성 혐오와 젠더 갈등의 한 단면이다. 역사적으로 볼 때 마녀로 몰렸던 여성들은 대개 '정상가족' 바깥에서 남자 없이 살아가거나, 가부장제의 여성 지정석을 벗어난 이들이었기 때문이다. 가부장제 사회는 성Gender, Sexuality 규범 바깥의 여성들을 '나쁜 여자'로 지목하고 이들에 대한 혐오 폭력을 부추겨왔다. 혐오하는 주체는 위험을 제거함으로써 사회를 보호한다고 주장하지만 사실상 혐오는 망상 장애의 일종이다. '나쁜 여자'로 지목된 여성들은 사회적 약자들로, 이들이 실질적으로 개인과 사회를 위협한다고 하기는 어렵다. 인식론적으로 불쾌하고 불순하게 여겨지는 것들이 혐오 대상이 된다고 하는 게 더 타당할 것이다.

흥미롭게도 '나쁜 여자'가 사회 질서를 무너뜨린다는 불안과 공포의 이면에는 '정상성'과 거리가 먼 여성에 대한 강렬한 매혹이 도사리고 있다. 남성 주체의 무의식 혹은 욕망은 가부장제가 이상화하는 '집안의 천사'와 거리가 먼 섹슈얼하고 사치스러운 '잡년 여신Bitch Goddess'을 향한다. 왜 '나쁜 여자'는 단지 혐오 대상이 아니라 강렬한 욕망을 유발하는가? '나쁜 여자'는 자기 절제와 배려의 기술에 바탕을 둔 부르주아 남성 주체가 추방한 무의식이기 때문에 남성의 욕망 대상이 된다. 이렇게 본다면 '나쁜 여자'는 가부장제의 틈새를 파고들어 사회를 위협하는 불온한 여성 주체가 된다. 그러나 '나쁜 여자'가 가부장제를 위협하는지 혹은 지탱하는지 판별하기는 결코 쉽지 않다. 속이고 훔쳐서라도 계급화된 젠더 질서에 균열을 내는 것이, 나쁜 여자의 정치성이다. 그렇지만 남성이 부와 권력을 독점한 사회에서 '나쁜 여자'는 독립과 자율을 성취하기 위해서 부르주아 남성에게 의존해야 하고, 비록 의도하지 않았다고 할지라도 체제의 수호자가 될 수도 있다.[1]

---

1 사회학자 베르너 좀바르트Werner Sombart(1863-1941)에 의하면, 노동 윤리와 근면에 바탕을 둔 청교도주의를 무너뜨리며 자본주의의 발전에 날개를 달아준 것은 '애첩 경제'였다. 부유한 남자들이 거느린 애인들의 탐욕스러운 소비가 자본주의를 번성시킨 동력이었던 것이다. 이에 관한 자세한 논의로 임옥희의 『메트로폴리스의 불온한 신여성들』, 97-104 참조.

이 장에서는 '나쁜 여자' 젠더 정치의 모호성을 IMF 외환위기를 배경으로 문제적으로 보여준 정이현의 소설을 분석한다.[2] 정이현은 1972년 서울 태생으로 한국의 고도 성장기에 청소년기를 보냈지만 대학 졸업과 함께 국가 부도의 사태에 직면했던 IMF 세대를 대표하는 작가다. 정이현은 한 좌담에서 "눈앞에서 풍선껌이 빵 터져버리는 장면을 보았다고 할까요. IMF의 경험 이후에 제 안에 설명 못 할 어떤 공포감이 생겼습니다. 저와 함께 이곳을 살아가는 저의 인물들의 마음속에도 그런 불안감이 자리 잡고 있"다며 "IMF 이전과 이후의 한국인들의 변화에 관심이 많"다고 고백한 바 있다(이기호 외, 100). 실제로 정이현은 많은 작품에서 도래한 '위험 사회'의 기록자를 자처해왔다. 그러나 정이현은 IMF로 인해 성장에 제동이 걸림으로써 남성마저 인간 실격자로 전락하는 '파국'의 시대에서, 중산층 여성들의 '서바이벌' 전략을 주로 다루어왔다. 속물적 인정 투쟁에 골몰하는 중산층 여성들을 중심에 두고 '재난'의 계급적, 젠더적 성격을 탐구하는 한편으로, 밀레니엄의 여성들이 페미니즘의 후예일 수 있는지 질문한 것이다.

정이현 문학의 의미를 파악하기 위해서는 IMF 외환위기 당시로 되돌아갈 필요가 있다. 1997년 11월 국제통화기금International Monetary Fund에 구제금융 신청이 이루어지면서 많은 한국인들이 외상trauma을 입었다. 사회를 정상화한다는 명분하에 대규모 구조 조정이 이루어짐으로써 많은 사람들이 '파산'하거나 실업자가 되었기 때문이다. 비록 위기를 모면했다고 할지라도 사회학자 지그문트 바우만Zygmunt Bauman

2 최근 인터넷 공론장에서 자주 등장하는 페미니스트를 지칭하는 "꼴페미"라는 낙인의 언어가 잘 보여주듯이 페미니스트는 마녀사냥의 대상이 되는 '나쁜 여자'에 속한다. 그러나 이 장에서는 '나쁜 여자'를 가부장제의 '여성성' 이상을 역으로 이용하는 여성의 전략에 주목한 말로 한정지어 살펴보겠다.

(1925-2017)의 지적처럼 '노동'의 세계에서 탈락/배제될 수 있다는 불안으로부터 대다수가 자유로울 수 없었다.[3] IMF 외환위기는 단지 경제적인 사건이 아니라 심리적, 문화적인 현상이었다. 불과 십여 년 전까지만 해도 정치의 광장에서 많은 대학생과 시민들이 반독재와 노동 해방을 외쳤지만, 역사적 진보를 낙관하며 비판적 주체를 자처했던 '공인'이 급격히 소멸했다. 1990년대 말에 이르면 '87년 체제' 이후 사회 공론장을 진동했던 권위주의 문화에 대한 비판들도 억눌렸다. 그렇게 2000년대가 되면, 문화의 전위를 자처하던 중산층이 보수화되고 살아남기 위해, 자신의 상품성을 높이기 위해 몰두하는 자기계발 주체가 출현했다. "신자유주의의 가장 효율적인 통치성인 '유동성liquidity'에의 추구가 개인들을 불안정한 삶으로 내"(손희정, 21)몬 결과였다. 스스로를 경제적 주체라고 여겼던 사람들이 언제든 '잉여'가 될 수 있는 유휴 노동력이 되었던 것이다.

그러나 재난 앞에 모두가 평등했던 것은 아니었다. 한국 여성사에서 IMF는 노골적으로 '백래시backlash'가 이루어지기 시작했던 기원적 사건이었다. 경제 위기의 사이렌이 울리면서 여성은 일터에서 해고되고, 좋은 일자리에 접근할 수조차 없는 '프레카리아트precariat'로[4] 전락했다.

---

3 바우만에 의하면 신자유주의 이전의 사회에서 '실업'은 상실이 일시적이라는 의미가 담겨 있었다. 그러나 오늘날 자본주의는 완전 고용을 결코 염두에 두지 않는다. 신자유주의에서 '고용'은 자본의 필요에 따라 매우 유동적으로 이루어지며, 노동자들에게는 최소한의 비용만이 지불될 뿐이다(100). 고용과 실업의 경계에 있는 고용 아닌 고용, 정상과 예외가 구분되지 않는 불안정성은 신자유주의 체제의 가장 큰 특징이다. 새롭게 도래한 재난은 구성원들에게 변화와 경쟁을 위한 무한 질주를 요구했다. 만약 적응하지 못하고 경쟁에서 탈락한다면 인간적 존엄성을 주장할 수 없는 실격자로 내몰릴 것이 뻔했다.

4 '프레카리아트'는 '불안정한precarious'과 '프롤레타리아트proletariat'를 합성한 신조어로 불안정한 고용·노동 상황에 놓인 비정규직, 파견직 등 신자유주의 경제 체제 하에서 등장한 신노동 계층을 지시하는 말이다. 이 용어에 대해서는 아마미야 가린의 책

1997-1998년 시기 동안 취업자 수 감소율이 가장 높았던 집단은 29세 미만의 젊은 여성들이었다. 1998년 2월과 7월 모두에서 여성의 취업자 감소율이 남성보다 높게 나타났고, 연령별 추이는 남성과 여성 모두에서 비슷하게 나타나 상대적으로 기성세대보다 더 많은 젊은이들이 일자리를 잃었다. 그러나 취업자 수 통계는 일자리의 질을 반영하지 않기 때문에 실제 노동시장의 현실을 그대로 반영한 것은 아니었다. 남성 신규 취업 연령에서 취업자 수 급감은, 남성들이 취업하고자 하는 정규직 일자리가 줄었다는 것을 의미했다. 반면 젊은 여성들은 비정규직 등 나쁜 일자리에도 취업하는 경향이 나타났다(배은경, 59). 그럼에도 불구하고 사회가 봉착한 불안과 전망 부재는 '고개 숙인 아버지' 담론의 위세에서 알 수 있듯이 가부장/남성의 좌절로 젠더화되었다. 정지우 감독의 영화 <해피엔드>, 김정현의 장편 소설 『아버지』 등 남성 멜로드라마가 문화적 우세종으로 출현했다. 여성들은 제 몫만 챙기는 이기주의자로 매도되고 '신현모양처' 이데올로기가 기승을 부렸다.

⁝ 김정현의 『아버지』(문이당, 1996)는 문단에서는 별 주목을 못 받았지만 국가 부도 이후 언론사의 주목을 받으며 베스트셀러가 되었다.

이렇듯 신가부장제가 부상하는 현실에서 정이현은 여성사에 대한 기록자와 증언자를 자처하며 2000

참조.

년대 한국 여성 문학의 기수가 되었다.[5] 그녀는 자기진정성 윤리를 추구하기보다는 속임수나 기만을 통해서라도 주류 질서에 안착하고자 하는 여자들을 문제적 주인공들로 포착했다. 그간 한국여성문학사의 '나쁜 여자'들은 양공주, 호스티스, 전쟁미망인, 첩妾 등 '정상 사회' 바깥에 있었다. 이들은 사회적 주변인으로서 남성 중심적인 민족국가, 산업화의 위선과 폭력성을 폭로하고 이에 항의하는 반역적 존재들이었다. 그러나 정이현 소설의 여주인공들은 때로 화장, 패션 등 '보철화補綴化된 여성성'으로 남자들을 유혹하지만, '커리어 우먼', 여대생, 상류 사회 사모님 등 주류 질서 혹은 '정상 사회'에 속해 있다. 왜 여성들은 다시 완고한 가부장들의 시대에서 여성들의 해방 전략이었던 '나쁜 여자' 되기를 시도하는가? '나쁜 여자'는 과연 가부장제의 허위를 들추는 불온한 여성들이 될 수 있을까? 이 장에서는 정이현의 창작집 『낭만적 사랑과 사회』(2003), 『오늘의 거짓말』(2007), 『상냥한 폭력의 시대』(2016)를 중심으로 그 답을 찾고자 한다.

2. 여성적 '임파워먼트empowerment'에 대한 조롱을 넘어: 『낭만적 사랑과 사회』

정이현의 첫 번째 창작집 『낭만적 사랑과 사회』(2003)는 추리, 범죄, 야설 등 B급 서사를 차용하고 있다. 그러나 재클린 살스비Jacqueline Sarsby의 연구서 『낭만적 사랑과 사회*Romantic Love and Society*』(1983)의 제

5 2000년대는 "마치 모든 것을 빨아들이는 블랙홀 같은 키워드"인 "타자성"(강지희, 148) 담론의 인기 속에서 1990년대 문학 장을 풍미하던 여성 서사의 정치성이 의심에 처하거나 불신을 당함으로써 여성문학이 위축되었던 시기였다.

: 칙릿 서사 열풍을 불러일으켰던 화제작 <섹스 앤 더 시티> 포스터

목을 그대로 가져온 데서 짐작할 수 있듯이 진지하기만 하다. 작가는 작중 여성들을 매혹하는 '베블런 재화Veblen goods'의[6] 이름을 그대로 전시하거나 각주로 설명하는 등 마치 사회학자나 인류학자처럼 신세대 여성들의 욕망과 그 정체에 다가가고자 한다. 밀레니엄과 함께 한국 사회에 새롭게 출현한 것은, '취향'을 통해 자신의 욕망과 정체성을 표출하고자 하는 '신세대 여성'들이었다. <섹스 앤 더 시티Sex and the City>(1998-2004) 같은 '칙릿Chick-lit' 장르는[7] 2000년대 여성들의 새로운 문화 양식이었다. 신세대 여성들은 지난 연대年代에서처럼 사회적 부조리에 맞서는 대신에 타협과 적응을 택하지만, 자신의 욕망을 포기하지 않으면서 성장하고 자유를 획득하고자 했다. 그런 이들에게 '소비'는 가부장제 사회가 여성에게 금기시한 욕망, 능력, 자유의 표현으로 간주

---

6 베블런 재화는 과시적 소비 현상을 이론화한 사회학자 소스타인 베블런Thorstein Bunde Veblen(1857-1929)의 이름을 딴 것으로, 매우 비싸고 또 비싸다고 알려져 있는 한에서 욕구의 대상이 되고, '부'를 광고하는 효과가 있기 때문에 저명인사들이 선호하는 브랜드들을 뜻한다.

7 '칙릿'은 "20-30대 싱글 커리어 우먼의 성과 사랑을 다루는 고백 형식의 로맨스 소설"(소영현, 401)을 뜻한다. 정이현의 『달콤한 나의 도시』(2006), 이홍의 『걸프렌드』, 백영옥의 『마놀라 블라닉 신고 산책하기』(2007), 『스타일』(2008) 등 욕망에 솔직하면서도 능력 있는 커리어 우먼의 사랑과 일을 그린 칙릿 소설은 2000년대 여성 중심의 독서시장에서 큰 인기를 끌었다.

되었다. 이를 위해 이들은 '유혹', 즉 여성성 가장假裝을 경쟁의 전략으로 채택하는 것을 주저하지 않았다.

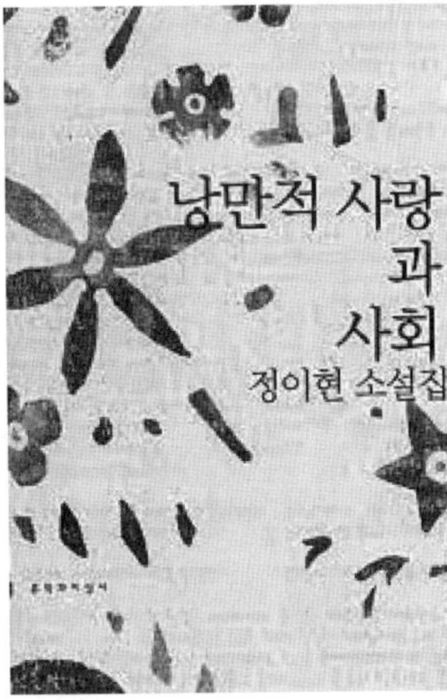

:『낭만적 사랑과 사회』 책 표지

작가의 데뷔작 「낭만적 사랑과 사회」(2003)의 유리는 문제적인 여주인공이다. 여대생인 유리는 여러 남자친구들과 농도 짙은 스킨십을 즐긴다. 그러나 데이트를 할 때면 자주 빨아 누렇게 변색한 '낡은 팬티'를 의도적으로 입는다. 자신이 사는 '반포'를 강남의 끄트머리라고 자조하는 그녀는, 재산깨나 있는 남자만큼이나 확실한 신분 상승의 사다리는 없다고 여긴다. 그래서 청담동 같은 진짜 부르주아지의 땅에 입성시켜줄 남자라는 확신이 들 때, 주식에 투자하듯이 '처녀성'을 던지고자 한다. 즉 유리는 상류층 결혼 시장에서 몸값 높은 '규수'로 보이기 위해서, 낡은 팬티를 방어막 삼아서 '감정 관리'를 해온 것이다. 이렇듯 '처녀성'을 밑천 삼은 신분 상승의 전략담은 유리가 지극히 진부한 인물임을 뜻하는 듯하다. 1980-1990년대 대학가에 새롭게 등장했던 "그 많던 운동권 여대생이나 페미니스트들은 모두 어디로 사라졌는가"라는 탄식이 떠오를 만큼 여성사의 후퇴를 보여주는 것이다.

그러나 유리는 진보/후진의 이분법으로 명확히 포획되지 않는 인물이다. 유리는 1990년대를 휩쓸었던 페미니즘의 열기가 식은 후에 출현한 '포스트페미니즘Postfeminism'[8] 세대다. 그녀는 비록 신분 상승을 원하지만 백마 탄 왕자가 첫눈에 반해 가난한 처녀를 구원하는 이야기인

'낭만적 사랑'의 환상을 믿지 않는다. 대신에 그녀는 낭만적 사랑의 이야기를 자신의 욕망 실현을 위해 이용하고자 할 만큼 똑똑하다. '신데렐라'와 같은 '낭만적 사랑'의 이야기들은 사실상 여성의 시민적 권리 없음을 역설적으로 보여준다. 근대 혁명은 모든 (남자) 인간의 해방을 선언했지만, 여성들에게는 재산권이나 신체와 성의 자유 같은 시민권들을 부여하지 않았다. 계급, 인종 등의 차이를 떠나 모든 남자들이 개인이 됨으로써 제도적으로나마 평등이 실현되었지만, 여성들은 '사회계약'의 주체가 아니었다. 여성들은 '결혼 계약'을 통해 시민 남자의 적법한 아내가 됨으로써 불완전하나마 시민권을 획득할 수 있었다. 따라서 근대의 여자들은 성공한 남자의 선택을 받기 위해 먼저 '이상적인 여성'이 되어야 했고, '사랑'을 자기 구원의 종교로 받아들여야 했다. 그러나 뼛속 깊이 착한 여자가 된다고 해서 가부장제 사회로부터 보상이 주어지는 것은 아니다. 사랑은 '버려짐'이나 '탈탈 털림' 같은 배신의 상처를 안겨주기도 하기 때문이다. 따라서 사랑에 목매기보다 사랑을 냉소하고 또 이용하는 것이 여성의 자기보호 전략이 된다.

더 이상 순진하지 않은 '계몽된' 여자인 유리는 부와 권력을 장악한 남자들을 이용함으로써 가부장제 사회에 반격을 가하고자 한다. 그녀는 남자들이 좋아할 만한 청초하고도 수동적인 아름다움으로 '가장假裝'해 연애 시장에 나선다. 그리고 자신의 먹잇감이 되어줄 미국 명문

---

8 포스트페미니즘은 페미니즘에 '포스트post-'라는 접두사를 붙여 서구에서 1980년대 중반부터 사용하기 시작한 용어다. 이 용어는 이제 여성들이 억압으로부터 해방되어 승리를 쟁취했으므로 페미니즘 자체가 불필요하게 되었다는 '페미니즘의 종언'을 일컬을 때 사용되지만, 그동안의 페미니즘이 일시적인 유행에 불과했기에 이제는 그 효력을 상실했다는 의미로 사용되기도 한다. 자세한 내용은 네이버 지식백과, 포스트페미니즘Postfeminism(문학비평용어사전, 2006. 1. 30., 한국문학평론가협회) 참조. 이 장에서는 '포스트페미니즘'을 페미니즘이 기본값이 되었지만 페미니즘이 힘을 쓰지 못하는 복잡한 현실을 가리키는 용어로 사용하겠다.

대 로스쿨생을 발견하고 유혹 끝에 침대로 끌어들인다. 유리는 "진정한 승부사는 건곤일척乾坤一擲한다,는 경구를 가슴에 돋을새김"(28)해 치밀한 각본을 실행하고, 고급 호텔에서 첫날밤을 보낸다. 그러나 유리의 전략은 실패로 돌아간다. 유학생은 연애 시장에서 자신의 우월적 위치를 이용해 유리를 희롱했다. 그가 첫날밤에 실망한 것은 유리에게서 처녀임을 증명할 혈흔이 나오지 않아서가 아니라 유리가 성적으로 능숙하지 않은 '처녀'였기 때문이었다. 유리는 자신이 가부장제를 속이고 있다고 믿음으로써 자신을 게임의 주체로 착각했다. '순결'이 재투성이 아가씨를 여왕으로 만들어줄 수 있는 낭만적인 시대가 저물어버렸다는 사실을 놓쳤다. 여성성의 가면 쓰기와 연기로 가부장제를 속이고 계급 사회에서 승리자가 될 수 있다는 것은 이론적 기만에 불과했던 것이다.

유리는 사랑의 가치를 부정하면서까지 신분 이동을 원한다는 점에서 속물이다. 유리는 여성 혐오에 확실한 근거를 실어주는 인물처럼 보이기도 한다. 젊은 여자라는 밑천을 이용해 노력하지 않고 손쉽게 (남성들이 이루었다고 확신되는) 사회적 성취들을 획득하려고 한다고 비판받을 가능성을 무시할 수 없다.[9] 여성 혐오주의자와 결이 다른 좀 더 진지한 사람들이라면, 유리가 주류 질서와 불화하고 갈등해온 '청년' 특유의 불온한 정열을 결여하고 있다고 우려할 것이다. 유리는 자본주의가 주입하는 욕망에 저항하기보다 순응하는 인물이기 때문이다. 그녀는 강남 바깥의 삶을 무조건 '실격', 즉 삶이 아닌 삶으로 간주한다. 신

9 여성들이 노력해서 독립을 쟁취하기보다 남성 경제에 무임승차해서 살아남으려고 한다는 골자의 여성 혐오 담론에 유리가 힘을 실어주는 인물로 해석될 여지가 있다. 정이현은 남성들과 대등하게 경쟁하거나 남자들보다 더 뛰어나지만 배제되는 여성들의 이야기를 누락시켰다. 이는 1990년대 페미니즘 문화의 영향력 속에서 성장한 작가가 포스트페미니즘 세대를 비판하면서 발생한 문제라고 할 수 있을 것이다.

분 질서의 바깥으로 나갈 수 있다는 믿음을 완전히 잃어버렸을 뿐 아니라 자본주의가 주입하는 욕망을 비판적으로 분석할 능력조차 결여하고 있는 듯 보인다. 유리는 재산, 학력, 능력, 외모 등을 통해 개인의 가치를 판별하는 신분 질서에 포획되어 있다.

> 어차피 출발선이 다른 게임이었다. 내가 조그만 무역회사의 여사무원이 되어 나이 들어가거나, 물간 생선회와 식은 LA갈비찜이 포함된 싸구려 뷔페를 피로연으로 결혼식을 올릴 때, 혜미는 전혀 다른 곳에 있을 것이다. 밀라노에서 패션 공부를 할 수도 있고, 한강이 내려다보이는 오십 평짜리 빌라트에 신혼살림을 차릴 수도 있었다. 나는, 나는 다르다. 나는 혼자 힘으로 이 척박한 세상과 맞서야 했다. 진정으로 강한 여성이 되어야만 했다. (25)

위의 인용문이 보여주듯이 유리가 원하는 것은 신분 질서의 위계에서 꼭지점에 서 있는, 자본주의 강자로서의 삶이다. 이런 유리를 옹호할 수는 없지만, 모든 문제의 책임이 유리 개인의 허영심에 있다고 하기도 어렵다. 현실은 정의롭지 않지만 변경할 수 없다고 여기는 정치적 냉소주의는 2000년대 이후 또 다른 현실이었다. 이러한 시대 분위기를 반영하듯이 유리는 현실적으로 이미 불평등한 사회에서 공정과 정의를 질문하는 것 자체를 넌센스로 여긴다고 할 수 있다. 그녀를 고통스럽게 하는 것은 친구인 혜미가 속한 초超상류 사회의 삶이다. 자본주의가 내건 경쟁 원칙인 능력주의에 의하면 누구에게도 차별적 특혜를 주지 않고 모두에게 공평한 기회가 제공되어야 하며, 타고난 계층과 부모의 경제적, 사회적 지위와 무관하게 오로지 능력에 따른 보상이 개인에게 주어져야 한다.[10] 그러나 혜미의 삶은 능력주의는 사회적 허구임을 보여준다. '저 세상'에서 살기 때문에 혜미는 가난한 남자와 연애해도 될 만큼 순진하고 낭만적이어도 된다. 반면에 대기업도 아닌 중소기업의 회사원인 아버지와 전업주부 어머니로 구성된 무늬만 중산층 가족의 장녀인 유리에게 삶은 계산하지 않으면 수렁에 빠질 수 있는 위험 상태로 다가오는 것이다.

작가는 유리의 자기기만을 풍자하면서도 그녀를 얼마간 연민하는데 그 이유는 여성이 처한 현실이 더욱 혹독하기 때문이다. "나는, 나는 다르다. 나는 혼자 힘으로 이 척박한 세상과 맞서야 했다. 진정으로 강한 여성이 되어야만 하는 것이다."(25)는 유리의 독백은 자기계발 담론과 페미니즘 담론을 '합작'하고 있어 주목을 요한다. 사실 유리는 경쟁적 시장에서 살아남기 위해 이렇다 할 노력조차 하지 않는다. '취집'을 위한 시나리오를 마치 '임파워먼트'인 양 합리화한다는 점에서 유리는 비틀린 인물이다. 2000년대는 자신감과 성취욕이 넘치는 여성들인 '알파걸alpha girl'이 등장했던 시기였다. 바로 이런 점에서 유리는 신세대 여성을 대표할 자격을 갖지는 못한다. 그러나 유리 식의 '임파워먼트'에 대한 재현은 '능력주의'에 대한 여성적 풍자의 의미를 갖는다. 신자유주의 이데올로기로서 '능력주의'는 개인의 능력에 따라 지위나 권력이 주어지는 사회에 대한 약속으로 2000년대 이후 한국 사회를 사로잡았다. 그러나 앞서 말한 바처럼 결코 능력이 전부는 아니다. 능력은 사실상 특권의 다른 이름이다. 특히 '젠더'는 여전히 주요한 차별의 항목이다.

신자유주의는 어느 누구도 특권은 없다고 선전하며 성별을 타고

---

10 진단 자체가 진부할 만큼 부모의 계층 배경, 부의 세습, 특권의 대물림, 우수한 교육, 사회적 자본, 시대적 및 배경적 상황 등 비능력적 요인은 경쟁에 영향을 미쳐 직업과 소득의 격차로 이어지는 것이 현실이다(스티븐 제이 맥나이 · 로버트 케이 밀러 주니어, 14).

난 약점으로 받아들이기 거부하는 젊은 여성들을 유혹한다. 그러나 여성이 '실격' 처리되지 않으리라는 보장이 있을까? 신자유주의는 능력주의를 표방해 경쟁의 주체들을 성차 없는 몸으로 상정함으로써 사실상 젠더 차별을 은폐한다고 할 수 있다. 마리 루티Mari Ruti는 여성은 실적 중심의 사회에서 더 열심히 일해야 하고 어떤 종류의 인간관계에서든 매력적으로 보이도록 비상한 노력을 기울이고, 그러고 싶지 않을 때에도 미소를 유지해야 한다고 말한다(59). 이는 여성 노동의 감정 노동화 양상을 보여주는 것으로, 남성이 이미 중심 권력을 차지한 현실에서 젠더는 차별 요소일 수밖에 없음을 뜻한다. 젠더 규범을 이탈할 때 여성이 사실상 더 큰 '리스크'에 직면할 가능성을 배제할 수 없다. 따라서 여성들은 곤궁하지만 여성성을 상품화하는 전략을 포기하기 어렵다. 특히나 아시아처럼 가부장제가 강하게 남아 있는 사회에서 '여자력女子力'[11]은 여성의 생존 자본이다. 유리가 꿈꾸는 '취집'은 불황의 터널을 빠져나갈 여성적 '임파워먼트'였던 것이다.

이렇듯 여성성이 여성의 생존 전략으로 종용되는 사회에 대한 풍자는 「낭만적 사랑과 사회」에서보다 「트렁크」에서 본격적으로 이루어진다. 이 소설의 여주인공은 글로벌 기업 N 화장품 회사의 차장으로, 에르메스 코트를 입고 새로 나온 진주색 신형 소나타 골드를 모는 등 명품으로 치장한 '커리어 우먼'이다. 그런데 잘나가던 '커리어 우먼'은 자신의 승용차 트렁크에서 하급 여직원 선미가 사체로 발견됨으로써 은밀한 사생활이 드러날 위기에 처한다. '커리어 우먼'의 서사는 여성의

11 포스트페미니즘의 신체화 과정을 보면 서구에서는 여성들 스스로가 성적 주체가 되어가는 경향이 있지만 일본에서는 가사 능력을 비롯한 '여자력'을 키움으로써 연애 및 결혼 시장에서 우위에 서고자 하는 생존 전략이 나타나는 경향이 있다(조경희, 90). '여자력'은 가부장제가 강력한 영향력을 발휘하는 비서구 사회에서 전통적이고 규범적인 여성적 가치들이 여성의 생존에 유리한 자원으로 작동하고 있음을 암시한다.

성공이 근면이라는 오래된 도로를 따라 오르면 저절로 도달하게 되는 목적지가 아님을 보여준다. 그녀는 직속 상사인 유부남 '권'과 내연 관계를 맺어왔고, 현재 한국 지사장 후보로 거론되는 브래든으로 애인을 갈아타려는 중이다. "자신의 서포트가 없었다면 그녀가 지금의 직함을 갖는 데 훨씬 더 많은 시간이 소요되었으리라."(49)는 권의 말처럼 권력을 가진 남성을 여성 성공의 필수적인 자원으로 여기는 것이다. 이러한 설정은 성의 상품화가 생존 전략으로 채택될 만큼 후진적인 여성 노동의 현실을 반영한다. 성차별로 인해 여성이 고위직으로 올라가지 못하는 상황을 비유적으로 칭하는 '유리 천장'에 주목해야 하는 것이다.

세밀하게 묘사되는 '커리어 우먼'의 몸 관리는, 남성 중심 사회에서 여성의 주변적 위치를 보여준다. '커리어 우먼'은 출근 전에는 언제나 피트니스 센터에서 달리기를 하고, 저녁 식사 데이트 후에는 음식물을 게워낼 만큼 혹독한 다이어트를 해왔다. 그 결과 그녀는 불치병인 양 만성 변비에 시달려왔다. 이렇듯 습관화된 몸 관리는 '커리어 우먼'을 아름다움이라는 '판옵티콘'(원형감옥)에 갇힌 죄수로 만들었다. 그녀는 불륜을 감추기 위해 사체를 유기해야 하는 극도의 스트레스 상황에서 다디단 커피믹스 한 잔을 원하지만, 칼로리를 계산하는 일을 빼놓지 못한다. '커리어 우먼'은 '권'이 시체 유기를 거부하고 자신을 강간하자 그를 살해함으로써 결국 두 사람의 시체를 유기하게 된다. 이렇듯 막장적 상황 속에서 극도의 육체적, 정신적 피로를 느끼지만 그녀는 "피부 탄력에 치명타"(60)를 우려해 화장을 지우는 것을 잊지 않는다.

'커리어 우먼'답게 그녀는 "스스로의 손으로 하지 못할 일이란 세상에 아무것도 없"(60)다고 습관적으로 되뇌어왔다. 그러나 그녀의 성공은 자신을 매력 있는 미적 상품으로 가공하는 일상적인 노력을 멈추지 않았기 때문에 가능했다. 이러한 '여성성의 상품화'는 남성 중심적인 시장의 명령이었다. 오래전 대학 졸업을 앞두고 있었던 그녀는 간절히 일자리를 찾았지만, "대학 취업 보도실에 붙은 공문은 대개 군필을 명기하고 있었고 그 외에는 중학생 보습학원의 시간강사 자리가 다"(47)인 현실과 직면했다. 군필자가 아닌 여성이 남성 중심적인 사회에서 노동시장으로 진입하는 것은 결코 쉬운 일이 아니었던 것이다. 유례없는 불황 속에서 실업의 위기에 처한 그녀를 구한 것은 토익 점수나 워드 자격증 같은 '스펙'이 아니었다. 그녀는 자연산 쌍꺼풀이 예뻤기 때문에 성형외과 코디네이터로 첫 사회생활을 시작할 수 있었다. 사회는 공정을 가장하지만, 노동시장에서 여성성은 여성에게 요구되는 생존과 경쟁의 자원이었던 것이다.

정이현은 '여성성'이 가부장제의 심장을 겨냥할 수 있음을 암시함으로써 '나쁜 여자'의 정치성에 힘을 실어주기도 한다. 「순수」는 여성을 성녀/악녀로 이분화하고, 보상/처벌을 주는 가부장제의 여성 통치 방식에 허를 찌르는 '나쁜 여자' 전략의 전복성을 보여준다. 이 작품은 남편들이 연쇄적으로 사망하자 용의선상에 오른 "미망인"이 알리바이를 입증하는 고백의 구조를 취하고 있다. 미망인의 진술은 은밀히 남편들의 폭력성과 변태성을 폭로하고 있어 주목된다. 미망인이 첫 범죄를 저지른 것은, 자신이 다니던 보험회사 내에서 그녀가 해고 1순위였기 때문이었다. 가난의 불편함과 해고 불안을 해결하기 위해 그녀는 남편을 보험 살해했다. 첫 범죄는 분명히 반인륜적인 것이지만, 형식적으로나마 개인적 명분이 있었다. 그러나 이후 저지른 범죄는 남성의 권력 남용, 여성 박해에 대한 보복의 성격마저 띤다. 그녀의 두 번째 남편인 찰리는 성적 변태로, 그의 전 아내는 신경증에 시달리다가 자살했다. 또 세 번째 남편은 고상한 학자로 알려져 있지만 기실 소아성애자이자, 자신의 딸마저 능욕한 근친상간범이었다. 그들은 사악한 가부장으로, 자신들이 동경하던 우아하고 아름다운 여자에게 보복적 성격마저 강한 범죄를 당한 것이다.

그러나 여성의 권력으로 칭송되는 '유혹'의 힘은 여성에게 자유를 가져다줄 수 있을까? '유혹'은 여성의 감정노동과 미적 육체의 규율화 등 자기소외를 은폐하며 가부장제 사회에 대한 구조적 분석을 가로막는 환영일 수 있다. 앞서 보았듯이 정이현의 여주인공들은 '강한 여자가 되기 위해서'라는 그럴듯한 베일로 자기기만과 사회의 허위를 회피했다. '유혹'을 가부장제에 구멍을 뚫고 여성의 독립을 선취할 수 있는 혁명적 놀이인 양 호도했다. 그러나 '여성성'은 단지 필요에 따라 쓰고 벗는 '가면'에 불과할 수 없다. 연기가 반복적으로 수행되면 여성성은 여성의 본질이 되고, 그렇게 되면 여성은 가부장제를 빠져나갈 수 없게 된다. 무엇보다 여성성을 전략화하는 생존술은 여성에게 가부장제에 복종을 강요하는 압력에 대한 비판을 가로막는다. 남성이 중심 권력을 차지한 현실에서 젠더는 차별 요소이지만, 여성성을 생존 전략화하는 사회적 분위기 속에서 차별은 보이지 않게 될 가능성이 높은 것이다.

3. 부르주아 여성의 기만과 폭력: 『오늘의 거짓말』과 『상냥한 폭력의 시대』를 중심으로

앞서 말했듯이 정이현 소설에서 '나쁜 여자'들은 더 이상 과거처럼 정상 사회의 바깥에 있지 않다. 정이현은 불안한 자유보다는 좀 더 확실한 안정을 위해 가부장제와 손잡는 중산층 여성들의 사생활을 파헤친다. 그런 여성들에게 자신들의 선택이 갖는 의미는 좀처럼 객관화되지 않는다. 선/악, 정상/비정상의 구별조차 쉽지 않은 현실은 이들에게 유용한 방어막이 되어준다. 따라서 정이현은 여성들의 선택이 타자와 사회에 어떤 결과를 미칠 수 있는가를 보여주고자 한다. 중산층 여성들의 영리한 선택의 기만적 측면과 위험을 성찰 가능한 것으로 만들고자 하는 것이다. 이 절에서는 창작집 『오늘의 거짓말』(2007)과 『상냥한 폭력의 시대』(2016)에서 주로 중산층 여성들의 결혼 선택이나 가족 생활을 그린 단편들을 통해 '나쁜 여자'가 불온한지를 살펴보고자 한다.

추후에 논의하겠지만 중산층 여성들의 결혼 선택이 갖는 의미를 알기 위해서는, 가족에 대한 약간의 이해가 필요하다. 근대적 가족은 '스위트 홈'의 이상 속에서 경제적 활동에 종사하는 남편과 전업주부라는 성별 역할 분리 구조를 생산해왔다. 경쟁적인 공적 영역에서 감정을 거세하도록 요청받는 남성이 여성에게 감정과 쾌락을 보상받고 그 대가로 여성의 생존과 지위를 보장해주는 교환에 바탕을 둔 '성별 이원 체제'는 근대 가족의 발명품이었다. 그러나 한국에서 여성학이 대학의 학문 분야가 되고 교과목으로 등장하는 등 '제도화'되기 시작한 1970년대 이후, 가족은 여성의 고립과 소외를 부추기는 제도라는 비판이 이루어지기 시작했다. 민중민주 운동의 시대인 1980년대를 통과하면서 중산층 가족은 사회적 부정의에 눈 감는 기득권 세력으로 거센 비판을 받았고, 중산층 여성은 더 이상 가부장제의 피해자로 간주되지 않았다. 1980년대 여성문학에서는 종종 '데모하는 딸'이 엄마처럼 살지 않겠다며 중산층 가정을 떠나는 장면이 등장했다. 그리고 1990년대에는 페미니즘 문화 운동이 시대를 휩쓸면서 '신성 가족'은 해체되었다. 1990년대 한국 여성문학의 주요한 흐름은 가부장적 가족을 고발하며 무소의 뿔처럼 혼자서 가겠다고 외치는 이혼의 서사였다. 가족이 여성억압적인 가부장적 제도로 비판받으면서 성평등한 대안 가족이나 혈연을 넘어선 공동체에 대한 논의들이 이루어지기 시작했다. 그렇게 여학생의 꿈이 결혼이고 현모양처인 시대는 저물어갔다.

그러나 2000년대에 들어서면서 가족에 대한 신화적 믿음은 깨어졌지만, 가족이 다시금 중산층 여성들의 생존 안전망으로 선호되는 현상이 벌어졌다. 앞서 말했듯이 IMF가 일어나면서 남성들의 노동 안정성이 깨지고, 질 낮은 일자리를 중심으로 여성 고용이 늘었다. 이러한 흐름은 남성 임금이 높았던 지난 시대에 결혼이 여성들에게 주었던 매력 가치를 현격히 떨어뜨렸다. 2000년대 한국 여성 문학의 많은 작품들에서 여주인공들은 연애나 섹스 같은 여성적 경험이라고 할 만한 장면을 보여주지 않았다. 흔히 결혼, 취업, 출산을 포기당한 '삼포 세대'라고 하면 청년 남성들을 상상하기 쉽지만, 비록 얼마간 자발적인 선택이라고 할지라도 청년 여성들도 '삼포'를 피해갈 수 없었다. 그러나 정이현의 소설이 보여주듯이 중상층 여성들 사이에서 결혼과 가족은 다시 유의미한 경쟁 전략으로 선호되는 현상이 펼쳐졌다. 동질혼 경향이 늘고 결혼할 수 있는 사람과 할 수 없는 사람이 나뉘며 '결혼불평등 사회'가 등장했다.[12]

정이현은 「어두워지기 전에」와 「익명의 당신에게」(『오늘의 거짓말』) 등 여러 작품에서 중산층 여성들의 '차가운' 결혼 이야기를 들려준다. 「어두워지기 전에」의 '나'는 여자 나이 스물아홉 살을 인생의 종말인 양 여기는 부모의 성화를 받자 어쩔 수 없다는 듯이 샤넬 원피스를 입고 부모가 골라준 비슷한 계층의 남자와 결혼을 한다. 사실상 '나'는 부모가 가진 유무형의 계급적 자산에 의지해 합리적인 결혼 선택을 한

---

12 준 카르본June Carbone과 나오미 칸Naomi Cahn은 1960년대 서구에서 같은 계급, 즉 '끼리끼리' 결혼하는 동질혼 경향이 늘고 결혼할 수 있는 사람과 할 수 없는 사람이 나뉘며 '결혼불평등 사회'가 열리기 시작했다고 분석한다(130). 한국에서는 1997년 IMF 외환위기가 과거 흔했던 결혼이 희소해지고, 동질혼 경향이 강화되기 시작하는 결정적 계기라고 볼 수 있다.

東亞日報

IMF에 200억달러 요청

내주초 실무협의- 3~4주후 지원

「IMF지원요청」 찬성

실명제 보완 國債발행 검토

지원금 550억달러 확정

내일 150억달러 들어와

국내市場 무방비 개방

日자동차등 몰려올듯

은행 구조조정 조기

내년 2、3개社 폐쇄

⋮ IMF 외환위기 관련 신문 기사

것이라고 할 수 있다. 또한 「익명의 당신에게」에서 대학병원 임상병리사인 연희는 안과 의사 상현에게 강렬한 호감을 갖고 있진 않지만 그와 결혼하고자 한다. 연희는 상현과 사귀는 이유를 그가 작가주의 감독인 '왕가위'를 좋아한다는 데서 찾는다. 그러나 상현이 전문직 의사이기 때문에 연희에게 자신의 속물성을 감추어줄 그럴듯한 이유가 필요했다고 보는 게 더 정확할 것이다. 연희는 왕가위 영화에 대한 상현의 소감이 지극히 상투적이라고 여기기 때문이다. 왕가위는 속물성 재화, 즉 중산층의 계급적 고상함과 뛰어남을 증명해줄 '아비투스Habitus'[13]였던 것이다. 이렇듯 작중 여주인공들은 한사코 시치미를 떼지만 결혼을 비즈니스, 즉 '혼테크'로 여기고 있는 것이다.

정이현은 범죄 모티브를 활용해 이들의 결혼 비즈니스가 숨기고 있는 기만을 폭로한다. 「어두워지기 전에」의 '나'는 결혼한 지 얼마 되지

13 '아비투스'는 권력 기반의 사회 질서가 생산, 지각, 경험하게 되는 일상생활의 장이라는 뜻으로, 프랑스의 사회학자 피에르 부르디외Pierre Bourdieu가 도입한 용어이다.

않았지만 사랑하지 않기 때문에 성관계도 이루어지지 않는 '섹스리스'로 살아간다. 그러나 '나'는 자신의 결혼을 상대의 고독을 넘보거나 애정을 구하지 않으며 각자의 자유를 존중하는 성숙한 것으로 추켜세우고, 아이 없이 살겠다고 결심한다. '나'는 자신을 "남편에게 유약하거나 보호받아야 할 대상으로서의 이미지를 주고 싶지 않"(266)은 주체적인 여자라고 미화한다. 그러나 아파트 위층의 아이가 의문의 살해를 당하고 전국적으로 살인 사건이 발생하면서 '나'는 자신의 결혼에 대한 의혹에 사로잡힌다. '나'는 마치 노이로제 환자인 양 남편이 연쇄살인마일지도 모른다고 의심한다. '나'의 불안은 남편이 혼외정사 중이었음이 발각되면서 '해프닝'으로 끝난다. 남편에게 비밀이 많았던 것은, 남편이 회사 내 유부녀 여직원과 불륜 관계를 맺고 있었기 때문이었다. 남편은 중산층 부모로부터의 버려짐, 해고 등 위험을 감당할 수 없어 '나'와 사랑 없는 결혼을 했던 것이다.

그러나 '나'는 폭로된 진실 앞에 당혹스러워하기는커녕 중산층 특유의 감각으로 위기를 봉합하고자 한다. '나'는 남편의 불륜을 통해 가족 제도가 자신의 기대보다 허약한 것일 수 있음을 발견한다. 가족 바깥에는 자신의 지위를 위협하는 연적들이 있다는 발견은 아이를 낳겠다는 결심으로 이어진다. 위기에 쉽게 흔들리지 않는 단단한 가족을 만들겠다고 결심하는 것이다. 앞서도 말했듯이 '나'는 마치 극성 부모에 떠밀려 결혼을 한 것처럼 자신의 속물성을 감추었지만, 결혼은 가부장적 가족에 기생함으로써 '위험'을 피해가려는 지극히 메마르며 타산적인 선택이었던 것이다. 즉 '나'는 자유를 위해 경쟁의 정글에 뛰어들기보다 동질혼을 통해 계급 사회에서 밀려나지 않기 위해 사랑 없는 결혼을 했다. 그래서 단단히 결속되기는커녕 서로에게 무관심한 결혼 생활을 추구했다. 그러나 결혼은 상호 무관심한 채로나 관리하지 않아도 저절로 유지되는 것은 아니었던 것이다.

「익명의 당신에게」의 연희 역시 뜻밖의 사건으로 불편한 진실과 마주하지만 수오지심羞惡至心에 사로잡히기보다 철두철미하게 계산적 태도를 취해 위기를 관리한다. 연희는 상현과 데이트를 시작했지만 관계는 좀체 뜨거워지지 않는다. 유혹의 기술을 사용하지만 상현은 불감증 환자처럼 반응하지 않는 것이다. 그러던 중 병원에서 익명의 의사가 주옥경 환자의 항문을 소독하고 사진을 찍는 성추행 사건이 일어나고, 상현은 유력한 용의자로 의심받는다. 연희는 상현이 변태적 성추행범일 것이라고 확신한다. 그에 대한 그녀의 믿음은 그만큼 깊지 않다. 그러나 연희는 흥신소를 통해서 피해자 주옥경의 열악한 재정 상태와 전과 이력을 알아내고, 이를 미끼로 피해자를 협박하고, 위로금을 내밀어 유혹함으로써 피해자가 성추행 사건에 대한 고발을 취하하도록 유도한다. 또한 연희는 주말 밤을 자신과 함께 보낸 것으로 상현의 알리바이를 조작한다. 연희는 전문직 의사와의 결혼이라는 신분 상승의 동아줄을 포기하지 않기 위해서 가해자의 편에 선 것이다.

정이현은 이렇듯 작중 인물들의 보수적이고 부도덕하기조차 한 선택을 비판한다. 특히 상류 사회 주부의 가족 생활을 다룬 몇몇 작품에서는 기득권 세력의 '안전'을 향한 욕망이 사회적 약자들의 희생을 요구하고 있으며, 여성이 이러한 폭력에 깊이 관여하고 있음을 드러내고자 한다. 이러한 경향의 대표적인 작품이 「어금니」(『오늘의 거짓말』)이다. 이 소설의 '나'는 사회적으로 성공한 남편과 명문대생 아들 등 이상적인 가족을 유지해온 우아한 중년 주부다. 그러나 '나'의 생일날, '아이비리그' 유학을 앞둔 아들이 교통사고를 내고, 동승자인 미성년 소녀 남보라가 사망하는 사건이 발생한다. 아들은 미성년자인 소녀와 성매매를 시도했고, 죽은 소녀는 술에 취해 있었다. '나'는 남편이 인맥을 동원해 아들의 범죄에 대한 경찰 조사를 막고, 소녀의 가난한 가족을 위로금으로 입막음하는 것을 지켜보며 죄책감에 사로잡힌다. 그러나 이내 '안전'을 최우선으로 여기는 계급적 감각으로 사고를 수습한다. '나'는 아들이 남보라와 만난 적이 없었던 것처럼 아들의 채팅 기록을 조작한다. 그리고 "어떤 어미도 제 새끼를 지킬 수밖에 없다는 것. 그건 이미 윤리의 차원이 아니었다."(90)고 모성을 내세워 진실을 외면한다.

과거 중산층은 교양과 양심을 가졌다는 점에서 재벌을 비롯한 상류 계층과 달리 사회적 리더로 주목받았다. 한국 사회에서 중산층은 단지 경제적 풍요만이 아니라 문화적 세련과 도덕적 우월함이라는 후광마저 얻으며 선망의 대상이 되어왔다. 그러나 「어금니」는 중산층 계급이 외환위기 이후 사회 공동체를 해칠 만큼 이기적인 그룹으로 전락 중인 현실을 비춘다. 채효정에 의하면 오늘날 중산층 가족은 지위 세습과 계급 유지를 위한 가족 경영체로 변모했다. 신분 상승을 위한 노력을 게을리한다면 다음 세대의 퇴락이라는 매우 현실적인 위험에 맞닥뜨릴 만큼 계급 유동성이 커졌기 때문이다. 특히 자녀 교육은 가족 전체의 미래를 위한 중요한 투자 행위이자 가족 공동의 사업이 되었다(111). '나'와 남편은 명문대생 아들이 계획대로 유학을 떠나고 희소한 학력 재화를 바탕으로 가족을 좀 더 안정된 상류 사회로 진입시킬 수 있도록 범죄의 뒤처리를 떠맡는다. 가족 내 역할 분업을 잘 알고 있는 양, 아들은 부모에게 진실을 고백하지 않으며 죄책감조차 보여주지 않는다. 부모 역시 아들에게 진실을 추궁하지 않는다. 소녀는 목숨을 잃었지만, '나'의 가족은 어떤 대가도 지불하지 않고 일상의 안전과 평화를 유지한다.

지난 연대에 중산층 여성들은 사회 개혁을 주도하고 파시즘적인 일상 문화를 비판했던 진보적 정치 주체이자 문화의 전위였다. 중산층 주부들은 교육 개혁과 환경 운동 등 신사회 운동의 주체들이었다. 그러나 계급 안정성이 무너지면서 중산층 여성들은 보수적인 결혼 선택을 통해 가족 경영자로서의 위치를 수락했다. 앞서 말했듯이 2000년대 들어 자녀 교육이 가족 전체의 미래를 위한 투자, 즉 가족 공동의 사업이 되었고, 중간 계급은 신분 상승을 위한 수단인 학벌 경쟁의 가장 치열한 참가자였다. 중산층 주부들은 자녀의 심신을 고도로 관리해야 할 뿐 아니라 입시에 관한 높은 정보력과 판단력을 갖추고 있는 교육에 있어서 준準전문가를 자처했다. 중산층의 과잉 교육열은 공교육을 위협하고 신분 경쟁에서 하위 계급을 따돌리는 결과를 초래했다. 그러나 합법적 장치를 동원하거나 세련되게 포장하고 있기 때문에 이들이 저지르는 사회적 부조리나 폭력들은 잘 보이지 않게 된다.[14]

「안나」(『상냥한 폭력의 시대』)는 중산층 여성의 세련된 매너와 상냥함 속에 숨은 속물성과 공허를 보여주는 이야기이다. 주인공 '경'은 피부과 의사와 결혼해 신도시에서 아들 하나를 키우며 사는 전업주부다. 신도시에서도 가장 고급한 영어 유치원에 아들을 입학시킨 '경'이 미혼 시절에 댄스 동호회에서 만났던 '안나'를 유치원의 보조교사로 재회하며 이야기는 시작된다. 오랜 시간이 흘러서 다시 만난 두 사람의 삶은 계급적으로 큰 대조를 이룬다. 두 사람의 인연이 끊어진 후 '경'은 대학원에서 박사학위를 받고 의사와 결혼했으며, 신도시에서 아이를 키우며 살아간다. 그러나 고아와 다를 바 없었던 안나는 열 번이 넘는 이사, 그보다 더 여러 번 직업을 바꾸어온 고단한 이력의 소유자로, 이미 나이가 많지만 결혼 전망조차 불투명한 프레카리아트가 되었다. 이렇듯 신분 차이가 확연한데도 불구하고 '경'은 안나와 친교를 시작하고 그녀에게서 위로를 받는다. '경'은 영어로만 말해야 하는 유치원에서 함구증에 걸린 아들과 권위적인 남편과의 결혼 생활로 인해 우울하고 공허

했던 것이다. 하지만 '경'은 안나의 보살핌을 모욕으로 되돌려준다.

안나는 모종의 사소한 사건으로 인해 학부모들에게 오해를 받아 해고될 위기에 처한다. 그러나 '경'은 학부모 커뮤니티와 불화함으로써 발생할지도 모를 작은 불이익조차 우려해 안나를 외면한다. '경'은 안나의 빈곤하고 외로운 삶을 긴 시간 동안 비록 자세하지는 않지만 볼 수 있었던 유일한 사람이었다. 그럼에도 불구하고 '경'은 안나에게 인간으로서의 공감도, 여성끼리의 연대감도 보여주지 않았다. 이 소설에서 안나는 하위 계급 여성의 수렁 같은 빈곤을 보여주는 인물이다. 안나는 유일한 가족인 할머니의 병원비를 대기 위해 젊은 날부터 단기 아르바이트를 전전하며 살아왔다. 그 결과 어엿한 자격증조차 가지지 못한 채 안나는 나이가 들어서도 '프리터freeter'를[15] 전전하며 살아간다. 안나는 명색이 이름은 사립 유치원 교사이지만 기실 근로계약서조차 작성하지 않고 고용된 유령 노동자이다. 그녀는 직장 4대보험 혜택조차 받지 못하고 저임금으로 부려진다. 안나의 저임금은 '경' 같은 중산층 학부모가 가격 대비 질 높은 교육 서비스를 받고, 학원장이 이익을 창출할 수 있는 근거가 되어준다. 그러나 안나는 등록되지 않은 노동자이기 때문에 '갑질'의 대상이 되어도 법의 보호조차 받지 못한다.

상냥하고 세련된 화법을 사용하지만 기실 이기적이고 탐욕스러운

---

14 대치동, 목동 등 학원가 사교육의 주소비층이자, 입시 특구로 불리는 강남 3구의 아파트 값을 올린 장본인은 중산층 계급이었다. 자산 규모가 크지 않은 중간 계급은 막대한 교육비를 감당해야 했기에 현금 자산 손실을 지대 수입으로 상쇄하려고 했다. 미래 자금을 인출해 자녀 교육이라는 가족 사업에 투자하고 있기 때문에, 펀드와 아파트가 투자 손실을 막아줄 상환 예비금이 되어야 했다. 학벌과 부동산은 중산층의 계급 재생산의 주요 기반이다(채효정, 111).

15 프리터족은 Free(프리) + Arbeit(아르바이트)를 줄여 만든 신조어로, 1990년대 초반에 일본에서 경제 불황으로 인해 취업 시장이 얼어붙자 특정한 직업 없이 갖가지 아르바이트로 생활하는 청년층에게 붙여진 이름이다.

'경'은 중산층 특유의 속물 근성에 숨겨진 냉혹함을 보여주는 인물이다. '경'은 안나가 유치원을 그만두고 사라지자 어렴풋이 자신의 죄를 감지한다. '경'은 안나에게 계급을 넘어 인간적 공감을 시도하지 않았다. '경'은 안나의 불우를 통해서 자신의 결혼 생활이 주는 우울감을 상쇄하고자 했다. '경'은 불우한 안나를 보며 오래전 그녀에게 품었던 질투심의 쓰라린 감정을 보상받기조차 했다고 할 수 있다. 오래전 '경'은 초조하게 나이를 세며 결혼 상대를 물색하는 자신과 달리 가난하고 예쁘지도 않지만 빛나던 안나에게 묘한 질투심을 느꼈었다. 안나에게는 가난조차 초라하게 만들어버리는 당찬 '젊음'이 있었던 것이다. 그 시절 안나는 댄스 동호회에서 '경'이 짝사랑하던 대희의 연인이기도 했다. 그러나 오랜 시간이 흘러 다시 만난 안나는 가난하지만 생기 넘치는 처녀가 아니었다. 그럼에도 불구하고 '경'은 안나의 불우를 통해 자신의 행복과 건재함을 확인하며 그녀에게 은밀한 폭력을 행사했다. '경'은 연민과 공감은커녕 인간성과 성찰성을 잃어버린 중산층 여성의 타락을 비추는 인물이라고 할 수 있다.

4. 불온한 여자를 기다리며

앞서 살펴본 바처럼 정이현은 계급의 양극화와 빈곤의 여성화 속에서 여성들이 겪은 좌절과 혼란 그리고 자기기만을 통해 사회의 민낯을 포착하고자 한다. 그녀는 초기작에서 주로 속물 여성의 기업가적 자아 기획을 희비극적으로 담아냈다. 신자유주의는 어떤 누구에게도 특권은 없다고 선언하며 '능력주의'를 새로운 사회 정의의 준칙으로 내걸었다. 그러나 이미 사회의 중심 권력을 남성이 차지한 현실에서 '능력주의'는 사회적 부정의를 은폐하는 베일이 될 뿐이다. 여전히 세상의 권력과 부를 장악한 것은 남성이라는 점에서 여성들의 사회적 주변성은 더욱 강화될 수밖에 없다. 따라서 위장을 통해서라도 엄격하기만 한 젠더의 계급 질서에 균열을 내고 파괴하는 '나쁜 여자'의 서사는 해방감마저 불러일으킨다. 그러나 만약 살아남기 위한 여성들의 영리한 전략이 남성의 권력 독점에 보복을 가하기보다 가부장제의 권위를 공고하게 해준다면 '나쁜 여자'는 위험하기는커녕 순응적인 여자가 될 것이다. 이러한 문제의식을 잘 보여주는 것이 바로 정이현 소설 속 중산층 여성들의 이야기이다.

정이현은 앞서 보았듯이 가족이 계급 이동의 최전선이 됨으로써 계급과 젠더의 교차/경합 양상이 펼쳐지는 지점을 포착해 여성 현실의 복잡성을 이야기한다. 한국여성문학사에서 중산층 여성은 박완서나 오정희의 많은 작품이 보여주듯이 가부장적 가족의 위선과 여성 억압성을 폭로하는 고발자이거나 불화하는 문제적 인물이었다. 그러나 계급이 양극화된 시대를 맞아 중산층 여성들은 체제의 균열을 봉합하고, 가부장제를 재생산하는 도구로 전락했다. 정이현은 중산층 여성들을 가부장제에 의해 자기해방의 동력을 잃어버린 희생자이면서 가부장제의 유지에 '공모'하는 계급으로 보았던 박완서나 오정희의 문제의식을 이어받고 있다. 정이현은 지금 여성들은 가부장제를 뒤흔드는 전복성을 내장한 '나쁜 여자'이기는커녕 파행을 '정상'으로 호도하는 사회의 운영 주체라고 비판한다. 이렇듯 중산층 여성을 비판하는 것은 여성 혐오적 상상력과 무관하다. 중산층 여성을 가부장제 사회의 공모자, 협력자로 읽어냄으로써 여성이 가부장제에 부역하지 않을 대안을 찾고자 의도하기 때문이다.

Chapter 10

영화 속 악녀들의 변천과 새로운 탄생

김소임

1. 영화 속 나쁜 여자와 팜므 파탈

영화는 1896년 3월, 프랑스의 뤼미에르 형제Les frères Lumière의 <열차의 도착L'Arrivée d'un train en gare de La Ciotat>과 함께 시작되어 역사가 아주 길지는 않지만 많은 인상적인 악녀들을 보여주었다. 탄생과 함께 다양한 장르의 영화가 등장하기 시작했고, 악녀들 또한 장르마다 다른 모습으로 재현되어왔다. 예를 들어서 영화가 탄생하자마자 나타난 공포 영화에는 유령, 마녀, 마귀 들린 여인, 살인마, 귀신, 좀비 등 다양한 형태의 악녀가 등장했다.[1] 1920년대부터 시작해 1940년대 미국 영화를 풍미한 누아르 영화의 경우, 여성이 나오기도 하지만 남성을 유혹해 범죄를 저지르게 하고 몰락에 이르게 하는 팜므 파탈femme fatale이라 불리는 여성 캐릭터들이 나타났다. 멜로드라마와 로맨틱 드라마에도 남성을 유혹하고, 순진한 여성까지 유혹해서 타락하게 만드는 악녀들이 등장하곤 했다. 그 외에 코미디와 애니메이션에서도 독특한 여성 악녀들이 빠지지 않았다. 기존의 동화, 청소년 문학이 영화화된 경우, 동화 속 악녀와 마녀들이 깊이와 개성을 더하면서 재생산되었다.

기존의 예술들과 차별화되는 영화의 특징은 테크놀로지를 활용한 종합 예술이라는 것과 많은 관객에게 다가가는 대중적 매체라는 점이다. 영화는 테크놀로지를 활용함으로써 회화, 조각과 같은 시각 예술이나 신화, 동화, 소설 등의 문학 장르보다 여러 측면에서 관객에게 훨씬 강력한 각인 효과를 만들어낸다. 전 세계적으로 연인원 수십억 명이 영화를 보고 있음을 감안할 때 악녀 캐릭터와 그녀들이 갖고 있는 이미지들은 다른 예술 장르보다 훨씬 더 영향력이 크다고 할 수 있다. 영화와 TV 등 시각 매체는 개인의 사고 체계와 가치관에 큰 영향을 준다. 사람의 이미지 형성에 인쇄 매체보다 시각 매체의 영향력이 크다는 연구 발표도 있다(Kim and Richardson, 217). 영화가 만들어낸 악녀 이미지는 텔레비전 드라마, 광고, 게임 등에서 확대 재생산되면서 대중문화에 뿌리를 내리게 된다.

영화 초기부터 남성이 대부분인 작가, 감독, 제작자가 악녀 캐릭터에 관심을 갖게 된 데는 여러 가지 요인이 있을 것이다. 물론 악녀 캐릭터에 대한 관심은 작가, 감독 등의 가치관 및 세계관과 관련되겠지만 특히 1940년대 할리우드의 대형 스튜디오 제작자들이 추구했던 상업

---

1 공포 영화 속 악녀들은 Barbara Creed, *The Monstrous Feminine*. London: Routledge, 1993에 잘 정리되어 있다.

적 성공, 시각적 볼거리 제공과도 연관된다고 할 수 있다.[2]

여러 복합적인 이유로 영화는 짧은 역사 동안에 악녀라는 큰 범주 속 다양한 모습의 하위 범주들을 만들어냈다. 악녀의 하위 범주들은 시대가 변하고, 영화의 조류가 변화하면서 새로운 모습을 띠기도 하고, 새로운 범주를 추가하기도 하지만 원형적 틀은 유지되고 있다. 그중에 하나가 팜므 파탈이다.

프랑스어인 팜므 파탈은 영어로는 "fatal woman", 즉 치명적인 여인을 의미한다. 자신의 매력을 활용해서 남성을 유혹해 자신의 목표를 달성하고, 남성을 곤경에 빠뜨리는 팜므 파탈이 20세기 영화에 갑자기 나타난 것은 아니다. 팜므 파탈의 원형은 그리스 신화 등에서 찾을 수 있다. 성적 매력을 발산해서 사랑에 빠지게 하는 점에서 아프로디테, 머리채를 휘날리며 남성을 죽음에 이르게 하는 메두사, 남편에 대한 복수로 자녀들을 살해한 메데이아, 남성을 유혹해 인간 이하의 짓, 즉 동물과 같은 행동을 하게 하는 키르케, 딸을 신에게 바친 남편 아가멤논에게 복수한 클리타임네스트라 등이 팜므 파탈의 원형이라고 할 수 있다. 역사적 인물 중에도 팜므 파탈은 존재했다. 아름다운 미모로 로마의 두 영웅 카이사르와 안토니오를 유혹한 이집트의 여왕 클레오파트라, 『구약성서』에 나오는 삼손의 아내 데릴라, 계부 헤롯 왕을 유혹해 세례 요한의 머리를 얻어낸 살로메 등이 그들이다. 팜므 파탈은 여러 문학 작품과 회화에도 등장했는데 20세기에 들어와서도 영화보다 소설에 먼저 등장했으며 특히 1930년대에 유행했던 통속적인 "냉혹 범

2 미국의 영화계는 1920년대 후반부터 1950년대까지 5-8개 정도의 큰 스튜디오가 제작, 배급, 극장망을 독점하다시피 했는데 이 방식을 스튜디오 시스템이라고 부른다. MGM, 폭스, RKO, 파라마운트, 워너 브라더스, 유나이티드 아티스트, 콜롬비아 픽쳐스, 유니버설 스튜디오가 여기에 속한다.

죄 소설"에서 자주 등장했다.

팜므 파탈이 남성을 유혹하는 방법은 여러 가지이다. 거짓으로라도 자신의 어려운 처지를 호소해 동정심을 유발하기도 하고 우아한 매력을 발산하기도 하지만, 노골적으로 성적인 매력을 어필하기도 한다.[3] 장르와 시대에 따라서, 또한 영화에 따라서 팜므 파탈의 매력과 유혹의 방식은 다르고, 그리고 남자와 여자의 운명도 다르게 전개된다. 완벽하게 목표를 성취하는 경우도 있으나 존 휴스턴John Huston 감독의 <말타의 매The Maltese Falcon>(1941)에서처럼 자신이 유혹한 남성에 의해 체포되기도 하고, 빌리 와일더Billy Wilder 감독의 <이중 배상Double Indemnity>(1944)에서처럼 자신의 덫에 걸린 남성에게 죽임을 당하기도 한다. 오슨 웰스Orson Welles 감독의 <상하이에서 온 여인The Lady from Shanghai>(1947)이 보여주듯이 여주인공이 벗어나고자 했던 남편에게 죽임을 당하기도 한다. 각 영화를 관통하는 공통점은 팜므 파탈형 여성이 강한 욕망을 갖고 있으며 그녀의 매력에 빠진 남성은 범죄를 저지르거나 범죄에 의해서 희생된다는 점이다. 누아르 영화 속 욕망은 대체적으로 물욕이다. 하지만 다른 장르인 <위험한 관계Dangerous Liaisons>(1988)나 <욕망이라는 이름의 전차A Streetcar Named Desire>(1951)에 나타나는 여인은 물욕이 아닌 성취욕, 또는 존재의 확인을 위해 남성을 유혹한다. 결국 팜므 파탈들은 여성은 욕망을 통제하지 못한다는 매우 오래된 고정관념을 강화시킨다.

이 장에서는 먼저 1940년대에 큰 인기를 끌었던 누아르 영화 속 팜므 파탈의 모습을 분석해본다. 그다음 로맨틱 영화를 비롯해서 대중의 관심을 끌었던 여러 장르 영화 속 악녀들의 특징을 개관하고 그것들이

---

3 https://en.wikipedia.org/wiki/Femme_fatale (이 절의 팜므 파탈에 대한 내용은 이 자료를 참조했다.)

어떻게 발전, 변형되어가고 있는지를 살펴본다. 마지막으로 20세기에 나타난 새로운 장르인 애니메이션과 애니메이션 속 인물을 변형한 극영화의 21세기형 악녀에 대해서도 탐색해보면서 영화, 사회, 악녀의 관계가 어떻게 형성, 변화되는지를 가늠해본다.

2. 누아르 영화 속 팜므 파탈

『영화 사전』에 의하면 누아르 영화란 "프랑스어로 '검은 영화'라는 뜻"으로 "일반적으로 1940년대 후반과 1950년대 초반 할리우드 스튜디오에서 제작한 영화 장르로, 어둡고 잔인하며 폭력적인 범죄와 타락의 도시 세계를 그린 영화를 지칭한다." 누아르 영화는 19세기 영국에서 탄생한 고딕 소설을 지칭하는 '로망 누아르' 즉 '검은 소설'이라는 용어에서 유래한 것으로 본다.[4] 영화에서도 고딕 소설적 요소를 찾아볼 수 있다.[5] "야비하고 신경증적인 인물이 주요 캐릭터로 등장하며 황량한 세트와 무거운 그림자 그리고 빛과 어둠의 선명한 대조를 강조한다." "음산한 톤과 긴장감 넘치는 분위기", "특유의 세트와 조명" 등을 선보이는 누아르 영화는 "1920년대 독일 표현주의와 이에 영향을 받은 1930년대 미국 공포 영화와 갱스터 영화"에서 영향을 받은 것으로 보인다(강관수, 55).

1920년대에서부터 1930년대, 특히 대공황기에 큰 인기를 끌었던 대

4 고딕 소설의 시작은 19세기 영국 작가, 호레이스 월폴Horace Walpole의 『오트란토의 성 *The Castle of Otranto*』(1764)으로 본다.

5 이 문단에서 다루고 있는 "필름 누아르" 관련 내용은 인터넷 『영화 사전』에서 인용했다.

실 해밋Dashiell Hammett과 레이먼드 챈들러Raymond Chandler 등이 쓴 범죄 소설 또한 누아르 영화의 탄생에 영향을 주었다. 앨레인 실버Alain Silver의 통계에 의하면, 누아르 영화는 미국에서만 1941년에 4편, 1942년에 4편, 1943년에 2편, 1944년에 7편이 만들어졌다가, 1945년에 16편, 1946년에 24편, 1947년에 29편으로 제2차 세계대전이 끝난 후에 급격히 증가하는데, 이는 전후의 미국 사회의 분위기와 관련이 있다(강관수, 56 재인용). 즉 누아르 영화의 유행은 당시 시대상을 반영한다고 할 수 있다. "인간성의 절멸과 허무주의로 특징 지워지는 제2차 세계대전과 전후 냉전의 사회심리학적 귀결"이라는 것이다.

필자가 참고한 「영화 사전」과 『백과사전』은 누아르 영화에 대해서 설명하면서 이 영화들에 팜므 파탈이 빈번하게 등장한다는 것은 누락한다. 그러나 대표적 누아르 영화로 꼽히는 <말타의 매>, <이중 배상>, <상하이에서 온 여인>에 모두 팜므 파탈이 등장하며, 당대 최고의 스타였던 바바라 스탠윅Barbara Stanwyck, 리타 헤이워드Rita Hayworth 등이 팜므 파탈을 연기했다. <이중 배상>을 리메이크한 <보디 히트Body Heat>(로렌스 캐스단Lawrence Kasdan 감독, 1981)에도 캐서린 터너Kathleen Turner가 치명적인 여인으로 등장한다. 여배우들은 팜므 파탈 연기를 통해 스타덤에 오르기도 하고 스타의 명성을 이어간다.

여성들이 사건의 중심에 있기는 하지만 누아르 영화는 지극히 남성 중심의 영화이다. 누아르 영화의 내러티브는 대체로 남성 주인공의 내레이션을 통해 비밀을 푸는 구조로 되어 있는데 이때 남성의 보이스오버voice-over와 남성 관점의 플래시백이 나온다. 『숭배에서 강간까지 *From Reverence to Rape*』의 저자, 몰리 해스켈Molly Haskell은 1940년대 남성 중심의 누아르 영화를 다음과 같이 평한다.

> 1940년대의 대부분의 영화들, 특히 "남성적" 장르들은 여성이 아니라 남성의 영혼과 구원에 몰두했다. 픽션의 주된 방향이라고 할 수 있는 눈먼 상태에서 발견으로 가는 노정은 남자들만의 특권이었다. <질다>와 <과거로부터>와 같은 '나쁜 여자' 영화에서 타락을 경험하고 영혼이 위험에 빠지는 존재는 남자이다. 여자들은 루시퍼와 천사들의 전쟁터가 되기에 적합지 않다. 여자들은 이미 결정된 단순한, 한 덩어리로 된 존재이다. (241-242)

그녀들에게는 악행에 대한 회개나 깨달음조차 허락되지 않는다. 동기 또한 가려져 있다. 팜므 파탈은 해스켈의 말대로 "자신의 시각이 박탈"되고 남성의 시각이 투사된 존재이기 때문이다(228).

영화 비평가 재니 플레이스Janey Place 또한 누아르 영화를 "남성의 판타지"(47)라고 부른다. 플레이스는 팜므 파탈이 등장하는 누아르 영화는 그 시대의 이데올로기와 그 문화권의 "억압된 요구"에 반응하는 것이라고 주장한다(48). 플레이스는 현대의 신화라고 할 수 있는 영화가 "인정할 수 없는 원형"에 대해서 목소리를 내고 있다고 본다. 예를 들어서 성적으로 적극적인 여성으로 하여금 육감적으로 성적인 에너지를 표출하도록 하고는 파괴시켜버림으로써 "인정할 수 없는" 요소를 통제한다는 것이다(48).

비평가들은 악한 여성을 성적으로 활용하는 누아르 영화, 보다 구체적으로 팜므 파탈을 탄생시킨 이데올로기와 "억압된 요구"를 분석하면서 팜므 파탈이 대거 등장한 시기가 제2차 세계대전 이후인 것에 주목한다. 제2차 세계대전으로 남성들이 전쟁터로 떠난 사이 여성들은 빈자리를 채우며 보다 적극적으로 사회생활을 할 수 있었다. 즉 남성이 부재한 일터에서 여성은 생산의 중추 역할을 한 것이다. 650만 명이었던 여성 노동자의 수는 1945년이 되면 2,000만 명에 달하고 여성 고용 비율은 25%에서 36%로 상승했다. 전쟁이 끝나면 가정으로 돌아갈 것으로 기대되었던 여성 중 80%는 직장에 남기를 희망했다. 하지만 전쟁터에서 돌아온 남성들을 배려해서 여성들은 대량 해고되었으며 미국 사회는 여러 오피니언 리더들을 동원해서 여성들은 가정으로 돌아가야 한다고 호소했다(정태수, 261-262). 강관수는 영화학자 존 벨튼John Belton을 인용해서 다음과 같이 분석한다.

> 남성들은 전쟁터에서 고국에 두고 온 여성들이 배신할지 모른다고 우려했을 뿐 아니라, 전쟁이 끝난 후 고향으로 돌아왔을 때, 이전의 여성들에게서 더 이상 이전의 고분고분한 모습을 발견할 수 없게 되자 불안감을 느꼈다. 남성들은 이러한 여성들을 가정 파괴의 원인이며, 전통적인 가치관에 대한 위협으로 느꼈는데, 누아르 영화는 이러한 남성의 우려를 형상화시키고 있다. 존 벨튼은 누아르 영화의 여주인공이 주는 위협을 사회적 위협과 심리적 위협으로 구분하면서, 2차 대전 이후에 여성의 목소리가 등장하던 시기에 남성들이 독립적인 여성들의 위협에 대해 느끼는 위기감을 누그러뜨릴 목적으로 누아르 영화가 제작되고 인기를 끌었다고 말한다. (57)

이제 누아르 영화의 고전으로 불리는 <말타의 매>, <이중 배상>을 1940년대라는 시대와 누아르라는 장르의 특징을 바탕으로 분석하고, <이중 배상>을 리메이크한 <보디 히트>와의 차이점 또한 살펴보자.

<말타의 매>

<말타의 매>는 대실 해밋의 동명 소설을 영화화한 것으로 아카데미 영화상 3개 부문의 후보에 올랐으며 미국 의회도서관이 선정한 '국립 영화등기부에 보관할 25개 영화'에 포함되었다. 미국영화연구소도 이 영화를 100대 영화 안에 포함시켰다.[6] 이 영화의 줄거리를 살펴보면 사설탐정인 샘 스페이드(험프리 보가트Humphrey Bogart)와 아처가 운영하는 샌프란시스코 소재 탐정 사무실에 어느 날 묘령의 여인 브리지드 오쇼네시(메리 애스터Mary Astor)가 찾아온다. 브리지드는 여동생이 실종되었다며 찾아줄 것을 의뢰한다. 사건을 조사하러 나갔던 아처가 시체로 발견된 데 이어 브리지드 여동생의 애인이라던 서스비도 죽은 채로 발견된다. 아처를 죽인 범인으로 의심을 받게 된 스페이드는 사건을 수사해가면서 브리지드와 관계가 깊어지게 된다. 고대의 유물인 '말타의 매' 조각상을 찾는 사람들이 스페이드를 번갈아 찾아오고, 스페이드는 조각상을 손에 넣게 된다. 스페이드는 자신의 주변에서 벌어진 일련의 살인극이 몇백만 달러를 호가하는 말타의 매를 차지하려는 사람들의 탐욕에서 비롯되었으며 이 중심에 브리지드가 있다는 것을 확인하고 브리지드를 경찰에 넘긴다.

이 영화의 여주인공으로는 소위 팜므 파탈인 브리지드가 등장한다. 브리지드는 장갑을 끼고 모피를 걸친 우아하면서 매혹적인 젊은 여성이지만 실제 그녀는 처음부터 끝까지 말타의 매를 손에 넣기 위해서 살인도 서슴지 않는 냉혈녀이다. 뿐만 아니라 자신의 목표를 얻기 위해서는 남성을 이용해야 한다는 확신 하에 스페이드의 신뢰와 환심을

6 <말타의 매> 기초 정보는 https://ko.wikipedia.org/wiki/말타의매(1941년_영화)와 https://en.wikipedia.org/wiki/The_Maltese_Falcon_(1941_film)을 참조했다.

얻기 위해서 거짓 연기를 계속 한다. 두렵고 연약해 보이는 브리지드는 탐정 사무실을 찾아와 매우 걱정스러운 표정으로 스페이드의 도움을 간절히 요청하지만 장면이 바뀌자마자 스페이드의 파트너 아처를 쏘아 죽인다. 서스비의 죽음 또한 말타의 매를 독차지하기 위한 브리지드의 짓이었음이 드러난다.

: 영화 <말타의 매>(1941) 포스터

브리지드는 변명의 여지없이 나쁜 여자이다. 하지만 영화는 왜 그녀가 그렇게 되었는지에 대한 설명을 하지 않는다. 왜 브리지드가 말타의 매에 목을 매게 되었는지, 왜 물욕의 화신이 되어 죄 없는 사람을 죽이면서까지 집착하는지에 대한 설명은 나오지 않는다. 그녀의 성장 배경이나 가치관은 이 영화의 관심 대상이 아니다. 이 영화에는 브리지드를 제외하고 두 명의 여성이 더 등장한다. 스페이드의 여비서, 에피와 죽은 아처의 아내, 아이바가 그녀들이다. 그녀들도 유사한 악녀라면 여성은 악하다는 등식이 성립될 수 있겠지만 이 영화에서는 그렇지 않다. 여비서는 능수능란하게 남성의 세계에서 상사의 비위를 맞추고 요구를 들어주면서 살아남는다. 아처의 아내는 남편을 잃고 한때 연인 관계였던 스페이드에게 의지하는 초라한 모습을 보인다.

느닷없이 등장해서 바로 살인을 저지르는 브리지드를 어떻게 이해해야 할 것인가? 브리지드의 악함을 이해하기 위해서는 이 영화가 누아르 장르답게 극단적으로 남성 중심의 세계를 보여주고 있음에 주목해야 한다. 이 영화의 등장인물 중 여성은 앞에서 언급한 대로 세 명에 불과하다. 남성 인물들은 평범한 일반인이 아니라 범죄와 폭력에 관여하고 있는 형사나 탐정, 또는 말타의 매를 차지하기 위해 살인을 서슴지 않는 범죄 집단에 속한다. 영화 속 남성들이 여성을 대하는 태도 또한 오늘날의 시각에서 보면 극히 여성 비하적이다. 영화 속 사회는 남성들의 여성에 대한 거들먹거림과 노골적인 성희롱이 만연된 곳이다. 이 사회의 남성들은 여성을 동료나 인간으로 대우하지 않는다. 그들은 그저 여자일 뿐이다. 스페이드는 여비서를 "스위트 하트", "달링", "굿걸"이라고 부른다. 여비서는 스페이드의 취향을 안다는 듯이 사무실을 찾아온 브리지드를 "끝내준다knock out"라고 부른다. 스페이드와 아처 또한 의뢰인인 브리지드에게 남성적 우월감과 더불어 성적인 관심을 드러낸다. 브리지드가 나가자마자 스페이드와 아처는 누가 그녀에게 먼저 말을 붙였는지를 두고 말싸움까지 벌인다. 화면은 수시로 상대적으로 키가 큰 스페이드가 작은 체구의 브리지드를 압도하는 모습을 통해 주도권이 누구에게 있는지를 확인시킨다.

영화 속 세계는 '알파 메일alpha male'만이 살아남는 곳이다. 냉철한 탐정인 스페이드와 말타의 매를 쫓는 범죄 조직의 두목인 거트만이 살아남는다. 스페이드는 아처의 살인범으로 경찰의 오해를 받기는 하지만 자신만만하게 사건을 풀어간다. 스페이드는 세 명의 여성 인물을 완벽하게 장악한다. 그의 위상은 남편을 잃은 아이바를 만났을 때 적나라하게 드러난다. 아이바는 남편을 죽였을지도 모를 스페이드에게 "내게 친절하게 대해줘요."라고 하며 매달린다. 브리지드 또한 스페이드의 손아귀 속에 들어가 있다. 브리지드가 동생에 대해서 거짓말을 한 것을 알아낸 스페이드는 여자를 고압적인 태도로 다그치고, 브리지드는

"당신은 용감하고 강해요. 나를 도와줘요."라고 하며 매달린다. 스페이드는 브리지드를 "얼굴을 붉히고 말을 더듬으며 순진한 여학생 흉내를 낸다."고 폄하하면서도 자신이 원할 때면 입을 맞춘다. 말타의 매의 정체를 확실하게 알고 오랜 기간 추적해온 인물은 거트만이다. 거트만은 조직을 가동해 집요하게 말타의 매를 추적했고, 결국 살인을 사주했음에도 경찰의 추적을 피해 사라진다. 진품 말타의 매를 찾아서 콘스탄티노플로 가는 것이다. 거트만이 경찰에 넘기기로 한 건맨 윌머도 도망친다. 같은 조직원인 카이로도 사라진다. 경찰에 붙잡히는 것은 브리지드뿐이다.

결국 거대 조직에 맞서 말타의 매를 차지하려던 브리지드는 획득에 실패하고, 믿었던 스페이드에게도 배반당해 경찰에 끌려간다. 브리지드는 남성 중심의 플롯에 흥미를 더해주는 양념 같은 존재라고 할 수 있다. 따라서 영화는 그녀의 '악함'에 대해 충분히 설명하지 않는다. 그녀의 악함은 설득력이나 임팩트가 탄탄하지 않다. 여비서 에피와 아처의 아내, 아이바가 남성의 보호막 뒤에서 삶을 도모하는 여성의 자리를 지키고 있다면, 브리지드는 남성의 세계에서 자신의 몫을 챙기려다 결국 역부족으로 실패하고 만다. 다른 두 여성 인물이 인격적인 대접을 받지 못하지만 총알이 난무하는 세계에서 살아남았다면, 여성의 자리를 벗어난 브리지드는 몰락한다. 누아르 영화는 가족의 중요성, 남성과 여성의 역할, 낙관적이고 긍정적인 전망 등의 미국적 가치의 와해를 보여준다(정태수, 260). 하지만 도덕적 가치가 사라지고 욕망의 성취를 위해 살인이 서슴없이 자행되는 <말타의 매>에서 스페이드는 욕망을 극복하고, 직업윤리와 도덕적 가치를 지키는 영웅으로 중심을 잡고 있다. 반면에 브리지드는 철저하게 무너진다. 미국적 가치의 붕괴 속에서도 이 영화는 남성우월주의의 가치만은 공고히 한다.

<이중 배상>

<이중 배상>은 제임스 M. 케인James M. Cain의 1943년작 동명 소설을 영화화한 것으로 '미국 영화 연구소 선정 100대 영화' 중 38위에 포함되었다. 아카데미상에서는 7개 부문 후보에 올랐으나 수상하지는 못했다.[7] <이중 배상>은 보험회사 직원인 월터 네프(프레드 맥머리 Fred MacMurray)가 고객인 디트리히슨(톰 파워스Tom Powers)의 자동차 보험을 갱신하러 자택을 방문했다가 그의 젊고 매력적인 아내 필리스(바바라 스탠윅)의 마수에 걸려 디트리히슨을 살해하고, 결국 몰락하는 내용을 담고 있다. '이중 배상'이라는 제목은 특정한 사고로 사망할 경우 보험금이 두 배로 지급된다는 것을 말한다. 네프는 디트리히슨 몰래 사고 보험에 가입하고 보험금을 많이 주는 기차 사고를 위장해서 디트리히슨을 죽인다. 보험회사 상사인 키이스(에드워드 G. 로빈슨Edward G. Robinson)는 디트리히슨이 다리를 다쳤음에도 보험금을 청구하지 않았음을 파악하고 그가 살해당했음을 알아챘다. 네프는 결국 들통 날 위기에 처하고 디트리히슨의 딸, 롤라를 통해서 필리스가 디트리히슨 전처의 죽음에도 관여되었다는 사실을 듣게 된다. 이용당했음을 알게 된 네프는 필리스를 총으로 쏘아 죽이고 본인도 죽는다.

필리스는 브리지드와 마찬가지로 나쁜 여자이다. 그녀는 자신이 간호하던 부잣집 사모님을 죽이고 그녀의 남편과 결혼한 후 남편까지 죽이고 의붓딸 등 두 명을 더 죽일 계획을 세운다. 필리스는 보험을 갱신하러 집을 방문한 보험 세일즈맨 네프를 이용해서 보험 계약을 위조하고, 남편의 보상금까지 타려 한다. 필리스는 자동차 뒷자리에서 남편

---

7 <이중 배상>에 대한 기본 정보는 https://ko.wikipedia.org/wiki/이중 배상, https://en.wikipedia.org/wiki/Double_indemnity를 참조했다.

이 목이 졸려 죽어가는데도 눈 하나 깜짝하지 않고 운전을 하는 냉혈 여성이기도 하다. 그녀는 또한 부친의 죽음에 대해서 의심하는 전처소생의 딸 롤라를 제거하고 유산을 독식하기 위해서 롤라와 그녀의 남자친구 니노를 이간질하고, 니노를 이용해서 롤라와 네프를 제거하고자 한다. 들통 날 위기에 몰린 필리스는 네프를 총으로 쏜 후에도 사랑한다는 말을 계속하다 결국 네프의 총에 맞아 죽는다.

⁝ 영화 <이중 배상>(1944) 포스터

필리스의 악함을 제대로 이해하기 위해서는 이 영화가 필리스의 계략에 걸려들어 살인자 신세가 된 네프의 회상임을 기억해야 한다. 네프가 직장 상사인 키이스에게 보내는 녹음이 보이스오버 내레이션으로 깔린다. 네프는 필리스의 매력에 속절없이 빠져들어 직업윤리뿐 아니라 인간으로서의 최소한의 양식까지도 저버린 여러모로 부족한 남자다. <말타의 매>의 샘 스페이드가 강한 영웅을 대표한다면, 네프는 포스터 허쉬Foster Hirsch가 말한 누아르 영화의 핵심 인물 중의 하나인 '누아르의 패배자들noir losers'에 속한다고 할 수 있다(강관수, 61-62 재인용). 와일더 감독은 원작 소설에서와 달리 네프를 "여자에게 휘둘리는 연약한 인물"로 만들면서, 영웅이 아닌 희생자로서의 누아르 주인공을 부각시킨다(강관수, 61).

우리가 보는 필리스는 100% 네프의 시각을 통해서 그려진 것이다.

회상을 시작하는 네프는 믿고 사랑했던 필리스에게 총을 맞은 채 사무실에 돌아와서 죄를 자백하고 있는 것이니 그의 시각에 분노와 배신감이 배어 있는 것은 당연하다. 네프의 회상 속에서도 어디까지가 여성의 유혹이고 어디서부터가 네프의 욕심이었는지 불확실한 부분들이 있다. 보험 사기의 시작 부분은 필리스가 운을 떼고 네프가 거부하지만 디트리히슨 살인 계획에 있어서는 네프가 더 적극적으로 의견을 개진하고 실천해나간다. 보험업에 11년째 종사하고 있는 네프는 필리스가 모르는 '이중 배상'까지도 먼저 알려주며 범죄를 계획하고 실행해간다. 그러면서도 네프는 보이스오버 내레이션을 통해서 필리스의 발찌와 향수, 길에 심은 허니서클 꽃 냄새를 들먹이면서 자신이 여성의 매력, 감각의 노예가 되어 있음을 부각시킨다. 영화 도입부의 카메라는 로우 앵글로 필리스를 계단 아래서 우러러보는 네프의 시각을 반영한다. 네프가 필리스의 실체를 깨닫고 살인을 저지르는 장면에서는 하이 앵글로 필리스가 네프에게 매달리는 모습으로 그려진다. 해스켈의 말대로 여성 인물은 "주관적인 내러티브에 의해 남성의 시각으로" 표현되었고 "자신의 시점을 박탈"당했다고 할 수 있다(238). 영화는 <말타의 매>의 브리지드의 경우처럼 필리스의 신분이나 성장 과정, 가족 관계, 동기에 대해서는 무관심하다. 영화는 그녀에게 해명할 기회를 주지 않는다.

영화가 네프의 시각만 보여주는 것은 아니다. 이 영화는 남성 작가의 소설을 남성인 레이먼드 챈들러Raymond Chandler가 각색하고 남성 감독이 연출한 영화이다. 영화는 네프의 시각으로는 알 수 없는 부분까지도 보여주는데 이 또한 매우 반反필리스적이다. 예를 들어서 네프가 필리스의 남편 디트리히슨을 죽이는 동안 네프는 필리스의 표정까지는 알 수 없는 상황인데도 영화는 화면 가득 운전대에 앉아 냉정하게 정면만 응시하고 있는 필리스의 모습을 보여준다.

이 영화에는 또 다른 남성의 시각이 존재한다. 네프가 자신의 범죄를 고백하는 대상인 키이스가 그 인물이다. 그는 흔들리는 네프와 달리 중심을 잡고 남성으로서의 위상을 지키는 누아르의 영웅이라고 할 수 있다. 키이스는 결혼도 하지 않고, 여성과의 관계를 완전히 포기한 인물이다. 한때 결혼을 생각했으나 약혼한 여성이 이혼 경력 등 과거를 숨긴 것을 알게 된 후 여성 자체를 삶에서 지워버린다. 여성에게서 영향받을 일이 없는 키이스는 냉철하고 명확하게 디트리히슨 사망 사건을 파고들어간다. 키이스는 몸 안에 진실을 파헤치는 본능인 "작은 남자"를 장착했다고 주장하는 인물로 네프에게는 "상징적 아버지"(Johnston, 90)라고 할 수 있다. 영화 속의 키이스는 끝까지 네프를 범인으로 의심하지 않고 니노를 의심한다. 영화 종반부에 네프는 죽기 직전 키이스와 마지막 대화를 나눈다. 그 대사에서 키이스는 자신이 네프를 사랑했기 때문에 의심하지 못했음을 암시한다. 키이스의 시각 또한 반필리스적이다. 네프는 아버지와 같은 키이스를 좇아가 보험업계에서 자리를 잡을 수도 있었고, 여자를 선택해 부와 사랑을 쉽게 차지할 수도 있었지만 2가지 중 후자를 선택했고 파멸한다. 네프의 회고담은 어디까지나 아버지를 배신하고 여자를 택한 나약한 남자의 것이다.

네프의 회고담은 1940년대 누아르 영화의 여성 인물을 분석한 안젤라 마틴Angela Martin의 분석을 통해서 명쾌하게 이해할 수 있다. 마틴은 영화가 여성을 위협적으로 그리는 것은 여성이 그래서라기보다는 남성들 자신이 정신병적이거나, 자신들이 느끼는 신경증적인 위협의 느낌을 주변의 사람과 사물에 투영했기 때문으로 보고 있다(209). 영화 속 여성의 파괴성은 남성이 느끼는 무력감의 투영이라는 것이다(208-209). <이중 배상>의 원작 소설에서 네프는 영화에서와 달리 여성에게 휘둘리는 연약한 인물이 아니었다(강관수, 61). 영화 속 네프의 무기력함은 앞에서도 언급했듯이 제2차 세계대전을 겪으면서 변화된 위상에 대한 남성의 불안감을 드러낸다고 할 수 있다.

<보디 히트>

<보디 히트>(1981)는 <이중 배상>의 리메이크로 알려진 작품이다. 플로리다의 작은 해안 도시에서 살고 있는 변호사 네드 러신(윌리엄 허트William Hurt)은 동네 축제에 갔다가 세련되고 관능적인 여인 매티 워커(캐서린 터너Kathleen Turner)를 만나게 된다. 매티는 러신을 자신의 집으로 데려가 유혹하고, 남편과의 사이가 좋지 않다고 호소하면서 나이 차가 많은 남편이 죽었으면 좋겠다고 말한다. 매티에게 빠져버린 러신은 여자와 공모해서 매티의 남편 에드먼드를 불에 타 죽은 것처럼 위장해 살해한다. 러신은 곧 매티가 유언장을 바꿔 남편의 전 재산을 상속받게 되었음을 알게 된다. 결국 러신은 살인범으로 체포되고 매티는 폭발 사고로 사망한 것으로 처리된다. 감옥에 갇힌 러신은 자신이 매티의 계략에 걸려들어 이용만 당했음을 깨닫고 매티가 어딘가에 살아 있다고 주장하지만 믿는 사람은 없다. 어느 날 매티의 고등학교 졸업 앨범이 감옥으로 배달된다. 앨범 사진을 통해 매티는 본명

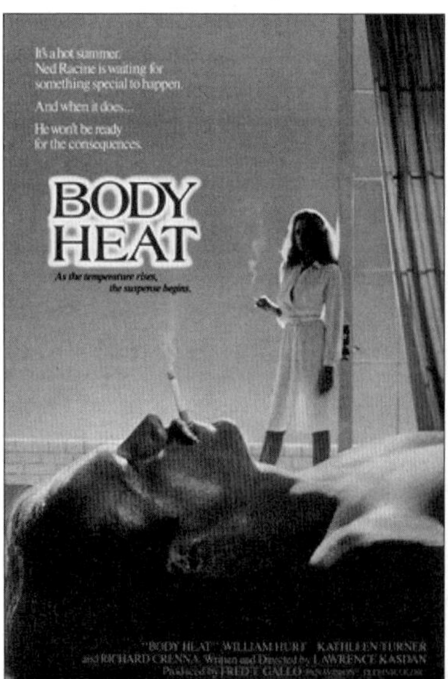

: 영화 <보디 히트>(1981) 포스터

이 매리 앤이고, 폭발 사고로 죽은 사람은 동창인 매리 워커임을 알게 된다. 매리 앤은 매티 워커로 신분 세탁을 한 채 살아왔던 것이다. 매리 앤의 사진 아래에는 그녀의 별명으로 "요부"와 "야망"이, 미래 희망으로는 "부자가 되어 낯선 외국에서 살고 싶다."고 적혀 있다. 그리고 열대의 해변에 남자와 누워 있는 매티의 모습으로 영화는 끝이 난다.[8] 매티는 바라던 대로 돈과 젊은 남자를 손에 쥐게 된 것이다.

이 영화의 주연을 맡은 캐서린 터너는 큰 인상을 심어주고 섹시 스타로 이름을 날리게 된다. 『엠파이어*Empire*』지는 1995년 터너를 "영화 역사상 가장 섹시한 100명의 스타" 중 한 명으로 선정했다. 『뉴욕타임즈*The New York Times*』 또한 2005년, 터너가 "입을 떡 벌어지게 하는 영화 데뷔"를 통해 커리어를 쌓았다고 칭찬하고 있다.[9] 캐서린 터너가 맡은 매티는 1980년대 후반부터 쏟아져 나온 뉴 누아르 영화 속 새로운 팜므 파탈의 선두주자라고 할 수 있다. 우리에게도 잘 알려진 글렌 클로즈Glenn Close와 마이클 더글러스Michael Douglas 주연의 <위험한 정사Fatal Attraction>(1987), 샤론 스톤Sharon Stone 주연의 <원초적 본능Basic Instinct>(1992), 마돈나Madonna 주연의 <육체의 증거Body of Evidence>(1992), 린다 피오렌티노Linda Fiorentino 주연의 <라스트 시덕션The Last Seduction>(1994) 등에서 보다 육감적이고 성에 적극적인 팜므 파탈을 볼 수 있는데, 매티가 그 원조격이라고 할 수 있다. 1940년대에 우리가 볼 수 있었던 팜므 파탈의 경우 섹스보다는 돈에 더 목말라했던 반면 뉴 누아르의 여성들은 돈뿐만 아니라 성적인 만족 또한 중요시했다(Straayer, 152-153). 여성들은 자신들의 성적인 매력이 무엇인지

8 https://en.wikipedia.org/wiki/Body_Heat

9 https://en.wikipedia.org/wiki/Body_Heat

를 알고 남성을 유혹하고 목표 달성을 위해 그것을 적극적으로 활용했다. 1960년 이후 페미니즘 운동의 시작과 함께 여성의 성적인 자기 결정권이 부각된 것이 이에 영향을 준 것으로 보인다. 문제는 카메라가 서슴없이 그녀들을 관음증적인 성적 대상으로 소모한다는 것이다.

또한 위의 영화들 중 대다수에서 여성의 성적인 본능은 파괴적인 '광기'와 연결된다. 해스켈은 1980년대 여성상으로 슈퍼 우먼과 미친 여자를 들고 있다. 1980년대의 가장 중요한 발전이라고 할 수 있는 이 양상에서 해스켈의 주장대로 "영화는 끝없이 확장되는 카테고리의 신경증 환자, 살인자, 팜므 파탈, 뱀프, 펑크, 부적응자, 자유롭게 떠도는 미치광이"를 보여주었다(420). 그런데 여성이 자신의 성에 대해서 솔직해지고 욕망에 충실한 것이 새 누아르 영화에서는 긍정적으로 작용하지 않는다. 1980년대에는 남성 중심 문화 속 여성 이미지에 대한 학문적 연구가 여성학 분야에서 진행되고 있었지만 대중 영화는 성에 솔직한 여성들을 경계했다. 그녀들은 여러 문화권에 퍼져 있던 여성에 대한 두려움을 구현했다고 볼 수 있다. 성을 무기로 활용했다는 점에서 <보디 히트> 이후의 악녀들은 오랫동안 여러 문화권의 전설에서 나타난 '이빨 달린 질Vagina dentata'이라는 상징에 비유될 수 있다. 성을 나누는 순간에도 남자를 이용한 작전을 병행하는 매티는 이빨 달린 질을 갖고 있는 셈이다. '이빨 달린 질'이란 뾰족한 이가 달린 여성의 성기를 말하며 남성에게 상처를 입히고 심한 경우 거세를 할 수 있다(Creed, 105). 악녀와 성관계를 한 <이중 배상>의 네프와 <보디 히트>의 러신은 죽음을 당하거나 감옥 안에 갇혀 거의 영구적으로 생식 능력이 거세된다. <위험한 정사>, <원초적 본능>에서도 남자 주인공들이 강한 여성에게 거의 목숨을 잃을 뻔한 위기를 경험한다. <위험한 정사>에서 욕실에 침입한 알렉스(글렌 클로즈)가 댄(마이클 더글러스)과 몸싸움을 벌이다 물에 빠지지만 죽지 않고 욕조에서 튀어 올라 칼을 휘두르는 마지막 장면은 관객의 뇌리에 강렬하게 남아 있다. 결국 악녀이면서 미친 여자인 알렉스는 현모양처인 마이클 더글러스의 아내 베스(앤 아처Anne Archer)에게 총을 맞아 죽는다. <원초적 본능>의 마지막 장면에서 형사 닉(마이클 더글러스)과 잠자리를 하는 캐서린(샤론 스톤)의 침대 아래에는 남자를 죽일 수 있는 얼음송곳이 준비되어 있다. 그녀 또한 악녀이면서 미치광이였다.

3. <위험한 관계>와 팜므 파탈의 전통

누아르 영화에만 악녀가 등장하는 것은 아니다. 누아르 영화는 아니지만 <위험한 관계>(스티븐 프리어스Stephen Frears 감독, 1988)는 악녀 영화로 센세이션을 일으키며 악녀에 대한 관심이 뿌리가 깊다는 것을 보여주었다. 이 영화는 1782년 동명의 프랑스 소설을 기초로 해서 크리스

⁝ 영화 <위험한 관계>(1988) 포스터

토퍼 햄튼Christopher Hampton이 희곡으로 각색하고 다시 영화 대본으로 각색하여 만든 것이다. 이 영화는 흥행에 성공했을 뿐 아니라 아카데미상을 세 개나 수상한 것을 비롯, 다수의 영화제에서 수상을 이어가면서 잘 만든 악녀 영화는 성공한다는 것을 확인시켜주었다. 악녀인 메르퇴유 후작부인 역을 맡은 글렌 클로즈는 아카데미상 여우주연상 후보에 오르는 등 깊은 인상을 남겼다.

프랑스 혁명이 일어나기 전 파리의 사교계를 배경으로 한 이 영화는 사치스럽고 방탕한 생활을 하는 상류층의 위선적 행태에 초점을 맞춘다. 그 위선적 사악함의 정점에 있는 인물이 메르퇴유 부인과 발몽 자작이다. 메르퇴유 부인은 연인 관계였던 발몽 자작(존 말코비치John Malkovich)과 공모하여 자신을 떠난 애인 바스티드에 대한 복수를 시작한다. 즉 바스티드가 결혼하기로 한 5촌 조카 세실(우마 서먼Uma Thurman)의 처녀성을 뺏고 타락시키고자 한다. 발몽 자작은 그 일이 너무 쉽다면서 정숙하기로 소문난 투르벨 부인(미셸 파이퍼Michele Pfeiffer)을 유혹하겠다고 한다. 성공의 보상은 메르퇴유 부인과의 동침이다. 작전은 성공하지만 발몽 자작은 자신이 타락시킨 투르벨 부인을 사랑하게 되고, 결국 당스니(키아누 리브스Keanu Reeves)와의 결투로 죽게 된다. 메르퇴유 부인은 사랑했던 동반자 발몽 자작의 죽음에 회한의 눈물을 흘린다. 결국 그녀의 비열한 계략이 전 사교계에 알려지게 되고 그녀는 사교계에서 추방된다.

이 영화에는 명철한 두뇌, 끝없는 소유욕, 재치와 유머 감각까지 보유한 매력 있는 악녀가 등장하지만, '영화' 속 악녀의 새로운 범주로 분석하기보다는 서양 문학 속 여성 모사꾼의 계보를 잇는 것으로 보는 것이 더 타당하다. 18세기 소설을 원작으로 하는 이 영화는 영화 장르적 특징보다는 16-18세기의 복수극이나 풍속 희극 속 인물과 설정을 연상시키기 때문이다. 메르퇴유 부인은 르네상스 시대부터 문학을 통해 만나온 수많은 악녀의 계보를 잇는다고 할 수 있다. 문학사를 통해 메르퇴유 후작부인의 원조격인 계략에 능한 여성들도 여러 명 확인할 수 있다. 영국의 17세기 극작가 토마스 미들턴Thomas Middleton(1580-1627)이 쓴 『여성은 여성을 두려워하라*Women Beware Women*』(1657)에 나오는 리비아Livia는 플로렌스 공작이 정혼자가 있는 비앙카Bianca를 강간할 수 있도록 돕고, 자신의 조카가 삼촌과 근친상간 관계를 하도록 둘 사이의 혈연관계를 부인하는 모사꾼이다. 윌리엄 콩그리브William Congreve(1670-1729)의 『이중인격자*The Double Dealer*』(1694)에 나오는 귀부인 터치우드Lady Touchwood도 같은 유형의 인물이다. 17, 18세기 크게 유행을 했던 풍속 희극에서는 돈, 사랑과 같은 목표를 달성하기 위해 음모를 꾸미고, 가벼운 사랑 게임을 하는 여성들이 등장하는데 이들과 메르퇴유 부인 또한 교집합을 보여준다.

누아르 영화에서처럼 이 영화 또한 메르퇴유 부인이 왜 악녀가 되었는지에 대한 긴 설명은 하지 않는다. 영화가 중반에 접어들 무렵, 부인은 발몽 자작에게 왜 자신이 정숙한 여성들을 타락시키고, 그들의 명예를 더럽히는 계략에 골몰하게 되었는지를 다음과 같이 설명한다.

> 사교계에 나갔을 때, 나는 15살이었어요. 조용히 시키는 대로 해야 하는, 내가 해야만 하는 역할을 하는 것은 듣고 관찰할 완벽한 기회를 제공해주었어요. 사람들이 하는 흥미도 없는 말은 말고, 그 사람들이 숨기려고 애쓰는 모든 것을 말이죠. 나는 거리두기를 실천했어요… 기만의 거장이 된 거지요. 내가 추구하는 것은 쾌락이 아니라 지식이었어요. 나는 어떻게 보여야 하는지를 배우기 위해서 엄격한 도덕주의자에게, 무슨 생각을 해야 할지를 알기 위해서 철학자에게, 무엇을 피해

야 하는지를 알기 위해서 소설가에게 자문을 구했어요. 그리고 마침내 모든 것을 멋지게 단순한 원칙으로 농축시켰어요. 이기거나 죽거나 하는 거죠.

자기가 살아야 하는 사교계가 위선으로 가득했기에 그 이면을 폭로하는 게임을 시작했다는 주장이 부인의 악행에 면죄부를 주지는 못한다. 이 영화의 배경이 되는 파리의 사교계는 여성에게 정조를 요구하면서도 뒤로는 서로 간통을 일삼는 곳이다. 또한 능력 있는 여성이 능력을 발휘할 수 없는 남성 위주의 사회이다. 아침에 일어나면 장시간 몸단장을 하고 잡담을 하는 것 외에는 상류층 여성이 할 수 있는 일이 없다. 영화의 마지막에서, 메르퇴유 부인은 사교계에서 추방되지만, 그녀가 파리의 사교계 사람들보다 더 타락했다고 단정할 수는 없다. 하지만 영화의 주안점은 파리 사교계의 문제가 아니라 메르퇴유 부인의 악행이다. 영화는 클로즈업을 비롯한 다양한 카메라 앵글을 활용해서 부인이 얼마나 교활한지를 최선을 다해 보여준다. 이것은 악녀가 탄생하게 된 사회적 배경에는 무관심한 누아르 영화와 유사하다. 메르퇴유 부인은 누아르 영화 속 팜므 파탈처럼 육감적인 악녀로 소비된다. 하지만 악녀들이 나오는 영화가 다 그런 것은 아니었다.

4. <욕망이라는 이름의 전차>: 팜므 파탈을 넘어서

페미니즘의 부상과 함께 여성 악녀에게 다양성과 입체성을 부여하는 영화들이 등장하는데 그 원류로는 『욕망이라는 이름의 전차』(1951)를 들 수 있다. 이 영화는 테네시 윌리엄스Tennessee Williams의 동명 희곡

(1947)을 영화화한 것으로 누아르 영화와 동시대 작품이기는 하지만 새로운 악녀 구현의 물꼬를 텄다는 점에서 의미가 있다. 엘리아 카잔Elia Kazan 감독의 이 영화는 <바람과 함께 사라지다Gone with the Wind>에서 강인한 남부 여인을 연기했던 당대 최고의 배우인 비비언 리Vivien Leigh가 남부 여인 블랑쉬 역할을 맡아서 깊은 인상을 심어주었다.[10] 상남자 매력을 지닌 말론 브란도Marlon Brando가 주연을 맡아 이 영화 한 편으로 스타덤에 올랐다. <욕망이라는 이름의 전차>는 희곡으로 더 유명하기는 하지만 영화 또한 세간의 평과 수상 경력 등을 볼 때 충분히 논의의 대상이 될 만하다. 이 영화로 비비언 리가 아카데미 여우주연상을, 칼 말든Karl Malden이 남우조연상을, 킴 헌터Kim Hunter가 여우조연상을 각각 수상했다. 이 영화는 1998년 AFI(미국영화연구소)가 선정한 100대 영화 중 45위에 랭크되기도 했다.[11]

: 영화 <욕망이라는 이름의 전차>(1951) 포스터

이 영화는 1940년대 영화에서 인기를 끌었던 팜므 파탈 이미지를 차용하면서, 기존의 누아르 영화와 달리 여성의 삶의 이면을 들여다봄

---

10 『욕망이라는 이름의 전차』는 1995년, 글렌 조단Glenn Jordan이 연출하고 알렉 볼드윈Alec Baldwin과 제시카 랭Jessica Lange이 주연한 TV 영화로 제작되기도 했다.

11 https://en.wikipedia.org/wiki/A_Streetcar_Named_Desire_(1951_film)

으로써 여성 이미지 확장에 기여한다는 점에서 주목할 만하다. 이 영화와 기존의 누아르 영화의 차이는 여주인공들을 비교해봄으로써 확인할 수 있다. 블랑쉬는 변형된 팜므 파탈이다. 그녀를 파괴하는 스탠리와 그녀가 정착하려 했던 미치에게 블랑쉬는 파괴해야 할 팜므 파탈이지만 누아르 영화의 여성 인물과 달리 블랑쉬는 그렇게 된 원인을 알 수 있는 팜므 파탈이다. 즉 영화는 그녀에게는 해명할 기회를 부여한다. 블랑쉬는 자신을 다그치는 미치에게 남편을 포함한 가족들의 죽음으로부터 도망치기 위해서 낯선 남자와의 쾌락에 탐닉했다고 해명한다. 사랑했던 남편 앨런은 동성애자였고, 남편에게 자신이 사실을 알고 있다는 것을 밝힘으로써 블랑쉬는 그를 자살로 내몬 '치명적 여인'이 되고 만다. 대저택은 남자 친척들의 유흥비에 탕진되고, 친척들은 빚만 남기고 죽어간다.

> 나는 이쪽에 앉고 어머니는 저쪽에 앉으시곤 했지요. 그리고 죽음은 당신만큼이나 가까이에… 반대는 욕망이죠. 이상한가요? 어떻게 이상하다고 생각할 수가 있겠어요! 벨 리브에서 멀지 않은 곳에, 벨 리브를 잃어버리기 전이죠, 젊은 군인들을 훈련시키는 캠프가 있었어요. 토요일 밤에 그들은 술을 마시러 시내로 들어가곤 했죠… 그리고 돌아오는 길에 그자들은 우리 집 잔디 위에서 비틀거리며 불러댔죠. "블랑쉬! 블랑쉬!"

그녀는 자신의 말대로 "타란툴라"처럼 여러 남자들을 호텔로 끌어드려 잠자리를 가졌으나 돈도 사랑도 성취한 것은 없다.

> 타란툴라였어요! 나는 타란툴라 암스라는 호텔에 묵었어요!… 그래

요, 큰 거미 말이에요! 그곳으로 내 희생물들을 끌어들였어요. (자신이 마시려고 술을 한 잔 또 따른다.) 그래요, 나는 낯선 사람들과 많은 관계를 가졌어요. 앨런이 죽고 난 뒤… 낯선 사람과 관계를 갖는 것만이 내 텅 빈 가슴을 채울 수 있는 전부인 것 같았어요… 여기저기 옮겨 다니면서 보호받으려 했던 것은 공포, 공포 때문이었죠. 여기저기, 생각해서도 안 될 곳까지, 마침내는 열일곱 살짜리 소년에게까지도, 하지만 누군가가 교장에게 편지를 썼죠… "저 여자는 도덕적으로 교사직에 적합하지 않다!"라고.[12]

잠자리를 가져도 그녀의 갈망은 해소되지 않는다. 그녀가 유혹한 제부 스탠리에 의해 그녀의 정체는 파헤쳐지고, 그녀는 사랑도 부도 다 잃고, 결국 자기 자신마저도 잃어버린다.

다른 팜므 파탈과 마찬가지로 블랑쉬도 파멸하지만, 적어도 이 영화는 그녀에게 자신의 행위에 대해 해명할 수 있는 기회를 제공하고 관객에게 공감을 허용했다는 점에서 의미를 지닌다. 동성애자인 작가 윌리엄스가 블랑쉬에게 자신의 동성애적 욕망을 투사했고, 스탠리를 바라보는 블랑쉬의 눈길에 "젊은 남성을 욕망의 눈으로 바라보는 작가 자신의 시선이 포함"되어 있다는 주장도 있으나, 블랑쉬는 동시에 "진짜" 여자다(해스켈, 285). 즉 남성 작가의 또 다른 자아이면서 여자라는 점에서, 욕망을 추구하고 그것에 대해서 솔직하게 인정했다는 점에서 블랑쉬는 나쁜 여자의 층을 두껍게 할 뿐 아니라 다양한 여성 인물의 물꼬를 튼다. 1970년대 이후 페미니즘의 등장과 함께 영화계에도 일방적으로 여성을 폄하하거나 희화화하는 성향은 많이 사라지고 다양성

12 http://subslikescript.com/movie/A_Streetcar_Named_Desire-44081

의 시대가 도래한다. 여성들은 단순히 어떤 존재라고 이름 붙이기 어려운 다양한 모습으로 등장한다. 블랑쉬는 그런 인물의 등장을 예고하는 선두주자라고 할 수 있다.

5. 악녀의 재해석: <델마와 루이스>와 <크루엘라>

<델마와 루이스Thelma & Louise>(1991)와 <크루엘라Cruella>(2021)는 장르, 표현 기법 등 여러 면에서 상이하지만 1980년대 이후 나타난 다양한 여성상의 예를 제공하는 면에서는 공통점을 지닌다. 여성 버디 무비, <델마와 루이스>(리들리 스콧Ridley Scott 감독)가 사회의 법과 규범을 넘어선 여성들을 이해의 시각으로 바라보았다면 <101마리 달마시안One Hundred and One Dalmatians>(1996)을 재해석한 <크루엘라>(월트 디즈니 제작, 크레이그 길레스피Craig Gillespie 감독)는 악녀에 대한 새로운 해석을 제공한다.

아카데미 영화제에서 각본상을 수상한 <델마와 루이스>는 페미니즘 비평가들의 큰 관심을 받았다. 긍정적 평가도 많았지만 부정적인 평가도 있었다. 분명한 것은 델마와 루이스가 왜 나쁜 여자가 되었는지에 대한 맥락을 상세하고 실감나게 제공해줌으로써 이 영화는 여자의 나쁜 행위에만 집중하던 영화들과 차별화된다는 것이다. 청소년 시절부터 억압적인 남성에게 길들여져 살아온 델마는 제대로 성장하지 못한 여러모로 미숙한 여성이다. 델마는 절친한 친구 루이스와 짧은 여행을 하면서 잠시의 일탈을 꿈꾸지만 술집에서 같이 춤을 춘 남성 파트너는 폭력적 강간으로 대응한다. 과거에 강간을 당한 적이 있는 루이스는 친구를 강간하려 하고 모욕하는 남성에게 총을 쏘아 응징한다. 경찰에 가

서 자수하자는 델마에게 루이스는 네가 그 남자와 어떻게 춤을 추었는지 수백 명이 보았는데 아무도 남자가 강간하려 했다는 것을 믿지 않을 것이라며 거부한다. 두 여성의 나쁜 행위의 배경에는 여성을 존중하지 않는 남성 위주의 가치관과 관행이 자리한다. 우연히 만나 델마와 하룻밤 사랑을 나눈 J. D.는 루이스가 평생 모은 돈 6,600달러를 가지고 도망치고, 두 여성은 생존을 위해 강도짓까지 하게 된다. 여성은 사랑을 믿었지만, 남성은 가볍게 배신한다. 두 평범한 여성의 여행은 살인과 강도로 점철되고 둘은 졸지에 경찰에 쫓기는 신세가 된다. 델마와 루이스는 경찰의 총을 빼앗은 후 트렁크에 가두고, 성희롱을 일삼는 유조차 운전사가 사과하지 않자 유조차에 총을 쏘아 불을 지른다. 공개 수배된 둘은 결국 계곡으로 뛰어내리는 극단적 선택을 하고 영화는 끝이 난다. <델마와 루이스>는 범법자가 된 여성들이 품위 있는 '사람'임을 보여줌으로써 정형화된 악녀 전통에 편승하는 영화들에 경종을 울렸다.

: 영화 <델마와 루이스>(1991) 포스터

<크루엘라>에서는 애니메이션, 실사 영화로 여러 번 영화에 등장했던 크루엘라 드 빌Cruella De Vil을 새롭게 해석하고 있는데 엠마 스톤Emma Stone이 그 역할을 맡아 새로운 악녀의 모습을 보여준다. 엠마 톰슨Emma Thompson은 사악한 패션 디자이너 남작부인의 역할을 통해 올

드 이블의 모습을 보여준다. 크루엘라 드 빌은 영국의 소설가 도디 스미스Dodie Smith의 소설, 『101마리 달마시안』 속 인물인데 그녀를 세계에 알린 것은 디즈니 애니메이션 <101마리 달마시안>(1961)이다. 크루엘라는 전편의 인기에 힘입어 제작된 <101마리 달마시안 2: 패치의 런던 모험102 Dalmatians: Patch's London Adventure>(2002)과 극영화로 제작된 글렌 클로즈 주연의 <101마리 달마시안>(1996), <102마리 달마시안>(2000) 등에도 등장한다. 애니메이션과 극영화 양쪽에서 활약한 크루엘라는 2003년 AFI가 선정한 50대 악당 중 39위에 랭크되었다.[13]

소설과 애니메이션, 기존 글렌 클로즈 주연 극영화 속의 크루엘라는 변명의 여지가 없는 악녀였다. 기존의 크루엘라는 거대한 성을 소유한 상속녀로 모피로 몸을 휘감고 사치스러운 생활을 하지만 품격이나 고상함, 예술적 감성은 찾아보기 힘들다. 애니메이션 속의 크루엘라는 어린 달마시안의 껍질로 모피코트를 만드는 것에 집착하는 광기어린 인물이다. 그녀는 2022년 AMC 극장이 뽑은 디즈니 악당 중 3위에 랭크되기도 했다. 2위에는 <인어공주>의 마녀 우술라가, 4위에는 <잠자는 미녀>의 마녀 말레피센트Maleficent가 랭크되었다.[14] 크루엘라는 다른 악녀들처럼 악의 화신, '마녀'와 가깝다. 특히 달마시안과 그들의 주인은 크루엘라를 마녀, 악마로 부른다. 그녀의 '지옥의 홀Hell Hall'이라고 불리는 시골 성은 드라큘라의 성을 연상시키며 귀신들린 집으로 불리기도 한다. 기존의 영화는 크루엘라가 왜 그렇게 되었는지에 대해 설명하지 않는다.

애니메이션과 실사 영화 속 크루엘라 캐릭터는 조금씩 진화해왔다.

---

13 https://www.afi.com/afis-100-years-100-heroes-villians

14 https://www.amctheatres.com/amc-scene/the-top-10-disney-villains-of-all-time

글렌 클로즈가 연기한 <달마시안> 시리즈 속 크루엘라도 달마시안에 집착하지만 애니메이션에서와 달리 패션업계에서 주목받는 인물이다. 하지만 결국 그녀도 달마시안을 훔친 죄로 감옥에 가게 된다. 2021년도작 <크루엘라>는 크루엘라를 창의적 비전을 가진 예술가로 재해석한다. 크루엘라는 자신의 모친에게 버림받고 길거리에서 소매치기를 하며 성장했으나 예술가로서의 꿈을 지켜낸다. 그녀의 예술 세계는 파격이다. 본명이 에스텔라인 그녀에게 크루엘라는 또 다른 자아, 요즘 말로 부캐(부차적 캐릭터)라고 할 수 있다. 이 영화에서 타도해야 할 대상은 크루엘라가 아니라 그녀의 생모인 남작부인이다. 남작부인이 기존의 것을 재활용하는 패션을 선보인다면 크루엘라는 사회 내에 소외된 존재들을 창작의 원천으로 삼아 파격적인 패션을 선보여 주목을 받는다. 더 이상 크루엘라에게 달마시안 모피는 관심의 대상이 아니다.

그럼에도 이 영화는 크루엘라가 아니라 그녀의 모친인 남작부인을 타도의 대상으로 삼음으로써 악녀를 존치시킨다. 남작부인은 자신의 딸을 키워준 여인을 달마시안을 이용해 살해하고, 친딸마저 살해하려는 하는 냉혈한이다. 그녀의 동기는 이기심과 탐욕 외로는 설명되지 않는다. 크루엘라를 재해석함으로써 영화 속 여성 이미지 진화에 물꼬를 트긴 했으나 이 영화는 어쩔 수 없이 과거의 전통을 답습하는 한계를 드러낸다.

6. 영화는 왜 악녀에 매혹되었는가?

100년이 조금 넘는 짧은 역사 속에서 영화는 수많은 인상적인 악녀들을 탄생시켰다. 그 악녀들을 만든 작가, 감독, 제작자의 대부분은 남성이었다. "빅 할리우드 스튜디오 시대의 절정기—특히, 1930년대에서 1950년대까지—영화산업 분야에서 여성의 지위는 참담했다." "경영이나 관리를 담당하는 상위 계층"에는 아예 여성이 없었을 뿐 아니라 매해 제작되는 수천 편의 영화 중 여성이 감독한 영화는 겨우 손에 꼽을 정도였고, 여성 제작자는 전무했다(자네티, 484). 여성 창작가가 나쁜 남성을 만들어내는 경우가 미미한 것을 볼 때 남성 창작가들의 악녀 집착은 확실히 특이하다. 이 현상에 대해서는 두 가지 측면에서 생각해볼 수 있다. 첫째 할리우드의 악녀는 정교하게 네트워킹된 남성 원전 작가, 각본 작가, 감독, 제작자, 배급사 등의 협업으로 탄생했다는 것이다. 그리고 그들이 악녀에 관심을 가진 이유는 상품성 때문이다. 이 장에서 분석한 영화들은 모두 대형 스튜디오가 제작했고 상업적인 성공을 거두었다. <말타의 매>는 대형 스튜디오에 속하는 워너 브라더스, <이중 배상>은 파라마운트 픽쳐스, <욕망이라는 이름의 전차>와 <위험한 관계>는 워너 브라더스, <크루엘라>는 월트 디즈니가 제작했다. <말타의 매>, <이중 배상>, <욕망이라는 이름의 전차>가 탄생한 1940년대는 할리우드의 황금기로 불리던 시대로 몇 개의 스튜디오가 박스오피스 매출을 독점하고 있었다. 소위 8개의 빅 스튜디오가 매출의 92%를 점유하고 있었고 회사 간 매출 경쟁도 치열했다. 스튜디오들은 팔리는 영화 외에는 관심이 없었다. 영화의 상업적 성공은 악녀라는 캐릭터만이 담보할 수 있는 것은 아니다. 하지만 당대 최고의 여배우를 매혹적인 악녀로 캐스팅하는 것은 매출에 도움이 되었다. 당대 최고의 여배우인 "[리타] 헤이워드, [린다] 다넬, 진 피터스, 이브 아든, 앤 서던, 라나 터너, 도로시 말론", "베로니카 레이크", "제인 그리어", "로렌 바콜", "베티 데이비스"(해스켈, 221-230) 등이 악녀로 등장했다. 그녀들은 도발하고, 조신해야 하는 여성의 범주를 넘어서고, 벌을 받았다. 악녀의 상업적 잠재력을 확인한 스튜디오들은 조금씩 수위를 조절해가면서 최대한 활용했다. 1950년대에 이르러 검열이 느슨해지면서 마릴린 먼로 Marilyn Monroe를 내세운 섹스 코미디가 주를 이루었지만 악녀가 완전히 사라진 것은 아니었다.

그렇다면 왜 악녀가 대중에게 어필하는가? 『영화의 이해』의 저자 루이스 자네티Louis Giannetti는 특정 주제, 인물, 스토리 라인을 반복하는 장르 영화를 신화에 비유한다. 자네티는 신화를 "한 문명의 공통된 이상과 열망이 구체적으로 표현된 것"(402)이라고 정의하면서 장르 영화는 그 시대의 신화라고 주장한다. "장르가 가지고 있는 스타일 상의 관습과 원형적인 스토리 패턴은 관객에게 그들 시대의 근본적인 신념, 공포, 불안에 제의적으로 참여하도록 격려하고 조장한다."(402)는 자네티의 주장을 확대한다면 공통적 성향을 지닌 악녀들이 등장하는 영화들은 현대인의 신념과 불안을 드러낸다고 할 수 있다. 19세기의 프랑스 문예비평가 이폴리트 텐Hippolyte Taine의 "어떤 특정한 시대, 특정한 나라의 사회적 및 지적 불안은 그 예술 속에 표현되어 있다."(자네티, 407 재인용)는 주장 또한 같은 맥락에서 이해할 수 있다. 지그문트 프로이트Sigmund Freud와 카를 융Carl Gustav Jung의 사상 또한 장르 영화에 대해서 많은 것을 설명해준다. 그들은 영화가 "예술가와 관객 양자의 내면에 잠재된 특정한 욕구와 필요를 만족시켜주는 것이라고 믿었다"(자네티, 411). 프로이트와 융이 사용한 "백일몽", "소망 성취", "집단 무의식", "원형"(자네티, 411)과 같은 개념은 분명 우리 시대뿐 아니라 모든 시대에 걸쳐 사람들이 악녀에 매혹되었던 이유를 설명해줄 것이다.

하지만 분명한 것은 <크루엘라>의 예에서 보듯이 시대가 변화하고 있다는 것이다. 페미니즘의 대두와 함께 여성을 주제로 한, 여성의 입장에서 기존의 이야기와 장르를 재해석한 영화들이 등장했다. <프라

미싱 영 우먼Promising Young Woman>(에머럴드 페넬Emerald Fennel 감독, 2020)은 악녀가 변화하고 있으며 복수극 또한 변화하고 있음을 보여주는 좋은 예이다. 아카데미 영화제에서 각본상을 수상한 이 영화는 의대 동급생에게 강간을 당했으나 술자리 해프닝으로 치부되어 무시당한 후 자살한 친구를 대신해 복수에 나선 여성의 이야기이다. 주인공 캐시(캐리 멀리건Carey Mulligan)는 공권력을 대신한 정의 구현과 폭력적 사적 복수 사이에서 교묘히 줄타기를 한다. 결국 그녀는 친구의 강간범에게 살해당함으로써 강간범이 살인죄로 체포되도록 만든다. 팜므 파탈의 외양을 갖고 있는 캐시는 강간을 시도하는 남성들의 잘못을 지적하고 반성을 요구하고 스스로 복수를 쟁취하기 위해 죽음을 받아들임으로써 스테레오 타입을 넘어서며 악녀 유형을 확대한다. 세계적인 고전을 여성의 시각으로 재해석한 <오필리아Ophelia>(클레어 맥카시Claire McCarthy 감독, 2018) 또한 원작 『햄릿』에서는 표출되지 못했던 다양한 여성 문제를 건드리면서 여성 영화의 가능성을 제시한다. 새로운 여성 캐릭터의 등장은 새로운 '원형'과 '소망 성취'를 시사한다는 점에서 매우 고무적이다.

Chapter 11

영화 <오필리아>와 나쁜 여자 성공담[1]

이희원

1. 새로운 유형의 '나쁜 여자', 오필리아

10장 '영화 속 악녀들의 변천과 새로운 탄생'에서 개관하고 있듯이 20세기 초반 새로운 예술 장르로 탄생한 영화는 근 100여 년 동안 할리우드 중심의 남성 창작자들(작가, 감독, 제작자, 배급자 등)에 의해 지배되어왔다고 해도 과언이 아니다. 또한 남성 창작자들은 주로 '팜므 파탈'[2]로 호명되는 '나쁜 여자' 캐릭터에 당대 최고의 여배

1 이 글은 「성공한 '나쁜 여자': 영화 <오필리아>의 오필리아 재현」이라는 제목으로 2022년 2월 28일 간행된 *Shakespeare Review* 58권 1호 27-53쪽에 게재된 논문을 수정·보완한 것이다.

우를 캐스팅함으로써 상업적 성공을 성취해왔다는 것도 주지의 사실이다. 그러나 페미니즘이 전방위로 파급되고 여성의 사회 진출이 본격화된 1990년대 이후 할리우드 남성 감독의 영화에도 새로운 여성 캐릭터가 등장하기 시작했다. 리들리 스콧Ridley Scott(1937-) 감독의 <델마와 루이스Thelma & Louise>(1991)[3]는 남성 지배 사회에 복수하는 도발적인 '나쁜 여자'들을 통해 불평등한 남녀관계를 폭로하고 여성의 목소리를 전파하는 계기를 마련했다. 21세기에 접어들며 데이비드 프랭클(David Frankel, 1959-) 감독의 <악마는 프라다를 입는다The Devil Wears Prada>(2006)[4]나 크레이그 길레스피Craig Gillespie(1967-) 감독의 <크루엘라Cruella>(2021)[5]와 같은 영화들이 전통적 '팜므 파탈' 캐릭터를 대체하는 새로운 '나쁜' 여성 캐릭터를 선보였다. 즉 21세기 시대적 요청에 응답하며 권력형 '나쁜 여자'(<악마는 프라다를 입는다>의 미란다와 <크루엘라>의 남작부인)나 스스로의 힘으로 성공한 '나쁘지 않은' 커리어 우먼(<악마는 프라다를 입는다>의 앤드리아와 <크루엘라>의 에스텔라)을 주인공으로 등장시켰던 것이다. 남성 중심 사회에 도발하거나 남성처럼 권력을 추구하는 '나쁜 여자'를 '나쁘지 않

2 '팜므 파탈'에 대해서는 이 책의 10장 '영화 속 악녀들의 변천과 새로운 탄생' 참조.

3 <델마와 루이스>는 수전 서랜던Susan Sarandon과 지나 데이비스Geena Davis가 주연한 할리우드 로드 무비(MGM 배급). 평범한 두 여성이 겪는 사건들을 통해 여성주의적 문제들을 표면화하여 여성주의 영화의 아이콘이 되었다.

4 <악마는 프라다를 입는다>는 2003년에 출판된 로런 와이스버거Lauren Weisberger의 동명 소설을 원작으로 한 할리우드 영화(21세기 폭스 배급). 뉴욕 패션 잡지사 에디터 미란다와 그녀의 비서 앤드리아 역을 메릴 스트립Meryl Streep과 앤 해서웨이Anne Hathaway가 맡아 큰 호응을 얻었다.

5 <크루엘라>는 악마 유형 남작부인 역의 엠마 톰슨과 스스로의 힘으로 최고의 디자이너로 성공하는 에스텔라 역의 엠마 스톤 주연의 디즈니 영화로, 원전은 도디 스미스Dodie Smith(1896-1990)의 소설과 그 소설을 원작으로 한 디즈니 애니메이션 영화 <101마리 달마시안One Hundred and One Dalmatians>(1961). 자세한 것은 이 책의 10장 참조.

게' 재현하거나 '나쁜 여자'와 '나쁘지 않은 여성'을 병립시킨 면에서 21세기 할리우드 남성 감독들의 이와 같은 새로운 시도를 긍정적으로 평가할 수 있다. 그러나 이들의 영화는 여성 인물들을 죽음으로 내몰거나(델마와 루이스), 여성을 성공하기 위해 잔혹해진 새로운 악녀(미란다나 남작부인) 혹은 경쟁 중심의 남성적 가치를 벗어나지 못하거나 추종하는 존재(앤드리아나 에스텔라)로 그렸다는 점에서 할리우드 영화와 남성 감독의 한계를 넘지 못했다.

⁝ 영화 <피아노>(1993) 포스터

할리우드 남성 감독들이 선보인 새로운 여성 캐릭터와 확연히 구별되는 개성적 여성 캐릭터를 소개한 것은 1990년대 초반 주목받은 여성 감독들이었다. 일례로, 영국의 여성 감독 샐리 포터Sally Potter(1949-)는 <올랜도Orlando>(1992)[6]에서 16세기부터 20세기까지 400년 동안 남성에서 여성으로 성정체성을 바꾸는 올랜도 인물을 통해 남성성과 여성성에 대한 각 시대의 고정관념을 파헤쳤다. 뉴질랜드 여성 감독인 제인 캠피온Jane Campion(1954-)은 포터보다 여성주의 시각을 더 선명하게 드러냈다. 특히 19세기 말 미개척 뉴질랜드를 배경으로 한 <피아노The

---

6 버지니아 울프Virginia Woolf의 『올랜도』(1928)를 원전으로 한 <올랜도>는 환상적 역사극 형식의 독립 영화로 독립 영화 전문 소니 픽쳐스 클래식스Sony Pictures Classics가 배급했다.

: 영화 <오필리아>(2018) 포스터

Piano>(1993)[7]에서 세상과 소통을 끊고 피아노의 세계에 칩거하며 가부장제에 저항하는 말 못 하는 여성, 에이다를 새로운 '나쁜 여자'로 제시했다. 이후 캠피온 감독의 계보를 잇는 여성주의적 관점의 독립 영화들이 비평가들과 관객의 호응을 얻으며 세상에 알려지기 시작했다.[8]

이러한 여성주의적 독립 영화들 중에서 최근 비평가들과 관객의 주목을 받은 영화로 셰익스피어의 『햄릿*Hamlet*』을 재해석한 클레어 맥카시Claire McCarthy(1950-)[9] 감독의 <오필리아Ophelia>(2018)를 들 수 있다. 미투 운동[10]이 한창이던

---

7 <피아노>는 (이 영화 개봉 한 달 후 디즈니에 팔리기 전까지) 미국의 중요한 독립 영화 제작사였던 미라맥스Miramax가 제작, 배급했다. 이 영화로 캠피온은 여성 최초로 칸 영화제 황금종려상을 받았다.

8 여성 감독의 여성 영화 관련 상세한 정보는 https://www.indiewire.com/feature/female-directors-best-movies-directed-by-women-1202045399/, 최근 할리우드 개봉을 앞둔 두 여성 감독의 작품에 대해서는 https://www.slashfilm.com/586061/the-20-most-influential-female-directors/ 참조.

9 호주의 여성 감독. 데뷔작 <크로스 라이프Cross Life>(2007)와 <기다리게 하는 도시The Waiting City>(2009)로 12회와 14회 부산국제영화제를 찾았다. 여성 인물이 돋보이는 그녀의 필모그래피는 계속 이어질 것으로 보인다. 차기작은 영국 여성 도자예술가 클래리스 클리프Clarice Cliff(1899-1972)를 다룬 <더 컬러 룸The Colour Room>과 동식물 멸종 위기에 처한 마다가스카르로 모험을 떠나는 영장류 동물학자 준 엔글June Engle을 조명한 <더 버닝 시즌The Burning Season>이다.

10 미투 운동은 2017년 10월 할리우드 유명 영화제작자인 하비 와인스틴Harvey Weinstein

2018년 미국 선댄스 영화제[11] 초청작으로 출품했던 이 영화는 맥카시 감독을 『버라이어티*Variety*』[12] 선정 '2018년 주목해야 할 감독 10인' 명단에 올려놓을 만큼 관심을 끌었다. 미국에선 독립영화 배급사 IFC에 의해 2019년 6월, 우리나라에선 2021년 7월 개봉되어 독립 영화로선 꽤 많은 관객을 모았고 특히 한국에서 좋은 평가를 받았다.[13]

: 리사 클라인의 소설 『오필리아』(2006) 표지

<오필리아>는 리사 클라인Lisa Klein(1958-)의 청소년 소설 『오필리아*Ophelia*』(2006)를 원전으로 하고 있는데, 주연인 오필리아 역에 <스타워즈: 깨어난 포스Star Wars: The Force Awakens>(2015)에서 불굴의 여전사 역으로 활약했던 데이지 리들리Daisy Ridley를 기용하여 스스로 삶을 개척해가는 '나쁜 여자' 오필리아를 재현한다. 맥카시 감독의 '나쁜 여자' 오필리아는 기존 할리우드 영화의 '팜므 파탈'도, 21세기 할리우드 영화 속 권력형 '나쁜 여자'도 아니며, <피아노>의 에이다와도 확연히 다

(1952-)의 성추문을 폭로하고 비난하기 위해 소셜 미디어에 해시태그(#MeToo)를 다는 것으로 미국에서 시작되었다.

11 미국 유타주에서 매년 열리는, 독립 영화와 다큐멘터리 영화를 위한 국제영화제.

12 『버라이어티』는 1905년 창간한 미국의 영화 관련 주간 잡지.

13 우리나라 이 영화 관객 수는 개봉 10일 만에 16,000여 명을 웃돌며 독립 영화로선 좋은 흥행 성적을 올렸다. 또한 이 영화에 대한 미국의 <로튼 토마토Rotten Tomatoes> 평가는 61%인 반면 우리나라 <다음> 영화 평점은 10점 만점에 8점대이다.

른 '나쁜 여자'이다. <피아노>에서 캠피온 감독이 영상화한 에이다는 침묵으로 19세기 서구 가부장제에 저항하고, 순종적인 부인 역할을 거부하고, 원주민과 사랑을 나누며, 성적 욕망을 적극적으로 표출하는 면에서 '나쁜 여자'이다. 그러나 그녀는 여전히 남성(뉴질랜드 원주민 베인즈)의 에로스를 자극하는 성적 대상이며 어린 딸을 제외한 다른 여성들과 교류하지 않는 고립된 여성이다. 베인즈와 함께하는 그녀의 행복한 삶을 클로즈업하는 마지막 장면은 에이다의 행복이 남성과의 결합에 의존한다는 전통적 여성관을 드러내기까지 한다.

남성의 성적 대상이 되지 않으며, 여성 연대를 구축하는 '나쁜 여자'라는 면에서 맥카시 감독의 오필리아는 캠피온 감독의 에이다와 구별된다. 캠피온 감독의 에이다가 침묵과 에로스로 가부장제에 저항하는 내향적, 관능적 '나쁜 여자'라면, 맥카시 감독의 오필리아는 행동하는 외향적, 지성적 '나쁜 여자'이다. 즉 그녀는 말괄량이로, 궁정의 평민으로, 왕자와 비밀 결혼하는 시녀로, 왕의 적으로, 속임수를 활용하는 전략가로, 왕비와 마녀의 친구로, 싱글 맘으로 사회적 금기를 깨며 '나쁜 여자'로 부각된다. 그런데 캠피온 감독의 에이다처럼 맥카시 감독의 오필리아도 희생되지 않고 행복한 혹은 평화로운 삶을 보장받는다. 맥카시 감독은 셰익스피어의 『햄릿』에서 희생자로 죽음을 맞이했던 '착한' 오필리아를 생존하는 '나쁜 여자'로 재탄생시키면서, 캠피온 감독과는 다른 관점에서 새로운 여성 캐릭터, 즉 결혼 밖에서 소망을 성취하는 여성 인물을 탄생시킨다. 그리고 이를 위해 액자 구조를 차용해 오필리아의 관점에서 오필리아를 조명한다. 19세기 영국 화가 존 에버렛 밀레이John Everett Millais(1829-1896)의 그림 속 오필리아가 되살아나 자신의 이야기를 들려주는 이야기 구조를 취하는 것이다.

맥카시 감독의 영상 속 오필리아 이야기는 셰익스피어 시대부터 지

⋮ <오필리아>, 존 에버렛 밀레이, 1852년

금까지 무대, 회화, 사진, 영상, 문학에서 재현되어왔던 희생자 이미지와 완전히 다르다.[14] 약 400년 동안 서양의 무대, 화폭과 사진, 영상, 텍스트에서 오필리아는 각 시대마다 다르게 재현되며, 각 시대의 대표적 여자로 호명되어왔다. 하지만 각기 다른 오필리아 재현 작업들을 하나로 묶는 공통의 끈이 있다면, 그것은 희생자 오필리아의 광기와 죽음에 대한 지대한 관심이다.

14 각기 다른 시각적 오필리아는 모두 희생자 오필리아 신화를 전달한다. 공연을 비롯한 회화, 정신분석, 문학 전반의 오필리아 재현에 대해서는 Showalter, 1985와 Romanska, 2005, 회화에 나타난 오필리아 재현에 대해서는 Peterson, 1998; Ronk, 1994; 권오숙, 2011, 영화에 나타난 오필리아 대해서는 Gates, 2001; Romestant, 2015; Rooks, 2014; 김희진, 2004; 이혜경, 2013과 https://doi.org/10.1080/01956051.2018.1559132 참조. 사진에 나타난 오필리아에 대해서는 https://link.springer.com/chapter/10.1057%2F9781137016461_12, (회화, 공연, 문학 등에서의) 오필리아의 광기 재현에 국한해서는 http://www.bl.uk/shakespeare/articles/ophelia-gender-and-madness와 Neely, 1991 참조.

1970년대 이후 페미니스트 비평가들은 남성적 관점의 오필리아 재현에 비판을 가하며 여성주의적 시각에서 오필리아의 광기를 가부장제에 대한 불복과 저항으로, 그녀의 죽음을 『햄릿』 후반부 플롯 전개의 핵심으로 해석하고자 노력했다.[15] 하지만 셰익스피어의 『햄릿』에서 오필리아의 비중이 크지 않기 때문에 페미니스트 비평가들이 오필리아를 저항의 아이콘이나 플롯 전개의 필수적 인물로 옹호하는 일이 쉽지 않았다. 이런 가운데 페미니스트 비평가가 아니라 남성 감독인 마이클 엘머레이더Michael Almereyda(1960-)가 뉴욕을 배경으로 현대화한 <햄릿 Hamlet>(2000)에서 반항적인 오필리아를 어느 정도 성공적으로 재현했다. 엘머레이더의 영화에서 줄리아 스타일즈Julia Stiles가 연기한 오필리아는 오빠 레어티즈와 아버지 폴로니어스에게 불만을 드러내고 햄릿의 통제에서 벗어나고자 노력하며, 미쳐서도 공격적인 행동을 보여주는 인물로 주목받는다. 그러나 엘머레이더의 영화 속 오필리아 역시 주체로서 자신의 목소리를 내지 못하고 결국 자결하는 순진한 희생자로 그려진다(김희진, 25). 무엇보다 그녀는 여전히 햄릿의 관점에서 바라본 오필리아에 불과하다.

니일리는 셰익스피어 원작에 부재한 오필리아의 목소리를 전달하는 것이 페미니스트 비평가의 임무라고 주장하고(Neely, 1981: 11), 일레인 쇼월터Elaine Showlater도 "다중의 관점을 가진 입체적 오필리아" 재현을 촉구한 바 있다(쇼월터, 420). 그러나 오필리아에 대한 정보를 거의 제공하지 않고 그녀를 부차적 인물로 설정한 셰익스피어의 『햄릿』 텍스트

15 대부분의 페미니스트 비평가들이 오필리아의 광기에서 저항적 측면을 발견했다. 그 중에서도 캐롤 토마스 니일리Carol Thomas Neely는 오릴리아의 광기뿐 아니라 죽음에도 주목하며 그녀의 죽음이 레어티즈, 거트루드, 햄릿의 후반 행동에 큰 영향을 끼치며 플롯의 흐름을 뒤바꾸는 데 기여했다고 분석했다. Neely, 1981: 10-11 참조.

에 기초할 경우, 오필리아의 숨은 이야기를 복원하는 작업은 거의 불가능하다. 오필리아의 복원 혹은 재탄생은 상상력을 동원해 원작 텍스트 안의 빈칸을 채울 때만 가능하다. 영화 <오필리아>가 이를 해냈다. 2006년 소설가 클라인이 니일리가 말한 "부재한 오필리아 이야기"를 창작하고, 이를 바탕으로 2018년 맥카시 감독이 "다중의 관점을 가진 입체적 오필리아" 중 한 가지 관점의 오필리아 이야기를 영상화하면서 오필리아가 드디어 복원된 것이다. 상상력이 요구되는 이 작업을 비평가가 아닌 소설가와 영화감독이 해낸 것은 어떻게 보면 당연하다.

14세기 덴마크 말괄량이 소녀 오필리아가 어떻게 힘을 키워 덴마크 가부장제의 틈을 벌리고 그 민낯을 보여주는 주체적 여성으로 성장하는가? 이것이 영화 <오필리아>가 탐구한 핵심 문제이다. 맥카시 감독은 한 인터뷰에서 오필리아가 "어느 만큼 사회의 경계를 넘어설 수 있을까?"를 고민한 결과물로 액자 구조를 사용했다고 밝힌 바 있다.[16] 그러나 여기서 그치지 않고 사회의 경계를 넘어서는 '나쁜 여자' 오필리아를 보여주기 위해 영화 <오필리아>는 오필리아를 소설 『오필리아』의 오필리아보다 훨씬 더 자립적이고 강인한 캐릭터로 부각시킨다. 또한 소설에서와 달리 왕비 거트루드와 약초사/마녀 멕틸드를 자매로 설정하고, 오필리아와 멕틸드의 연대를 추가한다. 이로써 영화 <오필리아>는 '나쁜 여자' 오필리아의 주체적 삶의 여정 속에 세대를 뛰어넘는 여성 연대도 포함시켜 탐구한다.

이 장에서는 영화 <오필리아>가 소설 『오필리아』보다 여성주의적 관점을 명확하게 드러낸 점에 주목한 후, 맥카시 감독이 '나쁜 여자' 오필리아를 소망을 성취하는 희극적 여주인공으로 만들어가는 과정에

16 https://www.forbes.com/sites/kristenlopez/2019/06/25/claire-mccarthy-talks-finding-ophelia/?sh=68d466bd3dff

집중한다. 즉 오필리아가 가부장제의 관점에서 '나쁜' 행위들에 의거해 14세기 가부장 사회의 틈새를 뚫고 나가 가부장적 결혼 제도 밖에서 평화로운 삶을 이어가는 과정을 추적한다. 그리고 14세기 '나쁜 여자' 오필리아가 어떤 측면에서 21세기 초반 우리 시대 여성상을 반영하고 있는지를 살펴볼 것이다.

2. 소설에서 영화로: 오필리아, 불온해지다

『햄릿』에서 셰익스피어는 햄릿의 마음속 깊숙이 들어가 햄릿에 관한 거의 모든 것을 알려준다. 셰익스피어는 여기서 그치지 않고 햄릿의 친구 호라시오에게 죽은 햄릿의 생전 이야기를 전해줄 임무까지 맡긴다. 이에 반해 셰익스피어는 오필리아에 대해선 거의 침묵하거나 베일에 싸인 오필리아를 제시하며, 죽은 그녀의 이야기를 전해줄 친구도 곁에 두지 않는다. 그런데 400여 년이 지난 2006년 오필리아 이야기를 전해줄 오필리아의 친구가 드디어 등장했다. 그가 바로 소설가 리사 클라인이다. 클라인은 셰익스피어의 『햄릿』을 오필리아의 관점에서 다시 쓴 소설 『오필리아』를 내놓으며 셰익스피어가 빈칸으로 남겨두었던 오필리아에 대한 정보, 그녀의 관점과 내면의 목소리를 전달한다. 클라인의 소설 속 오필리아는 사랑에 빠지고 세상에서 자신의 위치를 찾아가는 16세기 말 17세기 초 덴마크의 평민 소녀로 내레이터가 되어 자신의 자서전을 써내려간다. 이 오필리아 자서전은 1) 햄릿을 음영 처리하고, 2) 오필리아의 내면 목소리를 전하고, 3) 『햄릿』에는 등장하지 않는 엘노라, 궁정 시녀들, 약초사 멕틸드 같은 새로운 여성 인물들을 추가하고, 4) 궁정을 탈출한 오필리아의 수녀원 이야기를 길게 덧붙인다.

햄릿의 관점에서 복수자 햄릿의 내면적 갈등과 성찰을 극화하는 셰익스피어의 『햄릿』이 클라인의 소설에선 오필리아의 관점에서 탈출자 오필리아의 내적 갈등과 성찰을 기술하는 자서전으로 변모한다.

맥카시 감독의 <오필리아>는 세미 첼라스Semi Chellas의 각색 작업을 거치기는 하지만 클라인 소설의 플롯과 관점을 대체로 따르고 있다. 두 작품은 공통적으로 오필리아의 시각에서 1) 어머니 없이 자란 평민으로서, 2) 지식을 탐구하고, 3) 시녀가 되어, 4) 햄릿을 사랑하고 그와 비밀 결혼하며, 5) 클로디어스의 범죄를 알아채고, 6) 미친 척 죽은 척하여 생존을 모색하다가, 7) 햄릿을 두고 덴마크를 탈출한 후, 8) 수녀원에서 평화롭게 지내는 오필리아 이야기를 우리에게 들려준다. 그러나 자세히 들여다보면 클라인의 오필리아와 맥카시 감독의 오필리아 사이에는 큰 차이가 있다. 우선 클라인의 소설과 맥카시의 영화는 각각 16세기 말 17세기 초와 14세기[17]로 시대적 배경을 달리한다. 또한 전반적으로 클라인의 소설 속 오필리아는 셰익스피어의 오필리아보다는 훨씬 주체적이지만 사회적 억압에 맞서기보다는 사회가 허용하는 범위 내에서 사회와 협상하며 생존을 모색하는 인물로 묘사된다. 무엇보다 클라인의 소설은 오필리아와 햄릿의 사랑과 이를 둘러싼 오필리아의 복합적 감정을 집중적으로 다룬다. 이런 가운데 오필리아의 주체적 행위는 16세기 후반과 17세기 초반 유럽 여성에게 허용된 약초학과

17 클라인의 소설 『오필리아』는 셰익스피어의 『햄릿』의 집필 시기와 유사한 16세기 말에서 17세기 초를 소설의 시대적 배경으로 삼았다. 한편 맥카시는 시대적 배경을 14세기로 설정했는데, 그 이유에 대해서는 따로 밝히지 않고 있다. 필자의 추측으로는, 종교개혁의 영향으로 여성에게 약간의 자유가 허용되었던 16세기 말 17세기 초 유럽보다 14세기 유럽이 영화 속 오필리아 재현에 적절하다는 판단에 따른 것일 수 있다. 14세기 유럽에서 여성은 수녀가 되면 결혼하지 않고도 자립적 힘을 행사할 수 있었고, 또 이 시기에 로맨스물(낭만적 연애 소설)이 유행했으며, 약초 등을 다루며 의료 행위를 했던 여성들을 마녀로 모는 기독교의 마녀사냥이 시작되었다.

프랑스 로맨스 장르[18]의 독서에 한정된다. 게다가 그녀는 아직은 어린 10대 소녀로서 주변 사람들에게 의존하는 인물로 묘사된다. 그녀는 햄릿이나 호라시오와 상의를 거쳐 중대사를 결정하고, 궁정에선 줄곧 엘노라의 지도를 받고, 궁정을 떠날 때는 거트루드의 물질적 도움을, 수녀원에 도착해서는 수녀들의 도움을 받으며 살아간다. 말하자면 클라인이 인터뷰에서 강조하듯이 그녀의 오필리아는 "10대 페미니스트의 아이콘이라기보다는 현대 로맨스 소설의 여주인공에 가깝다. 클라인은, "나는 청소년 독자들에게 셰익스피어의 시대의 여성, 특히 젊은 여성이 사회의 제약과 어떻게 협상하며 살 수 있는가를 보여주기를 원했다. 그래서 그녀가 처한 시대에 여성이 현실적으로 할 수 있는 일을 해내는 오필리아를 그리려고 노력했다."[19]라고 했다.

맥카시 감독도 클라인의 뒤를 잇는 듯 보인다. 한 인터뷰에서 맥카시는 적어도 외면적으로는 세상과 맞서지 않는 부드러운 오필리아를 통해 "보편적" 영화를 만들고자 했다고 밝힌다.[20] 그러나 맥카시 감독은 클라인보다 훨씬 더 분명하게 여성주의적 입장을 취한다. 인터뷰에서 밝혔듯이, 맥카시 감독은 <스타워즈>에서 부드러우면서도 강한 여주인공 역을 소화해낸 데이지 리들리에게 오필리아 역을 맡겼다.[21] 또한 <오필리아>가 현대 여성들이 제기하는 문제들-여성의 감정, 가족관계, 계급문제, 자유와 힘의 제약 등-을 점검하고 그 해결책을 모색하며 여성의 목소리를 들려줄 수 있는 영화가 되기를 바란다고 밝히기

---

18 12세기경 프랑스에서 로맨스 문학 장르가 탄생했으며, 이후 점차 유럽 전반에서 심리적 관점에서 궁정 사랑을 묘사한 로맨스물이 유행하게 되었다.

19 https://www.folger.edu/shakespeare-unlimited/ophelia-lisa-klein

20 http://www.shondaland.com/watch/a28183219/daisy-ridley-ophelia-feminist-flip-Shakespearean-tragedy/

21 앞의 각주 16번과 20번 URL 참조.

도 했다.[22] 이런 맥락에서 오필리아의 사랑과 생존기를 들려주는 클라인의 소설과 달리, <오필리아>는 위에 언급한 여러 문제들을 조망하는 가운데 '나쁜 여자' 오필리아의 주체적 "'자기' 찾기 여행"을 다룬다(Ue, 208).

오필리아의 주체성을 분명히 드러내기 위해 <오필리아>는 클라인의 소설에서 강조된 오필리아와 햄릿 관계를 축소하고 오필리아와 클로디어스의 대결 국면을 강조한다. 또한 클라인의 소설이 호라시오와 협력하여 생존을 모색하는 오필리아를 그려낸다면, 맥카시 감독의 영화는 혼자 힘으로 클로디어스의 위협을 막아내는 강인한 오필리아를 창조한다. 나아가 소설이 약초 전문가로서의 오필리아에 주목했다면, 영화는 약초 지식 없이도 주체적 힘을 발휘하는 오필리아를 제시한다. 이리하여 <오필리아>의 오필리아는 가부장제가 폄하하는 지성적 여성이자 가부장제의 단단한 벽에 틈을 벌리고 자신의 뜻을 밀고 나가는 '나쁜' 여성으로 재탄생한다.

맥카시 감독은 초반부에 '나쁜' 오필리아 구축에 필요한 기초 작업을 완성한다. 영화 <오필리아>는 소설에서처럼 오필리아가 지식 욕구를 지녔을 뿐 아니라 중세 덴마크 규범을 벗어나는 도전적 여성이라는 점을 부각시킨다. 맥카시 감독은 거트루드가 (평민 여성에게 허용되지 않은 언어 능력과 지식을 겸비한) 오필리아의 도전적 측면에 흥미를 느껴 그녀를 시녀로 발탁하는 장면을 추가하고, 가끔 궁정을 나와 숲의 풀과 꽃을 즐기며 궁정의 제약에서 벗어나 해방감을 맛보는 오필리아 장면들을 영상화하는 한편, 클라인의 소설에 언급된 엘노라의 지도를 받고 그녀의 도움으로 약초학을 공부하는 오필리아 부분은 삭제한다. 이로

22 http://www.shondaland.com/watch/a28183219/daisy-ridley-ophelia-feminist-flip-Shakespearean-tragedy/

써 <오필리아>는 타고난 말괄량이로서 엄격한 궁정 생활에서도 길들여지지 않고 때로는 자연과 로맨스 독서의 세계로 탈선을 시도하는 오필리아 캐릭터의 기초를 마련한다. 이 기초 작업을 바탕으로 <오필리아>는 길들여지지 않는 '나쁜' 오필리아가 주체적 결단으로 덴마크 가부장제를 헤쳐 나가는 과정을 추적한다.

특히 맥카시 감독은 여성주의적 관점을 선명하게 드러내기 위해서 클라인의 소설과 완전히 다른 장면들을 창조해낸다. 먼저 "수녀원으로 가라."는 햄릿의 말 속 수녀원을 오필리아가 위험을 피해 지낼 장소로 명확히 지시함으로써 훗날 지낼 수녀원을 폭력적 덴마크 궁전과 대조되는 평화적 공간으로 부각시킨다. 이로써 '창녀촌으로 가라'의 뜻을 함축한 셰익스피어의 햄릿 대사 "수녀원으로 가라."의 여성 혐오적 의미를 해체한다.[23] 그러나 클라인의 소설과 맥카시 영화 사이의 가장 큰 차이는 멕틸드 관련 장면들에서 발견된다. 클라인의 소설에서는 그 역할이 미미했던 약초사 멕틸드가 맥카시 감독의 영화에서는 오필리아 이야기를 끌어가는 핵심적 인물로 입체화된다. 멕틸드의 마녀화는 클로디어스의 권력욕과 잔혹함을 알려주는 지표이며, 멕틸드가 제조한 약은 햄릿의 아버지, 햄릿, 레어티즈, 클로디어스, 거트루드를 죽음에 이르게 하는 독극물이자 멕틸드 자신과 오필리아를 살리는 생명수로 작동하며 영화의 플롯을 이끈다. 마지막으로 <오필리아>는 클라인 소설의 중요한 부분인 오필리아의 수녀원 생활을 거의 생략하고, 그 대신 오필리아와 거트루드, 오필리아와 멕틸드 사이의 돈독한 유대 관계를 강조한다. 이로써 영화 <오필리아>는 주변의 도움을 받는 소설 속 수동적인 오필리아 대신 여성 유대를 이끌어내는 적극적인 오필리아를

23 셰익스피어의 시대의 속어로 수녀원은 창녀촌을 의미했다.

보여준다.

한마디로, 클라인의 소설이 오필리아가 어떻게 주변의 도움을 받고 가부장 사회에서 살아남는가를 중심으로 오필리아의 내면을 추적한다면, 맥카시 감독의 영화는 오필리아가 어떻게 자립적으로 새로운 삶을 개척하는가를 축으로 '나쁜' 오필리아의 행동을 영화에 담는다. 맥카시 감독이 클라인보다 훨씬 더 적극적으로 주체적 여성의 힘을 긍정하는 셈이다. 이 과정에서 영화 <오필리아>의 오필리아는 셰익스피어의 햄릿과 거의 동등한 힘과 위치를 부여받는다. 그러나 영화 속 오필리아는 셰익스피어의 햄릿처럼 인생에 대한 심오한 사색과 내면 성찰을 독백으로 표현하지도 권력 투쟁에 가담하지도 않으며 묵묵히 자신의 길을 걸어간다. 이 점은 오필리아 역을 맡았던 리들리의 다음 말에서 확인된다.

> 오필리아는 누구에게도 거창한 발언을 하지 않습니다. 그녀는 햄릿이 싸움을 끝내기를 기다리지 않고 옳다고 생각하는 일을 합니다. 모든 사람이 시끄럽게 자신의 감정을 드러내는 것은 아닙니다. 조용한 선택도 강력할 수 있습니다.[24]

리들리가 정확하게 지적하듯이, <오필리아>는 햄릿처럼 스스로 욕망하고 의지하고 행동하며, 가부장제가 '나쁘다'고 규정한 길이라 하더라도 '옳다'고 판단되면 그 길을 향해 흔들림 없이 나아가는 오필리아를 보여준다. 오필리아가 어떻게 그녀만의 길을 스스로의 힘으로 걸어가는가? 다음 절은 이 질문에 대한 답이 될 것이다.

---

24 http://www.shondaland.com/watch/a28183219/daisy-ridley-ophelia-feminist-flip-Shakespearean-tragedy/

3. 오필리아의 '거리두기': 관찰과 연극으로 가부장제의 틈새를 노리다

'나쁜 여자' 오필리아가 주체적으로 자립하기 위해서 취한 전략은 '거리두기' 즉 '관찰'과 '연기'이다. 오필리아의 관찰과 연기는 그녀를 시녀로 두고 있는 주도권 세력의 입장에서 보면 불온하고 불쾌한 것이지만 오필리아에게는 원작 소설의 그녀가 갖지 못했던 생존 전략이다. 오필리아가 가부장제의 궤도를 따르는 '올바른' 시녀의 삶과 일탈하는 '나쁜' 개인적 삶을 양립시키다가 클로디어스에게 맞서고 엘시노어 궁전을 탈출해 자신만의 삶을 찾아 나설 수 있었던 것은 그녀가 이성을 기반으로 '거리두기'의 삶을 채택했기 때문이다. 즉 이성의 힘을 기반으로 그녀가 주변 환경과 사람들을 거리를 두고 관찰하고, 관찰의 앎을 토대로 미묘한 전략을 짜 연기해냈기 때문이다.

맥카시 감독의 영화는 어린 오필리아가 창밖을 바라보는 장면을 시작으로 창문이나 문틈으로, 커튼이나 기둥 뒤에서, 밀실이나 밤의 어둠을 뚫고, 가까이서 또 멀리서 바깥세상과 사람들을 지켜보는 오필리아의 미장센을 거듭 보여주며 관찰자 오필리아를 부각시킨다. 덴마크 엘시노어 궁전에서 벌어지는 다양한 일들 중 어느 하나도 그녀의 눈을 비켜가지 못한다. 오필리아는 덴마크 사회가 여성의 교육받을 기회를 차단하고 여성을 변덕스럽다고 매도하고, 덴마크 왕이 거트루드를 소홀히 대하고 배다른 동생 클로디어스를 무시하며, 동료 시녀들이 평민이라는 이유로 자신을 무시하는 것을 관찰한다. 그리고 이 관찰에 비추어 엘시노어 궁정과 덴마크 사회의 작동 원리가 계급과 성에 따라 사람을 차별하는 견고한 가부장제임을 간파한다.

무엇보다 오필리아는 시녀로 일하면서 거트루드와 클로디어스의 비밀스러운 장면을 목격하고 그들의 마음속까지 꿰뚫어본다. 시녀로서 오필리아는 왕비가 아닌 개인 거트루드를 만난다. 오필리아가 왕비 타이틀을 벗기고 들여다본 거트루드는 나랏일에 몰두하는 남편과 자신에게서 점차 멀어져가는 아들 햄릿 때문에 외로워하고, 미모와 성적 매력을 잃어가는 것을 두려워하는 약한 여성이다. 그러나 다른 한편으로 오필리아는 기도서 대신 로맨스물을 읽으며 덴마크 사회가 요청하는 여성성을 거스르고 에로스를 향유하는 대담한 거트루드도 발견한다. 클로디어스의 숨겨진 권력욕과 성적 욕망도 오필리아의 시선에서 감춰질 수 없다. 오필리아는 클로디어스가 궁정의 법도에서 벗어난 행동을 일삼으며 권력욕과 욕정 때문에 거트루드에게 접근하고 햄릿을 경계한다는 사실을 파악한다. 시간이 지남에 따라 클로디어스는 오필리아의 시야에 더 확실하게 그 정체를 드러낸다. 오필리아는 클로디어스가 거트루드를 유혹하는 장면, 멕틸드의 동굴을 찾아가는 장면, 선왕서거 당일 망루에 유령처럼 나타나는 장면을 주시하고, 그의 외투 주머니 속 약병이 멕틸드 동굴의 약병과 같은 것을 확인하며 클로디어스가 선왕의 독살자임을 확신한다.

'거리두기'를 하지 못한 셰익스피어의 오필리아가 진실을 마주하고 실성하는 것에서 알 수 있듯이, 가부장 사회에서 여성이 부패한 현실을 거리를 두지 않고 직면할 경우 광기에 이르기 쉽다. 그러나 예리한 관찰자인 맥카시의 오필리아는 현실을 있는 그대로 직시해도 광기에 빠지지 않는다. 주변과 사람들을 거리를 두고 관찰한 결과로 얻은 이성적 인식이 그녀에게 현실에 대한 비판적 시각을 제공하기 때문이다. 일반적으로 비판적 시각은 저항의 길을 택하거나 새로운 삶을 모색하도록 이끄는데, 맥카시 감독의 오필리아는 후자의 길을 택한다. 즉 그녀는 덴마크 사회에 항거하기보다는 자신만의 새로운 길을 모색한다.

그 새로운 길을 위해 오필리아는 가부장 사회가 여성의 간교한 속임수로 폄하하는 '나쁜' 연극을 전략적으로 도입한다. 연극은 남을 속인다는 일상적 측면에서 '나쁜' 행동일 뿐만 아니라 '여성은 간교하게 자신을 감춘다'는 가부장적 통념에 부합하기 때문에 가부장적 관점에서도 '나쁜' 행동이다. 그럼에도 불구하고 오필리아는 연극을 활용하고, 이로써 복수를 위해 연극을 도입한 셰익스피어의 햄릿과 동격이 된다. 그녀는 주체적 삶을 펼치기 위해 연극을 도입한 면에서는 햄릿과 다르지만, 연극을 벌일 만큼의 이성과 지성을 갖추었다는 측면에서는 셰익스피어의 햄릿과 어깨를 나란히 한다.

여기서 영화 속 오필리아가 주도하는 연극과 클로디어스의 계략을 구별할 필요가 있다. 위장하고 타인을 속인다는 점에서 오필리아의 연극과 클로디어스의 계략은 같아 보일 수 있다. 그러나 자신의 이익을 위해 타인의 삶을 짓밟는 클로디어스의 정치적 계략과 새로운 삶을 모색하기 위한 전략으로서 타인을 희생시키지 않는 오필리아의 연극은 정반대쪽에 위치한다. 셰익스피어가 햄릿의 연극과 클로디어스의 계략 사이의 미묘한 차이를 '햄릿의 예술적 가장假裝 대 클로디어스의 정치적 위선'으로 구별한 것처럼, 맥카시 감독은 오필리아의 연극과 클로디어스의 계략을 '평화 대 폭력'의 구도로 구분한다. 맥카시 감독에게 오필리아의 연극이 개인을 지키기 위한 평화적 방편이라면, 클로디어스의 계략은 권력 의지의 폭력적 표현이다.

오필리아의 연극은 평화적 방편이면서 동시에 힘을 표출하는 장이 되기도 한다. 셰익스피어의 햄릿에게서 찾기 어려운 용기와 결단력이 연극을 펼치는 오필리아에게서 발견된다. 아버지가 명하고 덴마크 사회가 '나쁘지 않다'고 인정하는 복수조차 망설이는 셰익스피어의 햄릿에게서 무력감이 표출된다면, 영화 속 오필리아에게서는 가부장제 사회가 아무리 '나쁘다'고 손가락질해도 자신이 소망하는 길을 향해 굽히지 않고 나아가는 강력한 힘이 뿜어져 나온다. 말하자면, 오필리아의 연극은 시대와 사회를 관찰하고 대처하는 그녀의 유능함의 표현이다.

맥카시 감독의 오필리아가 채택한 연극은 클라인의 소설 속 오필리아의 연극적 생존 전략에서 유래하기는 하지만, 이성적 삶의 태도로서 강화된다. 클라인의 오필리아는 살아남기 위해 미친 척, 죽은 척 가장한 후 남장하고 수녀원으로 향한다. 그러나 클라인의 오필리아가 시도한 연극은 엘시노어 궁전을 탈출하기 위한 한두 번의 작전에 불과하다. 이에 반해 맥카시 감독의 오필리아가 수행하는 연극은 영속적이라고 할 수는 없지만 궁정 생활 내내 유지되는 삶의 태도이자 이성적 판단에 근거한 의지의 표현이다. 전반부 오필리아는 개인적 차원에선 햄릿과 사랑을 나누고 거트루드와 멕틸드와도 마음을 나누는 등의 일탈적 행동을 숨기며 시녀 역할을 수행한다. 또한 궁정에서 일어나는 모든 일을 알면서도 모르는 척 연극적 삶을 이어간다.

오필리아가 수행하는 전반부의 비교적 단순한 연극은 후반부에 이르면 클로디어스의 위협에 맞서기 위한 적극적인 연극으로 변모한다. 클로디어스는 햄릿의 광증 원인을 알아보려는 염탐 작업에 오필리아를 끌어들인다. 그러나 그녀는 클로디어스의 뜻을 따르는 척하면서 남편 햄릿과 비밀 대화를 나눔으로써 클로디어스의 연극을 범죄자 클로디어스 고발 연극으로 탈바꿈시킨다. 이로써 유령의 명령에 의해 햄릿의 복수가 시작되는 셰익스피어의 『햄릿』과 달리, <오필리아>에서는 오필리아가 햄릿의 복수에 시동을 건다. 오필리아로 인해 햄릿의 연극이 시작되고 클로디어스의 죄를 입증하기 위한 햄릿의 극단 초청 연극도 개최된다.

오필리아는 밀려드는 위기의 상황을 미친 척 연기와 죽은 척 연기로 해결한다. 클로디어스가 오필리아에게 공격의 포문을 열자 오필리아는 강제 결혼과 감금의 위기에 처한다. 그녀는 이 위기를 아버지 폴로니어스의 죽음 때문에 '실성한 오필리아' 역할을 성공적으로 수행함으로써 극복한다. 미친 척하며 궁정 사람들에게 꽃을 나눠주는 오필리아는 실제로 실성하여 꽃을 나눠주는 『햄릿』 속 가련한 오필리아와 대조를 이룬다. 맥카시 감독의 오필리아는 셰익스피어의 실성한 오필리아와 달리 미친 척 연기를 통해 클로디어스의 공격을 방어할 뿐 아니라 그를 공격하는 위치까지 점유한다. 그녀는 클로디어스 앞에서 멕틸드를 마녀로 지목했던 자가 클로디어스임을 공표하며 클로디어스와 동등한 힘의 맞대결을 펼친다. 미친 척 연기가 그녀에게 클로디어스의 명령에 불복할 힘과 자유를 제공한 것이다. 오필리아의 미친 척 연기는 죽은 척 연기로 연결된다. 죽음을 가장하는 약을 멕틸드에게서 받아 마신 오필리아는 개울에 빠져 죽은 척한다. 죽음을 연기함으로써 그녀는 공식적으로 덴마크 궁정에서 자신의 존재를 없애고 클로디어스의 위협과 공격을 일거에 제거한다.

오필리아는 클로디어스의 계략에도 살아 돌아온 남편 햄릿과 함께 탈출하고자 한 번 더 연극을 시도한다. 하인으로 복장전환을 하고 궁정에 나타난 그녀는 햄릿에게 궁을 떠나 새로운 삶을 살자고 제안한다. 햄릿은 오필리아의 설득에도 굽히지 않고 복수의 길을 선택하는데, 이 햄릿의 선택은 오필리아가 주도한 연극의 실패 가능성을 암시하는 듯하다. 그러나 오필리아의 햄릿 설득 실패는 '사랑은 행복한 결혼으로 이어진다'는 가부장적 관점에서만 실패이다. 복수를 선택하는 햄릿과의 결혼 생활이 가부장적일 가능성을 감지하고 혼자 수녀원으로 떠나는 오필리아의 단호한 행위를 실패라고 단정하기는 어렵다. 복수를 선택한 햄릿과 결별하는 오필리아의 행위는 덴마크의 가부장적 결혼 제도에 반격을 가하는 것으로서, 햄릿의 실패이자 오필리아의 승리라고 말할 수 있다. 맥카시 감독의 다음 설명은 이 점을 명확하게 짚어준다.

> 나는 궁극적으로 햄릿이 사랑이 아니라 복수를 택했고 평화가 아니라 전쟁을 택했기 때문에 비극을 맞이했다고 생각합니다. 이 영화에서 오필리아는 승리를 거두는데, 그것은 현명하게도 그녀가 자신이 속한 세상에서 벗어나 새로운 곳으로 떠나는 선택을 했기 때문입니다.[25]

시체가 어지럽게 널린 불타는 엘시노어 궁전과 오필리아가 딸과 함께 지내는 평화로운 수녀원을 대조시키는 마지막 장면들은 햄릿의 비극과 오필리아의 승리를 압축적으로 전달한다.

맥카시 영화 속 오필리아의 '거리두기,' 즉 '관찰'의 앎을 토대로 한 그녀의 '연기'는 정신분석학으로 영화 관람을 설명한 메리 앤 도안Mary Ann Doane의 '거리두기' 이론을 통해서 보다 명쾌하게 이해할 수 있다. 도안의 이론을 관람과 정신분석학 용어를 제거하고 간단하게 정리해 보면 다음과 같다. 1) 가부장제는 남성에게 존재하는 자아와 자아 이미지 사이의 거리가 여성에게는 부재한다고 파악한다. 즉 여성을 '가까움' 혹은 '자체로서의 현존'으로 인식한다.[26] 2) 따라서 여성은 인위적

---

25 https://www.slashfilm.com/567229/ophelia-claire-mccarthy-interview

26 조앤 리비에르Joan Riviere의 '가면무도회로서의 여성다움' 개념을 '거리두기' 이론으로 다시 쓴 도안은 "가부장제 내 여성의 위치에 대한 가면무도의 저항은 가까움, 자체로서의 현존, 이미지로서의 가부장적 여성성 형성을 거부하는 데 놓여 있다."("Film and the Masquerade", 25)고 주장한다. 이때 도안은 '여성=가까움'의 개념을 정신분석학적 프랑스 여성주의 이론을 끌어들여 설명한다. 도안이 인용한 루스 이리가라이Luce Irigaray에 따르면, "여성은… 너무 가까워서 그녀 자신 이외의 아무것도 소유할 수 없다… 또 여성들은 어떤 식으로도 그들의 광기를 표현할 수 없다. 그들은 그들의 몸으로 직접 광기의 고통을 겪는다"("Film and the Masquerade", 22). 직접 몸으로 광기

으로 자아와 자아 이미지 사이에 일정한 거리를 만들어내는 '가면무도' 혹은 '연기'를 통해서 가부장적 여성성에 균열을 낼 수 있다. 도안의 이론을 맥카시 감독의 오필리아에게 적용하면, 오필리아는 관찰과 연기를 통해 인위적으로 자신과 자신의 이미지 사이에 거리를 만들어냄으로써 덴마크 가부장제의 여성 인식에 저항한 것이다. 전반부 오필리아가 본래의 자신과 시녀 역할 사이에 거리를 만들어 가부장적 여성 이미지에 틈을 벌린다면, 후반부 오필리아는 간교한 여성이라는 가부장적 통념을 강화하는 '나쁜 여자' 가면을 씀으로써 본래의 오필리아와 가면 쓴 오필리아 사이에 거리를 만들고 덴마크의 여성성 개념에 도전한다.

그러나 도안의 '거리두기' 방식인 '가면무도' 혹은 '연기'는 그 전복의 가능성에도 불구하고 인위적으로 부과된 일시적 전략임을 부인할 수 없다. 선의를 유지한 채로 연극 전략을 삶의 기본 양식으로 삼고 평생 살아가는 일은 사실상 불가능하다. 만약 누군가가 평생 위장하거나 연극적 삶을 지속한다면, 아마도 그 사람은 내면의 악을 숨기는 악한일 가능성이 높다. 맥카시 감독은 이러한 연극적 '거리두기' 전략의 한계를 인식한 듯하다. 또한 오필리아가 폭력적인 엘시노어 궁전을 비폭력적 방식으로 헤쳐 나가기 위해서도 '거리두기'의 한계를 보완할 필요가 있다고 생각한 듯하다. 이런 맥락에서 맥카시 감독은 오필리아에게 '거리두기'의 구멍을 메울 수 있는 친밀한 관계 맺기의 능력을 부여한다.

를 겪는 셰익스피어의 가부장적 오필리아가 바로 그 예일 수 있다. 한편 맥카시 감독의 오필리아는 이에 도전하여 여성의 광기를 연기한다. 도안의 거리두기에 대해서는 Doane, 1991과 이희원, 2000 참조.

4. 오필리아의 여성 연대: 가부장제의 민낯을 드러내다

맥카시 감독의 오필리아는 자신의 본모습을 알아보는 특정 소수와 관계를 맺을 때는 거리를 두지 않고 도리어 친밀한 연대를 강화함으로써 가부장제에 저항한다. 오필리아는 햄릿, 거트루드, 멕틸드를 각기 다른 은밀한 공간인 궁전 밖, 궁전 밀실, 동굴에서 만나고 이들 각각과 사회적 금기를 깨는 동지가 된다.

오필리아는 먼저 햄릿과 계급과 마음의 거리를 없애고 사랑을 나눈다. 햄릿이 오필리아에게 매료되는 가장 큰 이유는 오필리아가 가식적인 엘시노어 궁전에서 유일하게 가식이 없는 사람이기 때문이다. 서로의 참마음을 확인한 두 사람은 평민 옷을 입고 사랑을 나누고 비밀리에 결혼하는데, 이때 두 사람 사이엔 계급이나 젠더의 격차는 물론 그 어떤 마음의 가면도 존재하지 않는다. 심지어 햄릿은 오필리아의 따끔한 지적에 '여성은 약하고 변덕스럽다'는 가부장적 여성관을 바로 교정하고, 오필리아와의 사랑을 지키기 위해서라면 왕권도 버리겠다고 맹세한다. 이런 측면에서 <오필리아>의 햄릿은 '나쁜 여자' 오필리아를 사랑할 수 있는 새로운 유형의 열려 있는 남성이다.

그러나 열려 있는 남성 햄릿도 결국 왕위를 택함으로써 가부장제 남성의 한계를 드러낸다. '오필리아화'한 햄릿의 탈가부장적 태도는 그가 클로디어스의 선왕 독살을 알기 전까지만 유효하다. 이후 햄릿의 마음은 전적으로 복수로 향한다. 그는 실제로도 오필리아 곁을 떠난다. 클로디어스에 압력으로 영국행 배를 타게 된 햄릿은 물리적으로도 위기에 빠진 오필리아를 도울 수 없다. 그는 살아 돌아와서도 복수심에 이끌려 레어티즈와의 결투에 나선다. 햄릿을 복수를 향해 질주하도록 이끄는 것은 햄릿 내면에 잠재된 가부장적 남성성이다. 오필리아와 나눈

가식 없는 사랑을 통해 잠시 숨죽이고 있던 그의 권력욕과 아들로서의 가부장적 책임감이 복수의 이름 아래 되살아난 것이다. 영화 속 오필리아가 정확하게 관찰하듯이 "비열한 자아"와 "고귀한 자아" 사이에서 갈등하던 햄릿은 왕권 계승자로서의 "비열한 자아"를 위해 오필리아를 사랑하는 "고귀한 자아"를 포기한 셈이다.

아버지를 잃고서도 복수하지 않는 오필리아는 햄릿뿐 아니라 오빠 레어티즈와도 대조를 이룬다. 아버지가 햄릿에 의해 살해되어도 오필리아는 햄릿과의 관계를 소홀히 하지 않는다. 그녀는 햄릿이 영국행 배를 탔다는 소식에 햄릿의 안전을 걱정하며, 바람이 불어 햄릿이 탄 배가 출항하지 못했다는 소식에 기뻐하며, 햄릿이 복수를 선택하기 바로 직전까지도 그와 함께 궁을 탈출해 행복한 삶을 사는 꿈을 꾼다. 햄릿과 오필리아는 이와 같이 삶에 대한 상이한 가치를 가지고 있으며, 결국 이 차이는 둘의 결합을 와해시킨다. 맥카시 감독은 한때 한마음이었던 오필리아와 햄릿의 결별을 통해 가부장제에서 남녀 간 친밀한 관계가 원천적으로 어렵다는 것을 암시하며, 대신 그 가능성을 오필리아가 거트루드와 멕틸드와 맺는 자매애에서 찾는다. <오필리아>에서 오필리아와 햄릿은 초반의 친밀한 관계에서 점점 멀어져 이별에 이르는 반면, 오필리아와 거트루드는 초반의 주종 관계를 뛰어넘는 밀착 관계에서 결렬 과정을 거쳐 더 성숙한 관계로 나아가고, 오필리아와 멕틸드는 초반의 상호 점검 과정을 거쳐 점점 더 단단한 관계로 발전한다.

오필리아의 참모습을 알아보고 그녀를 시녀로 삼은 거트루드는 엘시노어 궁전에서 오필리아가 마음을 의탁할 수 있는 유일한 존재가 된다. 거트루드는 외로움, 우울, 자기혐오, 질투의 복합적 감정을 지닌 여성이지만, 햄릿이 가식 없는 오필리아에게 이끌린 것처럼 직감적으로 오필리아의 순수성을 알아본다. 또한 거트루드는 글을 읽을 수 있는 오필리아의 능력과 그녀의 자연 친화적 특성을 높이 평가하고 그녀를 신뢰한다. 거트루드가 궁정에선 금기시된 은밀한 일(로맨스물 읽어주기와 젊음 유지 약 심부름)을 오필리아에게 부탁하면서 오필리아와 거트루드는 계급과 나이를 넘어선 우정을 나눈다. 신분 격차와 거트루드의 햄릿 애착 및 오필리아에 대한 질투심으로 두 여성을 연결시키는 끈이 잠시 끊어진다. 하지만 미친 척하는 오필리아에 대한 거트루드의 연민이 되살아나면서 둘 사이는 다시 봉합된다. 클로디어스의 추격을 피해 개울을 향해 뛰어가는 오필리아를 필사적으로 따라가다 물에 빠진 오필리아를 슬픈 눈으로 바라보는 거트루드의 모습은 두 여성 사이에 신뢰와 애정의 끈이 다시 연결되었음을 입증한다. 영화의 끝부분에서 거트루드는 오필리아에게 용서를 빌며 클로디어스를 잃고 싶지 않아서 그의 악행에 눈을 감았다고 고백하게 되는데, 이후 오필리아와 거트루드의 관계는 더욱 단단하게 결속된다.

거트루드에게서 변화의 가능성을 본 오필리아는 거트루드를 일깨우며 주체적 개인에서 리더로 거듭난다. 친밀한 관계에서는 연극이 아니라 진실이 통한다는 확신으로 오필리아는 거트루드를 진실의 거울 앞에 세운다. 그리고 클로디어스가 멕틸드의 연인이었으며 멕틸드를 마녀로 지목했던 사람이 클로디어스라는 사실을 폭로함으로써 거트루드가 클로디어스의 실체를 직시하도록 돕는다. 거트루드는 곧바로 클로디어스가 권력에만 관심을 가진 무자비한 악한이며, 자신은 그의 부도덕한 행동에 눈을 감고 그의 사랑에만 의존해온 무지한 존재라는 것을 자각한다. 그러나 거트루드는 자신의 무지에 책임지고 눈을 뽑은 오이디푸스 왕이 되기보다는 악당 클로디어스를 단죄하는 복수자가 된다. 거트루드는 결투장에서 햄릿이 쓰러지자 독 묻은 칼로 클로디어스를 살해하고 자신도 독약을 마시고 자결한다.

거트루드의 쌍둥이 자매 멕틸드는 나오미 왓츠Naomi Watts의 1인 2역이 시사하듯이 거트루드의 그림자 혹은 계급이 다른 더블이다. 거트루드가 14세기 덴마크 상류층 기혼 여성의 주체성이 결여된 삶을 대표한다면, 멕틸드는 14세기 덴마크 미혼 여성의 소외된 삶을 예시한다. 거트루드가 숨 막히는 궁전 생활을 낭만적 로맨스물에 탐닉하고 클로디어스와 사랑을 나눔으로써 이겨내려고 한다면, 멕틸드는 사회에서 버림받았으나 약초사로 일하며 스스로 살아남으려고 애쓴다. 이런 면에서 거트루드와 멕틸드는 각각 밀실과 동굴에 감금된 채 자신의 삶을 찾아 헤매는 쌍둥이이다. 심부름을 하기 위해 거트루드와 멕틸드 자매 사이를 오가던 오필리아는 거트루드를 깨달음으로 이끈 것처럼, 멕틸드와도 깊은 우정을 나누고 그녀의 각성을 돕는다. 특히 마녀로 폄하되고 사회적 사냥을 당했던 멕틸드를 이해하고 포용했다는 점에서 오필리아가 멕틸드와 맺은 자매애는 거트루드와의 관계보다 더 깊이가 있고 질적으로도 더 단단하다.

첫 만남에서 약초에 관심을 보이는 오필리아에게 결혼하라고 조언하는 멕틸드는 점차 그녀를 젊은 시절의 자신과 동일시하게 되고, 연약한 척하지만 강한 욕망을 내면에 품고 있는 오필리아가 자칫 자신의 전철을 밟아 희생될까봐 진심으로 염려한다. 멕틸드는 자신의 분신과도 같은 오필리아에게 자신의 비밀(19세에 임신한 연인의 아이가 죽은 후 마녀로 몰려 화형당할 위기에 처했으나 스스로 조제한 약을 마시고 죽은 척했다가 살아난 것, 그리고 그 연인이 최근 결혼한 것)을 털어놓고 오필리아는 그 비밀을 지키며 단단한 유대의 끈을 이어간다. 이런 가운데 멕틸드는 위기에 처한 오필리아에게 자신이 먹고 죽은 척하기에 성공했던 약과 해독제를 제공하는 등 오필리아의 덴마크 탈출을 실질적으로 돕는다.

하지만 오필리아는 멕틸드가 가부장제의 가치관을 그대로 답습하고 가부장적 결혼 제도를 지지한다는 것을 인지한다. 특히 오필리아는 멕틸드가 어리석게도 자신을 버린 클로디어스를 여전히 사랑하며 그 때문에 클로디어스의 독극물 제조 요청을 거부하지 못했다는 사실을 확인한다. 곧바로 오필리아는 거트루드에게 했듯이 멕틸드에게도 그녀를 마녀로 지목한 자가 클로디어스라는 사실을 폭로한다. 오필리아의 자극으로 클로디어스의 실체를 직면한 멕틸드도 거트루드처럼 바로 우매함의 잠에서 깨어난다. 자각한 멕틸드는 자신이 혐오해야 할 대상은 자신이 아니라 자신을 마녀로 지목한 클로디어스임을 깨닫고, 거트루드처럼 분노하며 클로디어스에 대한 복수의 길을 찾는다. 노르웨이 군에 합세한 그녀는 엘시노어 궁전으로 침입해 궁전을 불태운다. 거트루드와 멕틸드는 서로 다른 환경에서 살아왔지만 똑같이 희생자에서 복수자로 변모한다. 군사들과 함께 엘시노어 궁전으로 쳐들어온 멕틸드가 독약을 마시고 쓰러진 거트루드와 잠시 눈을 맞추는 장면은 더블 혹은 쌍둥이로서 같은 운명을 걷는 두 자매를 부각시키고 멕틸드도 거트루드처럼 자결할 것을 암시한다.

살펴본 것처럼 오필리아는 주체적 여성일 뿐만 아니라 어머니 세대인 거트루드와 멕틸드를 자각에 이르게 하는 젊은 여성 리더이다. 리더는 설득 혹은 자극을 통해 아직은 무지한 사람들에게 자신이 가진 지혜와 인식을 제공한다. 리더로서 오필리아는 클로디어스의 실체를 폭로함으로써 어머니 세대 두 여성을 깨달음으로 이끈다. 오필리아의 도움으로 각성에 이르자마자 두 중년 여성은 오필리아처럼 주체적 행동에 나선다. '나'와 '내가 살고 있는 사회'에 대한 깨달음을 먼저 획득한 신세대 오필리아가 구세대 여성들의 자각과 주체적 행동을 이끄는 촉매제 역할을 한 것이다.

그런데 이 각성한 두 중년 여성의 첫 주체적 행동이 복수와 죽음이라는 것은 아이러니컬하다. 구세대 두 여성이 복수로써 구 사회를 무너뜨리고 자결하는 역설적 결말은 신세대 오필리아의 희망찬 세상을 위해 맥카시 감독이 의도한 희극적 구도일 수 있다. 행복한 결혼 구도를 깨긴 했지만 '구시대 붕괴 대 새 시대 도래'라는 희극 관례를 따르는 이 결말은 이 영화가 여전히 '낭만 희극' 혹은 '로맨틱 코미디 영화'[27]의 계보를 잇는다는 점을 알려준다. 그러나 거트루드와 멕틸드의 복수와 죽음 장면에서 신세대 오필리아와 구세대 거트루드와 멕틸드 사이의 등가교환 방정식을 읽어낼 수도 있다. 오필리아가 거트루드와 멕틸드에게 깨달음의 선물을 주었다면, 거트루드와 멕틸드는 각기 다른 방식으로 악의 원흉을 제거해줌으로써 오필리아에게 새로운 시대라는 선물을 제공한 것이다. 세 번째 해석도 가능하다. 희생당하거나 사회적 처벌을 받을까 두려워서 본래의 자아를 숨기고 살았던 거트루드와 멕틸드가 각각 각성 후 죽음을 각오하고 주체적 행동을 한 것이다. 이런 의미에서 앞세대 거트루드와 멕틸드의 희생적 복수는 다음 세대 여성들의 희망찬 삶을 위한 위대한 결단임에 틀림없다.

요약하면, 오필리아와 거트루드, 오필리아와 멕틸드의 세대를 뛰어넘는 연대는 여러 단계를 밟아 오필리아에게 새로운 삶의 길을 열어준 셈이다. 오필리아가 구세대 두 여성의 각성을 낳고, 그 각성이 두 여성의 복수와 죽음을 낳고, 그 복수와 죽음이 클로디어스와 엘리노어 궁전의 파멸을 낳았고, 이 붕괴를 토대로 오필리아의 평화로운 미래에 대한

27 『한여름 밤의 꿈』과 『뜻대로 하세요』 등 셰익스피어의 낭만 희극은 젊은 남녀가 아버지나 후원자의 방해에도 불구하고 사랑과 결혼에 이르는 플롯을 축으로 전개되며, 오늘날의 로맨틱 코미디 영화도 대체로 이와 비슷한 플롯의 흐름을 따른다. 젊은이들의 행복한 결혼으로 끝나는 낭만 희극이나 로맨틱 코미디 영화는 가부장적 결혼 제도를 지지한다. 그러나 구세대의 몰락과 젊은 세대의 승리를 다루며 젊은 세대가 이끌어갈 새로운 질서를 환영한다.

희망이 열린 것이다.

5. '나쁜 여자' 오필리아의 가능성과 한계

맥카시 감독의 오필리아는 '거리두기'와 여성 유대로 가부장제의 여성 대상화를 거부하고 가부장적 결혼 제도에 저항한다. 특히 앞 절에서 설명한 것처럼 세대를 뛰어넘는 여성 연대는 오필리아에게 가부장 사회에서 벗어난 평화지향적인 길을 열어준다. 그러나 오필리아가 가부장제에서 벗어나는 것을 가부장제에 대한 저항으로 볼 수 있을까? 혹시 가부장제로부터 도피한 것은 아닐까?

햄릿과 오필리아의 결별과 홀로 딸을 키우며 살아가는 오필리아 이야기는 가부장적 결혼 제도에 반대하는 여성주의적 관점을 드러낸다. 오필리아가 독신의 삶을 택한 것은 그녀가 햄릿의 가부장적 남성성을 확인했기 때문이기도 하지만, 거트루드의 결혼 생활과 멕틸드의 독신 생활에 대한 간접 경험을 통해 가부장제의 본질을 꿰뚫어보았기 때문이다. 가부장적 결혼이 남편에게 전적으로 의존하는 기혼 여성의 주체성을 박탈하고 (차별과 마녀화로) 미혼 여성을 희생녀로 만든다는 깨달음이 오필리아에게 가부장적 결혼을 거부할 힘을 준 것이다. 오필리아가 가부장적 가정을 대신할 장소로 찾은 곳은 수녀원이다. 14세기 유럽에서 여성이 창녀가 되지 않고 남성의 속박에서 벗어나 지낼 수 있는 유일한 장소가 수녀원이라는 점을 감안하면, 독립적이고 주체적이어서 '나쁜' 14세기 오필리아의 수녀원 행은 납득할 만하다.

그러나 오필리아의 수녀원 행을 가부장제에 대한 항거로 단정할 수는 없다. 덴마크 왕궁이 파괴되고 클로디어스 왕이 죽은 후 노르웨이의 포틴브라스가 지배하는 새로운 덴마크가 정말 오필리아가 수녀원 생활을 마치고 돌아갈 수 있는 사회일까? 맥카시의 영화는 포틴브라스의 덴마크가 기존 가부장제를 수정, 보완하거나 대체하는 새로운 사회일지에 대해 답하지 않는다. 그러나 오필리아가 수녀원 옆 산등성이를 딸과 함께 평화롭게 걷는 마지막 장면은 포틴브라스의 새로운 덴마크가 기존 가부장제를 존속시킬 가능성에 더 무게를 두는 듯하다.

만약 맥카시 감독의 오필리아가 가부장 사회로부터 도피한 것에 불과하다면, 그녀는 자신만의 영리한 방식으로 홀로 살아남았을 뿐 가부장적 덴마크 사회 전체를 변화시킬 리더 역할에는 다가가지 못한 것이 아닐까? 이 질문에 대해 '오필리아에겐 사회 변혁에 대한 강력한 의지가 없는 듯하다'고 답할 수 있다. 클라인의 소설에서 강조되었던 수녀원 생활을 삭제함으로써 이 영화가 오필리아가 여성 연대와 여성 리더십을 수녀원에서도 계속 발휘하는지의 여부에 대해 침묵하는 것도 이를 뒷받침한다. 오필리아의 사회 변혁 의지 결여와 제한적 여성 리더십은 여성주의적 측면에서 볼 때 영화 <오필리아>의 한계로 보인다. <오필리아>는 오필리아의 희망적 내레이션으로 끝이 나지만, 오필리아의 딸 세대가 살아갈 사회가 여성의 주체성을 확보해주는 사회인지는 불확실하다.

이런 측면에서 볼 때 <오필리아>는 일정 부분 우리 시대를 반영하는 영화일 수 있다. 일면 맥카시 감독의 오필리아는 성공의 사다리를 타고 올라가 현 체제를 공고히 하는 데 이바지하는 우리 시대의 똑똑한 여성들과 닮은꼴이다. 이 점에서 <오필리아>는 우리나라에서 2021년 비슷한 시기에 개봉한 길레스피 감독의 <크루엘라>와 유사하다. 하층민에서 런던 패션계의 천재적 디자이너로 성공하는 에스텔라에 주목하는 <크루엘라>와 시녀에서 햄릿의 부인이 되었으나 독립하는 '나쁜 여자' 오필리아를 그려내는 <오필리아>는 둘 다 여성에게 사회 진출과 성공의 기회를 제공하지만 여전히 가부장적 요소들을 계승하고 있는 21세기 초반의 시대적 트렌드를 반영하는 듯하다.

물론 독립 영화 <오필리아>는 대중을 겨냥한 디즈니 영화사의 <크루엘라>보다 진전된 여성주의적 시각을 드러내며, <크루엘라> 속 악녀/마녀 유형의 남작부인 인물 대신 거트루드와 멕틸드와 같은 자각하는 여성 인물을 내세운다. <크루엘라>는 생계를 위해 도둑질을 일삼던 에스텔라와 패션계 거물인 남작부인 사이의 대립을 통해 계급이 다른 여성 간 대결에 주목하고, 재스퍼와 호레이스 등 같은 계급 남성들과의 유대를 보여준다. 반면 <오필리아>는 시녀 오필리아와 클로디어스 왕 사이의 대결 구도를 만들고 계급과 세대를 뛰어넘는 여성 유대를 강조한다. 나아가 <크루엘라>가 여성 인물들을 남작부인 대 에스텔라의 선악 대결 구도를 만든다면, <오필리아>는 선과 악으로 간단하게 분류할 수 없는 복잡한 내면을 지닌 오필리아, 거트루드, 멕틸드를 보여준다. 무엇보다 <크루엘라>의 에스텔라가 자신을 희생시킨 자본주의 체제에 순응함으로써 성공한다면, <오필리아>의 오필리아는 가부장제 사회를 비판적 시각으로 바라보고 그로부터 탈출하는 데 성공한다. 이외에도 에스텔라와 오필리아는 여러

: 영화 <크루엘라> 포스터

면에서 다르다. 그러나 각 시대가 '나쁘다'고 여기는 여성이 자신의 능력으로 성공한 점에서, 또 사회 변화가 아닌 개인의 성공에 주력한 면에서 <오필리아>의 오필리아와 <크루엘라>의 에스텔라는 유사하다.

길레스피 감독의 <크루엘라>가 에스텔라를 자신의 능력으로 성공하는 현대의 '바람직한' 여성으로 제시한 것처럼, 맥카시 감독도 <오필리아>에서 14세기에 '나쁜' 여성으로 여겨졌던 오필리아를 현대의 '바람직한' 여자의 예로 제시한다고 판단된다. 독립 영화 <오필리아>가 이처럼 대중 영화 <크루엘라>를 상기시킨다는 점은 아쉬운 부분이다. 그러나 맥카시 감독의 입장에서 <오필리아>를 옹호해보자면, 총명하고 용감하며 여성 유대를 중시할 만큼 현명한 오필리아라 할지라도 14세기 유럽에서 혼자 힘으로 가부장제를 일거에 허물 수는 없다는 점을 전하고자 한 것이 아닐까? 또 오필리아가 여성으로서 욕망을 표현하고 뜻을 이루기 위해 가부장제에서 벗어난 것만으로도 대단한 일임을 강조하고, 가부장제의 옹벽을 허무는 데는 수많은 오필리아들의 출현이 필요하다는 메시지를 전하는 것은 아닐까?

| 참고문헌 |

1장 _ 신화 속 나쁜 여자, 문화적 원형이 되다

권석우. 「메두사와 신화」. 『비교문학』 59(2013): 249-276.

길버트, 산드라 · 수전 구바. 『다락방의 미친 여자: 19세기 여성 작가의 문학적 상상력』. 박오복 옮김. 이후, 2009.

김부타스, 마리야. 『여신의 언어』. 고혜경 옮김. 한겨레출판, 2005.

김요한. 「괴물열전: 그리스 신화의 여성 괴물」. 『브레히트와 현대연극』 35(2016): 211-226.

김은주. 「여성 혐오misogyny 이후의 여성주의feminism의 주체화 전략—혐오의 모방과 혼종적hybrid 주체성」. 『한국여성철학』 26(2016): 103-130.

러너, 거다. 『가부장제의 창조』. 강세영 옮김. 당대, 2004.

로터, 에케하르트 · 게르노트 로터. 『비너스 · 마리아 · 파티마: 쾌락은 어떻게 악마적인 것이 되었는가』. 신철식 옮김. 울력, 2001.

문혜경. 「판도라 신화에 나타난 여성상과 메시지」. 『서양고대사연구』 21(2007): 67-87.

밀레트, 케이트. 『성의 정치학』. 하동훈 · 이경치 · 황문수 옮김. 범우사, 1977.

박정오. 「비너스의 계보: 가부장제의 확립과 여신숭배의 변화」. 『현대영미소설』 14.1(2007): 27-47.

______. 「여성 신화와 새로운 상징질서 찾기」. 『페미니즘 차이와 사이: 젠더 지형의 변화와 페미니즘 문화연구』. 이희원 · 윤조원 · 이명호 외. 문학동네,

2011. 280-299.
보부아르, 시몬느. 『제2의 성』(상, 하). 조홍식 옮김. 을유문화사, 2016.
송희영. 「거세하는 여성, 메데아의 딸들: 그리스 신화와 그림 동화에 나타난 악녀와 마녀의 형상화」. 『카프카연구』 23(2010): 99-119.
앙드레, 보나르. 『그리스인 이야기 1: 호메로스에서 페리클레스까지』. 김희균 옮김. 책과 함께, 2011.
에우리피데스. 『메데이아』. 송옥 옮김. 동인, 2005.
오비디우스. 『변신 이야기: 신들의 전성시대』. 이윤기 옮김. 민음사, 1997.
원유경. 「다락방의 미친 여자들: 샌드라 길버트와 수잔 구바」. 『페미니즘 어제와 오늘』. 한국영미문학페미니즘학회 편. 민음사, 2000.
유재원. 『그리스 신화 1: 올림포스 신들』. 현대문학, 2015.
윤학로. 「『메두사의 웃음』과 여성의 글쓰기」. 『프랑스학 연구』 26(2003): 187-204.
이진성. 『그리스 신화의 이해』. 아카넷, 2004.
장영란. 『신화 속의 여성, 여성 속의 신화』. 문예출판사, 2001.
______. 『그리스 신화』. 살림, 2005.
차희정. 「기획특집: 문학과 교육 : 메두사의 후예들: 영미여성 문학텍스트의 여자 괴물 되기」. 『인문학연구』 41(2011): 195-218.
최경희. 「그리스 신화와 여성」. 『문화로 읽는 페미니즘』. 이화여자대학교출판문화원, 2020. 17-52.
헤로도토스. 『역사』. 천병희 옮김. 도서출판 숲, 2009.
헤시오도스. 『신들의 계보』. 천병희 옮김. 도서출판 숲, 2020.
후사인, 샤루크. 『여신』. 김선중 옮김. 창해, 2005.

Baring, Anne and Jules Cashford. *The Myth of the Goddess: Evolution of an Image*. London: Arkana, 1993.
Blundell, Sue. *Women in Ancient Greece*. Cambridge: Harvard UP, 2017.
Chrystal, Paul. *Women in Ancient Greece: Seclusion, Exclusion, or Illusion?* Oxford: Fonthill Media, 2017.
Cixous, Hélène, Keith Cohen and Paula Cohen. "The Laugh of the

Medusa." *Signs* 1.4(1976): 875-93.

Gilbert, Sandra M. and Susan Gubar. *The Madwoman in the Attic*. New Haven: Yale UP, 1984.

Gimbutas, Marija. *The Goddesses and Gods of Old Europe, 6500-3500. B.C.* Berkeley: U of California P, 1982.

Holland, Jack. *A Brief History of Misogyny: the World's Oldest Prejudice*. London: Robinson, 2006.

Homeros. *The Odyssey of Homer*. Trans. Richmond Lattimore. New York: Harper & Row, 1967.

Stone, Merlin. *When God Was a Woman*. New York: Mariner Books, 1978.

Valentis, Mary and Anne Devane. *Famale Rage: Unlocking Its Secrets, Claiming Its Power*. New York: Clarkson Potter, 1994.

인터넷자료

https://terms.naver.com/entry.naver?docId=1162865&cid=40942&categoryId=40465

https://en.wikipedia.org/wiki/Circe

https://en.wikipedia.org/wiki/Gorgon

https://criticallegalthinking.com/2020/06/12/roland-barthes-myth/

https://en.wikipedia.org/wiki/Inanna

https://theconversation.com/a-feminist-nightmare-how-fear-of-women-haunts-our-earliest-myths-37789

https://en.wikipedia.org/wiki/Pandora

https://en.wikipedia.org/wiki/Medea

https://en.wikipedia.org/wiki/Medusa

https://oxfordre.com/classics/classics/view/10.1093/acrefore/9780199381135.001.0001/acrefore-9780199381135-e-6346?rskey=DHvS5V&result=297

https://www.theoi.com/Olympios/AphroditeWrath.html

2장 _ 성서 속의 악녀, 생존자가 되다

박인희. 「성서와 여성」. 『문화로 읽는 페미니즘』. 이화여자대학교출판문화원, 2020. 84-111.

세텔, 도로라 오도넬. 「출애굽기」. 『여성들을 위한 성서주석: 구약편』. 대한성서공회, 2015. 91-113.

알베르츠, 라이너. 『이스라엘 종교사』. 강성열 옮김. 크리스천 다이제스트, 2004.

에스케나지, 타마라 콘. 「에스라-느헤미아」. 『여성들을 위한 성서주석』. 뉴섬, 캐롤 A.·샤론 H. 린지 엮음. 이화여성신학연구소 옮김. 대한기독교서회, 2015. 316-333.

이경숙. 『『구약성서』의 여성들』. 대한기독교서회, 1994.

Eskenzi, Tamara Cohn. "Women in the Book of Ruth in the Lives of Women in the Postexile Era." *The Witings and Later Wisdom Books*. Ed. Christl M. Maier and Nuria Calduch-Benages. Atlanta: SBL P, 2014. 24.

Greenspoon, Leonard J. "Rahab." *Anchor Bible Dictionary* Vol. 5. New York: Doubleday, 1992. 611-612.

Maier, Christil M.. "Good and Evil Women in Proverbs and Job." *The Writings and Later Wisdom Books*. Ed. Christl M. Maier and Nuria Calduch Benages. Atlanta: SBL P, 2014. 77-92.

______. "Personified Wisdom: Context, Meaning, Theology." *The Writings and Later Wisdom Books*. Ed. Christl M. Maier and Nuria Calduch Benages. Atlanta: SBL P, 2014. 57-75.

Park, In-Hee. "Women and Q: Metonymy of the Basileia of God." *Journal of Feminist Studies in Religion* 35.2.(2019): 41-54.

Schroer, Silvia. "Feminist Hermeneutics and the First Testament." *Feminist Interpretation*. Ed. Luise Schottroff, Silvia Schroer and Marie-Theres Wacker. Trans. Martin and Barbara Rumscheidt. Minneapolis: Fortress P, 1995. 94-96.

3장 _ 다섯 명의 남편을 둔 그녀들: 사마리아 여자와 바쓰의 여장부

김시현. 「신의 섭리를 정당화하는 매개로 읽는 밀턴의 『실낙원』에 나타난 이브의 꿈」. 『문학과 종교』 24.3 (2015): 33-51.

김효정. 「냉정과 열정 사이: 사마리아 여인」. 『기독교사상』 48.8(2004): 116-123.

뒤비, 조르주. 『중세의 결혼: 기사, 여성, 성직자』. 최애리 옮김. 새물결, 1997.

말로리, 토마스. 『아서 왕의 죽음 1, 2』. 이현주 옮김. 나남, 2009.

박정수. 「유대교와 사마리아 통합의 갈등과 초기기독교의 선교」. 『신약논단』 14.1(2007): 197-237.

사하르, 슐람미스. 『제4신분, 중세 여성의 역사』. 최애리 옮김. 나남, 2010.

안진. 「'착한 여자'라는 이름의 억압, '나쁜 여자'라는 이름의 해방」. 『여성과 사회』 8(1997): 226-236.

엄혜진. 「더 편협한 삶, 더 나은 삶」. 『나쁜 여자 전성시대: 급진 페미니즘의 오래된 현재, 1967-1975』. 이매진, 2017. 7-16.

에콜스, 앨리스. 『나쁜 여자 전성시대: 급진 페미니즘의 오래된 현재, 1967-1975』. 엄혜진 옮김. 이매진, 2017.

이동춘. 「초서의 「바쓰의 여장부 이야기」: 언어의 감옥에 갇힌 여성의 성」. 『영어영문학』 49.1(2002): 263-287.

이성혜. 「사마리아 여자(요4장) 이야기에 대한 여성신학적 해석」. 『한국여성신학』 9(1992): 6-14.

이현주. 「궁정풍 사랑의 문학에 등장하는 '레이디' 연구: 아서왕의 죽음에 그려진 두 개의 사랑 이야기를 중심으로」. 『문학과 종교』 24.4(2019): 39-58.

______. 「앨리스 칠드레스의 『플로렌스』와 『결혼반지』에 나타난 차별적 요소 연구」. 『문학과 종교』 25.4(2020): 87-109.

조석민. 『이해와 설교를 위한 <요한복음>』. 이레서원, 2005.

조일재. 「중세 영문학에 구현된 페미니즘: '바쓰의 여장부'를 중심으로」. 『오늘의 문예비평』 3(1991): 107-132.

초서, 제프리, 『캔터베리 이야기』. 이동일 · 이동춘 옮김. 한국외국어대학교출판부, 1976.

켈러, 이블린 폭스. 『과학과 젠더』. 민경숙 · 이현주 옮김. 동문선, 1996.
파워, 아일린. 『중세의 여인들』. 이종인 옮김. 즐거운 상상, 2010.
하희정. 『역사에서 사라진 그녀들』. 선율, 2019.
함인희. 「페미니즘 운동의 발아와 성취」. 『문화로 읽는 페미니즘』. 이화여자대학교출판문화연구원, 2020. 237-270.
호이징가, 요한. 『중세의 가을』. 최홍숙 옮김. 문학과지성사, 1988.

Brown, Raymond E. *The Community of the Beloved Disciple*. New York: Paulist P, 1979.
Bruce, F. F. *The Gospel of John*. Grand Rapids William B. Eerdmans Publishing Company, 1983.
Chaucer, Geoffrey. *The Canterbury Tales: Fifteen Tales and the General Prologue*. Ed. V.A. Kolve & Gledning Olson. New York: Norton, 2005.
Delany, Sheila. "Sexual Economics, Chaucer's *Wife of Bath and the Book of Margery Kemp.*" *Feminist Readings in Middle English Literature: The Wife Bath and All Her Sect*. Ed. Evans Ruth & Johnson Lesley. London: Routlege, 1994. 72-87.
Dinshaw, Carolyn. *Chaucer's Sexual Poetics*. Madison: Wisconsin UP, 1990.
Martin, Priscilla. *Chaucer's Women: Nuns, Wives and Amazons*. London: Macmillan, 1996.
Masi, Michael. *Chaucer and Gender*. New York: Peter Lang, 2005.
Yu-Gundert, Irmgard. "Female and Male Views about Women's Nature and Woman's Ranking and Role in Society in Euripides' Medea." *The Journal of Greco-Roman Studies* 11(1997) : 251-294.

4장 _ 셰익스피어 비극 속 악녀들

권오숙. 「『말괄량이 길들이기』: 여성의 사회적 정체성 형성의 작위적 과정」. 『셰익스피어 리뷰』 40.1(2004): 5-23.

______. 『셰익스피어와 후기 구조주의』. 동인, 2007.

______. 「여성의 섹슈얼리티에 대한 불안과 해석의 팽창」. 『외국문학연구』 17(2004): 9-26.

셰익스피어, 윌리엄. 『리어 왕』. 권오숙 옮김. 서연비람, 2019.

______. 『맥베스』. 권오숙 옮김. 열린책들, 2010.

이윤주. 『Shakespeare 극에 나타난 남성적 여성들의 성 역할 부정 양상』. 한국외국어대학교 박사학위 논문, 1997.

조덕희. 『셰익스피어와 여성의 '목소리': 『맥베스*Macbeth*』와 『안토니와 클레오파트라*Antony and Cleopatra*』를 중심으로』. 한국외국어대학교 대학원 석사학위 논문, 2009.

푸코, 미셸. 『성은 억압되었는가』. 박정자 옮김. 인간, 1979.

Adelman, Janet. *Suffocating Mothers: Fantasies of Maternal Origin in Shakespeare's Plays*. New York: Routledge, 1992.

Collington, Philip. "Stuffed with All Honorable Virtues, *Much Ado About Nothing and The Book of the Courtier*." *Studies in Philology* 103.3(2006): 281-312.

Dash, Irene G. *Women's Worlds in Shakespeare's Plays*. Cranbury: Associated UP, 1997.

French, Marilyn. *Shakespeare's Division of Experience*. London: Sphere Books, 1983.

Freud, Sigmund. "The Character of Lady Macbeth." *New Casebooks: Macbeth*. Ed. Alan Sinfield. London: Macmillan, 1992.

Gilbert, Sandra M. & Gubar, Susan. *The Madwoman in the Attic*. New Haven: Yale UP, 1984.

Harding, D. W. "Women's Fantasy of Manhood: Shakespearian Theme." *Shakespeare Quarterly* 20(1969): 245-253.

Jardine, Lisa. *Still Harping on Daughters: Women and Drama in the Age of Shakespeare*. Sussex: The Harvester P, 1983.

Kahn, Coppelia. "The Absent Mother in *King Lear*." *Critical Insights: King Lear*. Pasadena, Calif.: Salem P, 2012. 239-262.

Kelly, Joan. "Did women have a Renaissance?" *Women, History & Theory : the Essays of Joan Kelly*. London: U of Chicago P, 1986. 19-50.

Mcluskie, Kathleen. "The Patriarchal Bard: Feminist Criticism and Shakespeare: *King Lear* and *Measure for Measure*." *Political Shakespeare: New Essays in Cultural Materialism*. Ed. Jonathan Dollimore and Alan Sinfield. Ithaca: Cornell UP, 1985. 24-48.

Newman, Karen. *Fashioning Femininity and English Drama*. Chicago: U of Chicago P, 1991.

Shakespeare, William. *King Lear*. Ed. Kenneth Muir. New York: Routledge, 1992.

______. *Macbeth*. Ed. Kenneth Muir. New York: Routledge, 1991.

______. *Othello*. Ed. M. R. Ridley. New York: Routledge, 1992.

______. *The Taming of the Shrew*. Ed. Morris Brian. New York: Routledge, 1988.

Shepard, Simon. *Amazons and Warrior Women*, Sussex: The Harvester P, 1981.

Smiley, Jane. *A Thousand of Acres*. New York: Anchor, 2006.

Smith, Bruce R. "Resexing Lady Macbeth's Gender-and Ours." *Presentism, Gender, and Sexuality in Shakespeare*. Ed. Evelyn Gajowski. New York: Macmillan, 2009. 25-48.

Spender, Dale. *Man Made Language*. London: Routledge, 1981.

Stallybrass, Peter. "Macbeth and Witchcraft." *New Casebooks: Macbeth*. Ed. Alan Sinfield. London: Macmillan, 1992.

5장 _ 마녀로 불린 여자들: 역사적 개관

김수경. 「영화에 나타난 서양 여성 악의 이미지와 의상: 마녀를 중심으로」. 『한국패션디자인학회지』 9.4(2009): 1-18.

델, 크리스토퍼. 『오컬트, 마술과 마법: 고대 주술부터 현대 마법까지 오컬트 대백과 사전』. 장성주 옮김. 시공아트, 2017.

러셀, 제프리 버튼. 『마녀의 문화사』. 김은주 옮김. 르네상스, 2004.

민영성 · 송시섭. 「중세 종교재판의 형사법적 함의」. 『법학연구』 61(2019): 165-188.

양태자. 『중세의 잔혹사 마녀사냥: 신의 심판인가 광기의 학살인가? 마녀사냥의 허구와 진실』. 이랑, 2015.

오성근. 『마녀사냥의 역사』. 미크로, 2000.

이창신. 「악의 개념과 젠더정치: 17세기 뉴잉글랜드 지방의 마녀사냥」. 『미국사연구』 13(2001): 1-27.

______. 「역사적 집단 광기 현상의 실체와 여성사적 재조명 - 중세 말 근대 초기 유럽사회의 마녀사냥을 중심으로」. 『인문과학연구 (덕성여자대학교 인문과학연구소)』 12(2009): 73-69.

이택광. 『마녀프레임: 마녀는 어떻게 만들어지는가』. 자음과모음, 2013.

이희원. 「다시 쓴 17세기 영국 마녀 역사」. 『현대영미드라마』 3(1994): 107-137.

______. 「『에드먼튼의 마녀』에 나타난 17세기 초 영국 마을 하층 여성들의 연극적 경계넘기」. 『고전 르네상스 영문학』 26(2017): 131-167.

주경철. 『마녀: 서구문명은 왜 마녀를 필요했는가』. 생각의 힘, 2016.

최성훈. 「중세 마녀사냥과 사회적 약자: 여성의 사례를 중심으로」. 『선교와신학』 52(2020): 437-466.

최제훈. 「휘뚜루마뚜루 세계사1: 마녀의 스테레오타입에 대한 고찰」. 『문학과사회』 20.4(2007): 142-167.

최화선. 「고대 로마 사회의 주술과 종교 개념에 대한 소고」. 『서양고대사연구』 47(2016): 179-207.

홍영화. 「비판적 여성주의 관점에서 마녀사냥 읽기」. 『여성이론』 26(2012): 189-206.

Ehrenreich, Barbara and Deirdre English. *Witches, Midwives and Nurses:*

a *History of Women Healers*. 2nd ed. New York: The Feminist P, 2010.
Sprenger, Jacob and Heinrich Kramer. 『마녀를 심판하는 망치』. 이재필 옮김. 우물이있는집, 2016.

인터넷자료

https://en.wikipedia.org/wiki/Canon_Episcopi
https://en.wikipedia.org/wiki/Witchcraft_Act_1735
https://politicaldictionary.com/words/witch-hunt/
https://terms.naver.com/entry.naver?docId=928375&cid=43667&categoryId=43667
https://theworld.org/stories/2019-10-23/most-witches-are-women-because-witch-hunts-were-all-about-persecuting-powerless
https://www.hankyung.com/opinion/article/2018101759561
https://www.salemnews.com/archives/essex-county-chronicles-land-feud-fueled-witchcraft-allegations/article_8bf841e5-c973-5d23-aa51-2650c973e091.html
https://www.sedaily.com/NewsVIew/1VKCO70SN8

6장 _ 고전 소설은 나쁜 여자가 필요하다

자료

『閨範[계녀어]』. 국립중앙도서관 소장[청구기호 승계고1570-45].
『고산유고孤山遺稿』 제1권. 윤선도尹善道 지음.
『규방가사』Ⅰ. 권영철 편. 한국정신문화연구원, 1979.
『규범』. 김복한 지음. 김기림 옮김. 학고방, 2018.
『노애집蘆厓集』 제8권. 유도원柳道源 지음.
『미산집眉山集』 제5권. 한장석韓章錫 지음.

『사시남졍긔』. 永昌書舘, 1925.
『사씨남정기』. 김만중 지음. 이래종 옮김. 태학사, 1999.
『순암선생문집順庵先生文集』 제5권. 안정복安鼎福 지음.
『심청전』. 정하영 역주. 고려대학교 민족문화연구소, 1995.
『양풍운뎐』. 漢城書舘, 1915.
『연의각』. 이해조 지음. 신구서림, 1913.
『쟝화홍련전』(1). 京城書籍業組合, 1915.
『쟝화홍련전』(2). 德興書林, 1925.
『흥보만보록』. 김동욱 옮김. 문학동네, 2020.
『흥보전·흥보가·옹고집전』. 정충권 옮김. 문학동네, 2010.

참고문헌

길진숙. 「뺑덕어미와 괴똥어미의 일탈과 그 성격: 「용부가」, 「복선화음가」, 「심청가」의 일탈형 여성인물에 대한 고찰」. 『한국고전연구』 19(2009): 85-118.
서경희. 「『심청전』에 나타난 가장의 표상과 역설적 실체」. 『동방학』 30(2014): 33-67.
______. 「가정 폭력의 실상과 해석의 간극, 그리고 효 담론의 작동 방식: 『장화홍련전』을 중심으로」. 『온지논총』 58(2019): 111-142.
______. 「강빈옥사에 대한 사실과 소문의 길항」. 『동양고전연구』 80(2020): 263-298.
______. 「놀보 처 형상의 전변과 그 의미」. 『한국문학논총』 89(2021): 165-193.
이정원. 「『장화홍련전』의 환상성」. 『고소설연구』 20(2005): 99-135.
정지영. 「『장화홍련전』: 조선후기 재혼가족 구성원의 위치」. 『역사비평』 61(2002): 422-441.
황수연. 「조선후기 첩과 아내: 은폐된 갈등과 전략적 화해」. 『고전여성문학연구』 12(2006): 349-380.

7장 _ 여신인가 사이렌인가?: 『위대한 유산』과 『위대한 개츠비』의 악녀들

디킨스, 찰스. 『위대한 유산 1, 2』. 김옥수 옮김. 비꽃, 2013.
박형지 · 설혜심. 「영국 신사되기: 『위대한 유산』」. 『제국주의와 남성성』. 아카넷, 2004. 221-270.
서숙. 『위대한 개츠비: 서숙 교수의 영미소설 특강 2』. 이화여자대학교출판부, 2008.
전승혜. 『찰스 디킨스: 시대와 삶과 문학』. 건국대학교출판부, 1996.
피츠제럴드, F. 스콧 . 『위대한 개츠비』. 김욱동 옮김. 민음사, 2003.

Dickens, Charles. *Great Expectations*. Ed. Janice Carlisle. New York: St. Martin's, 1996.
Gilbert, Sandra M. and Susan Gubar. *The Madwoman in the Attic*. New Haven: Yale UP, 1984.
______ eds. *The Norton Anthology of Literature by Women*. 2nd ed. New York: Norton, 1996.
Holland, Jack. *A Brief History of Misogyny: The World's Oldest Prejudice*. London: Robinson, 2006.
Elkins, Marilyn. "Teaching *The Great Gatsby* through Examining Gender Roles." *Approaches to Teaching Fitzgerald's* The Great Gatsby. Ed. Jackson R. Breyer, and Nancy P. VanArsdale. New York: The Modern Language Association of America, 2009.
Farr, Cecilia Konchar "Doubting Nick: Reading Nick Reading Gatsby Reading Daisy." *Approaches to Teaching Fitzgerald's* The Great Gatsby. Ed. Jackson R. Breyer, and Nancy P. VanArsdale. New York: The Modern Language Association of America, 2009.
Fitzgerald, F. Scott. *The Great Gatsby*. New York: Scribner's. 1925.
Fryer, Sarah Beebe. *Fitzgerald's New Women: Harbingers of Change*. Ann Arbor: UMI Research P, 1988.
Lehan, Richard. *The Great Gatsby: The Limits of Wonder*. Boston: G.K.

Hall, 1990.
Lee, Soyoung. "Nick's Gatsby, Our Gatsby: Baz Luhrmann's Film Adaptation of *The Great Gatsby*." *British and American Fiction* 21.2(2014): 57-90.
Raphael, Linda. "A Re-vision of Miss Havisham: Her Expectations and Our Responses." *Studies in the Novel* 21.4(1989): 400-412.
Schor, Hilary. "If He Should Turn to and Beat Her: Violence, Desire, and the Woman's Story in *Great Expectations*." in Dickens, Charles. *Great Expectations*. Ed. Janice Carlisle. New York: St. Martin's, 1996. 541-557.

인터넷자료

https://terms.naver.com/entry.naver?docId=1642069&cid=60656&categoryId=60656

8장 _ 미술 속 여성 이미지의 해체

김영애. 『페로티시즘』. 개마고원, 1989.
백지숙. 「집 속의 미디어」. 『팔쥐들의 행진』. 홍디자인출판부, 1999. 258-305.
울프, 버지니아. 『자기만의 방』. 이미애 옮김. 민음사, 2006.
이리가라이, 뤼스. 『하나이지 않은 성』. 이은민 옮김. 동문선, 2000.
전혜숙. 『인류세의 미술』. 선인, 2022. 284-311.
체슬러, 필리스. 『여성과 광기』. 임옥희 옮김. 여성신문사, 2002.
폴록, 그리젤다. 「모더니티와 여성성의 공간」. 『모더니즘 이후, 미술의 화두』. 윤난지 엮음. 전혜숙 옮김. 눈빛, 1999. 449-490.
한혜원. 『앨리스 리턴즈: 뉴미디어 콘텐츠에 나타난 여성 캐릭터 연구』. 이화여자대학교출판문화원, 2016.

인터넷자료

https://commons.wikimedia.org/wiki/File:Albrecht-Durer-Delilah-cuts-Samsons-hair.jpg

https://commons.wikimedia.org/wiki/File:RubensSamsonundDelilah1609LondonNationalGallery.jpg

https://commons.wikimedia.org/wiki/File:Berthe_Morisot_-_Vue_de_Paris_hauteurs_du_Trocad%C3%A9ro.jpg

https://commons.wikimedia.org/wiki/File:Gustav_Klimt_039.jpg

https://commons.wikimedia.org/wiki/File:Lydia_Crocheting_in_the_Garden_at_Marly_MET_FIG34R1_31J.jpg

https://en.wikipedia.org/wiki/Femme_Maison

https://en.wikipedia.org/wiki/File:Berthe_Morisot_001.jpg

https://en.wikipedia.org/wiki/File:Berthe_Morisot_003.jpg

https://en.wikipedia.org/wiki/File:Berthe_Morisot_-_Le_Berceau.jpg

https://en.wikipedia.org/wiki/Hysteria

https://en.wikipedia.org/wiki/Mary_Cassatt

https://en.wikipedia.org/wiki/Salome_Dancing_before_Herod

https://en.wikipedia.org/wiki/Salome_Dancing_before_Herod

https://namu.wiki/w/Lobotomy%20Corporation/%ED%99%98%EC%83%81%EC%B2%B4

https://namu.wiki/w/Lobotomy%20Corporation/%ED%99%98%EC%83%81%EC%B2%B4/WAW%20%EB%93%B1%EA%B8%89?from=%ED%99%98%EC%83%81%EC%B2%B4%2FWAW%20%EB%93%B1%EA%B8%89

https://namu.wiki/w/%EB%AF%B8%ED%98%B8%EC%9D%B4%EC%95%BC%EA%B8%B0

https://namu.wiki/w/%EB%B0%94%ED%86%A0%EB%A6%AC%20%EC%97%90%EB%A5%B4%EC%A0%9C%EB%B2%A0%ED%8A%B8

https://www.flickr.com/photos/vintage_illustration/50623854921

https://www.sedaily.com/NewsVIew/22L7330JJW

9장 _ 신가부장제의 부상과 나쁜 여자의 재귀: 정이현의 단편 소설 살펴보기

강지희. 「2000년대 여성소설 비평의 신성화와 세속화」. 『문학은 위험하다』. 소영현 외. 민음사, 2019. 145-166.

루티, 마리. 『남근선망과 내 안의 나쁜 감정들』. 정소망 옮김. 앨피, 2018.

맥나이, 스티븐 제이 · 로버트 케이 밀러 주니어. 『능력주의는 허구다』. 김현정 옮김. 사이, 2015.

바우만, 지그문트. 『쓰레기가 되는 삶들』. 정일준 옮김. 새물결, 2008.

박소진. 「'자기관리'와 '가족경영' 시대의 불안한 삶」. 『경제와 사회』 84(2009): 12-39.

배은경. 「'경제' 위기와 한국여성」, 『페미니즘 연구』 9.2(2009): 39-82.

소영현. 「포스트모던 소비사회와 여성소설의 후예들: 취향의 패치워크, 연기하는 아이덴티티」, 『자음과 모음』 1(2008): 398-411.

손희정. 「혐오의 시대- 2015년, 혐오는 어떻게 문제적 정동이 되었는가」. 『여/성이론』 32(2015): 12-42.

스키델스키, 로버트 · 에드워드 스키델스키. 『얼마나 있어야 충분한가』. 김병화 옮김. 부키, 2013.

아마미야 가린. 『프레카리아트 21세기: 불안정한 청춘의 노동』. 김미정 옮김. 미지북스, 2011.

야마다 마사히로. 『우리가 알던 가족의 종말 - 오늘날 일본가족의 재구조화』. 장화경 옮김. 그린비, 2010.

이기호 외 4인. 「한국문학은 더 진화해야 한다: 젊은 작가들이 말하는 우리 시대의 문학」. 『문학동네』 14.2(2007): 1-34.

임옥희. 『메트로폴리스의 불온한 신여성들』. 여이연, 2020.

정이현. 『낭만적 사랑과 사회』. 문학과지성사, 2002.

______. 『오늘의 거짓말』. 문학과지성사, 2007.

______. 『상냥한 폭력의 시대』. 문학과지성사, 2016.

조경희. 「일본의 미투운동과 포스트페미니즘」. 『여성문학연구』 47(2019): 87-118.

좀바르트, 베르너. 『사치와 자본주의』. 이상률 옮김. 문예출판사, 2017.

채효정.「학벌은 끝났는가」.『능력주의와 불평등』. 홍세화 외. 교육공동체벗, 2020. 93-131.

카르본, 준·나오미 칸.『결혼 시장: 계급, 젠더, 불평등 그리고 결혼의 사회학』. 김하현 옮김. 시대의 창, 2019.

10장 _ 영화 속 악녀들의 변천과 새로운 탄생

영화

<델마와 루이스Thelma and Louise>. 리들리 스콧Ridley Scott 감독. 1991.

<말타의 매The Maltese Falcon>. 존 휴스턴John Huston 감독. 1941.

<보디 히트Body Heat>. 로렌스 캐스단Lawrence Kasdan 감독. 1981.

<욕망이라는 이름의 전차A Streetcar Named Desire>. 엘리아 카잔Elia Kazan 감독. 1951.

<위험한 관계Dangerous Liaisions>. 스티븐 프리어스Stephen Frears 감독. 1988.

<이중 배상Double Indemnity>. 빌리 와일더Billy Wilder 감독. 1944.

<크루엘라Cruella>. 크레이그 길레스피Craig Gillespie 감독. 2021.

<프라미싱 영 우먼Promising Young Woman>. 에머럴드 페넬Emerald Fennel 감독. 2020.

참고문헌

강관수.「누아르 영화에서의 팜므 파탈의 위협: <이중의 배상>을 중심으로」.『문학과 영상』 4.2(2003). 53-81.

자네티, 루이스.『영화의 이해』. 박만준·진기행 옮김. K-books, 2017.

정태수.「미국적 가치의 정체성 혼란, 필름 누아르: film noir, 1941-1958」.『영화 연구』 29(2006): 245-275.

해스켈, 몰리.『숭배에서 강간까지: 영화에 나타난 여성상』. 이형식 옮김. 나남, 2008.

Creed, Barbara. *Monstrous Feminine: Film, Feminism, Psychoanalysis*. New York: Routledge, 1993.

Glendhill. Christine. "Klute 1: A Contemporary Film Noir and Feminist Criticism." *Women in Film Noir*. Ed. E. Ann. Kaplan. London: BFI Pub, 1998. 20-35.

Johnston, Claire. "Double Indemnity."*Women in Film Noir*. Ed. E. Ann. Kaplan London: BFI Pub, 1998. 89-98.

Kaplan, E. Ann. ed. *Women in Film Noir*. London: BFI Pub, 1998.

Kim, Hyounggon and Sarah L. Richardson. "Motion Picture Impacts on Destination Images." *Annals of Tourism Research* 30.1(2003): 216-237.

Martin, Angela. "'Gilda Didn't Do Any of Those Things You've Been Losing Sleep Over!: The Central Women of 40s Films Noirs." *Women in Film Noir*. Ed. E. Ann Kaplan. London: BFI Pub, 1998. 202-228.

Mulvey, Laura. "Visual Pleasure and Narrative Cinema." *Narrative, Apparatus, Ideology: A Film Theory Reader*. Ed. Philip Rosen. New York: Columbia UP, 1986.

Place, Janey. "Women in Film Noir." *Women in Film Noir*. Ed. E. Ann. Kaplan.London: BFI Pub, 1998. 47-68.

Stables, Kate. "The Postmodern Always Tings Twice: Constructing the Femme Fatale in 90s Cinema." *Women in Film Noir*. Ed. E. Ann. Kaplan. London: BFI Pub, 1998. 164-182.

Straayer, Chris. "Femme Fatale or Lesbian Femme: Bound in Sexual Différance." *Women in Film Noir*. Ed. E. Ann Kaplan. London: BFI Pub, 1998. 151-163.

인터넷자료

https://ko.wikipedia.org/wiki/이중 배상

https://ko.wikipedia.org/wiki/말타의매(1941년 영화)

https://terms.naver.com/entry.naver?docId=350499&cid=42617&category

Id=42617
https://en.wikipedia.org/wiki/A_Streetcar_Named_Desire_(1951_film)
https://en.wikipedia.org/wiki/Body_Heat
https://en.wikipedia.org/wiki/Double_indemnity
https://en.wikipedia.org/wiki/Femme_fatale
https://crimereads.com/the-evolution-of-the-femme-fatale-in-film-noir/
https://www.afi.com/afis-100-years-100-heroes-villians/
https://www.amctheatres.com/amc-scene/the-top-10-disney-villains-of-all-time
http://www.tasteofcinema.com/2018/the-20-greatest-femme-fatales-in-american-cinema/
https://en.wikipedia.org/wiki/The_Maltese_Falcon_(1941_film)
https://subslikescript.com/movie/A_Streetcar_Named_Desire-44081

11장 _ 영화 <오필리아>와 나쁜 여자 성공담

영화

<델마와 루이스Thelma & Louise>. 리들리 스콧Ridley Scott 감독. 1991.
<악마는 프라다를 입는다The Devil Wears Prada>. 데이빗 프랭클David Frenkel 감독. 2006.
<오필리아Ophelia>. 클레어 맥카시Claire McCarthy 감독. 2018.
<올랜도Orlando>. 샐리 포터Sally Potter 감독. 1992.
<스타워즈: 깨어난 포스Star Wars: The Force Awakens>. J. J. 에이브럼스Jeffrey Jacob Abrams 감독. 2015.
<크루엘라Cruella>. 크레이그 길레스피Craig Gillespie 감독. 2020.
<피아노The Piano>. 제인 캠피온Jane Campion 감독. 1993.
<햄릿Hamlet>. 마이클 엘러레이더Michael Almereyda 감독. 2000.

참고문헌

권오숙. 「라파엘 전파의 셰익스피어 재현에 대한 여성론적 고찰」. 『세계문학비교연구』 34(2011): 97-122.

김희진. 「햄릿, 그녀들의 이야기: 1948-2000」. 『문학과 영상』 5.2(2004): 7-35.

셰익스피어, 윌리엄. 『햄릿』. 여석기 · 여건종 옮김. 시공사, 2012.

쇼월터, 일레인. 「오필리아 재현하기: 여성들, 광기, 그리고 페미니스트 비평의 책임」. 오경심 옮김. 『셰익스피어 비극』. 최영 외 옮김. 동인, 2009. 402-424.

이혜경. 「영화로 각색된 오필리아」. *Shakespeare Review* 49.2(2013): 275-300.

이희원. 「시네 페미니즘」. 『페미니즘, 어제와 오늘』. 민음사, 2000. 346-387.

Doane, Mary Ann. "Film and the Masquerade: Theorising the Female Spectator." *Femmes Fatales: Feminism, Film Theory, Psychoanalysis*. New York: Routledge, 1991. 17-32. Originally in *Screen* 23.3-4(1982): 74-88.

______. "Masquerade Reconsidered: Further Thoughts on the Female Spectator." *Femmes Fatales: Feminism, Film Theory, Psychoanalysis*. New York: Routledge, 1991. 33-43.

Gates, Joanne E. "Re-Drowning Ophelia: The Representation of Female Disinteration in Recent Films of *Hamlet*." Presentation for Popular/American Culture of the South Conference, October 2001. Revised with added notes and references, 2021. *JSU Library Digital Commons*. 1-18.

Klein, Lisa. *Ophelia*. New York: Bloomsbury, 2006.

Neely, Carol Thomas. "'Documents in Madness': Reading Madness and Gender in Shakespeare's Tragedies and Early Modern Culture." *Shakespeare Quarterly* 42(1991): 315-338.

______. "Feminist Modes of Shakespearean Criticism." *Women's Studies* 9(1981): 3-15.

Peterson, Kaara. "Framing Ophelia: Representation and the Pictorial

Tradition." *Mosaic: An Interdisciplinary Critical Journal* 31.3(1998): 1-24.

Romanska, Magda. "Ontology and Eroticism: Two Bodies of Ophelia." *Women's Studies* 34(2005): 485-513.

Romestant, Lilly E. "Ophelia and the Feminine Construct." *Oglethorpe Journal of Undergraduate Research* 5.3(2015): 1-16.

Ronk, Martha C. "Representations of 'Ophelia.'" *Criticism* 36.1(1994): 21-43.

Rooks, Amanda Kane. The "New" Ophelia in Michael Almereyda's 'Hamlet'." *Literature/Film Quarterly* 42(2014): 475-485.

Shakespeare, William. *Hamlet. Prince of Denmark*. Ed. Philip Edwards. Cambridge UP, 1985.

Showalter, Elaine. "Representing Ophelia: Women, Madness, and the Responsibilities of Feminist Criticism." *Shakespeare and the Question of Theory*. Ed. Patricia Parker and Geoffrey Hartman. New York: Metheun, 1985. 77-94.

Ue, Tom. "*Ophelia* dir. by Claire McCarthy." *Shakespeare Bulletin* 38.1 (2020): 160-164.

인터넷자료

https://www.slashfilm.com/567229/ophelia-claire-mccarthy-interview

https://www.vanityfair.com/hollywood/2021/10/how-women-filmmakers-are-upending-hollywood-expectations-awards-insider

https://www.indiewire.com/feature/female-directors-best-movies-directed-by-women-1202045399

https://www.folger.edu/shakespeare-unlimited/ophelia-lisa-klein

https://www.forbes.com/sites/kristenlopez/2019/06/25/claire-mccarthy-talks-finding-ophelia/?sh=68d466bd3dff

https://theartsdesk.com/film/shakespeare-mistakenly-considered-

something-elite-director-claire-mccarthy-ophelia
http://www.bl.uk/shakespeare/articles/ophelia-gender-and-madness.
https://www.slashfilm.com/586061/the-20-most-influential-female-directors
http://www.shondaland.com/watch/a28183219/daisy-ridley-ophelia-feminist-flip-Shakespearean-tragedy
https://www.kobis.or.kr/kobis/business/stat/offc/findYearlyBoxOfficeList.do
https://www.the-numbers.com/movie/Ophelia-(UK)-(2019)#tab=summary
https://www.indiewire.com/feature/female-directors-best-movies-directed-by-women-1202045399/
https://www.slashfilm.com/586061/the-20-most-influential-female-directors/

찾아보기

[ㅇ]

[ㅈ]

[ㅊ]

| 필자 소개(가나다순) |

권오숙

한국외국어대학교 영문학과에서 셰익스피어를 연구하여 석사·박사학위를 취득했다. 현재 한국외국어대학교 초빙교수이며, 한국외국어대학교 통번역대학원, 서울과학기술대학교에서 셰익스피어를 비롯한 영미 문학과 서양고전, 문학번역을 강의하고 있다. 한국셰익스피어학회의 연구이사, 편집이사로 활동했으며, 현재 한국외국어대학교 번역교육센터의 운영위원이다. 저서로는 『셰익스피어: 연극으로 인간의 본성을 해부하다』, 『셰익스피어와 후기 구조주의』, 『셰익스피어 그림으로 읽기』 등이 있고, 역서로는 셰익스피어의 『햄릿』, 『맥베스』, 『오셀로』, 『리어 왕』, 『베니스의 상인』, 『로미오와 줄리엣』, 『헨리 4세: 2부』, 오스카 와일드의 『살로메』 등이 있다.

김소임

이화여자대학교 영어영문학과를 졸업하고 미국 위스콘신대학교에서 석사학위를, 에머리대학교에서 박사학위를 받았다. 건국대학교 인문과학대학장, 한국현대영미드라마학회 회장 등을 역임했으며, 현재 건국대학교 글로컬캠퍼스 영어문화학과 교수로 재직 중이다. 저서로는 『베케트 읽기』, 『영화로 보는 미국 역사』(공저), 『퓰리처상을 통해 본 현대 미국 연극』(공저), 역서로는 『욕망이라는 이름의 전차』, 『뜨거운 양철 지붕 위의 고양이』, 『존 왕』 등이 있다.

김은하

중앙대학교에서 한국문학을 전공하고 석박사 학위를 취득했다. 현재 경희대학교 후마니타스 칼리지에서 부교수로 재직 중이며 중핵교과와 '문학과여성'을 가르치고 있다. (사)한국여성연구소에서 발행하는 『여성과 사회』의 편집위원, 한국여성문학학회 회장, 『여성문학연구』 편집장, 대중서사학회 연구이사 등을 역임했다. 최근 저서로 『문학을 부수는 문학들: 페미니스트 시각으로 읽는 한국 현대문학사』(공저), 『소녀들: K-pop 스크린 광장』(공저), 『감정의 지도 그리기』(공저), 『개발의 문화사와 남성 주체의 행로』(단독) 등이 있다. 최근 논문으로는 「문학 정전의 해체와 재구성: 여성 글쓰기의 기원과 정체성을 찾아서」, 「젠더화된 전쟁과 여성의 흔적 찾기: 점령지의 성적 경제와 여성 생존자의 기억 서사」 등이 있다.

박성연

이화여자대학교 서양화과와 동 대학원을 졸업하고 영국 런던의 첼시예술대학에서 석사학위를, 이화여자대학교에서 박사학위를 받았다. 현재 건국대학교 글로컬캠퍼스 미디어콘텐츠학과 부교수로 재직 중이다. 미국 뉴욕 Art Omi, International Studio & Curatorial Program(ISCP), 미국 뉴햄프셔주 MacDowell Colony, 대만 Taipei Artist Village, 독일 Dusseldorf City Studio, 일본 Akiyoshidai International Art Village(AIAV)와 우리나라 국립현대미술관 창작스튜디오 등 국내외 유수한 펠로우십에 초청 및 선정되었다. 박성연의 작품은 한국문화예술위원회 아르코미술관, 서울시립미술관, 소마미술관, 경기도미술관의 주요 기획전에 소개되었다.

박인희

이화여자대학교 영어영문학과를 졸업하고 이화여자대학교 기독교학과에서 성서학으로 박사학위를 받았다. 현재 이화여자대학교에 출강하며, 이대 대학교회에서 성경공부 지도 목사로 사역 중이다. 국제 학술대회인 Society of Biblical Literature에서 활발히 논문을 발표하고 있으며, 주요 저서로 『가장 오래된 복음서 Q』, 공저 *Narrative, Metaphor, and Parable in Q, Mohr Siebeck WUNT Series 315*, 공역서 『여성들을 위한 성서주석: 신약편』, 『여성들을 위한 성서주석: 구약편』이 있다.

배경진

이화여자대학교 영어영문학과를 졸업하고 동 대학원에서 석사와 박사수료 과정을 마친 후 영국의 맨체스터대학교에서 박사학위를 취득했다. 현재 호서대학교 영어영문학과 부교수로 재직 중이며 영미 문학의 고전과 현대 작품을 주제와 장르별로 융합하여 가르치는 것에 관심을 두고 있다. 호서대학교 교양영어 대표교수, 국제협력원 부원장, 인문융합대학 부학장, 미래융합대학 부학장을 역임했으며 한국고전르네상스영문학회 부회장을 역임했다. 현재 한국셰익스피어학회 편집이사로 활동하고 있다.

서경희

이화여자대학교 국어국문학과를 졸업하고 동 대학원에서 고전산문 전공으로 박사학위를 받았다. 현재 한신대학교 평화교양대학 부교수로 재직 중이다. 조선 시대 여성을 대상으로 한 글쓰기에 관심을 가지고 여성의 일상, 관계, 문화 등에 대한 연구를 지속해오고 있다. 최근 논문으로는 「조선 후기 여성의 질병 경험에 대한 기억 서술과 의미」, 「강빈옥사에 대한 소문과 사실의 길항」, 「조선 후기 이모에 대한 관계 인식과 감성」, 「<설씨내범>에 나타난 이념적 당위와 현실적 소망의 거리」 등이 있다.

이소영

이화여자대학교 영어영문학과를 졸업하고 동 대학원에서 영문학 박사학위를 받았다. 근대영미소설학회 이사를 역임했고, 현재 이화여자대학교 글로벌소통교육실 조교수로 재직 중이다. 저서로는 *Write Now*(공저), *IELTS Writing for Success*(공저), 『젠더와 재현』(공저), 『영화로 읽는 영미 소설: 사랑이야기』(공저) 등이 있고, 역서로는 『연애 소설: 영미편』(공역)이 있다.

이현주

이화여자대학교 영어영문학과에서 학사, 석사, 박사학위, 미국 워싱턴에 위치한 웨슬리신학대학교에서 목회학 박사학위를 받았다. 현재 감리교신학대학교 신학부 부교수이다. 저서로는 『찬송시로 만나는 찰스 웨슬리』, 『영어로 신학 맛보기』, *We Want to Be Real Christians* I & II, 『초기 개신교 선교사의 시와 헌신』, 『논리가 살아나는 영어 에세이 쓰기』, 『日記10分種, 英作文 100分』(대만판), 『난생처음 쓰는 영어 일기』 초급편과 직장인편, 『영작문 한권으로 따라잡기』, 『자 이제 제대로 된 영어를 하자』, 『오비디우스』 등 총 12권의 저서와 『아서 왕의 죽음』 1 & 2, 『이화』, 『유럽개인주의의 등장』 등을 포함한 총 9권의 역서가 있다.

이희원

이화여자대학교 영어영문학과를 졸업하고 미국 아이오와대학교에서 석사학위를, 텍사스 A&M 대학교에서 박사학위를 취득했다. 현재 서울과학기술대학교 영어영문학과 교수로 재직 중이며 셰익스피어 및 영미드라마 관련 과목들을 가르치고 있다. 서울과학기술대학교의 어학원장, 도서관장, 인문사회대학장, 한국고전르네상스학회장과 한국영미문학페미니즘학회장을 역임했다. 최근 논문으로는 「『에드먼튼의 마녀』에 나타난 17세기 초 영국 마을 하층 여성들의 연극적 경계 넘기」, 「(흑인) 미국연극에서 미국여성문학으로: 로런 한스베리의 『태양 속의 건포도』 정전화 과정과 숨은 그림 찾기」가, 최근 역서로는 크리스토퍼 말로의 『몰타의 유대인』과 윌리엄 셰익스피어의 『베니스의 상인』이 있다.

우리 안의 나쁜 여자

펴낸날 1판 1쇄 2022년 5월 10일
지은이 권오숙 · 김소임 · 김은하 · 박성연 · 박인희
배경진 · 서경희 · 이소영 · 이현주 · 이희원
펴낸이 정은경
펴낸곳 이화여자대학교출판문화원
주소 서울특별시 서대문구 이화여대길 52(우 03760)
등록 1954년 7월 6일 제9-61호
전화 02) 3277-2965 (편집), 02) 362-6076 (마케팅)
팩스 02) 312-4312
전자우편 press@ewha.ac.kr
홈페이지 www.ewhapress.com
책임 편집 민지영
디자인 정혜진
찍은곳 한영문화사

ⓒ 권오숙 · 김소임 · 김은하 · 박성연 · 박인희
배경진 · 서경희 · 이소영 · 이현주 · 이희원, 2022
ISBN 979-11-5890-461-6 03300
값 24,000원

* 잘못된 책은 구입처에서 바꾸어 드립니다.

이 서적 내에 사용된 일부 작품은 SACK를 통해 VAGA at ARS와 저작권 계약을 맺은 것입니다. 저작권법에 의하여 한국 내에서 보호를 받는 저작물이므로 무단 전재 및 복제를 금합니다.